新时代高校学生日常事务和就业创业研究

天津市高校思想政治工作研究基地（天津职业技术师范大学）
编

天津大学出版社
TIANJIN UNIVERSITY PRESS

图书在版编目（C I P）数据

新时代高校学生日常事务和就业创业研究 / 天津市高校思想政治工作研究基地（天津职业技术师范大学）编. -- 天津 : 天津大学出版社 , 2022.11
ISBN 978-7-5618-7343-4

Ⅰ. ①新… Ⅱ. ①天… Ⅲ. ①高等学校－学生工作－研究 Ⅳ. ① G645.5

中国版本图书馆 CIP 数据核字 (2022) 第 214891 号

XINSHIDAI GAOXIAO XUESHENG RICHANG SHIWU HE JIUYE CHUANGYE YANJIU

出版发行	天津大学出版社
地　　址	天津市卫津路 92 号天津大学内（邮编：300072）
电　　话	发行部：022-27403647
网　　址	publish.tju.edu.cn
印　　刷	北京虎彩文化传播有限公司
经　　销	全国各地新华书店
开　　本	787mm × 1092mm　1/16
印　　张	21.75
字　　数	542 千字
版　　次	2022 年 11 月第 1 版
印　　次	2022 年 11 月第 1 次
定　　价	77.00 元

编委会

主　　编：马雷　杨明

副主编：满荣　佟艳

编　　委：任聪　贾晓凡

前 言

为深入贯彻习近平新时代中国特色社会主义思想，落实全国及天津市高校思想政治工作会议要求，落实习近平总书记在学校思想政治理论课教师座谈会上的讲话精神，加强和改进高等学校思想政治工作，全面提升我市高校思想政治工作水平。由此，于 2020 年 6 月发布了征稿通知，面向天津市各高校辅导员征集论文，经查重、专家评审等程序的严格评选后，编撰成《新时代高校学生日常事务和就业创业研究》论文集。

本论文集收录的论文，在内容方面较为全面，既有理论研究，又有实践探索；既有体系研究，又有路径探究，如大学生党建、思政工作模式、提升辅导员素质、大学生就业、大学生心理健康教育等方面的主题，全面体现了我市辅导员对于大学生工作的深入思考和创新实践，值得广大辅导员学习和借鉴。

本论文集在编撰出版过程中，得到了市相关部门的精心指导，得到了天津各高校的大力支持，得到了广大辅导员同人的积极响应，在此一并表示感谢！

本论文集虽经多次校正，难免仍有疏漏，不足之处敬请广大专家、同行批评指正。

目 录

吹响“集结号”“疫情双创”再出发
——以语言类院校非语言专业学生为例

马宁
天津外国语大学

一、疫情防控防控期间高校毕业生就业市场总体分析

新冠肺炎疫情的暴发对我国高校毕业生就业市场造成严重冲击，但无论情境如何复杂和艰辛，必须找到它的正面立意。因此需要对大学生创新创业给予大力支持与正确引导。疫情防控期间大学生创新创业遇到的瓶颈。

1. 获得科学有效的指导更加困难

受疫情影响，高校推迟开学时间，准备在老师的指导下着手创新创业的学生只能暂缓自己的创业实践计划；已经开始创业的学生则面临中止创业项目的风险；怀揣创业梦想的学生则止步不前，将创业梦想与激情扼杀在摇篮里。

2. 创新资金投入不足，创业融资供给不足

疫情防控期间，投资人对投资项目的选择更加慎重。因疫情对整体经济形势的影响，企业对一些学生创业项目不敢投入过多资金，对大学生创业项目的信心不足，许多大学生创业的商业计划书不得不变成“一纸空文”。

3. 创业信心不坚定，缺乏创业支持

创业对于大学生来说是一个极具挑战性和创新性的尝试，而且要求创业者具备吃苦耐劳、坚韧不拔的品质。疫情使得很多企业濒临破产，这其中很多都是自主创业的公司，这使得后来者看到前人失败的教训后思前想后、顾虑重重，不敢将自己的创业想法付诸实践。

二、创业风险与应对——失败，在路上

（一）一身坚毅，一路悠长

1. 两个月就宣告破产的科技公司

23 岁的舒正义是陕西正氏科技发展有限公司的创办人。公司起初代理的产品在不断地拓宽市场，但当初承诺办理公司注册手续的代理公司在拿了他 1 万元后杳无音信，一时资金短缺成了这家刚刚起步的公司的绊脚石。无奈之下，舒同学宣告公司破产。

吴霞是一名总经理，她涉足的行业与舒同学相同。公司创业初遇到 2003 年的“非典”，但她靠着坚强的毅力与公司仅有的一名员工坚持下来了，到现在公司发展得比较成功。

做企业需要毅力，逆境会使天才脱颖而出。英雄往往会经历破茧成蝶的蜕变。

2. 从失败中得到——重新定义、创造价值

分析舒同学的失败案例，我们找到了以下几点原因。

首先，舒同学抗压能力不强。当公司资金链断裂，舒同学没有选择拓宽融资渠道，而是直接宣告破产。大学生在面对经营状况欠佳、入不敷出时会束手无策，缺乏一定的商业思维。

其次，创业团队具有局限性。舒同学的公司先后招聘了 20 多名员工，而且大多是在校大学生。大学生对所从事的行业的认知程度不深，并且缺乏一定的社会经验。

最后，可支配的有效时间有限。大学生在学校要完成学业以及社团工作，有效的可支配时间较少，因而很多工作只能在匆忙中结束，缺乏对项目面临问题的深度讨论与分析。

（二）谨慎选择，审时度势

1. 经营饰品店为何失败

一次偶然的机会，大学生小刘在本地网站的二手市场上发现有人在转让一批二手饰品。在听完卖方的介绍并且看到了那些精美的饰品后，小刘准备在一个开发商是地产商的商业大厦中摆摊。

但在销售的过程中，小刘遇到了两个问题。第一，商厦二楼是服装商场，不允许售卖饰品，这点是小刘在签订合同时没有注意到的。于是小刘只能在商厦附近的一处商业街中售卖。第二，由于商厦的开发商是地产商，他们在开盘时炒作非常厉害，甚至有人连夜排队，但当过了七八月份的旺季后，商厦的客流情况也每况愈下，顾客越来越稀少。最终，由于较高额度的租金，并且顾客较少，小刘只能选择带着货物离场，直到现在，小刘家中还有一批虽很精美但已过时的饰品。

2. 从失败中得到——谨慎选择，审时度势

分析小刘同学的失败案例，我们找到了以下几点。

首先，创业项目具有局限性。在选择创业项目——售卖饰品时，小刘仅是个人喜欢这些精美的饰品，而忽视了售卖地客户的喜好。大学生在创业时通常会从个人喜好出发，主观地认为市场上有很多需求者，缺乏前期对市场需求的深度调研。

其次，项目选址错误。小刘最初对商厦的期望值很高，高估了商厦附近的商业街带来的价值，并且没有深入调研，没有发现商业街附近居民实际购买能力并不高的问题。

再次，创业项目具有时效性。饰品是一种有时效性的商品，有时会因一位明星的代言而一时爆红。再精美的饰品都有时尚性与时效性，一旦流行趋势过后，饰品就会一文不值。

最后，大学生对商业条款的了解程度不够。在签订合同时，小刘并没有了解清楚一些条款的具体含义，这导致自己只能在商厦附近的商业街销售。大学生创业者缺乏对复杂商业条款的理解能力，缺乏专业且偏实践性的商业知识，只有在经历一次次失败后才能吸取经验，明白商业条款的具体含义。

三、疫情防控期间如何高质量引导大学生创新创业

（一）整合高校、企业、投资人等现有资源，实现逐一对接

1. 实行导师制，鼓励师生共创项目

鼓励双创导师深入了解大学生创业者在疫情下面临的实际困难与需求。“青春有你 让爱

回家”校友集结计划，请校友对在校生的创业想法进行验证，针对大学生创立的项目面对疫情如何开展复工、如何解决资金短缺等问题给予具体、实打实的指导。

2. 打造具有权威性、可用性的大学生双创链条，参与行业实践

疫情防控期间，资源相对缺乏，但资源的紧缺产生了机会。对高校、社会机构、企业、投资人等资源的整合，发挥“青春有你 让爱回家”校友集结计划的优势，为天津外国语大学与社会资源对接，大学生创业与投资方、供应链等对接提供便利，引导天津外国语大学学子创造价值。开展校友企业参观、校友企业实习、校友企业管培生训练营等实践活动，鼓励行业实践。

（二）搭建创新和实践平台

1. 充分利用现有教学平台与大学生常用平台，吸引大学生创新创业

疫情防控期间，网络授课成为主流模式，高校可以鼓励学生参加如“慕课”“知到”“网易课堂”等现有平台的创新创业课程，拓宽视野。

此外，发挥大学生群体活跃平台如知乎、抖音、哔哩哔哩、微博、微信公众号的优势。这些平台不仅是他们日常学习、交流和娱乐的平台，而且蕴藏着巨大的创新创业机会。高校可以将资源、信息发布在这些平台之上，促使大学生关注双创，并培养主动寻求和发现机遇的能力。

2. 利用现有平台开展成功案例介绍与经验分享

疫情防控期间，采用线上教学虽失去了老师与同学线下沟通以及实地考察的机会，但也打破了时间与地域的限制。在当下“互联网 +”政策的实行中，网络平台在现实生活中的作用愈发明显。高校可以利用“腾讯会议”“钉钉”等软件进行沟通操作。天津外国语大学邀请到“青春有你让爱回家”校友集结计划中的各年级骨干校友，对学生进行双创教育指导，并通过举办线上讲座、学术沙龙、论坛等方式实现学生双创技能的提升。

3. 举办并鼓励学生参加创新创业类大赛

学校鼓励学生积极参加创新创业类大赛，如全国大学生创新创业大赛、“挑战杯”大学生创业大赛、“互联网 +”大学生创新创业大赛、全国大学生创业实战大赛等。比赛激发了学生的商业思维，同时促使大学生为了做成自己的项目而去完善相关的技术技能，在此过程中激发创新创业思维，引发对自己所做项目的新思考。

（三）加强相关政策扶持和人才引进，注入新鲜血液。

1. 政府出台相关福利政策，营造积极创业氛围

党的十七大明确提出，“要完善支持自主创业、自谋职业的政策，使更多的劳动者成为创业者。”各级政府要加强校园人才选拔制度，做到充分发挥大学生创业潜能、社会实践效能。可进一步落实开放高校毕业生落户限制政策。部分城市允许自主创业的大学生可享受税收优惠政策等。与此同时，疫情防控期间政府可充分利用网络自媒体、应用平台、电话热线等提供信息渠道，定期进行政策分析、创业引导、就业发展规划等内容的公益讲座和直播，提供专业领域的详细规划和引导。

2. 高校调动创新创业资源，为学生发展提供沃土

高校应推广学生入学起就接受与其专业知识相关的技能训练，并鼓励将自己对专业的感知和实践探索有机结合；增强创新创业项目比赛的宣传力度，采取师生帮扶激励制度，力争做到帮助每位有创新创业想法的学生将灵感变为行动。

开展“青春有你 让爱回家”校友集结计划，旨在通过整合优质创新资源，拓展创业发展渠道，搭建校友与学院共享互助平台，建立校企联盟，助力学子成长成材。项目通过“职业导航规划”，帮助同学们挖掘兴趣、发展潜力；通过“技能提升训练”为同学们提供优质校友企业实习，在打牢基础的同时提升综合能力；通过“行业实践引领”让学生深入了解行业发展模式和前景，明确方向；通过“人才择优推荐”，助力优秀才子脱颖而出，获得更广阔的舞台；通过“资源互通共享”做到信息全面透明，实现学生与校友、与学院之间优质资源共享，从而突破创新发展。

（四）培养正确风创意识，树立正确价值观

1. 客观评估创业风险，不盲目跟风

创业是一个资源整合过程，若没有经验的积累、社会的支持，大学生创业实际上独木难支。相对其他创业者而言，学生最大劣势在于缺乏社会经验、危机意识不强，容易盲目跟风。因此，学生应充分了解相关风险和经验，客观评估自身风险承受度，从而收获理想果实。

2. 树立正确价值观，提高自身竞争优势

正如习近平总书记指出，“不忘初心，牢记使命”应是新时代青年的信仰。“初心”即敢闯敢为、投身事业的决心，“使命”即为国为民、成才报效的时代担当。学校、政府及社会应在疫情防控期间给予学生一颗“定心丸”，让学生相信国家和政府的力量。

新冠肺炎疫情下大学生心理问题及疏导

邵媛媛
天津职业技术师范大学

一、做好疫情防控期间大学生心理疏导的重要性

2019 年 12 月起，新冠肺炎疫情在国内爆发。因感染者数量骤增和世界多个国家相继出现疫情，世界卫生组织高度重视，于当地时间 2020 年 1 月 30 日召开了突发事件委员会议，宣布其为构成国际关注的突发公共卫生事件。其传播之迅速和病情之严重令人们深感担忧和不安，引发了部分公众焦虑、恐慌、抑郁等心理，疯狂抢购、暴力等冲动行为在国外频繁发生。

以往的研究成果表明，个体在面对突发的危机时，往往会产生心理应激、社交受阻、焦虑、抑郁等不同程度的心理问题，突发性、全球性的危害公共安全的事件给人们带来的生理损害在短时间内可以消解，但对心理上的影响则可能会持续很长时间。所以，准确地把握疫情下大学生的心理健康问题，并及时、有针对性地开展精准干预和疏导，不仅是科学防疫的重要手段，而且是培养大学生养成理性平和、积极向上心态的重要途径。

二、疫情下大学生存在的心理问题及原因分析

1. 生活方面

一是受当地管控政策影响或担心自己和家人外出会被传染，很多大学生从疫情开始至开学前这段时间一直未出家门。生活空间狭窄、生活内容单调、睡眠不规律、运动量不足等问题突出，他们每天除了上网课外，在大多数时间就是在玩手机、看电视，从而导致了身体机能下降，做事积极性降低等一系列问题。另外，由于在寒假前并未出现疫情，很多学生的换季衣服都存放在宿舍，春夏来临时，尤其对于很多经济困难学生来说，在家没有换洗的本季衣服，外出购买又有诸多不便，导致日常生活质量受到影响。

二是长期在家不能出门，部分大学生居家期间的主要娱乐以打游戏、浏览短视频 APP 为主。据统计，春节疫情防控期间，IOS 免费榜前十名棋牌类游戏单日下载量较平日有三倍以上增长，手机游戏用户规模较平日增长 30%，人均单日使用时长增长 17.8%，王者荣耀、和平精英的用户规模均迎来 30% 以上增长；易观千帆数据显示，1 月 26 日至 30 日的 5 天内，快手和抖音用户的日均使用时长较节前（1 月 1 日至 23 日）增长近 1 亿小时。根据这些统计来看，疫情防控期间很多大学生把时间和精力放在了娱乐上面，但是忽略了可以利用疫情防控期间的长假来提升自身的综合素质，而综合素质的提高是需要大量的学习和阅读来保证的。当大学生们沉迷于从游戏、短视频中获得愉悦的感受，长此以往，他们的专注力和思考力肯定会大大降低，严重影响大学生的成长成才。

2. 情绪方面

情绪方面最常见的就是莫名的焦虑情绪。疫情防控期间，大学生了解新冠肺炎疫情的途径非常多，信息量也很大，其中有正面的信息，也有负面的信息，有真实的信息，也有虚假的信息。一时间接收的信息量太大容易对疫情产生焦虑与担忧，不仅为武汉人民而担心，同时也非常担心疫情继续发展，危害到自己和家人。

此外，因本次疫情持续时间较长，部分大学生情绪很低落，整天在家无所事事，对生活失去乐趣，什么都不想做，也不想与人交往，从而出现了抑郁情绪。

再者，就是会出现恐惧情绪。很多大学生不敢出门，担心自己的保护不到位，即使已经做了很好的防护措施，仍然十分担心自己可能被传染；有的甚至担心自己是隐性传染者，会给家人和朋友带来危险。特别是当出现发烧、咳嗽、感冒、腹泻、乏力中某一个症状时，他们就会更加害怕，感觉这些症状新冠肺炎症状，多次在网上查询新冠肺炎症状或咨询相关人员等。

3. 学业方面

2 月末响应教育部“停课不停学”要求，各高校均选用不同的网络平台开展了网络教学。在网络教学的过程中，部分学生会因缺少教材和复习资料、家庭网络不好、不能集中注意力等问题而担忧，部分学生的学习效果并不理想。在开学之前，辅导员接到很多学生的电话，他们关心的问题主要集中在什么时候开学、返校过程会不会有危险、返校后是否进行封闭式管理，学校能提供哪些防护措施以及开学后会不会取消补考、课程学习等问题。

另有毕业班学生在假期欠缺对未来职业规划的思考，产生焦虑情绪，担心能否顺利毕业以及受疫情影响就业和择业困难等问题。通常在毕业季，学校会组织多场大型就业招聘会，给予毕业生们就业的紧迫感，而疫情引起的延迟开学则导致部分毕业生不去主动思考自己的未来，出现职业迷茫的现象。焦虑在不同年级的学生身上有不同的表现，低年级是学业焦虑，高年级是就业或读研焦虑。因此，疫情防控期间的青年大学生们就像一个矛盾集合体，一边无限享乐，一边无限焦虑，急切需要辅导员和高校心理咨询老师给予有针对性的减压和疏导。

4. 人际方面

按照中国春节的惯例，春节期间是走亲访友的重要时间段，但是疫情打乱了人们原有的出行计划，聚会等正常的社交活动无法实现，疫情防控期间每天都和自己的亲属待在一起，无法和大学同龄人畅快交流。虽然信息时代大学生们可以通过网络与同学、朋友交流，但效果肯定不能和面对面沟通相提并论，从而可能会导致大学生们产生心理波动。

另外，在疫情防控期间，很多情侣也会出现情感问题。因为高校的大学生情侣大多数都是异地，疫情防控期间更加不能见面，加之每个人的情绪都不太稳定，所以大学生情侣们更希望对方能够给予自己更多的关心，但是疫情防控期间这是无法实现的，一旦沟通不及时，很多情侣就会发生矛盾。

随着在家隔离时间的增长，玩游戏和刷短视频带来的短暂快感也不复存在，对很大一部分学生来说，暴躁、易怒等不良情绪开始显露，有的开始跟父母宣泄、有的开始找班主任、辅导员倾诉，更有部分学生想外出打工，准备考研的学生因在家中学习静不下心想要回到学校学习……但是一些性格内向的学生因为不善于表达，既不会跟父母说也不会找老师说自己内心的真实感受，内心的不良情绪得不到发泄，极易导致心理问题。

5. 原有心理问题

有部分同学原来就有心理问题，疫情防控期间疫情信息的充斥和长时间的封闭，导致这部分同学长期处于焦虑和恐惧状态，诱发了原有的心理问题，如果他们不及时进行咨询和接受辅导，原有心理问题将会更加严重。但是也有少部分原来有心理问题的同学之前害怕人际交往，疫情防控期间他们一直在家中上网课心情反而更放松。

6. 突发家庭矛盾

疫情会导致很多家庭问题和矛盾爆发，比如收入减少、职业压力增大、家人相处在一起时间增加但缺乏沟通等问题，都将导致家庭矛盾升级。父母如果出现矛盾受影响最大的就是孩子，父母的冷战和争吵对大学生的心理健康会产生极大的不良影响。

三、疫情下大学生心理问题疏导方法探索

疫情阶段，不仅是大学生，普通成年人也会产生各种情绪和心理问题，所以这个时候大学生产生焦虑、恐惧、担心害怕等情绪都是正常反应。我们应该在了解大学生心理状态的基础上，根据学生的特点，结合学校的教育教学活动，及时给学生提供必要的心理干预与支持，尽量减少新冠肺炎疫情对学生心理的影响，引导大学生们正确认识疫情、直面疫情，并解决疫情引起的心理问题。

（一）社会方面

面对新冠疫情，家长和学生都十分关注国家、学校的各项通知和政策，所以社会及教育部门应该及时发布疫情防控期间教育部对高校整体教育教学安排的相关通知，使得学生能够在第一时间了解相关信息，并制定自己的学习计划，避免因对信息不了解或理解不到位而导致在学习方面出现疑问。同时教育部门也要加强对疫情防控期间大学生产生的各方面问题的调研和收集，并进行有针对性的解答，制定有针对性的措施，避免造成恐慌。另外，教育部门还应该根据当地实际情况及时开展高校大学生新冠肺炎疫情防控期间的心理状况普查工作，了解疫情防控期间大学生的心理问题，并制定相应的心理危机干预机制。

（二）学校方面

首先，高校要充分利用本校资源，充分发挥官网、微博、微信等自媒体平台的作用，面向全校大学生和家长宣传新冠肺炎相关知识、国家防疫举措、个人心理自助方法、网络课程有效学习方法等，帮助学生们正确认知新冠病毒，学会有效的防护措施，掌握疫情防控期间人际沟通的有效方法，积极寻求专业的心理支持等。同时要及时通报当前的防控形势、学校的防控部署、学校的教学计划等，使学生和家长充分理解并密切配合学校的疫情防控工作。同时，高校应在疫情防控期间开设心理咨询服务热线或网络咨询，帮助情绪低落或存在心理问题的同学，及时对他们进行心理疏导和危机干预。

（三）教师方面

在新冠肺炎疫情的特殊时期，教师、辅导员、心理老师要充分发挥传道、授业、解惑的作用，不仅在课堂上给予学生知识的讲授，更要注重对学生心理的关注和疏导，使得学生在学习、

生活、心理的各种情境下都能获得教师的正向引导。

1. 教师的正面引导

虽然疫情防控期间教师授课是网络形式，但是一定要有教学敏感度，首先教师自己要多学习新冠肺炎相关知识，当发现学生对疫情有疑惑甚至相信谣言的时候，及时帮助学生认清真相，要对学生进行积极引导，告诉学生虽然存在一些疫情的负面信息，但是一定要充分信任国家，坚定战胜疫情的信心。教师在课程中也要学会倾听，允许学生表达自己的情绪，鼓励学生表达自己的观点和看法，帮助学生学会理性分析本次疫情。同时在课程里面也要将学校的相关教育教学计划进度等明确地告知学生，避免学生因为不了解而自己去猜。

2. 辅导员的关心呵护

疫情防控期间，辅导员与学生一直保持着密切联系和沟通，每日都要了解和关注学生的身心状况。当学生出现负面情绪的时候，辅导员往往是最先察觉到的，所以，一定要及时地对学生进行疏导，帮助学生认识到在疫情这个特殊的情境下出现这种负面情绪是正常的，不要因出现负面情绪而惊慌。当部分学生因为出现咳嗽、发烧等症状而担心自己得了新冠肺炎时，辅导员也一定要冷静处理，按照相关流程上报学校并指导学生去当地就医。如果学生需要隔离，辅导员一定要每天做好对该生的监测并及时将最新情况上报给领导和学校，直至其解除隔离，隔离期间一定要做好学生的心理疏导，对学生情绪进行安慰并密切关注。最后，辅导员可以组织本班级同学开展网络活动，提升疫情防控期间学生之间的互动与班集体的凝聚力。

3. 心理教师的专业指导

学校的心理咨询机构和心理教师在疫情中发挥着十分重要的作用。心理教师应对本校辅导员和相关教师进行疫情防控期间学生心理问题的相关培训，帮助辅导员和相关教师快速识别学生出现的各类问题，进而早发现早干预。同时，心理教师要充分发挥自己的专业优势，定期发表疫情相关心理健康教育的文章，使大学生增加心理方面的知识储备。此外，最重要的是心理教师要对大学生开展心理咨询，及时为有需要的同学解惑答疑，提供专业的心理危机干预与疏导，帮助大学生更好地缓解情绪，解决疑惑，并对情况严重的学生进行及时跟踪，定期回访，使同学们通过自身的积极调整尽快适应新冠肺炎疫情防控期间的学习与生活。

总之，疫情防控是一场大考，不仅是对国家的考验，也是对全体师生的考验，需要国家、社会、学校、全体教师和学生的共同努力，只有更积极地面对这场考验，才能在考验后获得更好的成长。

参考文献：

[1] 马俊 . 新媒体时代下短视频对大学生思想的影响及对策分析 [J]. 文存阅刊，2019.

[2] 昌敬惠，袁愈新，王冬 . 新型冠状病毒肺炎疫情下大学生心理健康状况及影响因素分析 [J]. 南医疗联盟，2020，40（2）：171-176.

[3] 崔舒，张凯，周晓琴 . 新型冠状病毒肺炎疫情下的心理干预方式 [J]. 心理学通讯，2020，3（1）.

[4] 李晓云 . 新冠肺炎疫情下高职学生的心理问题及疏导方法 [J]. 中国中医药现代远程教育，2020，18(3)：1-2.

[5] 毛道生 . 教育学视角下的疫情防控 [J]. 教育科学论坛，2020（11）：10-12

[6] 段虹伶 . 辅导员在高校危机事件中应对能力及大学生心理危机干预研究 [J]. 科技风，2020（11）：221-222.

[7] 王敏 . 新时期高校开展家校协同育人的思考与实践 [J]. 中国农村教育，2019，297（11）：19-20.

[8] 宋玮 . 中国网络游戏产业发展研究 [D]. 北京：首都经济贸易大学，2012.

新时代高校劳动教育实践路径探析

范程程　杨占力　郭雨晴
河北工业大学

习近平总书记在全国教育大会上强调，培养德智体美劳全面发展的社会主义建设者和接班人。这一重要讲话明确将劳动教育确定为全面发展素质教育的重要组成部分。以劳育人是马克思主义教育思想的基本要求，是中国特色社会主义教育制度的重要内容，也是确保党的事业后继有人的重要保障，更是培育全面发展的社会主义建设者和接班人的必经之路。

2020 年 3 月，中共中央、国务院发布了《中共中央国务院关于全面加强新时代大中小学劳动教育的意见》，明确了高校必须把劳动教育作为一项基础性、重要性任务。聚焦并有效开展劳动教育是新时代深化高等教育教学改革的重要内容，是高校落实立德树人根本任务的现实要求。

一、高校劳动教育工作的重要意义

1. 加强劳动教育是建设中国特色社会主义事业的战略需要

习近平总书记强调：“全面建成小康社会，进而建成富强民主文明和谐的社会主义现代化国家，根本上靠劳动、靠劳动者创造。”“两个一百年”奋斗目标的实现，需要大批具有实干精神和创新能力的新时代高素质劳动者坚持不懈地奋斗，方能汇聚起发展中国特色社会主义事业的磅礴力量。因此，高校开展劳动教育是建设中国特色社会主义事业的战略需要。

对于肩负民族复兴大任的时代新人——青年大学生来说，其“成长成才梦”与“劳动托起中国梦”的时代重任是密不可分的。习近平总书记指出青少年：“要刻苦学习知识，坚定理想信念，磨炼坚强意志，锻炼强健体魄，为实现中华民族伟大复兴的中国梦时刻准备着。”总书记的讲话，从价值判断、目标追求、情感取向、行为范式四个层面，阐明了新时代劳动教育的目标任务，为高校开展劳动教育指明了方向。

结合立德树人的根本任务，高校必须把大学生劳动教育问题提升到政治建设的高度，根据党中央和国务院的决策部署，因地制宜，分类指导，发扬“工匠精神”，脚踏实地，持久为功，把劳动教育工作落到实处。

2. 加强高校劳动教育是大学生全面发展的必然要求

马克思主义劳动价值理论认为劳动是社会形成、存在和发展的基础，是劳动者主体与主体之间、主体与客体之间建立联系的本质。马克思在《资本论》中指出：“生产劳动同智育和体育相结合，不仅是提高社会生产的一种方法，而且是造就全面发展的人的唯一方法。”劳动与教育相结合对人类全面发展有着不可替代的作用。

劳动对学生德、智、体等各方面发展均能起到促进作用。首先，以劳立德。高校开展劳动教育能让学生通过自身的劳动实践感受劳动过程的艰难辛苦与劳动成果的来之不易，促使学生养成立足脚下、吃苦耐劳、奋发向上的优良品质，形成正确的劳动价值观。其次，以劳增智。通过劳动实践，学生有机会利用实践检验客观真理，将理论知识与生产实践相结合，提高分析和解决问题的能力，达到学以致用的目的，进而提升思辨力和创造力，有助学生发展成为具有实干精神的全面人才。此外，以劳健体。劳动是增强体质的重要方式，劳动使学生的体魄得到锻炼，对压力的舒缓也有一定的积极作用，有利于学生身心健康。

因此，高校应以劳动教育为手段实现育人目的，通过劳动精神、劳动技能、劳动素养的培育，切实提升学生的思想水平、道德水平、实践能力和身体素质，引导学生树立正确的劳动观念，坚定理想信念，提升综合素质，自觉做中国特色社会主义事业坚定的建设者和接班人。在我国深入推进高等教育综合改革的社会大背景下，要想真正体现劳动教育的本真价值，必须针对当前劳动教育日渐弱化、边缘化的困境，积极探寻符合青年学生成长规律的劳动教育新途径，实现促进青年全面发展的价值回归。

二、新时代大学生劳动教育现状

本研究以大学生劳动教育现状为主要调研内容，在座谈、访谈的基础上，设计调查问卷，对河北省部分高校开展调研，共发放问卷 2000 份，回收有效问卷 1906 份，有效率为 95.3%。调研从劳动价值观、劳动习惯、劳动技能三个维度评估大学生的劳动教育现状。

1. 部分学生劳动观片面，劳动技能缺失

调查结果显示，大部分大学生认为当前弘扬劳动精神仍然十分必要，80.2% 的大学生赞同“生活靠劳动创造，人生也要靠劳动创造”的社会主义劳动观。然而，仍有部分学生劳动观念片面，存在轻视劳动、鄙视体力劳动等错误思想且没有良好的劳动习惯：13.3% 的大学生赞同“劳心者治人，劳力者治于人”；5.2% 的大学生赞同“不劳而获”的劳动观；4.6% 的大学生认为“大学应培养脑力劳动者”，“上大学不应从事体力劳动”，不愿主动参与劳动。部分学生劳动习惯较差：16.5% 的大学生从不主动做寝室卫生；超过 50% 的大学生几乎不参与家务劳动；31.2% 的大学生缺乏劳动的常识与技能，36.3% 的大学生对劳动相关法律法规与防护知识了解不足。由此可见，学校应加强劳动法律法规与防护知识的教育和宣传指导工作。

造成上述现象的原因是多方面的，随着我国对外开放深化和世界经济全球化加速，在西方社会不良思潮，如个人主义、拜金主义、享乐主义等冲击下，部分大学生滋生了“不劳而获”“一夜暴富”等错误观念。在错误观念的驱使下，他们形成了轻视劳动、鄙视体力劳动的价值取向。同时，受应试教育影响，部分家长过分关注成绩，不愿让学生从事家务劳动。这种分数至上的育人导向同样体现在学校重脑力轻体力、重知识轻劳动的人才培养方式上。长期家庭劳动教育的缺位，中小学劳动教育的不足，导致劳动教育被长期淡化、弱化。

2. 劳动教育体系尚未形成，机制有待健全

目前，高校劳动教育主要依靠社会实践、勤工助学、专业实习三种途径。高校普遍存在尚未形成系统的劳动教育体系，教育载体分散化，劳动课程尚未开设，劳动实践普遍缺乏指导等问题，且劳动素质评价尚未纳入大学生素质考评体系。

对“学生劳动认知”“劳动教育途径”和“劳动教育保障”与“高校劳动教育效果满意度”分别进行相关性分析，如表 1 所示，三个指标与“高校劳动教育效果满意度”的相关系数分别是 0.8175、0.6325 和 0.3962，且均在 1% 的水平上通过了显著性检验，这说明三个指标与劳动教育满意度之间存在显著相关关系，且“学生劳动认知”与效果满意度是强相关关系，“劳动教育途径”和“劳动教育保障”与效果满意度存在中等相关关系。

表 1 在线教学效果满意度相关性分析

	学生劳动认知	劳动教育途径	劳动教育保障
高校劳动教育效果满意度	0.8175**	0.6325**	0.3962**
*p<0.05，**p<0.01，相关性显著。			

对学生调查数据进行深度分析发现，“学生劳动认知”对劳动教育效果满意度影响最大，回归系数为 0.8175；其次是“学生劳动观念”，回归系数为 0.6325；“劳动教育保障”对劳动教育效果满意度影响较小，回归系数为 0.3962。由此也可以看出，在高校的劳动教育活动中，来自学生自身的劳动意识和劳动观念等主观原因是影响高校劳动教育满意度的主要因素，劳动教育主要是通过激发其内在动因来提升教育成效。

表 2 高校劳动教育效果满意度回归结果分析

<table>
<tr><td rowspan="2">模型</td><td colspan="2">未标准化系数</td><td>标准化系数</td><td rowspan="2">T</td><td rowspan="2">显著性</td><td rowspan="2">VIF</td><td rowspan="2">R^2</td><td rowspan="2">调整后 R^2</td></tr>
<tr><td>B</td><td>标准误</td><td>Beta</td></tr>
<tr><td>（常量）</td><td>1.982</td><td>0.173</td><td></td><td>11.447</td><td>0.000**</td><td></td><td rowspan="4">0.344</td><td rowspan="4">0.342</td></tr>
<tr><td>学生劳动观念</td><td>0.207</td><td>0.033</td><td>0.185</td><td>6.228</td><td>0.000**</td><td>1.012</td></tr>
<tr><td>劳动教育形式</td><td>0.585</td><td>0.058</td><td>0.314</td><td>10.165</td><td>0.000**</td><td>1.096</td></tr>
<tr><td>劳动教育保障</td><td>0.005</td><td>0.057</td><td>0.003</td><td>0.084</td><td>0.000**</td><td>1.087</td></tr>
<tr><td colspan="9">因变量：高校劳动教育效果满意度</td></tr>
<tr><td colspan="9">DW 值：1.825</td></tr>
<tr><td colspan="9">*p<0.05. **p<0.01</td></tr>
</table>

表 2 列示出了因变量“学生劳动观念”“劳动教育形式”和“劳动教育保障”三个自变量的回归分析结果。拟合优度 R^2 为 0.344，说明模型的整体效果较好。自变量的相关系数均通过了显著性检验，说明劳动教育效果满意度与“学生劳动观念”“劳动教育形式”和“劳动教育保障”之间呈显著正相关关系，学生的劳动观念越强，学校开展的教育路径多样，对劳动教育的保障制度越完善，学生对学校劳动教育的满意度越高。其中，“学生劳动观念”对劳动教育效果满意度影响最大，回归系数为 0.8175，其次是“劳动教育途径”，回归系数为 0.6325。VIF 值均小于 10，说明各自变量之间基本不存在多重共线性，选取的自变量较为合理。DW 值为 1.825，接近于 2，可以说明残差不存在严重的自相关关系，自变量的相关性不会影响回归结果。

三、新时代高校劳动教育实施路径

面对新任务、新挑战，新时代高校劳动育人工作必须坚持以习近平新时代中国特色社会主义劳动观为指导，以国家各项劳动育人政策为根基，结合本校实际，不断创新，使高校劳动教育工作做到“因材施教，因时而进，因势而新”。

高校劳动教育应从以下三个方面展开。

1. 坚持价值引领，引导学生树立正确的劳动观

一是要坚持劳动教育与思想政治教育相结合的原则，充分发挥思想政治理论课课堂的主渠道、主阵地作用，完善融通共建机制，使德育、劳育形成协同效应。以培育正确的价值观为核心，将劳动观念、劳动精神融入思想政治理论课教学。在教学中，给学生讲清楚劳动的内涵，阐明社会历史发展规律，使学生了解劳动及劳动者与社会制度、经济结构之间的关系，理解劳动对于推动历史进步的作用。指导学生运用马克思主义劳动思想武装头脑，从马克思主义的经典论述中汲取力量，帮助学生树立正确的劳动价值观，将劳动光荣的观念根植于心，引导学生形成正向的劳动态度和情感，自觉用劳动去服务人民、奉献社会、建设国家。同时结合时代主题和典型案例提升劳动教育的针对性和时效性，通过榜样的导向、激励作用，唤醒青年学生的担当意识，让大学生领会“实现中华民族伟大复兴，必须依靠知识，必须依靠劳动，必须依靠广大青年”的道理。

二是要开展“课程劳育”，坚持劳动教育与专业课程同向同行。在专业课教学中，弘扬以吃苦耐劳为核心的劳动精神和以勇于创新为核心的时代精神，营造“劳动光荣、技能宝贵、创造伟大”的氛围。使学生了解当今社会发展的时代特征和中国正逐步向“制造强国”转型的新形态，鼓励学生勇于承担历史重任和使命，使学生明确“学什么、如何学以及为谁学”的根本要求，达到思想认识和专业知识双向提升。在实践教学过程中融入劳动教育，优化课程实训、实验、生产实习等环节。例如，在实验环节，学生在教师指导下进行准备材料、实施操作、废料处理、场地清理等，培养一丝不苟、持之以恒的劳动精神。将专业前沿研究应用于学生创新实践，加强大学生创新创业项目指导与孵化。推动学生在增长知识、提升技能的同时，形成勇于挑战的创新思维、与时代同步的劳动知识与技能，引导学生用真实干和真本领为中华民族的伟大复兴作贡献，为实现自我价值不断奋斗。

三是要利用校园文化活动营造尊重劳动的文化氛围。校园文化是开展劳动教育的重要载体。通过开展劳动相关的主题活动，如定期卫生评比等，使学生身体力行，将辛勤劳动、创造性的劳动固化为行为范式，培养良好的劳动习惯；通过组织劳模、行业精英等走进校园活动，发挥先进典型的导向激励作用，营造崇尚劳动的浓厚氛围和精益求精的敬业风气，感染并引领广大学生勤奋做事、勤勉为人，培养学生热爱劳动的情感。

2. 丰富教育形式，提升劳动教育的育人实效

一是要将劳动教育纳入高校人才培养方案和课程体系。人才培养方案在学生的成长成才过程中有着重要的导向作用，直接决定人才的类型与属性。按照劳动教育所要实现的知识、能力和素质要求，着力形成具有综合性、实践性、开放性、针对性的劳动教育课程体系。根据需要编写劳动实践指导手册，明确教学目标、活动设计、工具使用、安全保护等劳动教育要求。结合高校的办学特色和地方实际，开设劳动教育通识课程，设置相应的理论教学与实践教学环节，设置适当的课时学分，并规定合理的考核评价方式，从而有效矫正轻视劳动教育的思想，提升

劳动教育的育人实效。

二是要拓展高校劳动教育的实践平台。遵循学生个体发展规律，结合课程目标、实践活动课程架构与课外资源，着力构建专业课程类、素质教育类实践平台。

专业课程类实践平台侧重体力劳动的专业性、系统性。目前专业课程实践形式有一般的课程实验实训、学科竞赛、生产实习等。课程应以课程实验实训平台为基础。课程实验实训内容安排紧贴专业课程，有固定学时、周期，有专门的劳动场地、专业的劳动材料和器械与职业化的劳动指导，便于学生开展实践学习，便于教师开展劳动考核，在实现劳动育人的同时有助于学生利用实践检验客观真理，学以致用。同时着力构建创新训练平台，以学科竞赛，如大学生创新创业训练计划等为载体，开展劳动教育。要以培养创新创业意识为主，根据学生所处阶段不同，因时施教：如对于低年级学生，培养其阅读文献、收集资料、对资料简单分析的能力；对于高年级学生，侧重于项目设计、结果分析、论文撰写的能力，以培养学生解决复杂问题的能力，提升学生的劳动素养。

素质教育类实践平台主要针对非专业课程（第二课堂）的教育活动，侧重于综合性、趣味性、体验性体力劳动，如社会实践、志愿服务、文体活动等。通过丰富寒暑假社会实践内容，拓展勤工助学及社区公益平台等方式，扩展学生体力劳动内容、空间，引导学生走入社区、走入社会、服务他人。通过一定的劳动体验，在服务社会、服务他人的过程中增强青年学生的劳动积极性，提高社会责任感。同时，使学生掌握未来职业发展所需的知识、技能和经验，形成劳动智慧和创新思维。

3. 构建长效机制，保障劳动教育整体推进

一是要加强劳动教育制度建设。要坚持“大思政”格局和“三全育人”指导思想，发挥高校“三全育人”体系中各主体、要素、环节的协同作用，在职责划分、资源配置、师资保障、考核评价等方面建立制度规范，达到配置合理、责权统一、反馈及时的目标。以《关于全面加强新时代大中小学劳动教育的意见》为依据，将顶层设计与基层创新相结合，形成具有时代性、开放性、实效性的劳动教育体系，实现显性隐性劳动教育相结合、课内课外劳动教育相促进、校内校外劳动教育相统一，确保劳动教育系统化推进、常态化开展，切实提升劳动教育的效果。

二是要加强劳动教育队伍建设。坚持全员育人，为推进高校劳动教育的有效开展，要建立一支以思想政治理论课教师、专业课教师、班主任、辅导员、校友等为主体的专兼职相结合的劳动教育师资队伍，不断引导育人资源回归劳动教育人本位，多维发力，形成网状育人体系。开展教师劳动教育专题培训，加强教师的劳动教育意识与能力。在教师中大力弘扬劳动精神和工匠精神，丰富师德师风建设内涵，提升育人成效。

三是要建立健全劳动教育评价考核机制，构建多元化的评价指标体系。将学生劳动教育状况纳入综合素质评价，综合评定培养目标完成情况。将劳动观念、劳动态度、劳动习惯、劳动技能、劳动质量等作为考核要点，从过程、结果两个维度进行评价，关注教育过程中学生的参与度和获得感。根据不同的教育内容，采用多元化评价方式，以定量、定性相结合的方式进行考核：既要有可量化的硬指标，又要有劳动精神方面的质性检验。设立“劳动奖学金”，对优秀学生进行表彰并予以宣传，通过榜样的力量激发学生参与劳动的积极性。加强对劳动教育过程和效果的反馈、分析，构建集评价、反馈、改进于一体的劳动教育质量完善机制，不断优化

教育实施过程，提升高校育人质量。

四、结语

总之，开展劳动教育工作是党和国家对新时代高校人才培养质量的新要求，关系国家命运、民族未来。只有坚持立德树人，在学生中大力弘扬劳动精神，切实开展劳动教育，推动德智体美劳五个方面教育的全面发展，方能为实现“两个一百年”奋斗目标和中华民族伟大复兴的中国梦提供坚实的人才保障。

参考文献：

[1] 习近平 . 坚持中国特色社会主义教育发展道路，培养德智体美劳全面发展的社会主义建设者和接班人 [N]. 人民日报，2019-9-11（1）.

[2] 习近平 . 庆祝“五一”国际劳动节暨表彰全国劳动模范和先进工作者大会隆重举行［N］. 人民日报，2015-4-29（1）.

[3] 习近平 . 刻苦学习知识 坚定理想信念 磨炼坚强意志 锻炼强健体魄 为实现中华民族伟大复兴的中国梦时刻准备着［N］. 人民日报，2020-6-1（1）.

[4] 中共中央马克思恩格斯列宁斯大林著作编译局 . 马克思恩格斯全集：第 30 卷 [M]. 北京：人民出版社，1995：509.

[5] 雷虹，朱同丹 . 以学生为中心视域下高校劳动教育的意蕴解读及路径选择 [J]. 黑龙江高教研究，2020（3）：134-138.

[6] 吕小亮 . 体力劳动是培育社会主义时代新人的重要实践环节 [J]. 毛泽东邓小平理论研究，2019（30）：33-39.

[7] 曲霞 . 新时代高校劳动教育的内涵辨析与体系建构 [J]. 中国高教研究，2019（2）：73-77.

[8] 郭维刚 . 新时代劳动教育的实现路径探析 [J]. 教学与管理，2019（30）：41-43.

基于Citespace的高校共青团工作研究文献计量分析

晏爽
天津职业技术师范大学

共青团是中国共产党领导的先进青年群团组织，以党的指导思想为行动指南，是党的青年事业的中坚力量。高校共青团工作是共青团工作的重要组成部分，为高校思想政治教育工作与党的后备军选拔提供了平台。因此，围绕高校共青团工作的学术研究层出不穷。2015 年 7 月，党中央召开群团工作会议，将群团工作提到了前所未有的高度。习近平总书记在会议上强调，“群团事业是党的事业的重要组成部分，事实充分说明，新形势下，党的群团工作只能加强、不能削弱，只能改进提高、不能停滞不前。”2017 年 12 月，中共教育部党组《高校思想政治工作质量提升工程实施纲要》明确把组织建设与教育引领结合起来，强化高校各类组织的育人职责。发挥共青团、学生会、学生社团等组织的联系服务、团结凝聚师生的桥梁纽带作用，把思想政治教育贯穿各项工作和活动，促进师生全面发展。党和领导人的高度重视与关注为学者进行高校共青团工作研究带来了新的动力。相关研究数量有所增长，但运用文献计量方法对其厘清脉络的研究很少，很难客观把握近年来高校共青团工作的关键内容、研究趋势。因此，本文采用可视化软件对该领域研究成果进行聚类分析，以期为后续研究提供有益参考。

一、数据来源与研究工具

（一）数据来源

本研究以中国知网（CNKI）数据库收录的论文数据为数据源。通过对主题词“高校共青团工作”和检索时间“2016 年（2015 年群团工作会议之后）——2020 年”的设定，剔除与主题词关联度较弱的报纸、会议综述等文章，共获得有效文献 450 篇。以 Refworks 格式导出相关数据，确保文献名、作者、机构、关键词等信息包含在数据源，随后将数据源放于指定路径。

（二）研究工具

知识图谱是通过将应用数学、图形学、信息可视化技术、信息科学等学科的理论与方法与计量学引文分析、共现分析等方法结合，把复杂的知识领域通过数据挖掘、信息处理、知识计量和图形绘制显示出来，并利用可视化的图谱形象地展示学科的核心结构、发展历史、前沿领域以及整体知识架构，以揭示知识领域的动态发展规律，为学科研究提供切实的、有价值的参考。本研究借助可视化知识图谱软件 Citespace，对上述文献数据进行基本整理、转码、分析，生成获取关键词共现知识图谱，进而分析展示我国高校共青团工作的研究现状与热点。

二、实证分析

（一）关键词共现分析

时间区间设置为 1 年，分析选项设置为 keyword，Top=30，TopN%=10。使用 Pathfinder 算法进行数据修剪，并进行关键词共现分析，进而得出高校共青团工作研究领域关键词的可视化结果。如图 1，共生成关键词 77 个，连接 114 个。

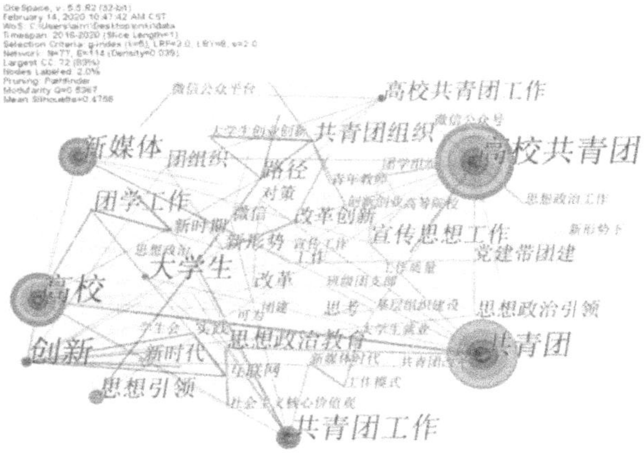

图 1 2016—2020 年高校共青团工作研究领域的关键词共现图谱

在图 1 所示的知识图谱中，节点越大，关键词出现的频率越高，两者成正比关系。连线表示关键词节点的知识结构，连线越粗表明共现频率越高。高校共青团是图谱中最大节点，是研究中使用最多的核心词。由软件统计分析可知，排除研究对象（高校共青团、共青团、高校、共青团工作）关键词外，得到词频排名前 10 的关键词：新媒体、思想引领、创新、大学生、新时代、团学工作、思想政治教育、宣传思想工作、改革、互联网。这表明近 5 年该领域的主要研究内容与方向。从共现图谱（图 1）也可直观看到，除了研究对象，新媒体圆圈最大。

（二）关键词聚类分析

采用 Citespace 软件对关键词进行聚类分析，选择 LLR 算法。结果显示，Q 值为 0.5367，S 值为 0.4758，依据标准，表明此次聚类分析出来的结构良好、显著。图 2 直观显示了 2016 年以来高校共青团工作的聚类分析。

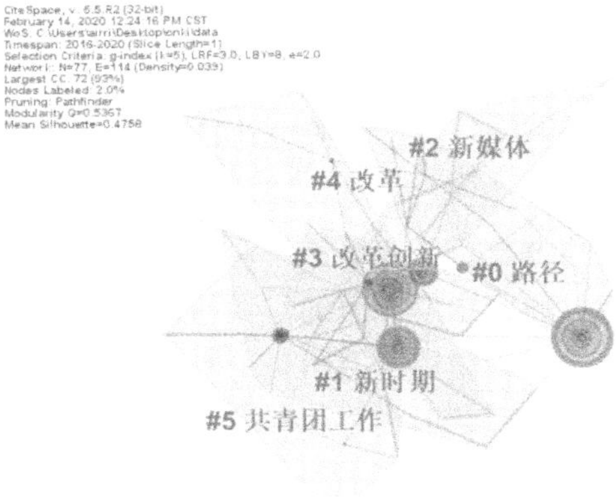

图 2 2016—2020 年高校共青团工作研究领域的关键词聚类图谱

其中聚类 #0 路径为最大类，是当前高校共青团工作研究领域最大的热点，出现的平均年份为 2017 年。涉及开展共青团工作的途径与方法，主要包括青年教师、高校思想政治工作、思想引领、共青团组织、互联网 +、大学生创新创业等关键词。高校共青团应积极参与思想政治队伍工作，将青年学生的思想引领作为首要工作任务。蔡静、鲍丽娟学者以合肥工业大学为例，采用“互联网 + 共青团”的工作模式，探究大学生网络素养培育途径。

聚类 #1 为新时期，涉及团学工作、思想政治、制度建设、中国梦等关键词。面对新时期的困难与挑战，高校要做好制度建设、思想政治教育等工作。郝海洪以安徽某高校共青团为例，提出深入开展“我的中国梦”主题教育实践活动、积极践行社会主义核心价值观等方式提升高校共青团思想政治引领工作。

聚类 #2 为新媒体，涉及宣传思想工作、话语权、思想引领、微信公众号、微博等关键词。运用新媒体开展共青团工作是未来发展的必然趋势，其优点在于能及时了解大学生的现实需要与诉求。高校需统筹好“线上 + 线下”模式，为高校共青团工作打开新局面。黄书敏，吴雯等学者通过问卷调查的方式，探究自媒体时代适合基层高校新媒体平台思想引领工作的模式。

聚类 #3、#4 可以划为一类，即改革，涉及的关键词包括创新、实践、第二课堂中外合作办学、课外育人等。传统育人理念方法、社会实践模式等无法适应当前青年多元化的需求。2016 年，共青团中央、教育部联合印发《高校共青团改革实施方案》，推行了一系列有力改革措施。如“第二课堂成绩单”，该制度为学生提供了一个展示、证明自我的科学评价体系。

聚类 #5 为共青团工作，涉及高校共青团、服务体系、服务大局、围绕中心、影响力等关键词。共青团的工作主线是围绕中心、服务大局。李骥提出在“大思政”格局下，要深化实施“青年马克思主义者培养工程”，充分发挥大学生骨干“点亮一盏灯，照亮一大片”的示范引领作用。[8]

（三）作者与研究机构共现分析

根据上述方法，可得到作者与研究机构的共现分析图（图 3）。同样，圆圈大小代表发文量，连线粗细代表作者、研究机构间合作次数。根据软件分析得到结果，共现网络节点有 53 个，连线有 23 条，网络密度为 0.0167，这表明作者、机构联系密度低，结构分散。高产作者不多，发文量较多的作者为韦联桂（5 篇）、尤文静（3 篇）、孙光荣（3 篇）等，大部分作者发过 1 ～ 2 篇，如图所示，作者间合作较少。发文较多的研究机构为广西财经大学（5 篇）、西安外国语大学（3 篇）等，研究机构之间合作较少，力量分散，阻碍了有影响力研究成果的产出。

三、结论与启示

通过 Citespace 可视化软件对近 5 年高校共青团工作研究领域文献进行知识图谱分析，得出以下结论。

（一）作者与研究机构分布分散、合作较少，需加强合作与交流

一是从研究主题角度出发，研究主题相似的作者与机构可以加强合作。比如：与高校共青团工作相关的新媒体、微信公众号、微博、网络言论等主题。二是从科研经费角度出发，高校可以为研究者提供一定的经费支持，并形成考核标准。对于进行合作的团队给予正面评价，鼓励研究者进行跨地区、跨学校的高校共青团工作合作研究尝试。

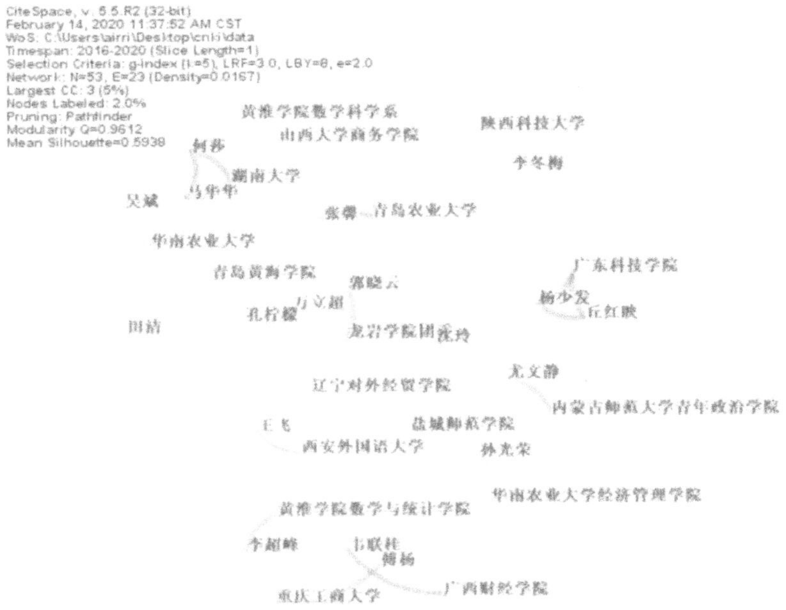

图 3 作者与研究机构共现图谱

（二）大部分研究停留在理论探讨层面，缺乏实践调研，应着重加强验证工作

从收集的450篇文献来看，实证调研类论文只有11篇，且存在调研选样科学性、规范性问题，研究文献缺乏科学数据支撑。有的论文会显示基于某高校的调研报告，但并没有显示属于文科或理工科院校，参考价值受到影响。要提高研究成果质量，必须重视社会实践调研，同时增强数据精度。比如：通过召开座谈会、问卷调查、直接观察、深度访谈等方式获取与高校共青团工作研究相关材料。

（三）重复研究比较多，创新内容较少，须加强研究的前瞻性与连贯性

可以从党建带团建、大学生创新创业、学生会改革、“青年大学习”微团课等角度，扩大研究面，丰富研究内容。可以对已有的基础成果进行深化研究。有些学者指出在大学生社会实践中，可以通过增加社会实践专业性、多样性提升共青团实践育人成效，但对于在实践中如何处理学生个人与团队关系，提升沟通能力的研究却很少。类似的空白研究领域还有很多，学者们可以尝试进行深化研究。

（四）研究方法单一，可进一步科学化

虽然 Citespace 可视化工具可以将研究成果直观、全面地呈现出来，但由于阈值设定、数据处理规则、算法选择等原因可能会存在一定的局限性。随着 Python 数据分析、5G 等新型技术的出现，学者应使用新技术不断更新研究方法，让更多的思想政治教育工作者受益。

参考文献：

[1] 秦长江，侯汉清．知识图谱：信息管理与知识管理的新领域 [J]. 大学图书馆学报，2009（1）：30-37，96.

[2] 汪海彬，陈妍，姜士成，等．文献计量研究方法在青少年研究中的应用 [J]. 青年学报，2016（1）：36-40.
[3] 蔡静，鲍丽娟．“互联网 + 共青团”工作模式下的高校大学生网络素养培育路径研究：以合肥工业大学为例 [J]. 合肥工业大学学报（社会科学版），2018，32（2）：120-125.
[4] 郝海洪．论高校共青团思想政治引领工作实效、问题及改进方法：以安徽某高校共青团为例 [J]. 科教导刊（中旬刊）2019，（2）：83-85.
[5] 黄书敏，吴雯，张峥，等．自媒体时代高校基层共青团新媒体平台思想引领模式探究 [J]. 教育教学论坛．2018（21）：51-53.
[6] 李骥．“大思政”格局下高校共青团思想引领的优先策略 [J]. 思想教育研究．2017（5）：114-117.

新时代背景下高校辅导员提升职业能力的思考

闫丹
天津职业技术师范大学

一、引言

根据《高等学校辅导员职业能力标准（暂行）》规定，高校辅导员的职业能力包含思想政治教育、党团和班级建设、学业指导、日常事务管理、心理健康教育与咨询、网络思想政治教育、危机事件应对、职业规划与就业指导、理论和实践研究九个方面。由此可见，辅导员的工作涵盖了学生在校期间的方方面面，辅导员职业能力水平对于高校思想政治教育工作的落实至关重要。

二、新时代背景下高校辅导员职业能力提升的必然要求

1. 时代特征的变化对辅导员职业能力提出的新要求

我国进入新时代以来，社会、经济、文化以及国内、国际环境等方面的变化都非常大，我国的社会生产力水平总体上得到了较大提高，即将全面建成小康社会。“互联网 +”、人工智能在人民生活中占据了更加重要的地位。尤其是今年在抗击新冠肺炎疫情中我国所取得的显著成果，在全世界范围内彰显了我国的综合国力和社会主义制度的优越性。但同时，中国面临的国际环境也更加复杂和多变。

新时代的新变化和新特征，尤其是疫情常态化背景下的新形势，给高校的思想政治教育工作带来了全新挑战。例如此次新冠肺炎疫情发生后，全国各地都采取了严格的防控举措，全国各大高校推迟开学返校，学生和老师开始在家上网课。这是前所未有的全新体验，也是全新的挑战。对于高校辅导员来说，工作从“面对面”变成了“网上”“云上”，如何在与学生不见面的情况下，做好思想价值观引领、学业指导、困难帮扶、就业指导、心理辅导、舆情监控等工作，真正成高校辅导员职业能力和开拓创新能力的试金石。

2. 新时代大学生特点的变化对辅导员职业能力提出的新要求

在新时代的大背景下，以“00 后”为主体的大学生在心理和行为方面的特点也出现了一些新的变化。现在的高校学生主要是出生于 20 世纪末、21 世纪初，他们成长于改革开放成果丰硕、市场经济体制逐渐完善、信息技术高速发展、经济社会全球化趋势明显、国内外思想价值激烈碰撞的社会环境。这些社会特点在他们身上有了明显的时代烙印。因此，当代大学生眼界更加开阔，思想较为活跃，个性鲜明，兴趣爱好更加广泛，创新意识较强，网络获取信息、

知识能力强，容易接受新事物，面对权威不盲从有自己的见解。但同时，他们个人意识较强，缺乏集体归属感和社会认同感，更加务实和功利化，也容易受网络上纷繁复杂、良莠不齐的信息影响。

高校辅导员应顺应时代的发展，结合新时代的时代特点和大学生的特点，全面提升职业能力，以做“努力成为学生成长成才的人生导师和健康生活的知心朋友”为职业目标，坚持围绕学生、关照学生、服务学生，不断探索全面育人、全方位育人、全过程育人的工作方法，做好新时代大学生的思想政治教育工作。

三、新时代背景下高校辅导员职业能力提升方法的思考

1. 不断提高思想政治素质，让坚定的理想信念成为工作扎实的前提

党的十九大报告中指出，“青年兴则国家兴，青年强则国家强。中国梦是历史的、现实的，也是未来的；是我们这一代的，更是青年一代的。中华民族伟大复兴的中国梦终将在一代代青年的接力奋斗中变为现实。”辅导员始终在高校思想政治教育工作的第一线，与学生的关系最为密切，对学生的成长起着至关重要的作用。因此，高校辅导员的工作方式和工作成效对学生的成长和发展以及高校的人才培养质量有至关重要的影响。因此，辅导员应当始终坚定理想信念，坚持以社会主义核心价值观为指导，牢固树立“四个意识”，深入学习贯彻党的十九大精神和习近平总书记关于教育的重要论述，积极主动地学习党的最新理论成果，始终用最新的知识武装头脑，不断牢固理想信念，做马克思主义的坚定追随者。努力将学习成果内化于心、外化于行，争做“四讲四有”合格党员，力争自己在给学生一碗水的时候，自己先有一桶水。作为教师应身正为范、言行一致，以坚定的理想信念引导学生，以优良的道德品质感化学生。坚持以立德树人为宗旨，引导学生深入学习习近平新时代和党的十九大精神中国特色社会主义思想，帮助学生不断坚定理想信念，坚定“四个自信”，树立正确的价值观，做马克思主义的坚定实践者。

2. 树立终身学习的理念，全面提升知识素养，授学生以渔

当今世界科技进步之迅速早已超越了以往所有的时代，而大学生是其中思想最为活跃、接受能力最强、接受新事物最快的群体。如果辅导员不及时学习新知识、新科技，只能落后于时代发展，与学生失去共同语言，更无法指导学生、教育学生。从近几年的各大高校的辅导员招聘要求来看，国家和各高校的思想政治工作对辅导员的职业能力要求也越来越高。辅导员招聘早已不仅仅局限于思想政治教育专业，而是扩展到各学科各专业，并且一些“双一流”学校已将辅导员学位要求提升到博士。这也充分说明，辅导员的工作不仅仅是为学生做好奖惩助贷等各类事务性工作，更重要的是对学生进行思想引领、心理辅导和学业导航等。辅导员只有秉承终身学习的理念，不断地全面提升知识和素养，才能始终立于潮头，有能力和底气授学生以渔，赢得学生的信任和敬佩，将工作做到学生心里。

3. 切实把握学生特点，让培养“六有”大学生成为前行目标

我国是社会主义国家，我国高校应努力培养又红又专、德才兼备、全面发展的中国特色社会主义建设者和接班人。针对当代大学生的显著特点，辅导员不仅要转变思维观念，勇于接受新鲜事物，提高自主学习意识，而且要理解学生、认同学生，根据学生的特点调整工作方法，

杜绝墨守成规，开辟新时代的工作方法。辅导员不仅要掌握马克思主义理论、教育学、哲学、法律、心理学等思想政治教育工作相关学科知识储备，还应该了解学生所学专业的专业知识，以便更好地指导学生的学业和职业生涯规划。充分了解学生的思想行为特点，有针对性地帮助学生处理好思想认识、价值观念、学习生活、就业等方面的具体问题。除此之外，还应了解新媒体技术、人工智能等当下的新领域新知识，更好地引领学生关注社会发展和科技进步，鼓励学生积极创新、投入有利于国家和社会发展的核心技术和智能制造中去，为国家核心竞争能力的提高做出自己的贡献。尊重学生发展的多样性特点，根据学生的不同特点针对性地加强分类指导和对学生的思想引领，从而潜移默化地引导学生，培养德智体美劳全面发展的新时代“六有”大学生。

4. 合理运用网络和新媒体技术，加强网络思想政治教育

在当今5G网络时代，新事物层出不穷、日新月异。原本只运用于网络的网络流行语对现实生活的语言使用和人们的思维方式也产生了非常明显的影响，很多原本只在网络上使用的词汇、用法、缩写方式都被广泛地用到了现实生活中，甚至进入了权威词典。当代大学生是“网生一代”，即靠网络为生的一代人。因此，辅导员要正视这一现象，把握好网络这个拉近与学生距离的机会，熟悉网络语言和用法，加强与学生的网上互动交流，真正深入到学生中去，引导学生正确地使用网络语言，正确辨别网络上良莠不齐的信息，鼓励学生创作优秀的网络文化作品，弘扬正能量。例如今年国内新冠疫情发展较为迅速的时候，网络上出现了很多不同的声音，学生难免会受到一些别有用心者的不良影响，甚至在网上传播这样的声音。辅导员需要及时关注网络舆情，积极引导学生坚定理想信念，用我国疫情防控的有力举措和疫情防控中涌现的先进典型感化学生，坚定学生的爱国主义情感和民族自豪感、自信心。

面对网络时代的各种新兴事物，高校辅导员不仅要转变观念，主动学习，客观冷静地看待新兴事物，提高政治敏锐性，不被负面信息所干扰，还应体现在行动上，积极地了解、使用网络和新媒体，掌握网络自媒体时代的工作方式方法，真正地走到学生中去，有效地开展思想政治教育。运用新媒体和新技术，充分利用网络平台、社交媒体开展思想政治教育工作，充分了解学生在网络上的思想动态和行为习惯，深入到学生中去，利用短视频、直播等学生喜闻乐见的形式，充分利用当下热点和时事引导和教育学生。像学生选择的一些当前出现的如电竞选手、网络主播等新职业或灵活就业形式作为职业目标，辅导员应充分进行调研和了解，避免因社会热潮或学生一时兴起进行职业选择，帮助学生对该职业目标和学生自身进行全面的分析，理性树立职业目标和生涯规划。

四、结语

作为大学生思想政治教育工作的骨干力量，高校辅导员的职业能力对大学生的健康成长起着至关重要的作用。如今，全社会、各行业都处于“互联网”“人工智能”的跨界融合大浪潮中，如何将新技术、新知识与思想政治教育相结合，推动高校思想政治教育事业实现全面现代化、精准化、智慧化是摆在全体思想政治教育工作者面前的新课题。在新时代高校辅导员承担的任务和面临的挑战日趋复杂的情况下，只有不断思考、勇于探索，不断改进工作方法，提高职业能力，才能培养出适应国家、社会和时代需要的“六有”大学生。

参考文献：

[1] 宋一婷 . 互联网视域下辅导员职业素养提升探究 [J]. 戏剧之家，2019（24）：144-146.
[2] 罗丙蕊 . 高校辅导员职业能力提升路径研究 [J]. 科教文汇（下旬刊），2019（8）：45-46.
[3] 周波 . 新时代高校辅导员的角色定位及工作创新 [J]. 文化创新比较研究，2020，4（17）：19-21.
[4] 田娜，陈美璘 . 新时代高校学生思想行为特点研究 [J]. 科教导刊（中旬刊），2020（7）：177-179.

“四史”教育融入新时代大学生思想政治教育的路径研究

陈永刚
南开大学

党的十八大以来，习近平总书记围绕党史、新中国史、改革开放史、社会主义发展史作出系列重要论述，强调“四史”学习教育是坚定理想信念、践行初心使命的重要内容。从五四青年爱国运动、“一二•九”青年抗日救亡运动到嫦娥四号背后的青年科研人员，再到“95后”和“00后”青年奋力志愿抗疫阻击战，一代一代青年在党的领导下，用青春和热血书写着爱国之情、报国之志、强国之行。中国特色社会主义进入新时代，引导大学生从“四史”中汲取智慧和力量，成为高校培养“时代新人”的必然要求。通过深刻把握理论与实践、虚拟与现实、倡导与批判的辩证关系，探索新 “四史”教育融入新时代大学生思想政治教育的有效路径，对学懂弄通做实习近平新时代中国特色社会主义思想，实现中华民族伟大复兴的中国梦，具有重要的理论和现实意义。

一、“四史”教育融入大学生思想政治教育的时代价值

1. 加强“四史”教育是新时代高校思想政治教育工作的必然要求

党史、新中国史、改革开放史、社会主义发展史，是中国共产党带领广大人民在长期伟大实践中形成的宝贵精神财富，加强“四史”教育是高校培育“时代新人”的必然要求。一是“四史”教育是高校思想政治教育工作的重要内容。从文化角度看，“四史”蕴含着中华优秀传统文化和创造了革命文化和社会主义先进文化，其精神内核就是爱国奋斗。从执政角度看，从1921年成立中国共产党到1949年成立中华人民共和国，从十三届四中全会以来的改革开放到中国特色社会主义进入新时代，“四史”揭示了中国共产党带领中国人民实现从站起来、富起来、强起来伟大飞跃的执政规律和社会主义发展规律。二是“四史”为新时代加强大学生思想政治教育工作提供鲜活教材。历史是最好的教科书，历史也是最好的营养剂。在精神层面，“四史”蕴含革命、建设、改革、新时代等各个时期精神力量，如红船精神、“两弹一星”精神、改革开放精神以及抗疫精神等，这些精神资源见证着中国共产党领导全国各族人民为实现伟大复兴中国梦而奋斗的不平凡历程。从物质层面，革命遗址、纪念馆以及各种经济自贸区、新区等，证实着中国一步步走向辉煌的进程。三是“四史”为大学生践行社会主义核心价值观提供了精神支撑。“四史”发展过程中结晶出的优良品格、智慧经验、真善美价值取向、爱国奋斗精神等，如雷锋精神、大庆精神、改革开放精神等。为大学生践行社会主义核心价值观沿着正确方

向成长发展提供了标杆和导向，可以说，加强“四史”学习有助于大学生践行社会主义核心价值观和德智体美劳综合发展。

2. 加强“四史”学习是大学生全面发展的迫切需要

大学生正处在世界观、人生观、价值观形成的“拔节孕穗期”，“四史”中蕴含的宝贵资源为大学生全面发展提供了迫切需要的营养剂。一是“四史”为大学生研判世情国情提供了参考素材。面对复杂多变的国际环境和快速流变的热点焦点问题，加强“四史”学习，有助于大学生解读世界、读懂中国，在一定程度上了解事物的本质属性和发展走向。二是学习“四史”是大学生成为“时代新人”的必修课。习近平总书记明确提出要“培养担当民族复兴大任的时代新人”。加强“四史”学习教育，有助于大学生深刻认识到红色政权来之不易，新中国来之不易，中国特色社会主义来之不易，进一步激发大学生爱党、爱国、爱社会主义的思想情感，继承和发扬优良作风和斗争精神，投身到中国特色社会主义伟大建设中去。三是学习“四史”有助于提升大学生守正创新能力。以史为鉴，知史明智。中国共产党带领全国各族人民战胜一个一个限难险阻、从胜利走向胜利，源自于中国共产党的坚强领导和坚定的理想信念以及与时俱进的创新革新能力。当前，大学生面临着诸多意想不到的困惑疑惑，通过“四史”学习，有助于汲取信仰之力，借鉴党战胜各种艰难险阻的经验，掌握化“危”为“机”的辩证思维能力，学会推陈出新的创新能力。

3. 学习 “四史”是批判历史虚无主义的有力武器

近年来，历史虚无主义采用“重评历史”、丑化领袖、抹黑英雄、美化历史罪人等恶劣手段，企图达到“否定人民革命历史和中国共产党的历史，进而否定中国共产党领导、马克思主义指导、社会主义道路和人民民主专政，试图以乱世而达到社会主义改旗易帜之目的”。高校要充分发挥“四史”教育引领作用，使大学生自觉抵制历史虚无主义对其思想的侵蚀。一方面，学习“四史”有助于增强政治免疫力。历史是最好的清醒剂，通过“四史”学习，深入了解中国共产党领导人民进行艰苦卓绝的奋斗史，从历史中汲取信仰之力和前行之力，有助于经得起外界形形色色的诱惑和错误观点思潮的浸染，不断增强政治免疫力。另一方面，学习“四史”有助于提升与错误思潮的斗争力。当前，历史虚无主义对大学生的思想意识产生较大影响，危害着大学生的健康成长。其主因就是部分大学生存在“四史”认识“碎片化”、思想定力不够以及与错误思潮斗争的经验不足等。加强“四史”学习，深刻了解历史事实和理清历史脉络，有助于大学生清晰地看破历史虚无主义“解析”历史的破绽。同时，要在“四史”学习中，继承和发扬中国共产党党员与敌与困难斗争的经验教训，不断积累与历史虚无主义做斗争的力量，承担起时代赋予的历史使命和责任。

二、“四史”教育融入大学生思想政治教育的现实困境

1. “四史”教育的整体规划研究不系统，教育的合力作用未能充分发挥

对“四史”教育整体规划不系统、指导学生不深入，甚至对中国共产党为什么“能”、马克思主义为什么“行”、中国特色社会主义为什么“好”等核心内容理解不到位，极大影响“四史”学习教育的实效性。一是“四史”教育顶层设计有待进一步加强。党史、新中国史、改革开放史、社会主义发展史之间既有区别、各具特色，更是密切联系的。部分高校对“四史”教育融

入大学生思想政治教育工作重视程度不够，往往忽视“四史”的整体性统一性，教学部门、学工部、团委等单位协同合力育人功能未充分发挥，致使大学生难以全面系统了解“四史”知识。二是理清“四史”发展脉络有待进一步加强。“四史”碎片化是阻碍高校开展思想政治教育有序开展的关键因素之一。理清历史脉络才能从逻辑上把握好“四史”在历史、理论、实践等各方面的联系，进而把碎片化的历史故事和事件串联起来，使得“四史”教育更具连贯性系统性，可以说，理清历史发展脉络是开展“四史”教育的基础和前提。三是“四史”教育在思政课教学中的重要性认识和落实不到位。一些高校思政课虽有“四史”内容，但各门课程之间缺乏规划分工和有机衔接，往往都是零散的、简略的。同时，“四史”的最新研究成为未能及时补充到课程中，甚至部分教师的专业素养和知识框架难以胜任“四史”教学。这些现实情况已经成为高校思政课改革创新亟待解决的关键问题。

2.“四史”教育的针对性不强，学生的思想困惑解决不彻底

当前，大学生深受信息化、全球化以及国与国之间激荡交织的影响，价值观念、思维方式等随着在不断改变。大学生的思想困惑、价值迷茫日趋严重，容易在多元多变中迷失自我。一是重“教”轻“育”。党史、新中国史、改革开放史、社会主义发展史是中国共产党领导全国人民创造的政治瑰宝，具有鲜明的政治属性。因此，“四史”学习教育不是历史课，而是以历史为基础的政治教育。部分高校往往重“完成任务”式的“教”，而忽略政治教育的“育”，导致大学生正确历史观形成不牢固。二是“四史”教育与学生实际需求相脱节。部分高校在“四史”教育过程中往往忽视学生的主体地位，不能及时有效地解疑答惑，思想困惑得不到彻底解决，成为当前亟待解决的问题之一。高校开展“四史”教育应在传授历史知识的同时，更加注重利用知识点解读学生关注的热点问题，帮助大学生形成正确的价值取向，树立崇高的理想信念。三是大学生的使命意识引领不够。青年兴则国家兴，青年强则国家强。然而，部分高校的“四史”教育与国家未来发展的结合不够，致使“四史”的精神力量不能有效辐射到培养“时代新人”上来。

3.“四史”教育的形式内容单一，教育的吸引力亲和力不够

“四史”教育融入大学生思想政治教育，应该在“融入”上下足功夫，既要有显性教育又要结合隐性教育，但部分高校“四史”教育的形式单一、内容滞后、活动雷同，使得教育吸引力亲和力明显不足。一是网络宣传教育的影响力有待加强。网络虚拟空间作为现实世界的延展，是“四史”教育的重要阵地。从网络宣传的现状来看，部分高校未能及时适应“短、平、快”网络节奏、网络精品项目开发不够，难以生动形象地有效展现“四史”的丰富内涵。从网络宣传的内容来看，往往是“线下”活动在网上静态呈现或者是较为抽象的红色历史简单展现，这与大学生互动性、视频化、的网络阅读习惯不符，学生常常是“一刷而过”或者“直接略过”，造成新形式主义的泛滥。二是“线下”教育理念亟待转变。课堂教学、校园文化、社会实践等现实空间教育让学生有更多切身体验感，而教育方式的传统化、历史故事和历史资源运用不充分等削弱了教育的吸引力，让学生感受不到通往实现中华民族伟大复兴道路上的艰难困苦，极大降低了使命光荣感。三是新技术的利用不足。大数据、人工智能、VR、AR 等新技术创建了全新的场景，为大学生带来体验快感。“四史”教育应充分利用利用信息技术展现出的创新力量，让学生在沉浸式的体验中感知和传承“四史”的精神内涵。

三、“四史”教育融入大学生思想政治教育的实现路径

1. 理论与实践协同并进，强化大学生对“四史”教育的时代价值认知

高校开展“四史”教育，要坚持以习近平新时代中国特色社会主义思想为指导，加强全方位、深层次、多角度的“四史”理论研究阐释，结合学校实际、学生特点，不断提升大学生对“四史”教育时代价值的认知水平。一是认真学习习近平新时代中国特色社会主义思想。习近平总书记关于“四史”的重要论述，为正确把握新“四史”的精神内涵和时代特征，提供了重要遵循。要引导学生全面系统学、深入思考学、联系实际学，做到学深悟透融会贯通，不断增强大学生对中国特色社会主义道路认同、理论认同、情感认同。例如，广西高校开展大学生“学习习近平新时代中国特色社会主义思想”主题演讲比赛等。二是持续开展“四史”教育。通过广泛调研、交流沟通等形式，把握好大学生思想意识造型、价值观念塑型、是非判断定型的关键“孕穗期”。通过深入开展“四史”教育，引导学生在历史文化、历史启示中汲取智慧和勇气，进一步坚定大学生理想信念，不断增强学生的历史责任感和时代使命感。三是构建“大思政”教育格局。推动课程思政与思政课程的同频共振，找准各学科教学与“四史”教育的有机融合点，为学生“量身定做”教育内容和形式，让学生在“吃透”“解渴”中深化对爱国精神的理解和认同。同时，注重运用马克思主义的立场、观点和方法，解决学生遇到的现实困惑和思想迷惑，潜移默化地引导学生将“四史”精神内涵转化为实际行动。

2. 线上与线下深度融合，创新“四史”学习教育载体

“人创造环境，同样，环境也创造人。”高校要有效拓展网上网下育人平台，不断创新形式、丰富外延内涵，实现“四史”学习教育线上与线下的“双升级”，才能在学生思想深处产生同步同频共鸣的效果。一是切实发挥思想政治理论课的主渠道主阵地作用。思想政治理论课是“四史”教育的主阵地，教师要根据不同年级、不同专业学生的特点，理直气壮地开好思政课，引领大学生将爱党爱国爱社会主义与个人的成长发展有机结合，树立国家意识、增进爱国情感。二是发挥网络媒体优势，唱响“四史”学习教育主旋律。截至 2020 年 3 月，我国网民规模达 9.04 亿，其中学生群体占比 26.9%，20~29 岁网民占到 21.5%; 网络视频（含短视频）用户规模达 8.50 亿，即时通信用户规模达 8.96 亿。可见，大学生“无人不网、无处不网、无时不网”。高校应辩证地把握互联网给带来的机遇与挑战，集中打造体现“四史”内容、符合大学生属性、适合网络传播的短视频、微电影、网络文章等网络文化精品，推进教育在网络空间全方位、立体式开展，让学生时时处处感受“四史”的精神。三是校内文化与校外实践相结合，提升学生的情感认同。以国庆节、“七一”建党、“五四”青年爱国运动以及抗日胜利纪念日、国家公祭日等重大纪念日、重大历史事件为契机，通过主题党日、团日、班会和主题展、大合唱、红色话剧等形式，在校园内营造浓厚的育人氛围。注重党团支部、班级以及学生会、研究生会、学生社团等学生组织建设，发挥学生组织在“四史”教育中的重要枢纽作用。与此同时，积极引导学生在社会实践中感受中华优秀传统文化、革命文化和社会主义先进文化，从历史文化中汲取智慧和力量，不断巩固学生对中国特色社会主义道路的自觉自信。

3. 建设与批判立破并举，厚植大学生的爱党爱国爱社会主义情怀

面对多元社会思潮对马克思主义指导地位的挑战、多元文化对大学生价值认同的冲击，导致部分学生思想不坚定、价值取向西化、爱国主义非理性化等不良倾向。因此，高校开展“四

史”教育要处理好“立”与“破”关系，必须旗帜鲜明地引导学生倡导什么、批判什么，不断厚植大学生的爱国主义情怀。一是坚守政治信仰，筑牢理想信念思想根基。高校是培养时代新人的重要阵地，必须深刻回答好“培养什么人、怎样培养人、为谁培养人”这一根本问题，将爱党爱国爱社会主义教育贯穿于立德树人的全过程。引导大学生将个人的“小我”融入祖国的“大我”、人民的“大我”中，坚守爱国之情、强国之志、报国之行，成就壮丽的人生。二是牢牢把握正确舆论导向，有效应对新问题新挑战。当前，复杂多变的国际环境，侵染着“四史”教育的清朗环境。高校必须立场坚定地对各种错误观点和思潮进行彻底批驳和否定，在斗争中不断提高辩证思维能力和历史思维能力。面对历史虚无主义沉渣泛起，学会用历史唯物主义认识历史发展规律，时刻补足历史“清醒剂”，用实际行动捍卫党史、国史和改革开放史、社会主义史的神圣。三是强化法治思维能力。当前，西方舆论诋毁、崇洋媚外现象、精致利己主义等影响着新时代爱国主义教育的开展。高校要综合运用深入分析、准确识变、科学应对等措施，加强学生依法依规用网管理，引导学生自觉与损害国家荣誉和利益、扰乱社会秩序、违反社会道德等错误言行做斗争，协助公安机关依法打击网络违法行为，共同营造良好的网络道德环境。

参考文献：

[1] 习近平 . 习近平谈治国理政（第三卷）[M]. 北京：外文出版社，2020.

[2] 杨建义 . 历史虚无主义的网络传播与应付 [J]. 思想理论教育导刊，2016（1）.

[3] 马克思恩格斯选集（第 1 卷）[M]. 北京：人民出版社 .2012（172）.

浅谈高校三全育人工作的现实困境及实现路径

段蕴芳

天津职业技术师范大学

高校“三全育人”工作要以习近平新时代中国特色社会主义思想为指导，紧紧围绕立德树人根本任务，以理想信念教育为核心，以社会主义核心价值观为根本遵循，积极推进全员、全过程、全方位育人。

一、“三全育人”工作的现实困境

（一）全员育人——育人队伍合力不强

育人队伍职责划分不明确。目前各高校虽然都在全力推进“三全育人”机制，但是各岗位职责划分不清晰，造成了育人队伍合力不强的局面。部分学院对“三全育人”过程中领导定位、专任教师和教辅人员的角色定位并没有进行清晰的规划，因此各岗位教师的工作职责和工作目标未达成统一，仅仅依靠工作文件和绩效考核的方式来推动，没有形成合力。

（二）全过程育人——育人过程不够精细

专任教师以及辅导员都是三全育人工作中不可或缺的重要组成部分。一方面，专任教师的“课程思政”教学改革虽然已经全面展开，但是由于课时、专业等方面的限制，很多课程只能讲到皮毛，难以深入展开，课程改革的效果也就可想而知了，进度缓慢而不尽如人意。另一方面，辅导员队伍在日常高效工作当中往往存在工作量太大、事务性工作多、留痕过度等问题，这在一定程度上牵扯了辅导员大量的精力，同时也影响了辅导员工作的积极性和稳定性，导致在育人过程中，往往容易出现“重程序、轻教育”的现象。

（三）全方位育人——育人机制不够全面

立德树人是高校人才培养的根本任务，“三全育人”的工作体系目的就是打通育人工作的“最后一公里路”。但是在实际“三全育人”工作中，往往存在要求多、口号多，实际落地的办法和举措少等问题。工作要求往往局限于会议、文件传达，不能落实到具体行动，存在“虎头蛇尾”的现象。部分高校存在课堂联通机制不畅现象：一、二课堂尚未连通，教学课堂考核方式单一，创新性不足，导致学生发散性思维较弱；在课外活动中，活动形式单调重复，不能激发学生的积极性，导致学生缺乏参与的兴趣。

二、“三全育人”工作的实现路径

（一）全员育人——深化顶层设计，提升工作“力度”

加强组织领导，统筹推进三全育人建设。校领导要有清晰的“三全育人”整体规划思路，制定具体可行的实施办法，纳入人才培养方案。对于涉及办学方向、教师队伍建设、师生员工切身利益等重大事项，制定明确的议事规程，保证“三全育人”各项工作顺利进行。

1. 建立联动机制，强化服务育人理念

学校可以采取师生结对、分类指导的育人工作机制，确保教师全员参与，学生全部覆盖，促进教学、科研、管理等方面工作互通联动，把围绕学生、关爱学生、服务学生落到实处。同时要做好服务保障工作，学校应建立教务、学工、团委、校办、后勤、图书、医疗、保卫等多部门联动机制，形成育人体系的闭环，各部门按照政策严格落实育人要求。

2. 发挥各类组织作用，形成组织育人合力

学校要充分利用各级各类组织，如党支部、团支部，健全述职评议考核制度，坚持把“三全育人”纳入各类组织述职评议考核的重要内容，充分利用各种主题活动提升组织育人质量。

（二）全过程育人——加强过程建设，提高工作“效度”

1. 积极探索课程改革，统筹推进课程育人

课程改革是加强思政教育的重要环节之一。学校要加强专业培养、课程大纲的修订。对于改革的重难点课程，要采取集体备课、撰写教案的方式；对于专业课教程，任课教师可以采用个性化方式撰写，严把课程教学重点意识形态关。同时，专业教师要在课程育人过程中发挥自己的重要作用，积极探索课程改革，创新教学方法，把课程思政融入授课内容。

2. 创造浓厚学术氛围，扎实推动科研育人

校院两级要建立科研课题申报审核机制，对申报课题逐项进行政治审核，确保政治方向的正确性。加强师德师风建设，定期开展师德师风文件学习活动，提高教师们的思想认识；聘请专家开展学术诚信专题讲座，增强学生们对学术道德的了解，强化学术诚信理念，保持良好的学术氛围。对学生的各级各类论文，要把好政治关。以研究课题为单位，建立科研团队，要求团队负责人对本团队教师、学生进行诚信教育。在对科研团队进行考核的过程中，将思想政治表现和学术道德作为考核的重要前提条件，保证科学研究方向的正确性、真实性和准确性。

3. 落实“三个到位”，保障条件着力实现

一是政策保障到位。学校要积极落实中央精神。二是师资力量配备到位。学校要按照国家规定人数比例配备专业任课教师、专职辅导员。三是全力保障经费到位。学校根据各部门在育人过程中的任务，按时足额划拨经费，保证建设。

（三）全方位育人——突出“五个引领”，提升工作“温度”

1. 突出资助育人引领，解决贫困学子求学之忧

一是要宣传到位。各学院要配备资助宣传员，帮助同学们更好地掌握政策。二是要关注到位。对于资助工作，学校要采取三级评审的工作模式，建立受助学生档案，精准掌握七类重点资助学生家庭状况，确保其百分之百获最高资助。不断健全助学金的管理和监督规定，让助学金真正发挥实效。三是要教育到位。学校要加强贫困学生的感恩励志教育，聘任校内优秀贫困学子担任资助大使宣讲先进事迹，树立学习榜样。

2. 突出心理育人引领，加强人文关怀与心理疏导

一是要加强知识教育，充分发挥主题课堂的作用，除开展“大学生心理健康”等必修课之外，还可以引入多元化网络平台开展选修课，通过必选修相结合的方式，让同学们可以接收更

为多元化的知识。二是要充分发挥专业学科特色优势，依托教育学、心理学等优势学科，整合优质教育教学资源，为学生提供专业服务。同时建立心理社团，让同学们投身到心理建设中去，既提高了学生自主管理能力，也激发了同学心理建设的积极性。三是要建立“学院、班级、宿舍”三级预警防控体系，不断完善心理危机干预预案，定期同心理困难同学谈心谈话，及时发现问题并解决问题。

3. 突出文化育人引领，融通格物致知精神

一是学校应建立健全校园文化建设体系。明确各部门职责划分，按照职责开展相应工作，充分发挥文化育人引领功能，创新校园文化建设方式方法，营造良好的校园文化氛围。二是学校在特殊日子，如学雷锋活动纪念日、清明节、青年节、宪法日、反法西斯战争胜利 75 周年等特殊日子，组织开展符合相应节点的主题教育，充分发挥思想引领作用，增强同学们的政治意识、大局意识、核心意识、看齐意识。三是引导学生投身志愿服务事业，使同学们积极参加志愿服务活动，热心公益事业，主动融入社会。

4. 突出网络育人引领，多元主题推进思政教育

一是强化网络阵地建设，充分利用微信公众号等新媒体平台，开展各类主题推进式教育活动，提高学生参与积极性。二是利用“青年大学习”平台开展团支部网络主题团课，加强青年学生的政治理论学习，引导学生增长见识、丰富学识、培养能力。三是搭建网络教育平台，加强网络空间中思想政治工作话语体系建设，促进“课内课外、线上线下”多种方式互动，增强教育方式的灵活性。

5. 突出实践育人引领，打通“最后一公里路”

“纸上得来终觉浅，绝知此事要躬行”，其中“躬行”的含义就是实践。学生对社会的认知仅仅通过书本和教育是远远不够的，学校要建立健全实践育人长效机制，为学生搭建平台，建立稳定的实践育人基地，培育实践育人精品项目。一是要加强实践课程建设，在教学过程中适当增加实践教学的比重，同时尝试建立校企合作模式，为学生提供更多的实践机会。二是要确定实践教育基地。充分利用假期，带领学生开展假期返乡等实践活动，将社会实践作为人才培养的重要环节，形成社会实践、志愿服务、返乡调研三位一体的实践格局。

参考文献：

[1] 金楚力 . 高职院校“三全育人”工作困境及建设对策研究 [J]. 科学咨询，2020 （27）：8-9.

[2] 谭思晴 . 高职院校“三全育人”的思考与实践 [J]. 科技资讯，2020（20）：186-187.

[3] 刘润 . 王小莉 . 高校“三全育人”工作路径与机制的探索实践 [J]. 思想教育研究，2020（6）：115-118.

深入推进习近平新时代中国特色社会主义思想“进头脑”路径探析

吴平

天津职业技术师范大学

进入新时代，我国进入新的历史时期。开启新的征程，我们要深入学习、广泛宣传、认真贯彻习近平新时代中国特色社会主义思想。党的十九大以来，新思想成为指引中国特色社会主义建设各项事业不断前进的重要思想，这是马克思主义在中国大地生动实践、不断发展的最新成果。高校是意识形态工作的前沿阵地。当前，高校思想政治工作既要以习近平新时代中国特色社会主义思想为指引，同时也要落实好新思想武装师生头脑的重大政治任务。2018 年，天津市教育系统重点调研课题“习近平新时代中国特色社会主义思想‘三进’工作研究”课题组对天津市 10 所本科院校 6400 余名师生开展新思想“三进”工作情况调研，从高校推进新思想“三进”工作实践中探索符合时代要求的有效举措和更加科学、高效的“三进”工作方式，提出“写进教材教案”“讲进课堂讲堂”“融进师生头脑”三个层面，强调推动新思想深入人心是关键所在，只有达到“进头脑”的效果，才能使广大师生在学习工作实践中自觉接受并认同新思想，入脑入心，最终达到自觉践行、融会贯通的工作目标。

本文重点针对“进头脑”的目标，在路径选择上进行总体梳理，从高校、教师、学生三个主要维度入手，开展新思想“进头脑”路径探究。

一、高校要强化使命担当，成为推进新思想“进头脑”的“阵地排头兵”

（一）增进思想认识，加强新思想“进头脑”工作专项领导

高校党委要加强方法设计，构建新思想“进头脑”工作的制度保障与激励机制。一是高校领导班子要结合学校办学特色、学科专业特点，采取有效措施，以高度的使命感、责任感和紧迫感，切实推进工作。高校要成立党委书记、校长牵头，分管教学、学生工作校领导以及组织、宣传、教师、学生、教务、马院、二级学院等部门和单位组成的专项工作领导小组，明确任务，整体统筹推进。二是兼顾统筹校内外各方面资源，加强工作协同和部门联动。充分发挥教师部门作用，推进教师意识形态建设与业务管理相融合相促进；开展工作专项督查，强化责任落实，把“进头脑”工作责任传递到基层的“神经末梢”。

（二）加强平台搭建，依托教育主管部门指导建立思想政治工作研究基地、实践基地

高校思政队伍是高校人才培养工作的“具体操作员”，也是“检验品控员”，发挥了重要作用。高校应高度重视思政队伍的建设，下功夫建立完善的选拔、培训、实践锻炼及激励机制，

保证思政队伍高质量高水平。高校应积极争取上级教育主管部门的支持，采取共建或自建的方式，高标准建设马克思主义学院、干部管理学院、思政课教师培训基地、辅导员培训基地、思政课课程教学研究基地、思政课实践教学基地等思政工作平台，为思政工作人员提供学习、交流和深造的平台，为推进新思想“进教师头脑”创造优质教育资源和平台。

（三）推进“课程思政”建设，构建课程思政与思政课程同向同行的育人格局

高校应结合课程教学实际，深入挖掘各类理论课程、实践课程的思政元素，用好课堂育人主渠道，落实教师育人职责，发挥课程育人功能，将思政教育融入学校教育教学的全过程。一是构建以课堂教学为主、以实践教学和网络教学为辅的线下线上思政课教学体系。以“师资、教材、教法”为切入点，在组织领导、投入保障、日常管理、队伍建设、效果质量等方面给予马院重点建设和扶持。建立思政课教学工作室，由学校牵头统筹思政课教学与研究工作，抓好教师集体备课和上课、听课、评课、考核等基本环节。把思政课程纳入学校精品课程或重点课程进行建设。加大对思政课的经费投入，保证思政课教师有经费购买网络教学资源，有经费组织学生“走出去”开展社会调查和社会实践。二是强化课堂育人阵地作用，深入实施“课程思政”改革。充分加强教务、宣传、马院等部门工作协同，形成“课程思政”教改合力，建立专家团队，优化课程，完善教学设计，建立评比激励机制，使广大学生从思政课中树立正确的“三观”，找到正确的人生方向，从而体会到真正的获得感。

（四）强化学习理解认同，分层分类全面开展新思想的学习与宣传

学习贯彻新思想是高校当前和今后一个时期首要政治任务，要传达贯彻到每一个党支部、每一位师生，落实到学校每一项工作中。一是加强理论宣讲。举办宣讲报告会、座谈会，组织和邀请专家学者和一线优秀思政教师和管理者进行宣讲和解读，回答师生关注的现实问题，让广大师生能够及时了解高层解读；组建新思想宣讲辅导报告团，与师生面对面，把新思想宣讲好、辅导好。二是创新学习宣传模式。创新探索“互联网＋学习”“互联网＋党建”模式，通过网络平台开展学习，实现党建活动实时监控与管理；健全校院两级党委中心组、基层师生党支部和教师群众政治理论学习制度。三是发挥基层党组织功能。实施基层党组织政治能力提升工程，发挥基层教师党支部黏合剂作用，助力提升教师及群众思想政治素养。探索柔性思想引领方式，注重为教师排忧解难，让教师在参与体验中接受教育、增进认同；加大干部专题培训轮训，以多种形式增强学习效果，以线上线下多种宣传载体强化学习氛围。

（五）重视“第二课堂”建设，实施“青马工程”，开展多渠道、多层次的理论教育和实践活动

高校应重视“青马工程”建设，培养一批信仰坚定的“青年马克思主义者”。一是发挥学生党校平台作用，注重重点培养与普遍教育，强化分类指导与整体联动。对低年级大学生骨干和入党积极分子开设党史、新中国史、改革开放史和社会主义发展史的普及教育，开设新思想理论普及班；对高年级大学生骨干和学生党员开设新思想理论与实践精英班，带动更多的学生投入新思想的学习与实践，坚定广大学生理想信念，增强“四个自信”。二是加强德育基地建设，搭建“行走的课堂”。通过学习参观爱国主义教育基地、革命纪念馆、大型工程等进行现场德育教育，展示新思想在中国大地的巨大生命力，增强新思想理论说服力，使广大学生在对比中深刻体会中国特色社会主义制度的无比优越性，坚定永远跟党走的信心和决心。组织青年

志愿服务活动，通过教育扶贫、科技文化服务、社区服务、三下乡实践，使学生在实践中接受新思想的教育。

二、高校教师要强化担当作为，做好推进新思想“进头脑”的实践宣教员

（一）坚持以学生为中心的发展理念，不断提升自身政治素养和综合能力

高校教师具体实施教育教学工作，是传播和践行新思想的中坚力量，实现“进学生头脑”，教师是关键。“亲其师，信其道”。只有教师的自身素质过硬，才能以人格力量去教育和感染学生。高校教师要结合自身教书育人的职责要求和具体实践，以学生为主体，积极发挥主观能动性，将新思想切实转化为提升自身思想政治素养和教育教学理论素养的学习行动，转化为提高教育教学水平的立德树人实际行动。不断提高融会贯通能力，促进科研和教学成果转化，切实将理论学习成果转化为提高综合能力、推进事业发展和经济社会建设实践的有力指导。

（二）坚持政治理论联系指导实际，不断改进教学方法和话语方式

坚持理论联系实际的教学方法，既要理论灌输，也要贴近实际，既要增强灌输的实效性和科学性，对灌输的内容和形式不断加以改进，又要因材施教，开展针对性教学。一是要理论联系实际，将新思想作为理论依据和逻辑工具，对经济和社会发展中的重大问题、真实现象和学生关心的热点问题进行讲解，将新思想与学校建设发展实际相结合，将学生身边事融入课堂，增强理论的说服力和吸引力。二是要深入到学生中去，以学生为主体，增加实践教学环节，促进教学话语体系转换成学生的生活话语体系。通过定期召开学生座谈会，参加学生社团活动等形式，了解学生思想实际、思想动态，弄清疑点、难点、热点，增强教学的针对性。三是要改革教学方法，更新观念，开阔思路，自觉地把现代化教学技术和手段运用到教学中。课堂上采用小组评比展示、主题演讲、读书交流等形式，提升学生荣誉获得感，增强学生学习内在驱动力。思政课教师可利用网上平台，随时发表对于新思想的学习体会，引导学生对新思想进行独立思考，对于学生的优秀博文、体会感受建立课程免试或学业成绩加分等激励机制。

（三）坚持知行合一，不断推动“进头脑”成果转化

“知而不行，只是未知。”坚持知行合一，首先是“知”，关键是“行”，落脚是“合一”。对于高校教师来讲，学习和践行新思想不仅要做学习者、教学者和宣讲者，更要做实践者，将学习成果落地，促进成果向实践转化、向社会辐射。高校教师通过开展实践研修、基层调研，到农村、进社区与人民群众在一起，聊“乡村振兴”，讲“美丽中国”，切实把新思想传递到广阔天地的四面八方，凝聚起社会发展的强大能量，真正将对新思想的学习转化为推动改革发展的落实行动。尤其一些高职称高学历教师、优秀党员、优秀思想政治工作者等，他们是广大教师中的先进分子,更要在学习和践行新思想方面充分发挥模范带头作用,作出表率,走在前头。

三、青年学生要强化行动自觉，勇做学习践行新思想的新时代弄潮儿

（一）做坚定的青年马克思主义者

青年学生要主动学习马克思主义理论，掌握科学的世界观和方法论，为一生成长奠定科学的思想基础，这是牢固树立正确“三观”的重要支撑。一要发扬理论联系实际的马克思主义学风，坚持科学思维、辩证思考，在实践中学习，在学习中实践，为服务人民而学习，为事业发

展而学习。二要学会用马克思主义立场、观点、方法指导实践，深刻认识社会发展规律、社会主义建设规律。在当前形势下，深刻认识“两个大局”，坚持科学发展思想，把握正确前进方向。三要学习党的路线、方针、政策和国家法律法规，广泛学习经济、政治、历史、文化、科技基础知识，把所学运用到工作中，运用到为人民服务上。四要把学习作为一生的爱好和健康的生活方式，在用青春搏击时代的大潮中、在实现中华民族伟大复兴的道路上，成为信念坚定、牢记使命、敢于担当、勇于奋斗的青年马克思主义者。

（二）做新思想的忠实践行者和宣传员

青年学生要进一步认识中国从站起来、富起来到强起来，创造了世界发展奇迹，向世界提供中国方案、中国智慧，靠的就是中国共产党的坚强领导、中国特色社会主义制度优势和中华民族自强不息的奋斗精神。党的十八大以来，在习近平新时代中国特色社会主义思想的指引下，中华大地发生了巨变，华夏巨龙已腾飞。广大青年学生要清醒而又深刻地认识到新思想的伟大现实意义和深远历史影响，更加坚定践行新思想的思想自觉、行动自觉。在实现中华民族伟大复兴的征程上，青年学生要增强“四个意识”，坚定“四个自信”，做到“两个维护”，勇担社会责任，到祖国和人民需要的地方去建功立业，让青春热血在创新创业的大潮中历练，在实现中华民族伟大复兴中国梦的道路上挥洒汗水、奋力拼搏。

（三）做合格的建设者和可靠的接班人

广大青年学生是民族的希望、国家的未来。青年学生要清醒地认识到实现中华民族的伟大复兴是一个长期而又艰辛的过程，中国特色社会主义事业需要广大青年学生不懈奋斗和努力奉献。青年学生要感谢新时代，要珍惜这个伟大的充满机遇的时代，要不断培养造就自己成为信念坚定、本领过硬、敢于担当、甘于奉献的对国家和人民有用之才，要勇做新时代的“创业先锋”，为自己锻造出能够经受各种大潮大浪却又始终不忘初心、牢记使命的“铮铮铁骨”。

上述从高校、教师、学生三个方面提出的具体路径举措，既相互联系，又相互促进，关键在于落实、落细、落到位。

浅析当今高校大学生学风建设

张玲睿

天津体育学院

当今时代正处于一个双刃剑的时期，而大学生也正处于一个从校园到社会的转型时期。外部环境的改变与渲染，都会对大学生的三观形成一定的影响，而三观的形成又在悄悄地影响着他们对学风的看法与做法。

一、造成当今高校大学生学风淡薄化的原因

（一）思想多元化，环境多变化

当前国内外信息的传播速度和广度是史无前例的，随之而来的不同思想与生活方式，给心智没有完全成熟的大学生带来了一定的新鲜感。据不完全统计，在一些发达国家，大学录取率并不是很高，也就是说很多外国人对于学习的理念并没有完全的认知，这就造成了对于教育的轻视化。我国是对于教育非常看重的国家，每个学生在自己的学习生涯中就已经明确目标，或者被要求以学习为重。国外教育的开放性，对我国学生学风产生了一定的影响。大学生心智并不完全成熟，面对两种截然不同的学习态度与方法，很容易就会选择相对轻松的方式，但实际上它在我国是不适用的，对学生自身的发展也会造成一定的影响。

当代社会经济、政治和文化相对发达，娱乐方式也渐渐多样化。大部分的大学生是离家在外求学的，没有家长时时刻刻在身边督促，面对各种各样的网络诱惑、线下活动，不禁会想要去试试，然而一个人的精力是有限的，在尝试各种新鲜事物的同时，有一部分学生就会忘记了自己还是学生，深度迷恋网络与活动。

（二）高考前过度紧张，高考后过度放松

众所周知，高考对于我们每一个人来说是人生中重要的时刻之一。大学生在进入大学校园之前，一直都保持着紧张的状态去备战，寒窗十二年的紧张状态也随着进入大学校园渐渐地消失，这也是目前我们面临的一个问题——严进宽出。很多学生认为考入大学就是万事大吉，甚至觉得只要修够学分，拿到毕业证就可以了。这样的学习态度是要不得的，学校是学习的地方，更是大学生进入社会前的训练营，对待学习的态度和方法会跟随一个人一生。

（三）轻视课程考核，忽略教育管理：

目前很多学生认为只要不挂科就可以了，不得不承认造成这样的学风问题，一部分原因来源于课程考核制度。部分学生觉得只要最后考试能过，平时的出勤率、作业质量并不重要。而且面对自己不认可、不喜欢的老师，就会轻视该门课程，甚至质疑任课老师，不服从老师的管理，这与我国的尊师重道思想是背道而驰的。

二、当今高校大学生学风建设的意义

（一）符合我国国情，顺应时代要求

为深入贯彻习近平新时代中国特色社会主义思想，落实全国高校思想政治教育工作会议要求，落实习近平总书记在学校思想政治理论教室座谈会上的讲话精神，加强和改进高等学校思想政治工作，以及传达党的十九大精神，作为思想政治教育板块中的学风建设必须引起高度重视，这不仅符合我国国情，也是时代的需要。当代大学生是祖国的未来、社会的希望，青年的强弱直接关系到我国的生死存亡，学习态度和风气不仅局限于学习领域中，这种态度和能力是伴随一生的。

（二）净化校园风气，确保学习根本

高校是学习阶段最后的殿堂，学习是学生的根本任务。大学期间不同专业的学生会有不同的专业课程，这是与以往备考时期的十二年不同的地方，也正是这样的不同让很多学生有一种误区，感觉自己现在的学习不是学习，而是一种了解而已。所以学风建设对于高校形成良好的学习风气是非常重要的，要保持校园的学习氛围纯净化。而对于大学生而言，保持过去的学习方式，并根据新的环境和氛围调整自己的学习方法更是对自身能力的挑战和进步。大学生要始终记得自己是学生，学习是自己目前的主要任务，在特定的年纪要做应该做的事情。

（三）培养学习习惯，平稳向社会过渡

大学校园更多的时候像是学生们进入社会前的训练营。学生们在大学校园里发生着潜移默化的变化。大学生们要及时跟随变化，提高自己的学习能力，而又不能仅仅局限于学习的能力，要更多地去调整与创新，去适应与接受，以平稳过渡到社会。学习态度和学习方式是伴随我们一生的，中国有句古话：“活到老，学到老。”正是我们一直保持的学习心态与学习方式，会在我们未来的道路上，给我们带来更多的帮助与惊喜。

三、当今高校大学生学风建设的方法

（一）从新生抓起，保持好学风

防微杜渐很重要，往往我们发现学风开始有变化有问题的时候，已经是在大学生活过了一段时间之后。但是如果在学生刚刚高考过后，还没有完全放下紧张状态的时候，保护好、维持住仍然有的学风态度与学习方式，对于学生接下来的大学学习状态会有很大帮助。例如：在大一期间，可以保持每天晚上的晚自习习惯；早上统一晨读。学生在刚入校的时候就养成这样的习惯，一来养成了学生早睡早起的习惯，二来确保了学生在校以及周末返校，三来使学生有充足的学习时间。

（二）分析学生类别，利用好班委领导班子

不同院校存在不同类型的学生，他们有共性也有个性，因而对本校学生的共性管理以及个性分析很重要。这个年纪的学生的共性是即将走出校园迈入社会，心智与三观正在成长，容易受到影响，这就更加需要学校与老师的正确引导，面对学生的困惑与请求，及时给予帮助与正确的指引，而对于学习来说，教育工作者应该更多地去了解自己的学生所属的类型，整合出适合自己学生类型的课程与方式。例如：理工科院校的学生男生偏多，普遍性格较为内向，那么面对男生多、性格内向的学生，教师应该有一套适合这样类型学生的教学方案，充分调动学生

学习的积极性；再比如说：艺术类院校的学生，大多性格开朗，思维发散，那么课堂管理就对教师团队提出了一定的要求和挑战。

一个班级良好的学习学风的形成关键在班委，如果班委被充分调动起来，充分发挥各项职责，整个班级的学风将会大大提高。例如：每堂课前班委在班级群里面号召大家去上课，课下做一个小总结分享给同学们，测试与考试前分享学习资料，这些都会影响着班级中的所有成员，随着时间积累到一定程度，整个班级的学风会有明显的改善，而且全员都会被调动起来。

（三）细化课程安排，加强考核管理

科学、合理的课程安排，对于部分学习懒散的学生而言非常重要。部分同学会在没有课的时间上网、打游戏或者走出校园约朋友一起聚会。如果充分安排好课程，紧密排课，会大大减弱外来事物对学生的吸引力。

很多学生都觉得大学课程只有最后的考试才是重要的，只要平时没有大的纰漏即可。这样的想法其本质就是结果导向，并没有注重平时的积累，也就是说他们的学习能力和知识架构是经不起推敲的。所以除了平时的点名、签到之外，随堂小测试以及作业的完成程度，也应该加入最后课程的分数当中作为评判标准，使得学生时刻保持学习的状态。

（四）提高教师团队专业度，多层管理

从教师层面来讲，我们应该在重视教师专业领域的同时，重视教师的沟通与管理能力。在选拔教师的同时，要观察教师的众多方面，因为作为教育工作者，教书和育人是并存的，专业知识的教授，是教学的基础，育人的能力则是能够与更多的学生成为灵魂上的挚友，从而达到教书育人的根本目的的能力。

面对新时代的变化与挑战，针对不同学校学生的特点，教学与教育需要相结合，需要多层管理，老的方式我们应该去掉它不适用于当前情况的部分，留下其精华，根据每个院校不同类型的学生，适时调整，确保学风建设的成功。

四、结束语

学生的学风不仅影响着其在学校的学习，也影响着跟随其一生的学习态度和学习方法，学风建设是思想政治教育的重中之重，也是我们在时代更迭过程中时刻要更新和调整的工作，是高校工作者始终为之奋斗的课题。

参考文献：

[1] 孙传刚 . 对加强高校学风建设的认识和思考 [J]. 胜利油田职工大学，2005（6）：9-10.

[2] 张法 . 新时期高校学风建设的系统方法 [J]. 科技创新导报，2008（18）：206.

[3] 伍培，刘光宇 . 对高校学风建设的思考 [J]. 职业时空，2009，5（9）：95-96.

疫情防控下高校思想政治宣传工作的思考与启示

崔娜
天津商业大学宝德学院

自新冠病毒感染疫情发生以来，全国高校辅导员怀揣使命，坚守初心，认真落实教育系统疫情防控工作部署的各项任务，全力守护3,800万大学生的平安健康。各大高校课程“云上线”，力保学生成长“不掉线”。在关注学生学习动态、身心健康之外，辅导员利用“互联网+”优势进行思想政治育人工作。新形势下如何做好思想政治宣传工作，引导学生树立正确观念？本文结合疫情防控期间天津商业大学宝德学院（以下简称“宝德学院”）工作经验，围绕以下五个方面做交流探讨。

一、学院“一盘棋”，“云课堂”讲爱国

这个冬天，一场新中国成立以来传播速度最快、感染范围最广、防控难度最大的重大突发公共卫生事件，改变了所有人的生活。为了应对疫情，各大高校做出线上教学的决定，“云课堂”成为舆论热点。宝德学院实施党政齐抓共管，上下“一盘棋”式协同配合，利用“互联网+”等技术手段，加强对学生的课业指导。线上思政课堂将抗疫经验、先进事迹、典型案例转化为“活教材”，在教学过程中融入爱国主义教育、生命安全教育和心理健康教育，着力弘扬中国抗疫精神，展示中国制度优势，教育引导学生坚定在党中央坚强领导下，众志成城，同舟共济，打赢疫情防控人民战争、总体战、阻击战的信心和决心。

“抗疫”期间，学院全体教师、近八千名学生在线观看“全国大学生同上一堂疫情防控思政大课”直播。这场大课给予广大学生以思想的启迪和洗礼，经贸系一名“90后”学生党员说：“在这场疫情面前，我们见证了一线医护人员的无私奉献、各条战线的执着坚守、一方有难八方支援的守望互助，见证了‘90后’投身前线，为全国战胜疫情的胜利赢取了宝贵时间。当代青年人经受了考验，彰显了‘少年强则中国强’。”

除了听网课、刷新闻，这代年轻人以他们独有的方式关注着疫情变化。火神山、雷神山建设期间，央视通过延时拍摄的方式直播两座医院从无到有的全过程，在线为武汉加油打气的“云监工”人数超过千万。有研究指出，青年人之所以热衷“云监工”，其原因是透过网络应援的方式，能表达和传播情感、释放紧张情绪、构建起共同“抗疫”的群体感和身份认同。

由此带给我们的启示是，除了“云班会”“微视频”，辅导员是否应采用互联网思维方式，将资源向实时互动等线上平台倾斜，编辑输出优质化、年轻化的内容，强化青年人的爱国主义

价值观，培养积极向上的健康心态。

二、师生“隔屏”交流，温暖消融距离

随着春天的到来，2020 年毕业工作已经进入倒计时。今年受疫情影响，高校毕业生尚未返校。宝德学院通过优化完善教学安排，设计线上答疑、远程答辩等预案设置，在保证教学效果的基础上，有序推动毕业生工作。

在当前形势下，如何化解应届毕业生就业压力尤为重要。针对就业、考研、出国等不同学生心理，学院通过校园公众号积极宣传国家政策、上级及学校出台的文件、就业动态和招聘公告，帮助学生吃下“定心丸”。

在家学习、远程班会、体温签到构成了疫情时期大学生主要的生活方式。智慧树、腾讯、阿里等企业向高校和公众免费开放，这在一定程度上为青年人未来的工作生活和学习方式带来变革。例如，远程办公的更大规模兴起、对新兴技术的需求与掌握、处理应对时间碎片化等，这时需要辅导员顺势而为，对学生进行相关知识普及，以经济贸易专业的学生为例，如果从事行业与外贸相关，居家办公的方式在疫情防控期间可以满足其工作需要。

校园是学生参与社会交往的重要场所，疫情防控期间，大学生居家长时间面对手机、电脑，模糊了学习与生活的边界，也产生了学生自控能力不足、人际交往频率低、信息过量导致的心理焦虑等新问题。

“隔屏”交流，如何化解问题？这就要求辅导员对工作保持温度，用“陪伴感”赢得信任，引导学生调整心态，应对外部变化。思想政治宣传既是工作也是艺术，辅导员应具备移情与共情能力，在处理问题时点滴渗透，而不是大水漫灌，只有这样才能收获认同。

三、媒体主流引导，讲好战“疫”故事

习近平总书记曾在外交场合多次讲述中国故事，讲中国和平发展对世界的好，讲中国对人类文明及其进步的贡献，展示中国负责任大国的形象。这场疫情下，一线医护工作者、为方舱送餐的快递小哥、公共区域消毒的安全卫士、驻守社区卡点的志愿者组成了“英雄联盟”。

通过全国人民的战“疫”故事，阐明中国共产党的领导优势、中国特色社会主义制度集中力量办大事的显著优势，是高校辅导员思想政治宣传工作的重要一环。经宝德学院全面部署，由学生工作部牵头成立宣传工作小组，学院思政中心精心选题策划，对假期防控疫情的师生志愿者开展连续报道。

他们中有顶风冒雪参与村镇防控的“80 后”学工教师，有与父亲一道上阵联防联控的退伍学生，有发动朋友筹措资金向湖北捐物的“90 后”青年。从一篇篇图文并茂的新闻报道当中，我们看到的是“磨难压不垮、奋起正当时”的中国精神。

学院各教学单位也立足专业，组织师生学习先进事迹。经济贸易系学生第一党支部、第二党支部把主题党日从教室换成“云在线”，以学生党员参与家乡志愿服务，深入一线防疫排查的鲜活事例激励教育师生。

学院学工部联合各系开展抗疫主题作品征集活动，艺术设计专业学生用彩笔抒发感情，宣讲防疫知识；影视表演系学生以诗歌、书信的形式，表达对“最美逆行者”的敬意。

这堂全员参与的社会实践课在师生中间引发共鸣。青年学生认识到，不应沉浸于孤芳自赏，要着眼身边人身边事，从自身做起，聚沙成塔，滴水成涓，在祖国需要的时候做她的守护者。

这次宣传报道投入大、范围广、参与性强，学院思政新媒体采编队伍得到锻炼。思想政治教师、专职辅导员以此为命题，持续打造具有学院特色的疫情防控“金课”，围绕“重大疫情防控中的中国特色社会主义制度优越性研究”等课题做深入探讨。

四、网络做舆论阵地，思想动态要抓牢

校园是青年学生参与社会交往的重要场所。课堂之外的人际交往、互动、模仿在一定程度上影响了他们的价值观。在新冠疫情的背景下，青年人利用春节假期进行自我审视，他们的日常生活和消费方式也呈现出一些变化。

一份 2017 年中国大学生追踪调查显示，青年的价值观近些年从“生产导向”转向“消费导向”。经过这个春节，大部分学生对待消费的认识有所调整，风险意识的强化以及对健康和安全的需求变得更加显著。不少人超前消费一方面是由于线上购买容易冲动，另一方面归因于“填鸭式”的生活养成。“校园一族”享受“月光”生活，通过电话远程遥控父母索要零花钱。还有些年轻人甚至以购物激励自己，用一次好成绩换来口红、球鞋乃至大牌奢侈品。

但在疫情危机突发的情况下，越来越多的年轻人正视“钱景”，网购支出减少，乐于为知识付费买单，利用专业所学理财。在日常基础性支出中，青年人关于口罩、护目镜、健身用品等方面的消费占比上升。

另外还有一点值得关注，年轻人在网上关于实事热点的转发与讨论明显增多。在新闻《3000 多家企业，在短短的几天内就成功转产生产防疫物资》跟帖区，网友讨论热烈；针对《384 万个口罩飞往塞尔维亚：“中国展示了什么是患难之交”》的报道，网友纷纷点赞，感慨中国制造的强大以及大国担当的使命情怀。

“90 后”和“00 后”作为新一代“网络原住民”，极力渴望着参与感与被认同感。辅导员要关注学生舆情，利用网络做宣传主阵地，见微知著地引导学生对热点事件保持冷静的思考，客观公正地判断。对于疫情防控期间可供深入挖掘的人物故事，探讨其背后折射的价值观，帮助学生树立“爱国当自强”的意识。

五、工作方式有创新，应对新形势挑战

这个春节，很多人足不出户，就连外出吃年夜饭也改成在家团聚。远离了外卖，不少学生在社交媒体上秀厨艺，以“中华小当家”自居。此外，借助知识分享平台，青年人积极学习手工艺品制作。哔哩哔哩等平台的使用者在 2020 年 1—5 月呈现增长趋势。

因疫情而延长的假期，让青年人开启了劳动技能，与父母长辈有了更多交流，提升了其对家庭、情感与幸福的认识。疫情这张“考卷”事关方方面面，需要辅导员“慧眼”识人，全方位、多角度留意学生取得的进步，便于下一步开展思想政治工作。

2020 年 3 月中共中央、国务院印发了《关于全面加强新时代大中小学劳动教育的意见》就全面贯彻党的教育方针、加强大中小学劳动教育进行了系统设计和全面部署。文件提出，实施劳动教育的重点是在系统的文化知识学习之外，有目的、有计划地组织学生参加日常生活劳

动、生产劳动和服务性劳动，让学生动手实践，出力流汗，接受锻炼，磨炼意志。

如何将“互联网 +”资源与劳动教育相融合开展新工作，需要高校教育工作者有所应变，在工作方式上进一步探索创新。眼下正是疫情防控的决胜关键时刻，除了继续关注学生思想动态，辅导员还应及时总结提炼，以思想政治宣传先行去带动工作的方法。这既是此次疫情防控大考的必答题，也是疫情过后加强和改进工作的思考题。

自媒体提升艺术类学生思想政治教育实效探析

李超
天津美术学院

2019年1月，习近平总书记在中央党校开班式上强调，要高度重视对青年一代的思想政治工作，不断创新思想政治工作内容和形式。同年3月，习近平总书记在出席学校思想政治理论课教师座谈会强调，推动思想政治理论课改革创新，要不断增强思政课的思想性、理论性和亲和力、针对性。自媒体技术的高度发展给艺术类大学生思想政治教育带来了新的机会。围绕着立德树人这一根本任务，高校要充分利用自媒体技术不断创新思想政治教育的内容、方法，进一步提高艺术类大学生思想政治教育的效能。

一、自媒体对于艺术类大学生思想政治教育的正影响

1. 自媒体拉近了艺术类大学生思想政治教育的时空性

以往思想政治教育大多采用课堂讲授或者研究室、班会讨论等模式，教育者与被教育者会受到时间、空间甚至其他人的影响，使得教育实际效能欠佳。特别是艺术类大学生，他们的思想灵感有瞬时性、多样性、无连贯性等特点，仅仅依靠课堂或者面对面交流恐怕很难做到，而自媒体教育则较好地解决了这样的问题。另外，从全方位、全过程育人的角度来看，自媒体对于思想政治教育来说可谓称心应手。

2. 自媒体丰富了艺术类大学生思想政治教育路径的多样性

传统的思政教育模式对艺术类大学生的吸引力明显不足。相较于其他类型的学生，他们更容易被那些新颖的、丰富感官刺激的新媒体教育方式所影响。自媒体拓展了思想政治教育的路径，使得思想政治教育模式扩展到网络互动形式。在新的自媒体环境下，教育者与被教育者之间的身份感降低。被教育者更愿意与教育者交流想法，产生互动，而教育者也能从互动当中了解被教育者的思想动态，从而及时修正教学的内容与方法，从而进一步提高艺术类大学生思想政治教育的效能。

3. 自媒体增强了艺术类大学生思想政治教育内容的时代性

网络自媒体的兴起使知识的传授方式有了质的改变，以往知识的传授是渐进式的，而现在由于自媒体的引入，知识得传授是平行的。那么就要求教育者在讲授知识的时候不能囿于书本、闭门教学，而是要积极地将书本知识与当下的实践相结合，这样的教育内容才有吸引力和影响力。当前正值全球抗击疫情的关键时期，对比国内外抗疫方式和过程，对同学们理解中国特色社会主义制度的优越性将大有帮助。通过分析疫情当中涌现的舍家为国的白衣天使的故事更有利于我们在学生当中开展理想信念教育。这样与时俱进的思想政治教育内容通过自媒体的手段

展现出来，可以产生及时、高效的教育效能。

二、自媒体对于艺术类大学生思想政治教育的负影响

1. 自媒体强化了艺术类大学生思想方面的个性意识

艺术类大学生个性意识较强，传统上主要体现在作品创作上。自媒体技术发展迅速，学生通过自媒体随意发布个人言论与艺术观点。而目前自媒体的线上监管较为滞后，各种不良思潮如快餐文化、历史虚无主义泛滥其间，艺术类大学生本身的知识储备不够，极易受到上述不良思想的影响，进而在个人微博、微信公众号、网上论坛等虚拟之地发布一些片面的个人观点。甚至有些学生价值观扭曲，利用一些“奇谈谬论”来博眼球、博出位，以期达到提升个人影响力的目的。

2. 自媒体弱化了思想政治教育者的主体话语权

思政教育者，包括思政课教师、辅导员等，是学生开展学生教育的主体承担者，在思想政治教育方面具有权威性、主体性等优势。然而自媒体的介入使得思想政治教育者的主导权受到很大影响，特别是当信息不对称时，在处理社会热点问题上，教育者常处于一种被动的状态。艺术类大学生比较关注社会热点问题，多数情况下，学生很难分清自媒体上面出现的很多言论是思想问题还是学术争论，有时出于好奇或者虚荣心选择支持散步那些看似学术争论实则存有严重思想问题的言论。从信息传播学角度来，人们对于“独特新奇”信息资源具有盲目的趋从性，这样将进一步弱化思想政治教育者的主体话语权，削弱思想政治教育的效能。

3. 自媒体干扰了思想政治教育模式的序制性

思想政治教育有其本身的秩序和制式的特点。思想政治教育是建立在辩证唯物主义世界观和历史唯物主义观的基础之上的，自媒体时代知识被碎片化传播，艺术类大学生文化理论特别是马克思主义哲学理论水平不够，学生往往是“见一叶”而自认晓泰山，有的甚至都“不知其已然”。再者艺术类大学生因为专业的特点更容易受到带有各种西方思想自媒体的侵染，学生的思想政治知识结构受到了冲击，这就对思想政治教育的效能产生了不良影响。

三、自媒体视阈下提升艺术类大学生思想政治教育效能建议

1. 高度重视自媒体在提升思想政治教育效能方面的作用

自媒体受到广大同学的热烈欢迎。教育主体必须高度重视自媒体在思想政治教育方面的作用，不能简单地将之理解为将课堂影像化、日常工作记录化、重要事务公示化的工具，而要把它上升为了解学生心声主渠道、辅助决策、教学的主手段，展示发展成果的主舞台。及时、高效、真实地反馈自媒体的声音不仅有利于学校的安全稳定，提高学生参与的自我效能感。

2. 加强教育主体自身的自媒体素养建设

教育主体的自媒体素养主要表现为两个方面。在技术层面，目前的自媒体平台包括微博、公众号、朋友圈、抖音、快手等，多不胜数，教育主体应主动了解并掌握主流的自媒体平台的特点和使用方法，尽快建立属于自己的阵地。在心态层面，当前的信息传播既多又杂，很难令教育主体能够及时掌握。很多信息被教育者知道得比教育者还要早还要全面，有时会产生信息倒流。教育主体应该正确认识到由于自媒体的发展，教育的主体与受体的身份正在变得模糊，

教育主体的权威性正在下降。教育主体需要一种更加平等的心态，积极主动地参与到自媒体教育过程中。同时，教育主体应不断加强知识储备，提高知识转化为解释的能力。

3. 持续创新自媒体思想政治教育内容和形式

思想政治教育是一门实践性很强的课程，自媒体中的思想政治教育不能简单地将课本的知识搬到自媒体上，而是要与当下的社会现象相互结合，充分利用马克思主义哲学进行分析，达到活学活用的目的。再者，教育主体要积极地将新理论新知识融入思想政治教育当中，如当前发生疫情，大学生在各大自媒体平台上关注很多大 V，参与很多讨论，这正是宣讲习近平新时代中国特色社会主义思想中的制度自信、道路自信的良好时机。再者，教育主体要创新发展教育形式。近年来，自媒体出现了很多案例，如受年轻人追捧的《那年那兔那些事儿》《厉害了我的国》、网红张文宏语录等，都是用一些朴实无华的语言向公众传递了深邃的哲理。所以，教育主体的教育形式要接地气、有烟火气，才能更好地提高思想政治教育的效能。

4. 提高受教者在思想政治教育上自媒体融合参与度

受专业影响，艺术类大学生比较愿意关注那些平时不被留意的个体。这就要求教育主体能够帮助其梳理主体与个体之间的关系，正确认识主流大方向与单一小部分之间的区别。在教育过程中，教育主体既要把主流思想讲清楚讲明白，又要在个别单一问题上立场坚定、解读正确；要善于采用举例、比喻、引申等多种手段将晦涩的哲学道理转化为艺术类大学生能够看得见、听得懂、摸得着的现实世界；要提倡教育过程中的师生互动，不能局限于“我讲你听”，还可以“同看群论”“群讲群辩”等。

艺术类大学生的思想政治教育事关“为谁培养人，培养什么样的人，怎样培养人”这一根本问题。提高思想政治教育的效能是培养能够传承中华传统美育精神，做社会主义艺术家的必然要求。发展自媒体技术在艺术类大学生思想政治教育过程中的应用，开拓创新思想政治教育的方法模式，将有效提高艺术类大学生思想政治教育实效。

参考文献：

[1] 习近平．决胜全面建成小康社会夺取新时代中国特色社会主义伟大胜利—— 在中国共产党第十九次全国代表大会上的报告 [N]. 人民日报，2017-10-28（1）.

[2] 李建．思想政治教育亲和力主要特点及提升路径探析 [J]. 毛泽东思想研究，2017，（4）：153-157.

[3] 王敬涛，于颖．基于新媒体视角下的大学生思想政治教育 [J]. 沈阳大学学报，2018，（5）：172-176.

[4] 刘伟．新媒体环境下大学生思想政治教育核心素养的提升 [J]. 高教学刊，2018，（19）：194-196.

[5] 孙秋雁．自媒体时代提升大学生思想政治教育亲和力研究 [J]. 学校党建与思想教育，2018，（5）：50-52.

“三全育人”大格局下高校党建育人模式研究

雷丽
天津城建大学

一、“三全育人”大格局的实现对高校学生思想政治教育的意义

1. 提高高校思想政治教育工作的育人高度

“三全育人”是高校教育发展面对新形势、新变化的必然选择，符合高校教书育人工作发展方向。“三全育人”作为党和国家推进育人理念和育人方式变革的重要命题，必然成为高校思想政治教育的风向标，是以正确方向提升育人高度。全员、全过程、全方位为高校开展思想政治教育工作提供了新理念新方法，有利于高校结合学院特色和学科特点，打通第一课堂与第二课堂之间的通道，做到专业教育与学生思想政治教育同频共振，不断增强高校育人意识，提升育人成效。

2. 增强高校学生在校的获得感和满意度

“三全育人”大格局的构建是加快学校治理体系建设的需要，是顺应人才培养发展趋势的需要。以生为本，爱生如子，紧紧围绕学生学习发展这个中心任务，主动回应学生需求，根据学生群体特点变化的需要，调整育人方向，优化教育资源配置，通过高校思想政治工作的供给侧结构性改革，努力增强学生的获得感和满意度。

二、“三全育人”大格局下学生党员教育管理存在的问题

1. 学生党员教育在“全员”上未形成一体化的育人队伍

全员育人主要是指育人主体为高校全体教职工，每个人都是育人队伍中的一分子，都需具备育人意识。但从高校学生党员教育管理来看，学生党支部基本承担了学生党员的教育管理任务，各学院也主要通过支部生活开展对学生党员的教育管理，而学生党支部书记主要由相关专业的辅导员担任。这样看来，学生党员教育队伍精力相对分散。辅导员事务性工作较多，在具体工作中对支部党员的教育工作力度不够，对支部工作积极性不高，从而导致负责学生党员教育的主要力量有所削弱。二级学院党委委员联系学生党支部，很多指导工作仅限于“规定动作”，并未发挥真正作用，联系不多，指导性不强，对学生党员不了解。部分专业教师对自身育人的重要性认识不足，认为事不关己讲好专业课就行，因而并未参与到专业班级学生党员的教育中来。部分行政岗管理人员事务性工作较多，且育人意识不强，未参与学校、学院学生党员教育环节。

2. 学生党员教育在“全过程”上有效衔接不到位

高校在对学生党员进行教育的全过程中，各个阶段的教育目的不够明确，特色不够鲜明，

衔接不够紧密，育人环节不够顺畅。纵向来看，接收为预备党员、转为正式党员后参加集中培训，只限于基本满足学时要求，对学生党员的教育并未进行顶层设计，整体性连续性有待进一步优化；横向来看，学生党员可参加的各类思想政治教育活动，如军训、开学典礼、“三下乡”社会实践、固定党日等活动，大部分活动都只是按照惯例去执行，对学生党员的教育呈现模块化，各个模块、各阶段互不关联，没有从根本上解决衔接问题；对学生党员各个阶段的特点与专业特色把握不到位，没有真正了解学生党员需求，学生党员对各阶段的教育培训参与积极性不高，教育效果不明显。

3. 学生党员教育在“全方位”上未达成有机联动

不同领域、类型和层次的党员教育未达成有机联动，学生党员的教育管理不单单是学生党支部的工作职责，应该从课堂、支部活动、校园文化等方面形成多维教育模式。从整体上看，高校“课程思政”进程缓慢，部分专业课教师对于“课程思政”的理解需要进一步加强，他们对于“课程思政”的重视程度不是很高，这使得思政理论课与其他学科课程没有很好地实现有效衔接；同时，党员教育模式比较单一，支部生活、党日活动吸引力不强，学习教育多为填鸭式，创新动力不足，并没有从各个方面对学生党员进行教育，因此，需要创新和改善学生党员教育的内容、方式、途径、载体等，以实现多维教育、多方联动。

三、“三全育人”格局下学生党员教育管理模式

1. 抓好顶层设计关键点，坚持全员育人

高校要坚持党委统一领导，始终绷紧“三全育人”的弦，发挥党建工作在“三全育人”中的引领作用，坚持育人政治方向；不断完善高校“三全育人”体系，探索形成全体教职工参与、各部门各司其职的全员育人格局，建强主力军，推进思政工作队伍和专业教师队伍协同；开展师德师风建设系列活动，以教学督导、教学名师为引领，新进教师所在党支部对其进行关心帮扶和思想引领，强化新进教师师德师风、教风学风教育，在全校形成全员育人氛围，调动全体教职工育人积极性。教职工应该以自己的工作为基础，将学生党员教育融入中心工作，注重育人质量与效果，打造有效的育人团队；发挥行政岗管理人员的管理育人作用，转变管理观念，增强全员育人意识，加强自身道德修养，让学生真正地从心底产生认同，为学生“扣好人生第一粒扣子”做好服务工作，发挥高校中所有人员在学生党员教育中发挥育人作用。

2. 抓好支部建设突破口，坚持全过程育人

高校要抓住党支部建设这一高校党建重点，立足全过程育人，在党员教育阶段衔接上发力，在党支部思想建设、组织建设和作风建设上出重拳，开展支部战斗堡垒作用提升工程，激发党支部建设活力，充分发挥二级学院党组织和党员政治引领作用，加强师生党支部的有机融合，充分发挥党支部在各系（中心、办）“三全”育人中的核心作用，进一步增强全环节党建工作意识。学生党员教育是连续性的教育行为，当前许多学生党员在不同年级表现出不同的思想变化，要立足于学生党员思想实际，根据学生党员的阶段特点和心理变化，开展不同阶段的具有针对性的党员教育。比如毕业年级学生党员面临更多的是就业压力，高校要将理想信念教育、爱国主义教育融入就业指导，使学生在坚定理想信念的同时对专业发展作合理规划，了解专业发展前景，提高自身技能。党支部要建立完善的监控机制，关注支部党员思想动态，全时间段

地把控，对有需要的学生党员及时给予引导和帮助。

3. 抓好实践育人新步伐，坚持全方位育人

学生党员教育实现全方位育人联动，体现在不同领域、层次、类型等多个方面。全方位育人不仅体现在育人主体上、教育各个过程的衔接上，更应该注重从不同维度对学生党员开展教育培训，包括科研、实践、文化、网络等形成的一体化育人平台。开展“党建＋育人”和“党建＋文化”探索和实践，根据学生专业背景和特色开展党员教育活动，将党员教育融入专业实习、社会实践、主题教育、劳动教育等党建活动，一方面提升学生的专业认同感，实现党建活动与学生专业学习相融合，另一方面实现中国精神潜移默化教育，在实践中将爱国敬业根植学生党员心中，化为行动，既破解党建活动和学习发展脱节难题，又增强学生党建活动的吸引力和学生党员的获得感，实现学生党员教育的多方联动。总之，高校要从不同方面，多角度、全方位共同促进学生党员的教育发展，形成一体化的教育体系。

四、结语

高校大学生党员教育是系统性、综合性较强的工程。大学生党员教育是做好学生党支部其他工作的前提和基础，将“三全育人”理念融入学生党员教育的必要性和紧迫性显得尤为重要，坚持全员、全过程、全方位育人这一要求是学生党员教育的题中应有之义。落实“立德树人”根本任务，加强各职能部门、教学部门主体之间协作，凝聚育人合力，努力转化为促进学生党员成长的强大力量与支撑，在学生党员教育机制上，要做深做实做细，积极探索开展构建“三全”育人大格局的探索和尝试，破解育人难题，增强育人实效。

参考文献：

[1] 张宁，李伟．“三全育人”视域下民办高校基层党组织作用发挥评价体系建设 [J]. 佳木斯职业学院学报，2020，36（09）：66-68.

[2] 钟亮梅．高职院校“三全育人”体制机制实践探索研究 [J]. 豫章师范学院学报，2020，35（04）：93-99.

[3] 王照兰．高校学生工作精品项目培育机制研究——基于“三全育人”理念 [J]. 郑州航空工业管理学院学报（社会科学版），2020，39（04）：108-112.

[4] 梁成君．“三全育人”视域下的新时代高校辅导员爱国主义育人模式研究 [J]. 公关世界，2020（16）：100-101.

[5] 刘彬．构建高校“三全育人”工作体系的策略 [J]. 党政论坛，2020（08）：44-46.

[6] 牛敏．新时代高校“三全育人”思想政治教育体系探究 [J]. 承德石油高等专科学校学报，2020，22(04)：59-61+90.

[7] 王文乐．基于“三全育人”理念下的大学生理想信念教育初探 [J]. 科技风，2020（22）：49.

[8] 王艳芳．基于“三全育人”谈学生党员理想信念教育 [J]. 现代交际，2020（14）：4-5.

[9] 胡颖蔓，鄢东．高校思想政治教育工作“三全育人”体系的探索与实践 [J]. 西部素质教育，2020，6(12)：22-23.

[10] 王丽萍．“三全育人”视域下大学生思想政治教育问题及对策研究 [D]. 西安科技大学，2019.

思想政治教育视域下大学校庆的文化内核及具体实践

孙淑锦
天津城建大学

一、大学校庆文化内核的重要性

2017年，中共教育部党组印发《高校思想政治工作质量提升工程实施纲要》(以下简称《纲要》)，对高校的文化育人体系提出了新的指导要求。《纲要》中强调："要牢牢掌握高校意识形态工作领导权，践行和弘扬社会主义核心价值观。"为贯彻落实文件要求，高校在开展文化育人工作时，必须坚持与思想政治教育工作相融合，以中国特色社会主义文化作为文化育人工程的底色，自觉地将社会主义核心价值观渗透到各个文化层面，引领学生树立正确的政治信仰。大学校庆是校园文化的代表性活动，主要依托于校庆典礼、校史展览、校庆晚会等活动形式开展，具有记载历史、宣传舆论、反馈信息、铸造理念等重要文化功能，是高校开展思想政治教育工作的良好平台，是落实《纲要》文件精神，实现高校文化育人功能的关键一环。因此，校庆文化活动的核心价值取向至关重要。

二、大学校庆文化内核缺失的表现及成因

(一)内容虚浮

对比西方的校庆文化，一流大学的校庆活动普遍具有低调节俭、务实反思等特点[4]。反观我国大学校庆现状，部分高校片面追求形式，只在乎场面够不够大、声势够不够响，却没有把功夫下在活动主题及内涵上，既没有了人情味，又失去了活动本身的教育意义，忽视了文化育人工程的核心要求，没有发挥文化价值对学校发展的重要作用。造成这种现象的原因主要是理念的导向错误，部分高校认为校庆活动就是用来展示功绩、谋求资源的平台，却没有认识到高校应以校庆文化活动作为载体，有效渗透思想政治教育，积极宣传大学的核心价值观，倡导科学、民主、人文的传统大学精神，从而进一步坚定广大师生校友的文化自信。因此，将思想政治教育贯穿校庆活动始终，重视文化引领价值，校庆文化的发展才不会偏离轨道。

(二)次数频繁

现今，大学校庆活动已成泛滥趋势，我国2200余所高校都会以不同形式来举办校庆活动。据统计，2011年1—5月，已举行或已公布即将举办校庆的大学就有42所。每年举办校庆活动的高校，既有周年庆的，也有十年庆、百年庆的；既有为合并而庆的，也有为解构而庆的。总之，是找着理由去庆，争先恐后地庆。如此为校庆而校庆，自然使学校疲于奔命却忽视举办校庆的初衷和活动内涵，必然使活动流于形式，无法起到文化引领的作用，导致事倍功半。

（三）脱离实际

校庆活动的形式多种多样，但无论是简单的报道，还是纪念册；无论是名人演讲报告，还是学术论坛；无论是校庆纪念会，还是隆重的校庆典礼，都应是充分体现高校个性的校庆文化活动，然而现实却是除了校名不同外，却出现了几乎千篇一律的“历史久远”“争创一流”等符号，主题千篇一律，无法体现高校办学理念，教学特色。此外，校庆活动中教师员工、学生、校友等学校组织成员应是参与主体和中心环节，但很多高校的校庆活动违背了师生共享的初衷，严重脱离上述人群。

因此，如何摆脱表面形式，有效将思想政治教育融入校庆文化内核，积极发挥思想引领、文化引领作用，返璞归真，增强校庆活动师生校友的参与度，让校庆活动“有情怀、感动人”，逐渐成为一项需要探讨的重要课题。

三、将思想政治教育融入校庆文化内核的具体实践——以天津城建大学40周年师生校友文艺晚会为例

[案例背景]天津城建大学始建于1978年，长期以来秉承着“重德重能、善学善建”的校训，着力培养适应敬业的复合型应用人才。2018年是天津城建大学建校40周年，40周年师生校友文艺晚会是40周年校庆系列活动中最为重要的活动之一，它寄托着众多在校师生员工、众多校友以及社会各界的殷切期盼。2018年6月2日晚在天津城建大学体育馆举行的天津城建大学“40年荣光，扬帆启航”师生校友文艺晚会渲染了40周年校庆热烈的欢庆气氛，得到各界一致好评。虽然已经过去两年时间，但通过校庆晚会所传递的文化内核却一直为人津津乐道。

（一）将思想政治教育注入校庆晚会立意及谋篇

在社会主义核心价值观的指引下，主创团队围绕“40年荣光，扬帆启航”的晚会主题设计了“40年荣光”“青青校园”“我是城建人”“扬帆启航”四个篇章。开篇“40年荣光”立意高远，体现了“重德重能，善学善建”的校训精神和学校40年的深厚积淀。第二篇“青青校园”活力四射，体现学校广大师生积极向上的精神面貌及良好的校园文化氛围，特别突出了城建的办学成果。第三篇“我是城建人”亲切感人，体现了学校桃李满天下，学校对师生校友的关爱以及师生校友的爱校之情。第四篇“扬帆启航”激情澎湃，体现学校站在新起点再创辉煌的决心，勾画未来的宏伟蓝图。晚会既体现了大学精神、大学责任、思想政治工作成果以及艺术教育水准，同时做到了接地气、让师生校友广泛参与，抒发浓浓的爱校之情。

（二）将思想政治教育融入节目选材及创作

在确定节目选材时，经过反复而激烈的讨论，最终确定校庆晚会要体现天津城建大学的文化底蕴、大学精神，展示办学成就和社会贡献，要坚持以人为本，体现人文关怀，凝聚师生校友的爱校之情，加强晚会的互动性和群众参与性，同时将学校的思想政治教育内容融入节目之中。

《纲要》提出：“实施‘高校原创文化经典推广行动计划’，支持师生原创歌剧、舞蹈、音乐、影视等文艺精品扩大影响力和辐射力”的指示。为贯彻落实文件精神，晚会主创人员结合主题积极编排，将我校耳濡目染的校园文化气质融入节目，要创作一批属于天津城建大学自己的作品。此次40周年校庆晚会共18个节目，有9个为原创节目，体现了我校长期坚持文化

育人的良好成效。

最终，9部原创作品构成晚会的节目主体，另外9个非原创作品也都是精心选择和编排的，整台校庆晚会的演职人员全部是我校的学生、教师、校友等。情景诗朗诵《40年风华》带领全体观众回顾了我校建校以来的一点一滴；访谈节目《我是城建人》、歌曲《叫一声妈妈》表达了广大校友对母校的深厚情感；舞蹈《心声》表达了在校教职工对工作岗位的深深热爱；情景歌舞《城建，我来了》《上课铃》《学士帽》等节目体现了学生由入校到毕业的校园生活；民乐合奏《天下》、古典舞节目《桃夭》体现了城建学子积极弘扬中华优秀传统文化的热情；现代舞《希望》、歌曲《新的天地》凸显了立志报国、自强不息的精神。每个节目都进行了反复的打磨，凝聚了集体的智慧，体现了集体的力量，让城建精神以及师生校友的情感通过这些作品得以表达和传播。

（三）将校庆晚会转化为思想政治教育的鲜活课堂

校庆晚会第四篇章“扬帆启航”的最后一个节目，是由全体校领导带领全场演员、观众合唱《歌唱祖国》，歌曲结束后所有的人都在欢呼，热血沸腾，在场的城建学子抒发着自己对母校的深刻情感，全校师生的“爱党爱国爱校”情怀升华到40年来的最高点。科学管理、群策群力，此次活动可以说不是一项工作，而是一种精神、一种情怀，虽然形式上是一场师生校友的大联欢，但也颇具专业水准，以“感同身受”的形式极大程度地调动了广大学生的“爱党爱国爱校”之情，体现了天津城建大学长期坚持艺术教育，以美育人的成果。主创团队成功将思想政治教育融入校庆晚会这种艺术表演形式，将晚会现场变为爱党爱国爱校传统教育的鲜活课堂。

综上，高校校庆文化活动应首先解决好内容虚浮、次数频繁、脱离实际等异化问题，以“内修为主力点”，以文化为主内涵。将思想政治教育与校园文化形式有机融合，以社会主义核心价值观为指导加强校庆文化顶层设计，以中国特色社会主义文化为引领厘清活动理念，以“正确定位”为出发点，践行价值取向的良好氛围，充分发挥思想引领的作用，挖掘校史校风校训校歌的教育作用，引导学生积极践行社会主义核心价值观，把高校建设成为社会主义精神文明高地。

参考文献：

[1] 姬智明．校庆的实然与应然——大学文化构建视界下的校庆探究 [J]. 云南电大学报，2007（12）：25-28.

[2] 龙献忠，唐芸轩，董树军．大学校庆异化：表象、危害及治理路径 [J]. 大学教育科学，2014（3）：118-122.

[3] 贾柏慧．社会主义核心价值观视域下校庆晚会的文化内核及其实现途径：以沈阳航空航天大学60周年校庆晚会为例 [J]. 理论研究，2014（10）：134-135.

[4] 董勇．大学校庆文化的反思 [D]. 博论社区，2014（11）：125-126.

[5] 刘道玉．中国大学校庆何以如此之滥 [J]. 同舟共进，2011（8）：46-48.

[6] 卢新伟，蔡国春．解读大学校庆的价值：组织文化和仪式的视角 [J]. 煤炭高等教育，2009（5）：15-18.

基于思政工作背景下浅谈学生科技创新工作的发展路径

王楚楚
天津城建大学

目前，高校大学生科技竞赛活动组织部门各有不同，一部分由教务处负责、一部分由校团委负责，且相关负责老师并非都是专业领域的指导教师，他们的职能主要是简单地把通知传达各个学院，并不能将参加科技竞赛活动的教师和学生有机整合起来，无法构建良好高效的运行机制，整体来说缺乏系统性、科学性。然而，现在国内大学生科技竞赛活动种类繁多，周期长，参赛学生往往由于缺乏专业的知识培训、平台交流，其创新能力、实践动手能力得不到明显提高，从而当代大学生呈现出参与科技创新项目积极性不高的现状。

一、学生科技竞赛在高校教育中面临的现状

1. 学校学生科技氛围不够浓厚

学生由于受应试教育的影响，注重对老师的依赖，没有提出问题的意识，同时也难以结合已有知识分析问题和提出问题，同时解决问题的主观能动性严重不足。学生创新创业竞赛更多的是结合政策导向、课程设置、师资队伍建设等多聚并措共同执行，并通过与专业教育结合，引导激发学生的思考。但现阶段大多数学生科技更多地成为第二课堂工作的一部分，与专业教育还存在一定的脱节，如大学生创新创业项目，学生更多地依托于专业教师的科研项目开展，并不是自己主动发现问题，从而研究解决问题的过程。

2. 专业教师对学生创新创业工作重视度不够

高校中存在专业指导教师对创新创业工作的重要性和意义认识不足、也不愿意花精力和时间去研究创新创业课程跟专业课程的衔接方式和融入技巧等问题。在教学考核体系中，没有将学生创新创业加教学效果考核，教师的晋升考核指标目前主要还是科研。老师在自我意识中存在重理论、轻实践、重学术、轻应用的错误倾向，且现阶段学生科技竞赛周期较短，有些科研成果无法产出，因而造成专业课老师对学生科技竞赛的重视程度不高。

3. 学生课外科技实践活动较少

学生课外科技与实践活动不仅有利于增强学生的创新意识和创新素质，还有利于培养学生的团队意识。但部分高校教学主要在课堂上，学生们走出教室上课的机会较少，校外实习基地、校企合作较少，实践能力得不到锻炼，也激发不出学生的创造力。高校面对课外学分实践活动也未建立课外实践管理平台，对课外实践学分与设置缺乏一定的科学性和系统性，对学生课外

实践活动进行过程管理，造成学生和老师都不太重视课外实践活动。

二、学生科技竞赛面临现状的原因分析

1. 创新创业的教育方式无例可参

创新创业教育以培养具有创业基本素质和开创型个性的人才为目标，是以培育学生的创业意识、创新精神、创新创业能力为主，分阶段分层次地进行创新思维培养和创业能力锻炼的教育，本质上是一种实用教育。与一般的专业知识教育不同，创新创业教育无法参照传统教育方式进行，需另行开辟专属的教育模式，而目前在国内，创新创业人才培养属于新兴事物，高校、政府、企业、社会尚未形成合力，在培养机制上，存在脱节现象。因此，出现了毕业生找不到工作、企业找不到人才、高校找不到感觉的局面。

2. 创新创业实践机会有限

对大多数高校而言，教师大都是博士毕业之后直接进入学校，因而社会实践经验不足，而学生科技创新需要以丰富的实践经验为依托，若老师仅凭理论指导，缺少实例讲解，犹如天马行空。同时，学生只有亲身参与创新活动，素质和能力才能够培养和提高，但学校普遍存在研究经费、创业经费、指导老师创新活动不到位，所学习的理论知识运用不到实践活动中等现象，创新创业实践机会少。

3. 创新创业教育形式内容过于单一

高等学校打造浓厚的创新创业文化，构建良好的创新创业教育平台，是高校开展创新创业教育、培养高素质人才的必经之路。但现阶段学生科技创新课外活动多是以灌输式的理论宣传、讲座汇报的形式，内容比较单一，且多是围绕着一些创新类赛事题目开展。对于限定题目限定题材的科技活动，大多数大学生没有在参与过程中培养出主动创新思考意识。每年相关类的科技活动较多，更多的高校和学院还是处于被动的报名参加科技创新比赛阶段，没有自主开发和调动适应于不同专业、不同层级学生发展的创新活动。

三、创新创业人才培养模式

1. 丰富科技创新活动氛围、提升大学生的参与度

学校只有形成浓厚的科技创新氛围，才能促使更多的创新思维破土而出。以“挑战杯”“互联网 +”等学生科技竞赛，不断增强创新意识，锻炼和提高观察力、思维力、想象力和动手操作能力。在校园内设立“众创空间”，针对有创新理念创业想法的学生提供更好的交流学习平台。以社团为载体充分发挥大学生的主体作用，组织开展学生科技大赛等活动，发挥学生自我服务、自我教育功能的形式，培养学生创新思维。注重对大学生个体差异性、专业领域、科技创新活动等的差异性，体现出层次性，不同的年级体现出不同的科技创新层次，例如大一、大二多针对基础学科竞赛开展、大三、大四多针对专业以及创业领域开展。以大学生的成长为出发点，是大学生能够从竞赛中有所获得，并不断激发学生的科技创新热情。

2. 完善科技创新制度建设，形成教师和学生的激励机制

制定科技创新制度，构建大学生科技创新的优良环境，如建立完善大学生科技创新表彰激励体系，强化角色和责任意识，将物质奖励和精神奖励相结合，将学生科技工作系统化、正式

化。例如设立科技创新加分，对学生的发明、制作、设计、论文、竞赛等创新成果纳入考核体系，提高学生对科技创新的重视程度。面向教师开展激励约束机制，教学、科研骨干优先参加培训，优先享受“学习福利”，优先获得外出交流机会，从而充分调动教职工的积极性、创造性，促使教师自我加压、自我奋进，树立有为有位的良好形象。

3. 加强师资队伍建设，健全创新运行机制

打造优秀的科技创新队伍是大学生科技创新活动的关键，学生科技成果的获得，离不开骨干队伍的建设。其一，鼓励和引导学校创新创业教师积极的走出去，深入社会和企业兼职，通过实践锻炼不断提升自我的技能；其二，积极实施“请进来”的政策，聘请相关专家来校授课、讲座等，为各个领域的专家搭建学习交流平台，从而形成一个为创新创业谈想法、出点子、做贡献的群体；其三，加强对学生创新创业方面的资金投入，让创新创业老师在指导项目科技工作中有“甜头”，有“奔头”，调动老师的积极性。

大学生科技竞赛是新时代高校培养大学生创新实践能力的完美平台，实现了学生全面发展和个性发展的有机契合。但目前高校普遍存在科技氛围不够，专业课教师对学生创新创业工作重视不够，学生课外科技实践活动较少，运行机制尚不完善等问题。高校应注意丰富科技创新活动氛围、提升大学生的参与度。同时，完善科技创新活动面向教师和学生的激励机制，加强师资队伍建设,健全创新运行机制,建立产学研相结合的培养机制,培养新世纪的创新性型人才。

参考文献：

[1] 王卫红，陈莉，邹高祥，杨德生．新工科建设背景下的多层次全方位大学生科技创新体系构建 [J]. 科技资讯，2020，18（02）：215-217.

[2] 王世远．新工科建设背景下大学生科技竞赛的创新探索与实践 [J]. 创新创业理论研究与实践，2020，3（13）：127-128.

[3] 赵利霞．地方高校大学生科技竞赛组织管理模式研究 [J]. 当代教育实践与教学研究，2019（19）：102-103.

[4] 时颖，陈义平，杨庆江．依托科技竞赛培养大学生创新实践能力的方法研究 [J]. 黑龙江教育（理论与实践），2019（11）：10-11.

[5] 刘德明，傅振东，鄢斌，丁若莹．基于科技竞赛的大学生创新精神和实践能力培养模式研究 [J]. 教育现代化，2019，6（86）：34-35.

新时代美育融入高校少数民族学生思政教育研究

王利飞
天津城建大学经济与管理学院

习近平总书记强调“要全面加强和改进学校美育，坚持以美育人、以文化人，提高学生审美和人文素养”，美育是指培养学生认识美、爱好美和创造美的能力的教育，是全面发展教育中不可或缺的组成部分。中华民族美育传统延续千年，需要我们传承挖掘传统美育价值，不断创新美育体系，以美育人、以文化人，进而实现人的全面发展。

少数民族大学生是维护国家统一、民族团结的中坚力量，其思政教育直接关系到培养什么人、为谁培养人、如何培养人的问题。在新时代高校教育中，如何有效地将美育融入高校少数民族学生的思政教育工作，形成一条合理的思政教育新途径，已成为高校思政教育工作领域的重大课题。

一、新时代美育融入高校少数民族学生思政教育的重要意义

1. 习近平新时代中国特色社会主义思想教育观的重要体现

“培养德智体美劳全面发展的社会主义建设者和接班人，加快教育现代化、建设教育强国、办好人民满意的教育”，习近平总书记关于办好中国特色社会主义教育的观点是科学的、系统的、全面的。马克思主义美育观遵循实践和规律的尺度，主张审美教育与真、善的统一，通过引导人发现“美”、赏析“美”、追求“美”，实现人的自由而全面的发展，主张美育目标同社会发展实际相结合、美育成果与社会需要相结合，进而促进个人与国家社会发展的共同进步。以美育人、以文化人，将新时代美育融入高校少数民族学生思政教育是贯彻新时代教育观的具体举措，是高校少数民族学生培养不可或缺的重要环节之一。

2. 遵循高校少数民族学生成长规律和教育规律的必然要求

习近平总书记指出“做好美育工作，要坚持立德树人，扎根时代生活，遵循美育特点，弘扬中华美育精神，让祖国青年一代身心健康成长”；“坚持立德树人，引领学生树立正确的审美观念、陶冶高尚的道德情操、塑造美好心灵”。“十年树木百年树人”，新时代的发展进步需要“德才兼备”的人才，而育人成才的过程需要将追求学术理论、实践能力的“真”与追求内心真诚、人格高尚的“美与善”相结合；将“第一课堂”与“第二课堂”完美结合成为育人的“桥梁”。这一过程中不仅需要提升学生审美能力、文化素养，同时也要促使其关注社会实际、扎根现实生活；潜移默化地塑造少数民族大学生价值观念，厚植家国情怀，提升“爱我中华美”的觉悟修养。

二、新时代美育在高校少数民族学生思政教育中的实现途径

1. 深化高校少数民族学生思政教育理念，实现“全员”参与

高举中国特色社会主义伟大旗帜，深入学习贯彻落实习近平总书记关于高校思政教育工作的重要讲话精神，办好中国特色社会主义大学，不断深化学校党政干部、教职工对于高校思政工作的认识，认识到“美育对塑造美好心灵具有重要作用”、“坚持立德树人，扎根时代生活，遵循美育特点，弘扬中华美育精神，让祖国青年一代身心都健康成长”，深化高等教育改革，做好大学生美育工作，使党的最新理论在中国大地扎根、开花、结果。

坚持美育工作与立德树人的深度融合，是做好新时代少数民族大学生思政教育的必由之路，要求美育内容积极健康向上，在正确的世界观、人生观、价值观的基础上引领和建设审美观。大学生思政教育是高等教育的重要目标，是党和国家实现教育现代化的重要要求，是塑造大学生认知、辨别、学习、追求“真善美”能力的需要。

2. 遵循高校少数民族学生思政教育规律，实现“全程”育人

高校思政教育应在实现人的全面发展的前提下因材施教，关心关注学生全面发展，注重遵循学生成长规律和教育规律，根据不同民族地域、不同年级专业的具体情况，制定不同的思政教育培养方案。

面向大一学年的学生，做好新生入学教育，上好“第一课”，发挥榜样的示范性，引导培育学生“主动获取信息的意识和能力”，帮助学生了解历史、认识现实，不断深化学生对“美”的认知；面向大二学年的学生，引导学生发现、挖掘身边的鲜活素材，深化“民族团结一家亲”理念，注重将言谈与举止相统一，将道德层面的“认知”与思想层面的“真善美”深度融合；面向大三大四学年的学生，注重引导学生个人与祖国的情感联系，不断丰富自身的文化精神生活，培养高尚情操、“识大体”保持大局观念，提高对“中华民族共同体”和对中国特色社会主义制度的深刻觉悟，做好人生规划。根据不同阶段学生性格心理的成长状况，循序渐进地帮助其正确处理个性与共性、部分与整体的关系，厚植家国情怀，将自身发展与祖国的前途命运紧密结合。

三、协调高校少数民族学生思政教育资源，实现“全方位”发力

高校思政教育要求“美育”与“德育”相融合，协调家庭、学校、社会等各方教育资源，从完善培养方案、凝练文化理念、推进学术研究、加大宣传教育等多角度对少数民族大学生思政教育实现发力。

1. 完善高校少数民族学生思政教学课程，打牢大学生审美基础

思政教学课程是高校少数民族学生美育的重要阵地，思政教学课程凭借着学生喜闻乐见的形式，为大学生打下审美基础，强化分辨对与错、美与丑的鉴别能力，建构基本的认知评判标准，不断优化思政教学课程内容、创新教学模式、强化课程实践性、提高学生参与度，使少数民族学生接收到生动的思政教育。思政教学课程的教学目标和教学理念旨在引导学生对“是”与“非”，“真”与“假”，“美”与“丑”的辨别，塑造学生正确的价值观念。通过深化教育者对思政教学课程的本质认识，实现理论与实践的深度结合，坚持问题导向，完善思政教学课程结构设置，强化思政引导力度，打牢大学生审美基础。

2. 凝练高校少数民族学生思政教育文化，营造大学生美育环境

校园文化对于学生成长成才具有重要意义，凝练高校少数民族学生思政教育文化是高校教育的重要渠道，通过寓教于乐的各类校园文体活动，实现高雅审美的熏陶，鼓励大学生自我阐述对于“真善美”的认知；通过坚持一体、包容多样、积极参与、重在践行的融合做法，积极组织参与社会实践活动，实现少数民族学生思政教育的主动性；并以社会实践、家访、“新时代·一带一路”主题实践行、“发声亮剑”汇报答辩及评优表彰、非遗文化走访、志愿服务、公益活动等活动为契机，引导学生走出学校，走上社会，在社会这个“大学校”收获知识与感动，将教书育人与实践育人融合推动，让中华优秀传统文化如涓涓细流沁入心田，增强少数民族学生对中华优秀传统文化的情感认同、价值认同和文化认同。

3. 推进高校少数民族学生思政教育研究，强化大学生美育水平

新时代高校思政教育应不断丰富高校少数民族学生思政教育研究，充分结合高校少数民族学生思政教育过程中的现实问题，引导相关学者不断推进新时代美育融入高校少数民族学生思政教育研究。了解学生诉求，结合社会需要，制定学校思政教育工作发展规划，提供研究的各项制度保障，设立专项研究基金，推进各类思政课程改革，对具有突出研究成果的教师在职称评定、评优评先等方面优先考虑，构建充分结合本校特点的少数民族学生思政教育体系，不断强化大学生美育水平。

4. 加大高校少数民族学生思政教育宣传，强化美育效果

高校少数民族学生思政教育需要依托互联网优势，营造“线上＋线下”的校园环境，充分利用学校官网、官方微信、微博、校园广播等媒体和学校报纸报刊、展栏展板等平面媒体，采用大学生喜闻乐见的内容与形式，树立宣传民族团结进步典型、模范榜样的先进感人事迹，启发少数民族学生将爱国心与报国行相结合，搭建校内外媒体资源宣传平台，唱响爱国主义时代强音；牢固树立“中华民族共同体”意识，善于用积极的态度、正确的方式促进各民族交往交流交融，引导学生以爱润心、以美味象，将“爱与美”的意识贯穿于“观世界、待人生、享生活”的全过程，厚植家国情怀，小我融入大我，做新时代“爱与美”的体验者、践行者、传播者。

四、结语

高校少数民族学生思政教育改革是对当前教育环境内各项资源的整合，也是对教育格局、体系的重新建构。结合高校少数民族学生的特点，实现新时代美育融入高校少数民族学生思政教育，既满足当前社会的现实需求，又为未来高校少数民族学生思政教育工作提出了具体举措，为培养“德智体美劳”全面发展的社会主义合格建设者和可靠接班人，为实现中华民族伟大复兴、推进我国民族团结进步事业贡献力量。

参考文献：

[1] 朱康有．“移风易俗，莫善于乐”[N]. 北京日报，2019-05-20（015）.

[2] 栗嘉忻．新时代中国高校德育与美育协同发展研究 [D]. 长春：吉林大学，2019.

[3] 王丽．新媒体对少数民族大学生思想政治教育的影响 [J]. 民族高等教育研究，2014（3）.

[4] 陶盛阳．民族学生思想政治教育存在的问题与对策 [J]. 中国民族教育，2014（2）.

[5] 刘朋．少数民族地区高校大学生思想政治教育工作创新探究 [J]. 呼伦贝尔学院学报，2015,（1）：89-92.

大学生就业工作现状及高校就业指导优化对策

周涵
天津城建大学计算机与信息工程学院

一、大学生就业现状

（一）存在就业期望值较高、急功近利的现象

学生就业过程中对于未来就业岗位抱有过高期待，希望能够有一个较高的起步，对于初次就业城市更倾向于一线城市，而且对薪资水平期待值较高。虽然全国高校毕业生人数逐年增加，就业压力不断增大，但是学生追求高大上的心态仍呈上升趋势，单位地点、薪资水平、企业性质仍然是学生重要的关注点。近几年，国家在中西部地区投入大量资金用于经济发展，这些地区于发达城市相比具有更大的发展空间，但是一部分学生不愿意到欠发达地区、偏远地区、民营企业等祖国最需要的地方成长成才，缺乏艰苦奋斗、吃苦耐劳的宝贵品质，表现出较明显的功利主义思想。此外，很多学生过分关注就业初期所能得到的待遇，忽略了个人成长的重要性，一味根据薪资待遇来评判单位的优劣，就业选择缺乏系统性思考。

（二）存在盲目跟风、过于追求稳定的现象

受疫情影响，2020 届毕业生准备报考公务员、事业单位的人数相比往年大幅增加，其中将近 70% 的学生考取意向非常坚定，表示自己在考试之前不考虑其他就业选择。而这些备考公务员的同学之所以选择公务员之路，大部分是因为“当前不知道要干什么”、“家里希望我考取公务员”，“想找个稳定工作”等等，仅有小部分同学曾在学校期间担任主要学生干部，从兴趣出发报考，这背后反映了学生们缺乏主动思考意识、盲目跟风的现象。在就业选择方面，很大一部分同学并未结合自身情况制订求职计划，过多受社会环境及周围同学影响，倾向于选择国企、大企业等，甚至部分学生等待家长安排，就业选择上缺少理性判断。

（三）存在职业规划意识差、就业主动性不足的现象

很多学生在大三下学期末开始求职时才意识到自己的职业规划问题，专业技能不足、综合能力不强、缺乏实习经历等问题逐渐暴露，给学生求职信心造成一定负面影响。绝大部分同学在低年级学习过程中没有明确专业学习目标，甚至不知道自己未来想在哪些领域就业，只是简单按照学校要求完成学分任务，并未根据自己的未来求职目标进行其他方面的学习。同时受社会发展影响，部分学生认为“毕业后及时就业”并不是很重要，同时许多学生家长并不关心孩子毕业后是否能第一时间就业，更加倾向于鼓励孩子报考研究生、公务员等，促使出现了“学生、家长不急，老师急”的不良现象。

（四）存在过于追求高学历，考研学生数量居高不下的现象

以天津城建大学计算机与信息工程学院 2020 届毕业生为例，在 2019 年 9 月份初次就业意

向统计中，学院有将近 45.03% 的学生有考取研究生计划，最终实际考上学生仅占比 10.00%，学生毕业前意向统计中仍有 10% 的学生有坚定地再次考研的意向。在对学生报考学校统计中发现，学生报考 985 院校意愿较强，甚至本科期间专业排名处于中等以下水平的学生也报考了录取难度较大的院校，反映了学生未能精准对自身定位，一味追求高学历的现象，忽视了积极求职就业的重要性。在对准备再次考研的学生的就业指导中发现，此类学生继续考研的意愿非常强烈，同时学生家长也支持学生继续考研，因而面向此类学生的就业指导非常难开展，甚至会引起学生的抵触情绪。

二、大学生就业指导工作的现实问题

（一）职业规划工作专业性不强，意义发挥不大

目前各个高校都开设了职业规划与就业指导课，任课教师多为辅导员，他们虽然长期从事学生就业工作，但是在职业规划方面仍缺乏相关专业理念，授课过程中课程内容设置有待完善。同时，学校内职业规划课程多为大班教学，职业规划因人而异，一种方法无法适用于所有学生，导致课程的有效针对性较差。职业规划是一个长期的工作，需要根据学生学习、成长不断跟进，要贯穿学生的大学生涯，但目前大部分工作仅停留在低年级职业规划课程中，后劲不足，导致实际就业引导意义发挥不大。

（二）就业指导工作与学生专业结合不紧密，实效不佳

就业工作是学生工作的重要一部分，高校中主要是辅导员教师在从事就业指导相关工作，专业教师涉及较少。但因辅导员对学生专业了解较少，就业指导侧重于学生简历、面试、岗位选择等内容，缺乏实质专业能力提升的建议。学生在就业过程中，关于所处行业发展形势分析、专业应用及需求的了解程度对于他们是否能够顺利就业至关重要，缺少专业背景的就业指导无法达到预计推动效果。

（三）就业推动工作压力大，学生出现明显反感情绪

近几年各地政府及教委将各高校就业率数字作为硬性指标，就业工作成为每个学校必须完成的底线任务，就业率不佳的学校，可能会面临被上级单位约谈、招生受限等问题。层层政策下，高校就业推动工作压力巨大，辅导员、班主任、毕设老师等多方发力，出发点是能够帮助学生实现尽早就业，但由于毕业生在就业过程中本身就存在较大压力，频繁催促导致学生出现反感情绪，甚至出现了“不欢而散”的结果。在就业指标强压下，老师对学生的就业指导质量严重下滑，过多地将精力用于催促就业，而忽略了对学生今后就业发展的指导，与高校育人初心相背离。

三、高校大学生就业指导优化对策

（一）引导学生树立正确择业观，培养学生家国情怀

依托课程思政、思政课程和日常思想政治教育工作，教育广大学生深入学习习近平新时代中国特色社会主义思想，用习近平新时代中国特色社会主义思想铸魂育人，引导学生增强“四个自信”，把爱国情、强国志、报国行自觉融入实现中华民族伟大复兴的奋斗之中。将历史先进典型人物及学校优秀就业案例融入对学生的就业指导工作中，让学生感受一代代青年人的拼

搏奋斗，明确身为大学生的使命与责任，坚定前进脚步。开展“基层就业，大有可为”宣传教育，激励广大学生扎根基层，将自己的命运和国家的命运紧密联系在一起，让自己的青春在祖国最需要的地方绽放绚烂之花。

（二）提升专业性，持续深化职业生涯规划教育

加强对学校内职业规划相关课程的重视度，对授课教师进行系统性课程内容培训，提升整体授课水平，不断改进教学方法，打造一批对学生成长有明显效果的课程，去除以往“水课”的标签。将职业规划教育分层分阶段开展，对于大一、大二的学生除却职业规划意识普及外，要将理想信念教育、爱国情怀、社会责任感融入其中，引导学生根据自身条件确定个人成长目标。对于大三、大四学生的职业生涯规划要加大专业技能方面的指导力度，帮助学生增强就业技能，提升面试技巧，做好就业心理预期。与此同时，要将就业指导工作常态化，邀请企业、优秀校友等定期为学生开展职业规划讲座，帮助学生尽早明确就业目标。

（三）分层分类，提升就业指导精准度

就业过程中学生会有考研、出国、考公、创业、征兵入伍等多种不同就业意向，每类学生均需要不同种类的就业指导。因此在就业指导过程中要通过“一对一”谈心谈话深入了解学生当前就业情况并根据就业意向对学生进行分层分类，对不同类别学生开展精准指导。对于居高不下的考研人数，要引导学生树立正确的考研工作观，正确认识考研目的，避免盲从。对于逐年增加的考公学生，竭力引导他们拓宽岗位选择，努力实现“先就业再择业”，同时要主动服务国家重大基层项目，到祖国需要的地方建功立业。要深入挖掘可用招聘资源，精准提供各类就业信息服务，提高岗位对接成功率。

参考文献：

[1] 陆雁翎．新时代大学生正确择业观的指向要素与引导 [J]. 高校辅导员，2019，（5）：64-67.

[2] 李丽．中国梦融入大学生职业生涯规划教育的实践路径研究 [J]. 高校辅导员，2018，（6）：P.63-66.

[3] 张宝霞，牛绎捷．大学生就业状况及对策研究 [J]. 山西科技，2018，33（4）：124-128.

浅析高职辅导员职业素质的提升

扈阳
天津城市建设管理职业技术学院

青年是未来国家建设的主力军，大学阶段是青年学业的最后一站。中央的 16 号文件更是指出：辅导员是学校学生思想政治工作队伍的基础和主力军。因此，辅导员身上肩负重大的历史使命。工作对象变成了新时代成长起来的“00 后”，对辅导员在职业素质的提升上提出的新的要求。

高校辅导员同样被学生们称呼为“老师”，但就教育界来讲，辅导员是一种特殊职业，因为它不似专业教师有一门特定的课程需要教授，他们帮助学生处理繁杂的事务却也不属于行政管理。但是在高等教育的整体中，辅导员是十分关键的组成部分，既承担着一定的教学任务，又承担着大量的管理任务，是大学生思想教育的具体实施者和引领者。学生在校园里不仅要学文化课程，更要有思想、道德、修养上的提升。

一、当前辅导员职业素质提升上面临的困难

1. 职业初心不够坚定

辅导员职业初心不够坚定表现在以下三个方面。其一，事务性工作过多。辅导员事务性工作过多是我国当前高校普遍存在的问题，这在很大程度上分散了辅导员的精力，使部分辅导员疲于应付，只能将精力投入事务性工作中，从而降低了对自身职业素质提升的追求。其二，家庭因素影响部分高职院校辅导员职业初心。辅导员大多年纪较轻，成家后一定程度上分散了工作精力，从而难以坚持职业初心。其三，部分高职院校辅导员个人原因对其职业初心影响较大。个人原因是影响辅导员初心的重要原因之一，其中包含着部分辅导员的自我认知、行为特征、性格特点、生理因素等。辅导员工作时间长、对象广、事物杂、突发情况较多，由此产生的工作压力极易造成个人主观上对自身职业认知的偏差，从而影响其职业初心。

2. 主观能动性较低

主观能动性是高职院校辅导员追求自身素质不断提升的重要保障，是辅导员不断提升自身水平的重要影响因素，在一定程度上会影响高职院校辅导员对自身职业的追求。但是，目前高职院校辅导员的一大组成部分为新入职专业教师，经过辅导员阶段后会转岗重新担任专业教师职务。该部分辅导员队伍普遍年轻化，与学生的年纪相仿，易于沟通交流。但是，辅导员年龄小，工作经验不足，想要做好教育工作，就要不断充实自己的学识水平，完善自身的理论基础，用自身的修养、能力、见解去感染学生、影响学生。

3. 多种客观因素

当前辅导员自身职责定位过于复杂，使部分高职院校辅导员对自身职业认知模糊。辅导员承担学生的思想政治教育工作、心理辅导工作、管理工作等，普遍繁杂琐碎，且学校各部门相关学生业务均通过辅导员实现对接，辅导员在工作中应对着来自多方面的工作压力，导致部分辅导员对自身主责渐渐迷失。高职院校辅导员队伍建设不够合理，这是因为我国高职院校发展起步普遍较晚，社会地位不高，师资力量不足，因此，辅导员准入条件相对宽松。就现实情况而言，部分高职院校对辅导员准入条件的设置过于宽泛化，未能很好地按照辅导员主责主业要求选拔人才，从而导致辅导员队伍专业背景差异化严重。部分高职院校领导对辅导员工作重视程度不足、主责主业认识不够，从而忽视了辅导员职业素质的培养，且受到高职院校客观条件限制，相对本科院校而言，高职院校的招生规模、财政补贴等较少，这导致其必须将有限的经费应用到教学、管理等各项工作中，忽视了辅导员的培养。部分高职院校存在形式主义、官僚主义等情况，这对辅导员队伍建设有着一定的不良影响。

二、高职辅导员素质提升策略

1. 辅导员需要认真地做理论学习

辅导员思想要与时俱进、紧跟时代步伐，紧跟国家形式，紧跟国家发布的关于教育类别的文件与重要讲话。辅导员要学习新事物，通过网络、媒体（抖音、微博、头条、学生朋友圈）这样的媒介去了解学生的日常状态与思维动向。网络媒体发展迅速，学生接受新事物能力较强，因此，大学辅导员要时刻关注学生的舆论导向，时刻关注学生传播信息的源头，做到“不信谣、不传谣、不造谣”。在互联网时代背景下，资讯发达，学生思维开阔，发表言论肆意，高校辅导员只有抓住学生成长的轨迹，寻求学生成长规律，将所学理论联系到实际中，抓住学生的特点，从学生的内在需要和自身特点出发，从思维上改变教与学，管与被管的联系，以“注重实效性、着眼长远性、坚持创新性，对接时代性”为指导思想，通过多种载体，不断拓展工作空间，多与同行业辅导员接触，沟通，探讨高校辅导员如何工作，怎么工作，不断地在实践中探索，在探索中创新，积极寻求学生工作管理与发展新思路。从而形成新创举、新模式。高校辅导员工作职责与发展目标不单单是培养学生高尚的情操，更要培养学生高尚的人格和品格，培养学生强烈的社会责任感与使命感，树立学生正确的理想。

2. 学生工作在于引导，在于指明方向

高校辅导员要培养学生养成良好的道德品质和高尚的道德情操。与学生接触，开展谈心谈话活动不单单会拉近师生关系，更能促进师生互相了解，而加深师生了解是做好学生工作的首要。学生工作是逐层深入的，引导学生养成良好的心理品质、心理素质，培养学生自尊、自爱、自律、自强的优良品格，增强学生克服困难、经受考验、承受挫折的能力，树立学生自信心，培养学生解决问题的方式和方法，还有看待问题的思维与角度。有针对性地帮助学生处理好学习、择业、交友、健康、生活等具体问题，提高思想认识和精神境界。辅导员要对学生进行国法、家规、校园规章制度教育，安全教育，及时关注学生出现的各类问题，做到防微杜渐，针对学生的不同性格特点进行引导，同时处理好突发事故，维护校园安全和稳定。一名辅导员带200多名学生甚至更多，若要有效的管理和关注到每一名学生，就要充分发挥班干部的力量，班干部发现学生异常行为举动要及时与辅导员沟通。根据现存的全国高校学生存在的各类问题，我们发现，校园贷、网络平台直播、欠学分、毕业难、沉迷网络游戏等现象屡屡发生。这样的问题其实就发生在我们辅导员身边，所以做好防范，做好正确引导，做好与学生家长的沟通与联络。

3. 形势政策与就业指导

及时关注国内当前的形势与政策，时刻给予学生最正确的思想引领与纠正。考生连年增多，意味着毕业生人数连年上涨，就业形势与就业压力逐年上升，就业环境并不乐观，因而辅导员要适当地为即将毕业的大学生做出当今形势与职业生涯规划指导。通过社会服务，志愿团队服务等活动培养学生服务社会意识、感恩意识及志愿服务意识。在大学生日常工作管理中，服务意识是一个人成长中的意识前提，学生能够主动去服务社会，造福社会，那么，学生在日后工作会形成单位责任感，团队责任意识。

三、小结

学生的成长中需要一群尽职尽责的辅导员。职业理念与职业责任感工作难在开始，贵在坚持。辅导员要以一颗真诚的心奉献于学生，把辅导员工作当成一项事业来看，而不是一项工作。“路漫漫其修远兮，吾将上下而求索。” 辅导员们用他们的职业素养，职业道德、职业理念照耀着他们热爱的教育事业。“照亮”“指引”“指导”“陪伴”“成长”“注入”“助力”都是用于高校辅导员学生工作的常用词语，这些词语更多地体现着爱的陪伴和渲染，因此，做好高校辅导员工作，要发扬高校辅导员的使命与担当，这项工作首先要有温度，有情感，这样才能做得更好，更有爱，更加能传承与传递下去。立德树人，就是学生走出校园走向社会，成为一个对社会有益、有用、有责任、有义务、有担当的人，这是对我们思政工作最好的考核。时代不断在变化，学生的思政工作永远在路上。辅导员工作是一项有血，有肉，有感情，有使命感，有责任感，有奉献精神的一项工作。这项工作，我们要一直用信仰和梦想去牵引，去引领。

参考文献：

[1] 李晓菲 . 关于高职院校辅导员工作实效性的研究 [J]. 教育与职业，2015（3）：95-97.
[2] 殷艳 . 高职院校辅导员职业能力的构成与提升策略探讨 [J]. 求知导刊，2017（20）：154.

工匠精神视角下高职院校就业指导新路径研究

秦慧君
天津城市建设管理职业技术学院

党的十九大报告提出“完善现代职业教育和培训体系，深化产教融合、校企合作”，新时代背景下，高职院校就业指导也要根据新形势不断创新，不能囿于已有的思维方式，要尝试摸索走“校企合作、产教结合”的路子。查阅文献归纳，就业指导可分为狭义和广义两大类。广义的就业指导，包括预测要求就业的劳动力资源，社会需求量，汇集、传递就业信息，培养劳动技能，组织劳动力市场以及推荐、介绍、组织招聘等与就业有关的综合性社会咨询、服务活动。狭义的就业指导，是给要求就业的劳动者传递就业信息，做劳动者和用人单位沟通的桥梁。本文采用的广义的就业指导。

关注高职生就业指导的研究不少，但是当前的研究没有把企业作为教育主体之一，没有把工匠精神视为高职生的就业追求。这就导致高职院校就业指导存在一定的问题，在就业市场上的表现就是：高职生在就业时存在得过且过、缺乏工匠精神、随便违约、缺乏职业道德和契约精神的情况，这给企业的招聘和高职生的就业带来了一定的困境。

在高校教育体系下，当前高职院校就业指导存在一定的问题，表现为以下几点。

（1）就业指导的过程缺乏系统性。大多数高职院校的就业指导工作主要围绕大一上学期的就业指导课和大三的毕业生就业推荐工作展开，其余时间并未进行就业指导，缺乏全程化、分阶段、连续性的实施。

（2）就业指导内容缺乏针对性和创新性。高职院校没有按照不同年级、不同科类、不同地区的学生开展有针对性的就业指导教育，而是使用统一的指导教材，泛泛而谈。各高职院校使用的就业指导教材种类繁多，很多教材没有把近期出现的新情况、新问题、新政策编入其中。另外高职院校普遍存在“重视基础理论，轻社会实践”的问题，就业指导仅仅停留大学生职业生涯规划课和毕业前的推荐就业信息上，缺少对就业价值观念取向的引导、职业判断、职业思想、工匠精神的培育。

（3）就业指导的师资队伍构建不合理。目前队伍多是辅导员和就业处教师，由于辅导员和就业处教师多是硕士研究生以上学历，多从毕业学校进入入职学校，缺少社会实践经历，所以教育内容较为空洞，教育内容仅仅停留在课本上的理论知识，在指导学生就业时，大多注重求职简历的制作、面试技巧的培训，很少能通过调查了解学生的思想实际，根据学生所关心的热点、难点和疑点有针对性地开展就业思想政治教育。

（4）就业指导的方式缺乏多样性。目前的途径是大班教学、毕业生就业动员会、就业形势报告会等主观的“灌输”方式，几百名学生在一个大教室里上就业指导课，睡觉、听音乐、看小说、玩手机、打游戏等现象随处可见。

以上四个因素导致就业指导融入思想政治教育的结果缺乏实效性。作为教育工作者，我们深知，我们要培养的是德智体美全面发展的社会主义合格建设者和可靠接班人。所谓“德”，就是高职生的思想政治素质和道德品质素质，这在高职生成长成才过程中处于重要位置，也是高职生步入就业岗位的立足点。用工匠精神对高职生进行就业指导，将严谨认真、精益求精、追求完美、勇于创新的工匠精神无形地融入高职生就业工作中，可以让学生在认清自己责任的基础上学习就业方面的知识，进而产生学习动力，找到合适的就业岗位，实现自我价值。

“校企合作、产教结合”的理念可以在就业指导中得到进一步的挖掘，可以在就业指导主体、内容和方式上加入企业的力量。通过高职院校和企业的协同合作，对人才培养模式进行改革创新，使就业指导取得实效，具体来说有以下几点。

（1）就业指导做到阶段性和连续性的有机结合。高职生从入学到毕业，其心理、生理正处于不断变化之中。就业指导应遵循其身心发展规律，做到阶段性和连续性有机结合。高职生在不同年级都应有就业指导，就业指导的内容也应该有相应的变化。一年级就业指导要涉及大学生就业形势指导，帮助大学生了解就业形势以及将要面临的压力，并及早将就业压力转化为学习动力；要涉及高职生职业生涯规划设计指导，帮助高职生发现和了解自己的性格、兴趣和专长，结合自己所学专业，制定出符合个人发展的目标。大二年级就业指导的重点内容可以放在高职生就业观念指导和工匠精神指导上，高职生对中国高等教育已进入“大众化”时代有一个基本认识，树立正确的成才意识，培养良好的就业心理素质和精益求精的钻研精神。大三年级就业指导的重心可以是求职技巧指导、就业法律知识教育和就业信息服务，让高职生了解或掌握国家有关劳动与就业方面的法律知识，做到工作中遵纪守法，诚实守信。高职生就业教育要依据高职生不同阶段特点，既存在差异，又是相辅相成、互为联系，成为一个有机的整体。

（2）创新就业指导融入就业指导的内容。采用“走出去”的方式创新就业指导的内容。就业单位是高职学生的需求端，高职学生必须去就业单位亲身实践。通过校企合作，搭建起就业单位与高职生之间交流与联系的平台，充分挖掘企业资源，让学生深入企业，充分开展各类创新实践。在上岗锻炼技术能力的同时，高职学生切身感受企业文化和工匠精神，让学生在企业实践中潜移默化受到熏陶，提升职业素养。

（3）丰富就业指导的主体。就业指导工作不能单纯依靠辅导员和就业处教师的力量，要从企业中选拔企业导师为教育主体之一，搭建思想政治辅导员、就业处教师、企业导师的“三位一体”育人平台。同时应注重队伍的年龄、知识、学历、职称等结构建设。年龄结构要合理，呈梯队发展的态势；知识结构要全面，尽可能多地覆盖各个专业；学历和职称结构要优化，不断提升专职教师的学历和职称层次。

（4）就业指导方式多样化。一是邀请企业骨干和毕业学生来校交流，交流在实习实践中所积累的经验和教训，恳请企业骨干和毕业学生进行批评指正，以拓宽视野。二是要充分挖掘校园文化，校园文化传播中要突出体现就业的主题，利用好学校的平面媒体和广播站，开辟就业指导专题或互动专栏。高职学院多举办一些有关就业的文化活动，开展各类有关就业的实践活动，如人才基地等都可以对高职生进行思想政治教育。三是思想政治教育方式上的创新，如在学校开展就业服务活动，开展就业类社团，让学生去企业感受企业文化等。

参考文献：

[1] 李杰伟 . 职业教育改革背景下高职院校思想政治教育探究 [J]. 学校党建与思想教育，2020（08）：85-87.
[2] 莫俊峰 . 高职院校思想政治理论课与职业素养教育融合研究 [J]. 北京财贸职业学院学报，2020，36（02）：65-68.
[3] 邓惠良，胡钰颖 . 新时期高职高专院校学生思想政治教育途径的探讨 [J]. 佳木斯职业学院学报，2020，36（04）：228-229.
[4] 刘广东 . 新时代高职院校思想政治教育实效性的提升路径 [J]. 西部素质教育，2020，6（07）：42-43+47.
[5] 崔兴军 . 浅谈新形势下高职院校辅导员如何做好学生思想政治教育 [J]. 法制与社会，2020（10）：190-191.
[6] 郭中华 . 做好就业指导工作，提升高职学生就业能力 [J]. 当代教育实践与教学研究，2020（06）：165-166.
[7] 梁惠 . 文化育人理念下高职院校思想政治教育探究 [J]. 教育教学论坛，2020（10）：55-56.
[8] 何春蕾 ."互联网 +" 时代背景下的高职院校就业指导策略研究 [J]. 教育科学论坛，2020（03）：78-80.
[9] 孙灵，宿一兵 . 工匠精神融入高职院校思想政治教育路径探析 [J]. 黑河学刊，2020（01）：171-172.
[10] 贾迅，杨旭娇 . 微时代背景下高职学生思想政治教育创新研究 [J]. 教育与职业，2020（02）：82-85.
[11] 白志贤，谭园园 . 高职院校就业指导工作中思想政治教育创新问题研究 [J]. 教育教学论坛，2020（02）：342-343.
[12] 孙浩景 . 高职院校学生就业指导工作体系构建探讨 [J]. 智库时代，2019（51）：45-46.
[13] 储杨 . 探究高职院校大学生就业指导工作中的思想政治教育 [J]. 教育现代化，2019，6（84）：207-208.
[14] 李清良 ."工匠精神" 在高职院校就业指导课中的培养研究 [J]. 农家参谋，2019（20）：293-294.
[15] 张成 . 新形势下高职院校全程化就业指导工作体系构建 [J]. 佳木斯职业学院学报，2019（10）：256-257.
[16] 曾艳 . 工匠精神引领下高职院校学生的就业指导模式浅谈 [J]. 中外企业家，2019（27）：137-138.
[17] 魏莉娜 . 校企合作模式下高职就业指导体系创设的研究 [J]. 湖南邮电职业技术学院学报，2019，18（03）：65-67.
[18] 刘敏婧 . 对新常态下高职院校就业指导工作的思考 [J]. 文化创新比较研究，2019，3（19）：78-79.
[19] 刘留 ."互联网 +" 时代下高职院校就业指导工作探究 [J]. 辽宁师专学报（社会科学版），2019（01）：87-88.
[20] 覃柳云 . 高职院校学生顶岗实习与就业指导的途径研究 [J]. 教育文化论坛，2018，10（03）：56-58+127.
[21] 陈立影 . 论思想政治教育在高职生就业指导中的作用及其发挥 [J]. 教育与职业，2017（15）：71-75.

浅谈高校学生干部培养机制

杨垚
天津城市建设管理职业技术学院

习近平总书记曾多次寄语青年，对广大青年给予了殷切期望，在党的十九大报告中也提出："中国梦是历史的、现实的，也是未来的；是我们这一代的，更是青年一代的。"高校学生干部是青年一代，更是社会主义事业建设者和接班人中的优秀代表，是校园文化建设的带头人，是贯彻落实学院系部各项政策的中坚力量，是老师和学生之间沟通的桥梁和纽带。进入新时代，社会的日益发展和人才需求的变化对优秀学生干部的标准也提出了更高的要求。

一、新时代下高校学生干部存在的问题

（一）功利性强，缺乏自我认知意识

学生干部队伍中常常会有一些人看重的是作为学生干部给自己带来的利益，而把学生干部的工作目标与职责于不顾，缺乏自我认知意识，把学生干部当成"官儿"，没有认识到为同学服务、为老师解忧是一个学生干部的本职工作。有些学生干部对同学和对自己分别采用两种不同的标准，宽以待己，严以律人，甚至滥用手中所谓的"职权"，缺乏脚踏实地干工作的精神。

（二）工作只看结果，不讲过程，缺乏自我培养意识

各高校目前的学生工作都具有多、繁、杂的特点，学生干部承担的工作也有这样的特点，所以很多学生干部在工作时会出现应付差事的想法，试图"蒙混过关"，他们不注重具体的实施过程，不懂得在工作中积累知识、增长经验的益处，缺乏自我培养的意识。例如，召开主题班会时，学生干部只是拍照、做会议记录，没有前期资料调查准备、创新班会形式、总结经验不足的工作过程。

（三）轻视学习，注重工作，缺乏整体效益意识

学生最基本的任务是学习，而大多数学生干部往往把工作放在第一位，忽视了自身专业知识的学习，甚至因为工作原因出现旷课的现象，导致挂科现象的出现。无法将学习和工作有机结合，非常不利于学生干部的长远发展。同时，这也影响到普通同学对学生干部的看法，认为学生干部只要活动开展得好，为老师工作得好就是优秀的代表，违背了"一个学生的首要任务是学习"的宗旨要义，这样的"优秀"代表是不合格的，不是德智体美劳全面发展发展的社会主义建设者和接班人。

（四）组织活动流于形式，缺乏创新竞争意识

目前，高校学生干部组织开展的活动普遍来说局限于座谈会、演讲比赛、辩论赛等形式，缺乏新意。这些活动大多集中在文化类比赛，鲜有专业技能的练功比武等，类型不完善。而且

活动范围狭窄，大多局限在学院内部，甚至仅是在系部班级之间，缺少与其他院校的交流竞争，以及与顶岗实习单位、周边社区的联谊。

（五）心理承受能力差，缺乏自我调节意识

目前的高校学生普遍是“00”后，多是独生子女，从小被娇生惯养，没有经历过挫折，逆境商数低，遇到困难挫折往往选择逃避、放弃，遇到复杂的人际关系往往选择用不正确的方式自行解决，常常因为一点小事就和老师发脾气、和同学产生矛盾，缺乏自我调节和控制的能力。

二、学生干部存在问题的原因分析

（一）学生欠缺自我锻炼的意识

“00后”的大学生自我意识强，思维观念新，受挫能力差，他们担任学生干部大多出于好奇心理，有的出于部分目的性，有出于从众心理，欠缺了一些责任意识以及把学生干部经历当作自我锻炼的意识。教师需要从学生价值观上加以培养和引导，扭转学生干部的观念，使其树立正确的干部意识，做到为同学服务，通过各种工作的开展锻炼能力、增强素质、磨砺品格。

（二）学生干部培养体系尚未完善

教师日常经常给学生干部布置各种工作任务，但由于自身工作繁多，导致对学生干部的工作指导较少或质量不高，对学生干部的培养有所欠缺，特别是缺乏系统、科学的培养体系，使得学生没有得到真正的锻炼和成长。

（三）学校激励机制有待加强

学校应注意培养学生干部的奉献精神，同时建立并加强对学生干部的肯定、激励机制，让学生体会到自己的工作被认可，而且因为自己的付出而获得了实实在在的奖励或荣誉，从而更加有干劲、有激情。特别像高职院校，有校企合作的天然优势，在学生顶岗实习的岗位推荐上，可以为学生干部开辟绿色通道，这既是对学生干部的激励机制，也是为顶岗实习单位输送优秀人才，是一种双赢机制。

三、学生干部的培养机制建设

（一）引导学生明确身份和职责

在对学生干部的日常教育中，明确学生干部要有“吃苦在前，享受在后”的工作情怀，要有“不用扬鞭自奋蹄”的斗争情怀，要有“先天下之忧而忧，后天下之乐而乐”的责任情怀，要有“俯首甘为孺子牛”的服务情怀。教育学生干部在工作中有计划、有主题、有内容，做好上传下达、督促落实；要不断改进工作方法，总结工作中的失误，倾听他人意见建议，完善自我；要积极主动工作，克服畏难情绪和懒惰思想；要正确处理和同学之间的关系，不纵容同学的错误，不用干部身份压制同学，不能滋生“官僚主义”和“腐败现象”。

（二）引导学生干部培养自身良好的能力素质

首先，一名优秀的学生干部要具备良好的思想政治理论水平，所以在平时要教育学生干部加强相关知识的学习，上好思政课，多关注时政热点新闻，多关心国家大事，用良好的理论水平指引自己日常的工作。第二，培养语言和文字表达能力，在上传下达的过程中能够准确理解老师的意思，同时能向同学们表达清楚。第三，树立全局意识，培养健康的身心状态。学生干

部在工作中肯定会遇到同学的挑剔、老师的批评，他们所承受的委屈和压力也比普通学生多，这时就要教育学生干部谨记自己的身份，牢记自己担任学生干部的初衷，以服务广大同学为自己的根本宗旨，做好自我调节，并且可以利用开展学生活动的机会，定期邀请校内外专家召开心理讲座或开展心理素质拓展活动。

（三）形成“工作——反馈——改正——总结”的工作机制

学生干部在工作完成后要将工作情况报告或上交给老师，根据老师的反馈及时改正，并善于反思总结，做到以点带面，用零星式的工作经验形成系统的工作机制，从而增长经验，增强自工作、管理能力。

（四）建立学生干部测评激励机制

学校首先可以建立长效性学生干部评价机制，分为阶段性测评和任期结束总测评，然后根据测评结果在各项评奖评优中适当赋值，这样既可以对学生干部起到监督作用，也能成为激励学生干部努力工作的形式之一。

同时也要建立惩罚措施，奖励固然重要，但对于测评不合格的学生干部，可以通过教育谈话、诫勉警告、撤销学生干部身份等方式施以惩罚，使学生干部对自己的身份有敬畏之心，从而高效开展各项工作。

（五）充分利用校企合作条件开展学习和工作，实现“双赢”

在高校向应用型转化和校企合作的背景下，学生干部也要充分利用这一条件改变“轻学习，重工作”的现象，将专业知识和学生干部工作有机结合起来，积极组织并参加具有专业特色的实践活动，实现学生干部工作的特色发展和创新发展。例如，邀请顶岗实习单位的专业人员到校进行实践技术演练，举办学科专业知识竞赛等。

（六）发挥校企合作、学社合作功能，创新活动形式

创新是一个民族进步的灵魂，是一个国家兴旺发达的不竭动力，也是中华民族最深沉的民族禀赋。无论任何时代，开展工作中创新竞争都是十分重要的，学生干部也是如此，要创新“第二课堂”的形式。将校内活动延伸至校外，创造校际交流实践活动；增加户外拓展训练，提升学生干部整体凝聚力；加强联系社区的广度和深度，例如联合社区开展针对外来务工人员子女的小课堂，减轻外来务工人员看护子女的压力；充分利用顶岗实习单位平台，开展各类实践调研活动。

总之，要坚持立德树人根本任务，不忘初心、牢记使命，教育学生干部从工作中长经验，充分运用各类平台开展工作，不断增强自身各种能力，引导学生干部做好师生间的骨干、桥梁和纽带，成为德智体美劳全面发展的社会主义建设者和接班人。

参考文献：

[1] 单羿 . 高等教育大众化背景下学生干部培养模式探析 [J]. 亚太教育，2016，（10）：73.
[2] 吴垚 . 高校学生干部培养机制创新思考 [J]. 湖北经济学院学报：人文社会科学版，2016，v.13；No.143（05）：159-160.
[3] 赖敏 . 关于以职业发展为导向高校学生干部培养的探索 [J]. 佳木斯职业学院学报，2016.
[4] 范洪魁 . 新形势下高校学生干部存在的问题探究 [J]. 学理论，2016（6）：204-205.

[5] 张静．高校学生干部培养机制研究 [J]. 西部素质教育，2017（10）：28-28.
[6] 杜强，王子娟，孙尧．高校学生干部对校风、学风建设的促进作用 [J]. 科技视界，2017（19）.
[7] 马洪新，尹洪多，李丹，等．高校学生干部培养工作研究 [J]. 教育现代化，2017，4（49）：68-70.
[8] 张瑞霞．高校学生干部培养中存在的问题及对策分析 [J]. 才智，2018（18）：122-123.
[9] 李彤，何元琴．新媒体时代优秀研究生学生干部培养研究 [J]. 江西电力职业技术学院学报，2018，v.31; No.109（02）：113-114+117.
[10] 黄建林，胡小凤．优秀学生干部担任副班主任的实践与思考：以常州铁道高等职业技术学校为例 [J]. 职业教育（上，中旬），2018，17（12）：25-28.

后疫情时代高职学生就业创业能力培养困境及对策

周彤欣
天津城市建设管理职业技术学院

2020年全国普通高校毕业生874万，较2019年834万同比增加40万人。综合考虑经济下行压力和疫情叠加的影响，预计今年上半年高校毕业生就业面临的形势更加复杂严峻。

而随着科技的发展和社会的进步，国家经济正在逐渐转型，很多岗位已被人工智能所代替，使得就业前景更趋紧张。突如其来的一场全球疫情打乱了今年的应届毕业生的计划，很多企业裁员收缩，招聘岗位也是急剧减少，对于今年的就业形势更是雪上加霜。

一、后疫情时代大学生就业创业存在的问题

1. 就业形势严峻，学生自身能力不足

高职教育不同于本科教育，具有学业时间短、课时任务重的特点，学生进入大学后，前两年忙于学习理论知识和提升实训能力，很少能够抽出时间参加社会实践活动，学生的动手与实践能力得不到提升。另外，高职院校与本科院校相比，很多软件和硬件设施并没有能够同步跟上，学生所学的知识不能在实践中加以运用，随之带来了学生自身素质及培养质量的下降，学生就业便受到很大的影响。

2. 就业指导工作存在较大问题

现今社会需要的不是简单的劳动力，而是具有创新和创业能力的高素质人才，这就要求高校在人才培养过程中要重视和培养学生的创新创业能力，但是目前高职院校的就业指导工作仍然存在较多问题。首先，高职院校开设就业创业指导课程的目的仍然侧重于提升就业率，因而教师在授课时更加注重学生如何就业，而对于学生综合能力的提升、职业生涯发展等重视不够，同时也会使学生产生一种先就业后创业的片面认识。其次，多数高职院校就业指导课程教师多为辅导员或者负责学生工作的教师，此类教师通常自身缺乏足够的企业工作经验和自主创业经历，授课多以理论知识为主，采取“灌输式”的形式给学生讲解就业技巧，分析就业行情，传达就业信息，学生很难真正地去理解和应用相关的理论知识，这对于讲究实效的就业创业课程来说，是一种严重的缺陷。

二、后疫情时代大学生就业创业应对对策

1. 树立正确的就业创业观，全面提升综合素质

目前大多数高职生的就业创业观念较为落后，仍然坚持传统的就业创业观，对自己的职业生涯没有清晰的规划，对于所需要的技能和知识没有进行系统储备。在就业岗位的选择上，一方面大学生们应该放宽视野，大胆尝试新领域，拓宽就业渠道和就业岗位。在就业形势比较严峻的情况下，先就业再择业也是不错的选择。另一方面，高职院校应该适量增加信息化、网络化、智能化相关理论知识的课堂与实践教学，应当融入互联网思维，以各类前沿信息技术形成对创新创业教育的有力支撑，让学生通过自己的兴趣爱好和毕业后就业的方向有选择地进行学习，由此提升学生的信息化能力。信息化在给社会带来便利的同时，也带来了大量的不确定因素，如网络诈骗等，因而在对学生就业创业进行指导的同时，要积极渗透法律和道德意识教育，引导学生学会规避风险，抓住机会，提高自身综合素养以应对激烈的就业创业压力。

2. 加强教学改革，提升就业创业指导质量

学生创业就业能力的培养是一项长期性、系统性的事业，需要学校给予足够的重视并进行切实有效的改革。

（1）学校应把学生就业创业能力培养当作“全员化”工程来抓，学生的班主任、任课教师都可以在日常工作中对学生进行适当引导，而不是仅仅通过就业创业指导课程来提升学生的就业创业质量。

（2）学校在保证原有就业创业指导课程的基础上应该适当增加学时，开设多种形式的就业创业指导课程，如采用微课、慕课、自媒体等新技术进行教学，从而保证师生之间及时沟通与交流。

（3）开展包括就业观念、就业目的、就业需求等在内的就业 主题辩论会，让学生对就业中存在争议的问题进行讨论，使学生能够真正深入地去思考就业问题，而不是像之前一样盲目投简历和找工作。

（4）开展模拟面试活动，让学生提前了解笔试、面试流程及工作岗位的要求和问题，避免毕业求职时因缺少经验、盲目紧张等原因导致的失败。

（5）学校应该建设一支专兼结合的就业创业指导队伍，把就业创业指导工作作为专项工作来对待，由专门的工作人员负责。此外，就业创业指导课程涉及多个学科的知识，因而可以根据就业指导课的内容对其进行划分，由具备相应专业特长的教师进行讲授。如邀请企业人事部经理讲授选聘毕业生的标准；请具有职业规划师资质的教师对学生进行个案咨询。这样可以保证学生得到更加行之有效的指导。

3. 加强校企合作，搭建实践平台

学校的就业创业指导课程应该让更多的企业参与，企业可以作为人才培养的第二课堂。在教学实践中，学校可以组织学生到企业见习或者实习，了解企业的日常经营和管理模式，加深学生对自身职业选择和创业思路的认识，强化自主创新能力，在未来的社会就业创业中获得更广阔的发展空间。此外，加强校企合作提升学生的职业能力，可以加快学生对企业环境的认知，使学生迅速转变角色观念。学校可以根据企业的用人需要培养人才，企业可以将岗位需要的专业技能放到学校学习中培养。现如今，互联网的优势日渐凸显，学校可以和企业合作共建互联

平台，在平台上，学生可以与有意向的企业对话交流，企业专家可以对学生的就业和创业问题进行解答。另外，学生可以在线观摩面试现场、加工现场等，企业可以把一些比较紧缺的岗位现场操作以视频形式发布到平台上，学生可以更直观地了解行业性质，便于以后的就业定位和就业选择。高校应充分运用“大数据”，借助网络信息交流不受时间和空间限制的优势，整合校友的相关信息资源，搭建校友资源互动平台。很多的企业招聘职位是通过实习岗位入职进而转化为正式职工的，一方面学校可以通过自己的 BBS、公众号等进行实习岗位的推广，也可以借助往届毕业生的推荐进行职位推广。

参考文献：

[1] 王平 . 高职院校就业创业指导师资队伍建设路径研究 [J]. 中国职业技术教育，2016（36）：56-59+77.

[2] 殷建营 . 高职院校就业创业指导 师资队伍建设研究：以周口市高职院校为例 [J]. 卫生职业教育，2017（15）：11-13.

[3] 李广华 . 基于高校“双一流”战 略下的大学生全程化就业创业指导体系的思考 [J]. 中国大学生就业，2018（2）：50-54.

[4] 张俊姝 . 独立学院就业创业指导师资队伍建设研究 [J]. 课程教育研究，2016（37）：12-13.

[5] 郭婧 . 高校就业创业指导师资队伍建设诉求与实现路径 [J]. 黑龙江教育学院学报，2019（4）：25-27.

[6] 张丹 . 高职院校就业创业指导师资队伍建设的途径分析 [J]. 当代教育实践与教学研究，2019（11）：110-111.

[7] 钟颖 . 双创背景下本科生创业指导师资队伍建设研究 [D]. 武汉：武汉理工大学，2018.

榜样激励在高校思政教育中效能提升的路径研究
——以天津大学经管学部“经管榜样”为例

李艺
天津大学

大学生思想活跃喜欢接受新鲜事物，面对复杂多变的国际形势和新媒体盛行的网络环境，大学生的思想和价值观容易受到影响。高校通过开展思想政治教育，促使大学生形成正确的价值观、理想信念和道德品行，将榜样激励引入思想政治教育，可通过榜样行为教育引导大学生，激发大学生的自主性、积极性和创造性，这对大学生未来发展具有积极意义。

然而，目前高校榜样激励教育存在诸多问题，主要表现在教育理念相对滞后、教育目标呈现功利化倾向、教育方法和载体相对固化等方面，这些因素导致榜样激励效果相对滞后于高校思想政治教育的发展要求，对高校思想政治教育提出了诸多挑战。

一、高校实施榜样激励教育的现状与问题

本研究通过文献综述、调查问卷及人物访谈的方法，对目前高校开展榜样激励教育的现状进行了调研，内容围绕榜样激励运行过程及效能要素等，主要包括目标导向、管理控制及学生受激励效果等方面，考察当下高校开展榜样激励教育的主要问题与影响因素。

（一）大学生榜样激励机制效能低下

效能提升是榜样激励机制研究的目标，朱建国研究发现高校存在榜样示范作用不显著、榜样目标指向不明朗、榜样强化作用不突出的现象。调查结果显示，半数以上的学生认为当下的高校榜样激励方案脱离自身实际，63% 的学生认为榜样行为难以付诸行动，70% 的学生认为在榜样激励教育中缺乏交流，其中既包括受教育者与榜样群体的交流，也包括思政课教师、辅导员等在课堂及谈心谈话中结合榜样激励展开的教育与引导。近 80% 的学生认为自己在榜样激励教育中处于被动的地位，另有超过半数的学生认为榜样对自身的行为影响有限。

（二）激励教育的方法和载体固化有待创新

当代大学生是“互联网原住民”，他们思想活跃、需求增多、价值取向多元，对自身成长和未来发展十分关注。相较而言，作为教育主体，高校在开展思想政治教育，特别是榜样激励教育时的手段和方法存在固化现象，导致榜样示范作用不显著。这主要表现为：一是激励主体教育行为不当，如选树榜样类型单一，传递的教育信息与学生的价值观匹配度低，如受访学生认为，只有“德智体美劳”全面开花的“牛人”才能评上“优秀学生”，他们对榜样“望尘莫及”，无法形成具体的目标；二是方法运用不得当，管理控制不力，在开展榜样激励教育时忽视了受教育者的身心特点，一味“榜样事迹”灌输，而缺少情感上的交流和因材施教的引导，

未产生有效共鸣；三是教育载体运用不充分，榜样激励教育多以某次评奖表彰为主，榜样教育如“昙花一现”，较少作为思政教育工作者开展日常教育的典型案例，在谈心谈话、课程思政、网络思政等载体上的利用率低。

（三）激励教育的目标和内容呈现功利化倾向

调研中发现，学生群体中出现“精致利己主义者”，他们看重自身利益，而缺少理想抱负的价值追求。而这部分同学从表面上看，成绩优秀、履历丰富、表现积极，在评比中“定量”考核上占据优势，而当这类学生出现在“优秀学生”名单时，就会让受教育大众感受到不公平、不信服，让榜样失去公信力，无法起到榜样示范、激励他人的效果。

二、榜样激励系统构成要素及运行机制

榜样激励是一个系统性的过程，具有时代特点和动态差异。系统构成要素包括激励主体、激励客体、激励介质和激励环境四部分。在系统运行过程中，诸要素之间有机配合、互相影响，直接关系到榜样激励效果的高低。因此，从系统角度厘清榜样激励机制各要素之间的运行规律，有利于把握榜样激励机制效能发挥的有效控制。

（一）激励系统的基本要素

激励主体是指教育者，从狭义上来讲，思想政治教育视域下，激励主体是思想政治教育工作者，从广义上来讲，激励主体包括高校师生、社会、家庭中对学生有激励教育作用的个人或组织。激励客体是指受教育者即大学生，当外部激励转为内部激励时，大学生既是激励主体同时也是激励客体。激励介质是指激励主体采取激励的方案，包括方式、方法、载体等，其中激励方法是一项重要环节。激励环境即现实环境和网络环境，具有多元、复杂、动态的特点，特别是互联网＋时代，网络环境为榜样激励带来机遇与挑战。

（二）榜样激励系统的运行机制

高校榜样激励机制的运行机制是指各构成要素之间相互作用的方式，其中，科学的激励理念和原则是基础，基于设定目标和激励原则开展教育活动是过程，激励客体对主体信息的认同是内化，激励效果的评估是反馈修正，如此构成回路以确保实现激励教育效果，主要分为四个阶段（图1）。

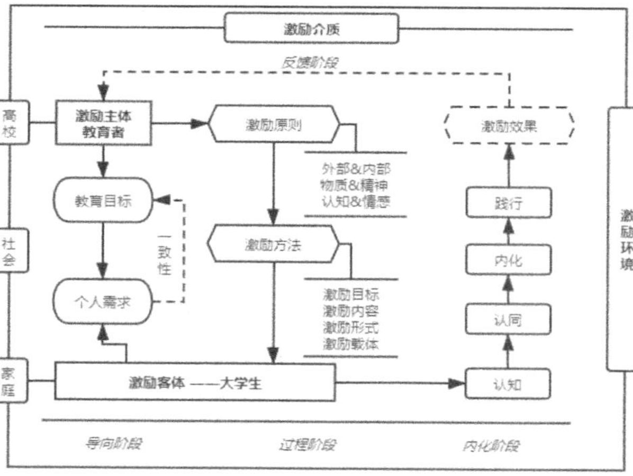

图1 大学生榜样激励教育的运行机制图

1. 导向阶段

榜样激励教育具有导向性的特点，激励主体从国家需求、育人目标和大学生需求出发，将高校的教育目标与学生发展的个人需求有机结合，以社会主义核心价值观为指引，旗帜鲜明地引导广大学生树立正确的价值观和理想目标。这一过程是机制运行的起点，也是激励教育效果发挥的前提条件，必须明确要培养什么样的人。

2. 过程阶段

过程阶段是榜样激励教育的关键环节。激励主体以激励目标为方向，依据一定的激励原则，在充分了解并尊重学生特点和需求的基础上，运用各种激励方法，调动有利因素，激发大学生的内生动力。在这个过程中，常用的激励原则有：外部激励与内部激励相结合、物质激励与精神激励相结合、认知激励与情感激励相结合，灌输式的教育只能让人产生认知而不能内化为内生动力，因此要善于运用情绪和情感的沟通，引发学生的情感共鸣，使激励主体和客体之间产生良性互动。

3. 内化阶段

这是将外部激励主体的要求（认识、意志、情感和态度等）从被客体认知到认同，进而内化为个人内在意识和需求的过程。在榜样激励教育中，将外部激励转化为学生内在的自我激励是重要的教育目标，也是激励教育是否产生了效果的显性指标。自我激励为个体行为提供了“发动机”般的动力支撑，是道德品行、价值追求、外部语言的内部控制机制。

4. 反馈阶段

反馈阶段是根据激励效果的反馈对激励操作进行调控的过程。激励效果主要考察激励结果与目标的契合度，表现为激励客体产生了主动性、积极性和创造性的变化。反馈阶段是双向互动的，即好的教育效果会让教育主体获得成就感，更积极主动地开展激励教育，而效果差的榜样激励教育，不仅让大学生失望，也让激励主体产生焦虑情绪。

三、天津大学“经管榜样”激励教育在思想政治教育中的运用

习近平总书记指出，伟大时代呼唤伟大精神，崇高事业需要榜样引领。本文以院级单位“榜样人物”年度评选为切入点，探讨从身边榜样典型开展思政教育的有效途径。我们依据天津大学学生培养目标和管理学科人才发展要求，结合当代大学生的实际需要，构建了符合经济管理类大学生的榜样激励系统（图2）。该系统基于榜样的思想、品德、行为、情感等替代性经验，制定科学适当的行为规范和制度要求，合理配置榜样激励的教育资源，达到教育主体和客体的利益一致。

（一）明确榜样激励目标，拓展多元化“经管榜样”

社会发展提出了多层次的人才需求，大学生的思想积极活跃，价值取向和发展需要更加多元，选树榜样要体现时代性、多元化、个性化和生活化的特点。因此，我们基于学校主导的双向交流结构（图2），提炼拓展了符合激励目标要求的“经管榜样”类型（图3），该设置具有以下三方面的特点。

1. 拓展榜样的多样性

从“德”“智”“体”“美”“劳”五育并举的角度，设置创新、奉献、实践和文体榜样；

从学生综合发展及经管人才特色出发，设置管理精英和年度人物；从国家需求和时代责任的角度，设置选树榜样，用来表彰见义勇为的好人和投身国家事业发展的毕业生。“经管榜样”紧跟时代发展，立足学生需求和特点，突破固有奖项设置，将激励目标细分具化，易于被大学生认同，起到百花齐放的激励效果。

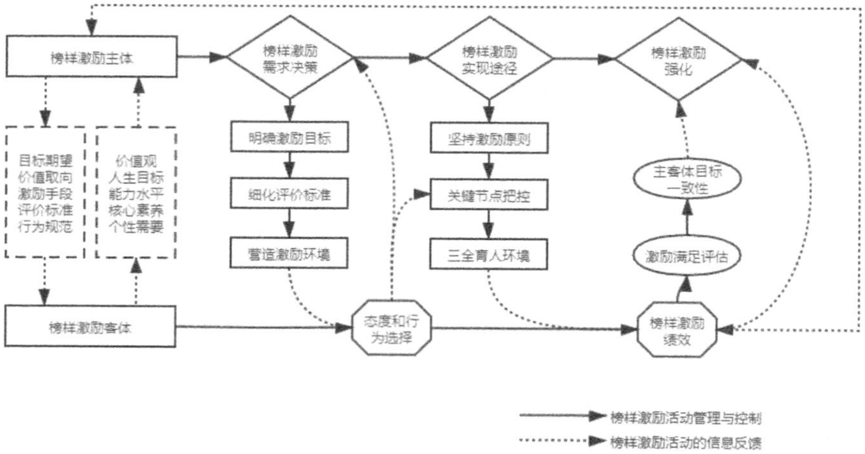

图 2 “经管榜样”激励系统模型

2. 突出榜样的鲜明特色

典型代表的选树不唯成绩论，在校生成绩前 50% 均可申报参评，但要充分突出鲜明特色。“经管榜样”充分体现榜样的生活化，打破“牛人”标签，打造“人人皆榜样”的平台，消除大学生的“望而生畏”。

3. 强调榜样激励的师生互动

高校教师的言传身教对大学生具有示范带头作用。“经管榜样”设置“教师榜样”，如教学奖、科学奖、奉献奖等，为学生选树优秀的学习榜样，加强师生间的激励互动。

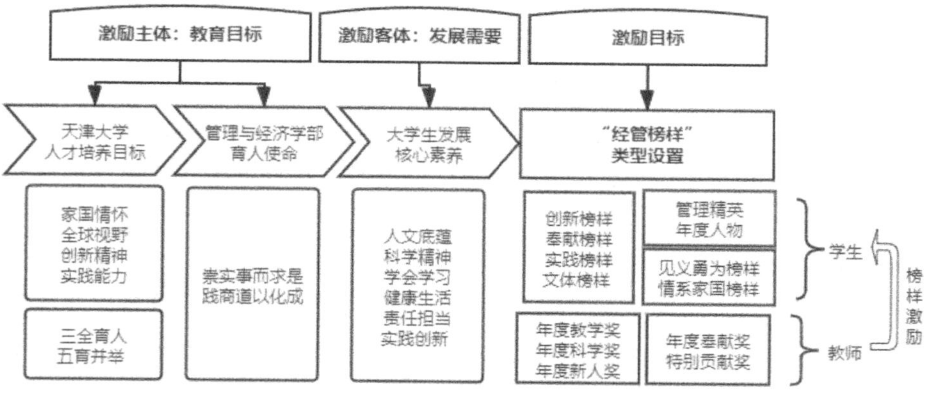

图 3 基于榜样激励理论的“经管榜样”目标设置

（二）抓住管理控制节点，借鉴先进技术创新工作

榜样激励是一个由多节点构成的可控制系统，抓住关键环节开展榜样激励教育能起到事半功倍的效果，关键环节包括榜样激励的时间、环节、手段、方式等。

榜样激励包括以下四个环节。

1. 评选环节

坚持公平公正原则，充分考察科学评价。设立评审委员会，设置合理的评价指标；充分考察参评对象，通过线上公示、线下调研的形式广泛征集评价意见，多维度考察学生的日常表现。

2. 表彰环节

强化精神激励刺激，注重交流引发共鸣。仪式教育是开展精神激励的有效手段。举行“经管榜样”颁奖典礼，设置签名墙、走红毯、颁奖词、颁发奖牌、佩戴榜样勋章等环节，能够让学生感受到被认可的荣誉感和成就感，强化激励刺激。仪式教育缺少了大学生参与将黯然失色，可以通过互联网 + 宣传，广泛造势，让榜样话题“热”起来，吸引大学生主动参与。邀请企业校友、学部领导、教师参与仪式，设置榜样故事视频展、榜样座谈交流、校友领导寄语等环节，加强多层次的互动交流，提升学生认同感，引发共鸣。

3. 强化环节

深挖榜样励志故事，互联网 + 强化激励。我们处在一个“看图”的时代，单纯的文字较难起到良好的信息传递，因此要深挖榜样特点，编制榜样宣传册、录制榜样视频，打造高质量的信息传递和情感交流；通过大学生喜闻乐见的方式和载体，如微信朋友圈、B 站等，形成持续性、高曝光的认知激励教育，通过“点赞”“留言”“弹幕”等方式，实现互动和情感激励。

4. 反馈环节

把脉动态信息反馈，及时调整工作方法。我们采用李克特 5 分量表对经管榜样的激励效果进行了调研，在各年级本科生中等距抽取 50 位同学作为研究对象，共发放问卷 200 份，回收有效问卷 195 份。研究结果显示（见表 1），经管榜样对大学生有较好的激励作用，其均值为 4.18，其中大二年级评价最高；“榜样类型与个人发展需要一致性”均值高，为 3.99，说明多样性的榜样设置较为科学；“时常以榜样为标杆激励自己”的均值评价较高，表明榜样激励的内化效果良好，特别是低年级学生从中受益。但“经常与榜样交流，对我产生激励效果” 评价均值仅 2.54，说明大学生与榜样间的交流不够，需要在制度建设、平台建设、管理服务等方面调整工作。

表 1 经管榜样激励效果均值分析

题项	大一	大二	大三	大四	平均值
经管榜样对我有激励作用	4.00	4.26	4.22	4.18	4.18
表彰的榜样类型与我个人发展需要一致	3.93	4.22	3.83	3.91	3.99
我会在朋友圈等平台转发榜样故事	3.93	4.22	3.83	3.77	3.95
喜欢榜样颁奖礼，非常有仪式感	4.07	3.83	3.89	3.82	3.88
我时常以榜样为标杆，激励自己	4.00	3.96	3.72	3.68	3.83
评选公平公正，有说服力和感染力	3.73	3.91	3.78	3.77	3.81

续表

题项	大一	大二	大三	大四	平均值
我喜欢阅读榜样故事、观看榜样视频	3.60	3.91	3.72	3.64	3.73
老师们经常谈起经管榜样和他们的故事	3.53	3.52	3.33	3.45	3.46
榜样的行为难以付诸行动	2.80	2.91	2.78	2.68	2.79
经常与榜样交流，对我产生激励效果	2.73	2.57	2.50	2.41	2.54

（三）构建“三全”教育环境，助力榜样激励提质增效

榜样激励系统同样需要“天时、地利、人和”，基于“三全育人”理念构建全员、全过程、全方位的榜样激励育人环境，形成他励、自励、互励相统一，教育、管理、服务相统一的激励教育系统。

“三全育人”包括以下三个方面。

1. 全员育人

全导师参与，发挥榜样人物的示范效用。“经管榜样”邀请全导师参与，即要求专业导师、业界导师、辅导员、朋辈导师牢固树立榜样激励理念，高度重视激励教育在思想政治教育中的应用；要善于运用正确的激励方法，选择合适的案例和时机，通过有效的激励载体对大学生开展激励教育；还要与家庭、社会做好衔接，共同推进激励效果的开展。

2. 全过程育人

“长线”“短线”相结合，榜样激励不掉线。从学前教育、生涯规划、职业选择等不同时期，有针对性的选取“经管榜样”素材，通过开学典礼、年级大会、谈心谈话、网文推送等方式开展“长线”激励教育；年度内的榜样选树，从宣传、评选、表彰、交流会等各个环节，突出榜样作用在各育人环节的全渗透。

3. 全方位育人

直面学生需求，开展定制化精准激励。马克思主义需要学说认为，人的需要具有多样性和层次性，因此，激励过程要以学生为本，面对不同的学生、不同的问题采取不同的激励方法。“经管榜样”坚持激励教育的三原则，即物质激励与精神激励相结合、认知激励与情感激励相结合、外部激励与内部激励相结合，注重对学生高层次需求的鼓励和满足。

（四）榜样激励与情感激励结合，提升大学生自我激励素养

外部激励转化为自我激励是榜样激励教育的重要目标，榜样激励从外向内转化需要一个过程，即认知、认同、内化。在开展榜样激励教育中，“老师们经常谈起经管榜样和他们的故事”（数据见表 1），以榜样激励为依托，配合情感激励，充分调动学生的主动性与发展性需要，进而帮助学生明细目标，形成内在激励。

在开展榜样激励教育的同时，还要科普自我激励教育，让大须生掌握自我激励的方法。通过入学教育、心理培训、谈心谈话等方式，普及心理健康和自我激励理念和方法，提升自我激励素养，掌握自我激励“三步走”方法：一是及时感知“危险”信号，即消极情绪；二是植入“积极”替代，即学习榜样或美好期待；三是重新定位，要有积极的心理暗示，比如多跟自己说“我可以！”“我知道该怎么努力”“我有办法做到！”……多多鼓励自己。

四、结束语

良好的榜样教育能为大学生提供无限力量，对大学生的思想政治教育具有极其显著的促进作用。教育者应掌握科学的激励运行机制，立足时代发展和学生需求，主动探索提升激励效果的渠道。在榜样教育中，学生也要充分、真实地表达需要，积极主动地掌握自我激励素养。

参考文献：

[1] 杨年 . 榜样激励在大学生思政教育中的实践探究 [J]. 福建茶叶，2020，42（04）：207- 208.

[2] 贾云博 . 榜样激励模式与高校思政教育工作的融合路径研究 [J]. 佳木斯职业学院学报，2020，36（04）：13-14.

[3] 朱建国 . 高校学生榜样激励机制效能提升的系统性及路径探究 [J]. 常州工学院学报（社会科学版），2018（01）：107-109.

[4] 陈乐敏 . 大学生激励教育研究 [D]. 浙江大学，2018.

贯通一二课堂，打造一流本科课程机械大类学生创新创业教育改革的实践与探索

庄哲明
天津大学机械工程学院

早在2014年9月的达沃斯论坛上，国务院总理李克强就公开发出“大众创业、万众创新”的号召，明确了此后长期的政策指向。随后，教育部《关于大力推进高等学校创新创业教育和大学生自主创业工作的意见》从我国高等教育的现实状况和中长期教育发展目标出发，将创新教育与创业教育相结合，提出了“创新创业教育”的表述，这对高校创业教育具有十分重要的指导意义。日前，天津市教委印发了《市教委关于公布2019年天津市级线下、线上线下混合式、社会实践一流本科建设课程名单的通知》，其中天津大学机械工程学院（以下简称“机械工程学院”）开设的《机械设计基础2》课程获批市级社会实践一流本科课程。该课程将创新创业教育结合一流课程建设，旨在贯通机械大类学生的专业核心第一课堂和创业实践第二课堂，由专业教师、创业校友、辅导员和教务员共同参与设计和授课，着力提高学生对创新创业教育的认可度、参与度和获得感，努力实现人才培养质量的全面提升。

一、机械大类学生的创新创业教育和本科课程

（一）机械大类学生的创新创业教育改革

新工科建设是一个系统工程，需要从系统的角度设计一个教育、研究、实践、创新创业的完整方案。机械工程学院坚持贯彻新工科教育理念，积极完善创新创业教育体系，逐步形成了贯穿全过程的多层次、立体化的创新创业人才培养模式，组建学生创新创业工作小组负责统筹规划全院学生双创活动，发动专业教师、创业校友、辅导员和教务员全员参与创新创业教育，挖掘培育多名双创学生典型和多个特色研发团队，在国际、国家高水平创新创业赛事中取得佳绩，从而营造浓郁的创新创业文化与氛围。

结合机械大类学生特点，机械工程学院将进一步整合校内外资源推进创新创业教育改革，构建多学科交叉平台保障教育质量，引导学生创新创业团队不断深化项目成果，着力培养学生的创新意识和创业能力，全面深化高素质卓越工程人才培育体系。

（二）机械大类学生的本科课程建设

机械大类的本科课程主要目标为培养学生具备一定的机械设计能力，教学内容方面着重基本知识、基本理论和基本方法。机械工程学院围绕新工科建设目标，重点聚焦培养设计技能和创新意识的基本训练。基于社会实际需要，凝练未来卓越工程人才核心素养纲要，加快课程改

革，注重实践创新性课程体系建设，将培养实践能力作为课程建设的重点工作。

其中，教学环节包括课堂教学、现场教学、习题测试、实践指导和答疑交流共五个方面，主要注重培养学生的理解转化能力、实践操作能力和问题解决能力。经过机械大类本科课程的培养，学生将逐步成长为机械工程领域内兼具坚实理论基础和问题解决能力的适应新时代需要的卓越工程师。

（三）创新创业教育在本科课程建设中的重要作用

面向机械大类学生的创新创业教育在本科课程建设中起到的重要作用，可以从以下三个方面进行分析。

1. 以整机设计为牵引，贯穿教学全过程

从学生视角出发，构建“产品导向”的机械大类课程体系。以机械创新产品整机设计为主线的“构型 - 尺度 - 结构 - 性能”一体化总目标，统筹教学内容和实践案例。以整机设计审视零部件设计内容，同时兼顾产品全生命周期，注重研发过程中的系统模式、设计类型及其基本方法。以企业实际案例贯穿课堂教学内容的各个章节，实现课堂教学与创业实践的有机融合，培养学生创新设计视野和创业大局观，使课堂教学内容学以致用，进一步提升工程问题分析与解决能力，激发学生对于产业实际问题的研究、探索与创造精神。

2. 提高师生交互水平，完善教学评价体系

机械大类课程的建设更加需要教师持续增加投入，更好地通过教学设计实现师生交互，以期提高学生的工程实践技能和创新创业能力。面对课本上所没有的创新创业难题，学生可以在创业校友、企业导师的指导下逐步掌握常用机构的工作原理、运动特性和动力特性，训练分析和设计常用机构的基本能力，并初步学习机械运动方案的基本设计知识。而授课教师也可以直观通过学生所设计的通用机械传动装置了解学生对机械零部件的工作原理、特点、选用和设计计算等基本知识的掌握程度，从而充分保证课程质量，追求课堂教学的高效开展，进一步完善已有的教学评价体系。

3. 开展校企深度合作，提升人才培养质量

开展校企深度合作研究，充分利用创业校友、企业导师等资源建立起一支全新的师资队伍，通过将企业项目进校园、学生赴企业实践和就业创业等方式，将生产实习直接对应企业一线的实际需求。凝练出机械大类相关行业所需的学生核心素养纲要，据此改进授课过程中、知识节点后，以及课后实践的内容。以符合社会、行业需求的课程体系，培养能够适应、支撑、引领新经济、新技术、新业态、新模式的创新创业型工程人才。

二、面向机械大类学生的创新创业实践课程体系建设

高校创新创业教育工作与专业课程教育密不可分，新工科教育也将继承与创新、交叉与融合、协调与共享作为主要途径，机械工程学院充分调研全国典型高校创新创业一流课程建设情况，匹配机械大类学生培养的各个环节和要素，逐步探索贯通专业核心课程（第一课堂）与创业实践教育（第二课堂）的一流课程建设新范式。

具体建设过程如图 1 所示，需要重点探究如何整合第一、二课堂育人资源，通过修订教学大纲、完善激励机制、调整考核评价体系等方式。将第一、二课堂的育人要素进行整合与重构，

建设有利于机械大类人才培养的创新创业实践课程体系。

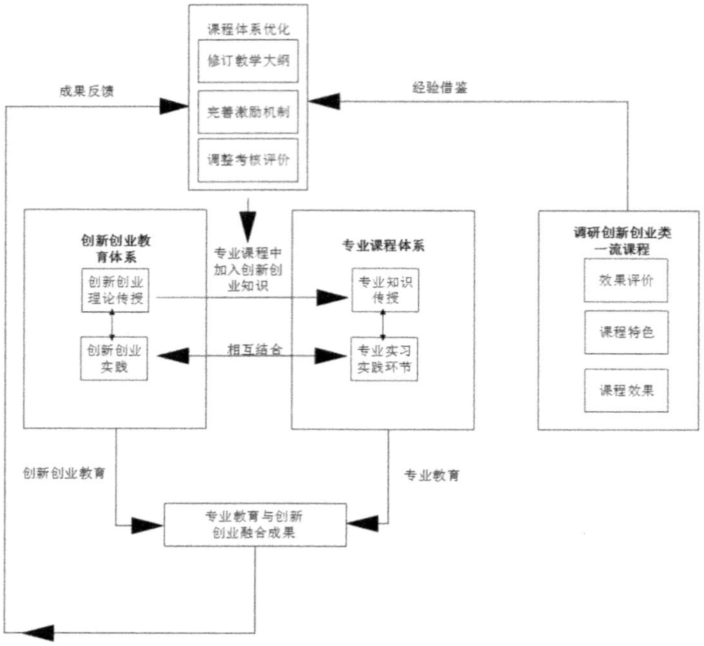

图 1　课程体系建设思路

（一）全面加强思想引领

教育的目的在于培育某种人格理想，新时代需要高校教师落实立德树人根本任务，构建“大思政”课程体系，促进“思政课程”向“课程思政”转变。因此，面向机械大类学生的课程体系也需要主动融入“思政”元素。在传统教学内容的基础上，融入面向国家所需的极端基础、极端应用的创新创业教育，鼓励学生在创新创业中增长智慧才干，引领学生树立远大梦想。围绕中心、服务大局，通过产学研合作孕育具有实践能力的卓越工程人才，辐射高校资源，担当“兴学强国”的使命。

（二）建设“全覆盖”支撑体系

课程体系需要不断迭代完善，通过政策支持、培优树典等方式全面覆盖并提高师生参与创新创业实践课程的主动性和积极性，在课堂上、校园内营造浓厚的创新创业教育氛围。探索校企“协同育人”卓越工程人才培养新模式，以行业一线需求为导向，构建“能力递进，课程对接”的课程体系，以一流体系保障创新创业实践课程教学质量。

（三）拓宽实践锻炼渠道

通过专业实习与创新创业实践的融合，拓宽学生参与实践锻炼的渠道，以“创新带动创业，创业倒逼创新，促进学生全面发展”为目标指向，针对学生个性特点和自身需求，突出个性化、体验化、灵活化、生活化原则。深化学生对专业理论知识的理解，锻炼动手实践能力和刻苦钻研精神，培养合作意识和团队领导力，有效引导学生德智体美劳全面发展，培养全面发展的卓越工程人才。

三、案例：天津大学机械工程学院《机械设计基础 2》课程体系建设

课程体系总体结构如图 2 所示，分为三大模块：第一课堂理论教学、第二课堂创业实践、校企合作成果转化。重点培养学生的“工程职业素养、创新意识、创业能力”，使其成为具有工程职业素养、创新设计意识、创业实践能力的卓越工程人才。

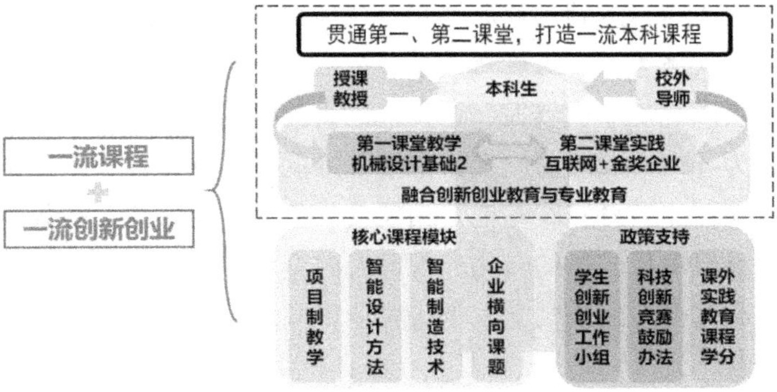

图 2 “机械设计基础 2”课程体系

（一）第一课堂：“项目制”教学带来评价多元化

理论教学环节包括：学习零件成形的基本原理与方法以及加工设备组成，掌握制订零件机械加工和装配工艺规程的基本原则，熟悉机床夹具设计流程，具备分析机械加工过程中质量问题的一般方法等。从学生的学习动机、学习需求和最终收获出发，构建“项目制”机械设计课程教学环节，提高所培养人才的工程实践能力。

学生通过参与并完成蕴含实际应用意义的第二课堂项目，与第一课堂中学习的核心理论知识、基本应用规范形成有机统一的整体。该课程采用百分制、多元化成绩综合评价体系，创新创业实践教学部分直接计入学生最终成绩。实践教学环节要求学生自主进行创新创业实践，由专业教师和企业导师对学生创新创业成果进行评价打分。

（二）第二课堂：创业需求反哺创新人才培养

创业实践环节内容包括技术创新孵化、知识产权保护、创业实践模拟等。定期组织学生参观中国一拖、东风柳州、玉柴机器、潍柴动力、中汽研等重点相关企业。与校友创办的国家级高新技术企业合作，开设“机器人研发与创新”第二课堂实践课程，结合专业核心知识设计进阶式授课体系，以“从 0 开始制作一台机器人”为授课目标，强化专业课程特色，巩固人才培养质量。

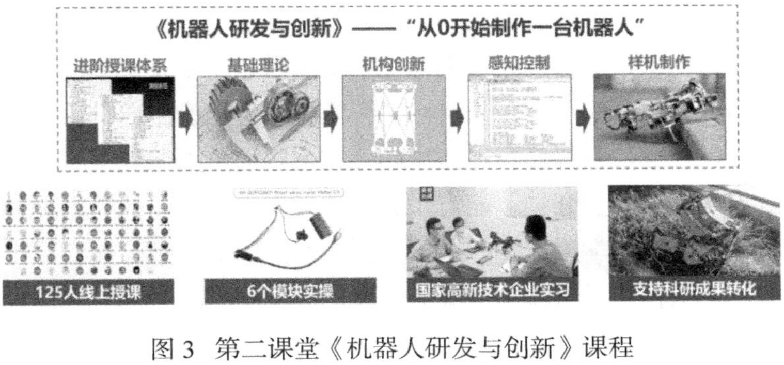

图 3 第二课堂《机器人研发与创新》课程

从课程中选拔学生组建机器人团队，以参加全国大学生机器人大赛为直接目标，每年自主设计与制造一系列应用型机器人群组，并积极面向同水平高校和重点企业开展各类技术交流、产学合作活动，进行相关的工程和商业实践，培养了一批批具有实战经验创业型工程人才。此外，学生还能通过创新创业实践训练平台自主提升创新意识和创业能力，并以竞赛获奖、项目开展情况辅助证明课程成绩，达到一定标准则可替代部分创业实践课程。

（三）校企合作：促进学生自主科研成果转化

校企合作部分重点围绕工业机器人、特种机器人的设计与制造、智能与控制等核心技术，以自主创新创业理念为导向，以因材施教为根基，推动专业教育环节与大学生自主创新创业密切结合。通过建设创新创业教育实践基地，拓展校外创业孵化方式，有效提高学生的创新创业能力，促进学生自主科研项目成果的转化。现已面向全校发布“辰星公司—科研子项目大学生新工科训练专项”，通过多渠道鼓励学生承接企业横向创新项目，充分发挥校友资源优势，服务社会需求。

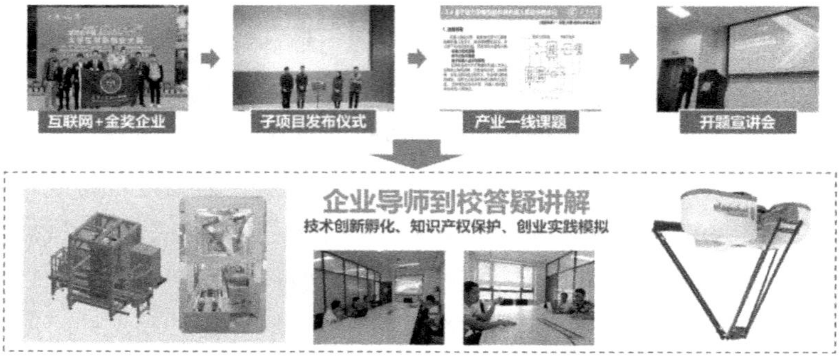

图 4 企业实践—辰星（天津）自动化设备有限公司

在本课程体系下，已有部分学生依托天津大学创新创业教育实践基地，开始针对工业机器人、特种机器人为核心的就业创业。已有学生作为法人和董事长创办国家级高新技术企业——天津市大然科技有限公司，并获得第十五届全国机器人大赛创业赛一等奖、第十届“创青春”全国大学生创业大赛银奖、第三届中国“互联网 +”大学生创新创业大赛铜奖、中国智能机器人大赛暨第二十一届中国机器人及人工智能大赛金奖等多项荣誉，发表多篇高水平论文，授权数十项国家发明专利，侧面体现了“机械设计基础 2”课程体系的人才培养效果。

四、结语

实现全面建成小康社会奋斗目标，实现社会主义现代化，实现中华民族伟大复兴，需要一批又一批德才兼备的有为人才为之奋斗。机械工程学院通过建设面向机械大类学生的创新创业实践课程体系，引导学生逐步掌握作为一名卓越工程人才的基本职业素养，同时辅助学生经过创新创业锻炼有效提升创新意识和创业能力。后疫情时期，各行业的再发展势必需要大量全面发展的卓越工程人才，亟须在学生成长发展指导方面开始新的探索，在实践中建设出适合国际背景、社会需要的一流课程体系。

参考文献：

[1] 马永斌，柏喆 . 大学创新创业教育的实践模式研究与探索 [J]. 清华大学教育研究，2015，36（06）：99-103.

[2] 詹姆斯・杜德斯达 . 变革世界的工程：工程实践、研究和教育的未来之路 [M] 浙江大学科教发展战略研究中心，译 . 浙江：浙江大学本科生院，2008.

[3] 张卫国，饶芳 . 机械设计基础篇 [M] .2 版 . 武汉：华中科技大学出版社，2013.

[4] 钟登华 . 新工科建设的内涵与行动 [J]. 高等工程教育研究，2017（03）：1-6.

[5] 李霞，陈建萍，魏敏，等 . 机械设计课程设计现状与改革实践的探索 [J]. 教育教学论坛，2016（25）：63-64.

[6] 李延斌，高有华，田方，等 . 面向培养卓越工程师的机械设计基础课程改革 [J]. 实验技术与管理，2012，29（04）：231-233.

[7] 王世斌，顾雨竹，郄海霞 . 面向 2035 的新工科人才核心素养结构研究 [J/OL]. 高等工程教育研究：1-8.

[8] 谢和平 . 以创新创业教育为引导 全面深化教育教学改革 [J]. 中国高教研究，2017（03）：1-5，11.

[9] 马克斯・韦伯 . 儒教与道教 [M]. 王容芬，译 . 北京：商务印书馆，1999.

[10] 肖香龙，朱珠 . “大思政” 格局下课程思政的探索与实践 [J]. 思想理论教育导刊，2018（10）：133-135.

[11] 张宝君 . “精准供给” 视域下高校创新创业教育的现实反思与应对策略 [J]. 高校教育管理，2017，11（01）：33-39.

[12] 王香兰，晋颖，付正，等 . 地方高校校企 “协同育人” 创新创业人才培养模式的实践 [J]. 中国大学教学，2017（09）：24-26.

[13] 顾佩华 . 新工科与新范式：实践探索和思考 [J/OL]. 高等工程教育研究：1-19.

提升研究生就业能力的探索分析与实证研究

张春馨
天津大学

一、引言

近十年来，硕士研究生招生人数的年平均增长率已经达到6%。随着研究生招生人数的增加，毕业生人数也逐年增多。在严峻的就业背景下，如何有效改善研究生的就业现状，提升研究生的就业能力，促使研究生毕业后更好地就业，成为高校学者研究的重点。本文通过回归分析定量地衡量影响研究生就业能力的主要因素，鼓励高校将就业教育融于日常研究生就业服务教育管理的全过程，渗透到研究生在校期间的学习和实践的各个环节中，以提升研究生的就业能力。

二、研究背景与概念

本文主要探究影响研究生就业能力的主要因素。1909 年，英国经济学家贝弗里奇最早提出了就业能力（Employ ability）的概念。他将就业能力解释为“可雇佣性”，指的是个体获得一份工作并且一直不被辞退的能力。20 世纪 80 年代后期，美国的一些学者进一步解释了这个概念，他们认为就业能力不仅仅与个体相关，也和整体的就业市场、国家政策等密切相关，因此将就业能力定义为一个获得最初就业、维持就业和重新选择、获取新岗位的动态过程。2005 年，美国教育与就业委员会再次明确“就业力”概念。就业力即“可雇用性”，是指获得和保持工作的能力。就业力不仅包括狭义上理解的找到工作的能力，还包括持续完成工作、实现良好职业生涯发展的能力。本文认为，研究生的就业能力主要是指实现大学生就业理想、满足社会需求、实现自身价值的能力。同时，考虑到就业能力的动态性，我们将就业能力分为毕业时的就业能力以及工作之后的持续就业能力。

三、研究问题与数据分析

本文通过对 2018 届天津大学管理与经济学部的硕士研究生进行分析，判断影响研究生就业能力的主要因素。首先是影响研究生毕业时就业能力的主要因素，结合实际情况，衡量人口统计学变量、政治面貌以及管理与经济学部就业服务情况对大学生的影响。由于调研对象均为应届毕业生，年龄与民族区别不大，因此人口统计学变量主要选取性别进行衡量，而就业服务情况则通过学生对学部、学校的就业满意度进行衡量，主要包括：①对学部就业信息的收集、发布工作的满意度；②对学部举办的各类就业相关活动的满意度（如：公考冲刺讲座、就业指导选修课经管专场）；③对当前就业政策宣传力度的满意度； 对学部与企业间的交流与合作工作的满意度、对学部就业工作的整体满意度。在衡量因变量就业能力时，考虑到学生的就业能力主要通过所找工作来实现，因此选取毕业生就业时薪资以及工作单位类别两项共同度量学生就业能力，其中工作单位类别按照行政级别及单位类别进行划分。确定好相关变量后，面向毕业硕士生发放调查问卷，共发放问卷876份，回收问卷871份，有效问卷870份，问卷的有效率为99.42%。接下来，通过回归分析进行实证研究，探究影响自变量与因变量之间的关系。

1. 回归方程的拟合优度检验

首先，我们需要检测自变量和因变量之间是否存在解释关系，即自变量（就业服务满意度，政治面貌，性别）是否是影响因变量（毕业时的就业能力）。表1显示了相关系数R、相关系数的平方、调整的相关系数的平方和估计值误差，这些数据反映了因变量与自变量之间的线性相关强度，也就是就业服务满意度、政治面貌、性别三个自变量可能对毕业时就业能力这一因变量产生的影响强度。

表1 回归方程的拟合优度检验

模型	R	R^2	调整 R^2	标准估计的误差
1	0.797a	0.636	0.627	0.679
a. 预测变量：（常量），就业服务满意度，政治面貌，性别				
b. 因变量：毕业时就业能力				

在数据分析结果中我们可以看出，R 2为0.636，调整后的R 2为0.627，两个数值均超过0.5，说明本文设置的3个自变量对因变量有显著的解释能力，可以通过进一步的回归分析来进行检验。

2. 回归方程的显著性检验

在检测完自变量与因变量之间的相关性之后，我们还需要检验他们之间是否存在显著的线性回归关系。本次数据调研的模型中样本数是121，自由变量是3个，故该模型的F统计量服从F（3，121），由此查表得到临界值F0.05（3，121）=2.680，由上表可知本模型的F值是70.404，大于临界值，故拒绝原假设，认为回归方程显著，即自变量（就业服务满意度，政治面貌，性别）与因变量（毕业时的就业能力）之间存在显著的线性关系。

表2 回归方程的显著性检验

模型		平方和	df	均方	F	Sig.
1	回归	97.363	3	32.454	70.404	.000b
1	残差	55.778	121	.461		
	总计	153.141	124			
a. 预测变量：（常量），就业服务满意度，政治面貌，性别						
b. 因变量：毕业时就业能力						

3. 参数的显著性检验

最后我们需要检验每一个自变量对因变量的影响如何。此模型中样本是121，自变量个数是3，则该模型各回归系数的T统计量应服从T0.05（117）的分布，查询临界值为1.980，由表3得到的3个变量的回归系数的T值分别是7.256、11.183、8.780，均大于1.980，这说明每一个自变量对于因变量都存在着显著的线性影响。因此，初步得到该问题的多元回归线性分析模型：

Y=-1.146+0.328X1+0.334X2+0.469X3

X1：性别

X2：政治面貌

X3：就业服务满意度

表 3 参数的显著性检验

模型		非标准化系数		标准系数	t	Sig.
		B	标准误差	试用版		
1	（常量）	-1.146	0.460		-2.493	0.014
	性别：	0.328	0.045	0.408	7.256	0.001
	政治面貌	0.334	0.030	0.627	11.183	0.004
	就业服务满意度	0.469	0.053	0.484	8.780	0.000

从回归方程中可以看出，三个自变量：性别、政治面貌、就业服务满意度都对学生毕业时的就业能力有正向影响，即性别为男的学生比性别为女的学生就业能力更强，政治面貌为党员的学生就业能力更强，这一方面反映了用人单位招聘应届毕业生的选拔标准，更偏向于招聘男生，同时，在学期间，能被发展为党员的同学均为政治信仰坚定、综合能力突出的学生，因此其就业能力也比较出色。最重要的是，就业服务满意度对学生就业能力也有较大影响，这说明，在学期间，接受了较多就业服务教育的同学，在就业服务教育中态度更认真的同学，就业满意度较高的同学，具备更强的就业能力，就业服务教育能否针对学生的需求开展，学生是否愿意在就业服务中提升自己，对于其应届毕业时的就业能力有很大影响。

四、毕业后就业能力分析

学生的就业能力不仅仅局限于应届毕业时的就业情况，还包括毕业几年后的能力提高，因此，在此基础上，本文对毕业若干年后的研究生进行调研，调研结果显示，94.8% 的研究生在毕业后，学生能力得到了提高（图 1），而这其中，有 96.47% 的同学认为其工作能力的提升与在学期间所接受的就业教育服务相关（图 2），同时也有 75.19% 的同学对在学期间的就业服务教育比较满意或者非常满意，24.81% 的同学对在学期间的就业教育服务部分满意，没有同学对就业教育服务不满意（图 3），这也从侧面解释了学生就业能力的提高，与学生们接受良好的就业教育服务是分不开的。除此之外，经过简单的比较分析可以发现，学生毕业后若干年内的就业能力提高，也与其职业规划有关（图 4）。综上所述，研究生就业时的就业能力以及就业后的就业能力都与其在校期间接受的就业服务教育密切相关。

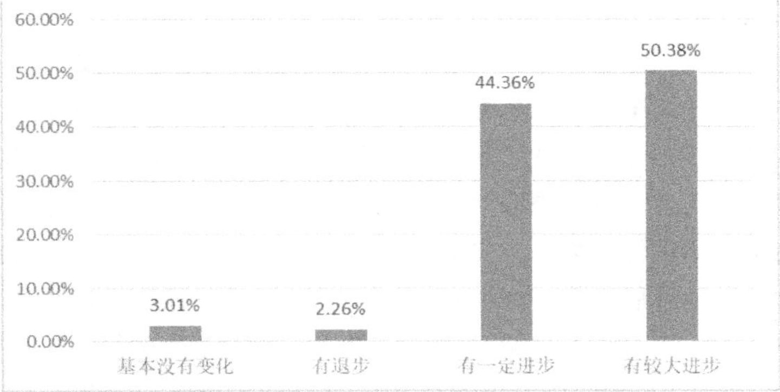

图 1 您的工作能力与刚毕业时的变化情况

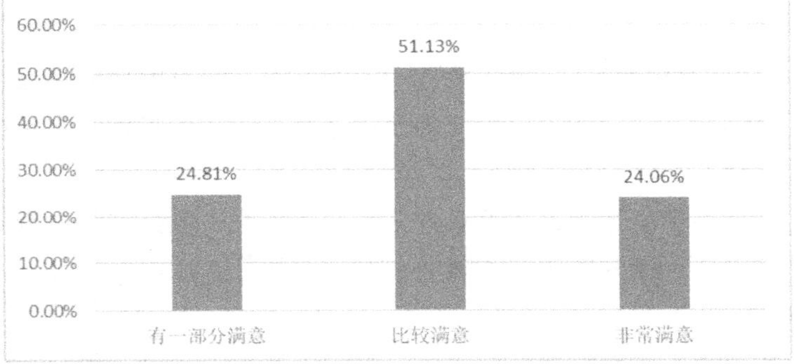

图 2 您的工作进步与在学期间接收就业教育服务的相关情况

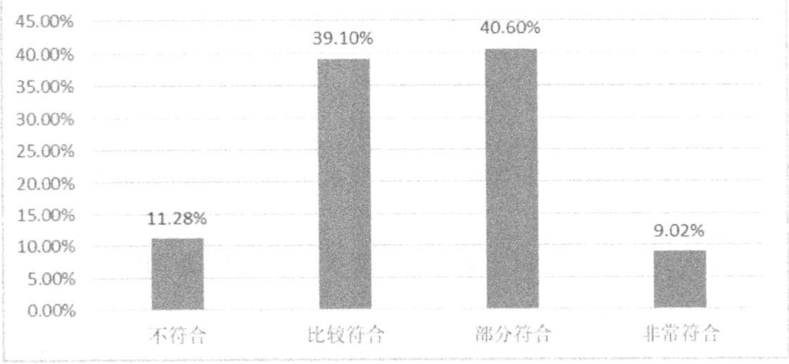

图 3 您对在学期间接收就业教育服务情况的满意度

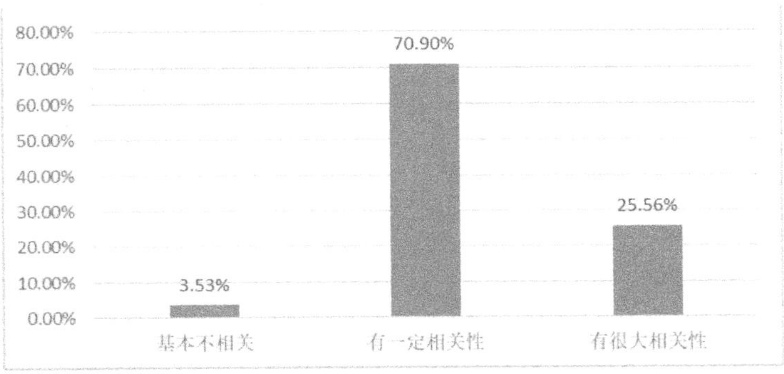

图 4 您现在的职业发展与毕业时的职业生涯规划符合程度

五、对策及建议

根据回归分析和统计学分析，对提升大学生的就业能力提出以下建议。

（一）加强学生思想政治教育，注重育人工作科学性，实现思想协同

提升大学生的就业能力需要加强思想政治教育，提高学生政治意识，鼓励大家积极向党组织靠拢。在开展教育时，要注重思想政治教育的针对性、实效性和亲和力、感染力，促使学生坚定理想信念，明确政治信仰。第一，要从需求出发，了解大学生的思想动态、工作动态和生活动态，从而有针对性地开展工作。如：对学生进行思想动态调研、意识形态研判，针对需求提升大学生的就业能力。第二，抓住关键时间节点开展日常思政教育，将就业教育融于日常研究生教育管理的全过程，加强对学生的政治引领，使就业教育像“盐”融入教育之“汤”中。

（二）做好就业服务和职业规划，构建“加减乘”育人体系，实现力量协同

1. 继承传统做加法

要继承就业教育的优良传统，形成“传帮带”的氛围。通过内部的学习与交流，将就业教育良好的制度、活动继承，并根据学生特征的变化进行完善，形式就业教育特色文化。

2. 统筹项目做减法

树立系统观、全局观和整体观，注重对各方面、各层次、各类型就业资源的整合、融汇、贯通，加强活动整体设计，提升工作的系统性、科学性和艺术性。

3. 聚焦需求做乘法

就业教育与职业规划应面向世界科技前沿、面向国家重大需求、面向经济主战场。要搭建与企业的合作交流平台，加强对学生的引导与支持，使学生主动聚焦国家需求，主动服务经济社会发展需求，把国家需求转化为学生创新和发展的动力。

参考文献：

[1] 赵杰艺 . 提高研究生就业质量的探索与实践：以杭州电子科技大学为例 [J]. 学位与研究生教育，2013（5）：59-63.

[2] 荣飞 . 论促进研究生就业引导的思路和方法：以清华大学公共管理学院“以实践促就业”为例 [J]. 学位与研究生教育，2009（6）：32-36.

[3] 王立非，王婧 . 翻译硕士专业学位研究生就业能力实证研究 [J]. 上海翻译，2016（2）：6-12，94.

[4] 耿红，张海防 . 试论研究生就业竞争力的提升 [J]. 江苏高教，2015（3）：121-123.

疫情防控常态化下高校毕业生就业管理与服务工作现状及对策研究
——以天津大学为例

吴自强
天津大学

就业工作既是检验高校人才培养工作的重要环节，也是高校党委践行好、实现好“四个服务”办学使命的永恒课题。我们要坚持就业优先战略，扎扎实实做好高校毕业生就业工作。尤其是在新冠肺炎疫情防控期间，更要为毕业生提供不断线的就业服务，努力保障毕业生顺利就业。

一、疫情防控常态化下高校毕业生就业现状

近年来，国内普通高校招生范围不断扩大，高校毕业生人数不断增加。2011 年，全国普通高校应届毕业生人数为 660 万。2020 年，该数据已经达到 874 万，以平均每年 3.17% 的增长率不断增加，具体数据如图 1 所示。

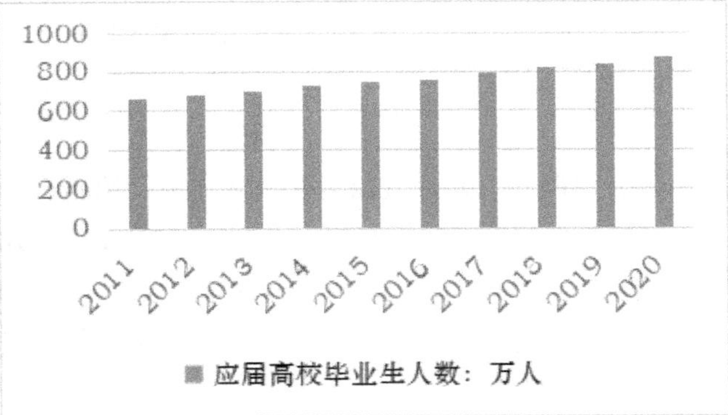

图 1 近 10 年国内应届高校毕业生人数

第三方平台数据显示，各企业今年不同程度地存在招聘岗位缩减的情况。智联招聘 3 月初的统计数据显示，41% 的企业 2020 年招聘规模将会减少。BOSS 直聘发布的《2020 应届生春招求职趋势报告》中数据显示，截至 2020 年 3 月 31 日，在春招季（2 月 3 日以来）企业对应届生的招聘需求规模与 2019 年同期相比下降 22%。以天津大学为例，截至 2020 年 4 月底，2019 年同期参加学校双选会的 461 家单位，今年只有 115 家参会，同比下降了 75%。截至 7 月底，学校毕业生就业率 79.52%，较 2019 年同期下降 19.05%。

二、疫情对高校就业工作的影响

根据国家卫健委公布的调查结果显示，新冠病毒传染性极强，而且患者从感染到发病，具有较长的潜伏期。此外，新冠病毒可在环境中生存较长时间，尤其是在0℃以下存活时间更久，在零下30℃中甚至可存活2～3年。卫健委提示，为有效控制病毒传播，要减少人员聚集、流动，加强重点单位、重点场所防护。而这些要求，都对高校就业工作造成了较大的影响，使得就业工作面临新的挑战。

1. 线下招聘活动无法达到以往效果

教育系统在疫情没有得到有效缓解之前，要暂停举办各类高校毕业生现场招聘活动。在疫情防控形势平稳的情况下，需要在严格按照疫情防控要求，做好招聘活动场地卫生消毒和防疫物资准备等工作的基础上，合理控制招聘会规模，科学设定同一场地招聘单位数量，根据错时错峰原则，对参加招聘学生的人流密度、滞留时间、排队间距等进行科学设定，维持好招聘工作秩序。这些都对线下招聘活动造成了较大冲击。一方面，受疫情防控影响，用人单位赴高校开展招聘宣讲会的数量大幅度减少。同时为了控制会场人员密度，同样的场地，线下双选会只能容纳以往三分之一的参会单位。另一方面，按照各普通高校应对措施，一般情况下，不允许外校学生进入学校。本校学生在校人数与往常相比较少，大多数高校在校生以回校办理离校手续的毕业生和急需投入实验室开展科研项目的研究生为主。这些现实状况导致大部分招聘活动现场出现“求职岗位供大于求”的现象，严重影响了线下招聘活动效果。

2. 求职氛围不浓厚

以天津大学为例，常规春季招聘到校开展招聘活动的用人单位数一般为千余家。疫情防控期间，2020年春季招聘，到校开展招聘会的用人单位数仅有12家。线下招聘活动断崖式减少，校园内求职氛围稀薄。此外，高校毕业生返校晚、滞留时间短，学生组织、团体和学生宿舍内没有充分讨论就业愿景，求职氛围不浓厚，朋辈引领作用没有得到有效发挥。该现象在本科生群体中尤为明显。

3. 求职进度推迟

2020年春季，事业单位、选调生、公务员招考、军队文职等招聘进度都不同程度地推迟，考研复试、专升本、二学位等升学类考试均延期开展。部分学生在备考期间，无法做好其他就业岗位的求职准备。相关工作推迟开展，导致该类求职者考试失利后，错失了应聘企业的机会。并且临近毕业，就业不确定性大幅度增加，毕业生面临的求职压力与日俱增。

4. 本科生深造意愿愈发强烈

以天津大学为例，2020届本科毕业生4，392人，其中3，426人有继续深造意愿，比例高达78%。而近五年实际深造率维持在54%左右。这意味着约有24%的学生可能面临深造失利。考研学生中实际存在由于家庭压力或逃避就业而被动考研的情况，该现象在疫情影响下尤为明显。我国社会经济发展迅速，百姓生活质量不断提高，导致父母对子女的教育期望不断提高。而中国孩子的教育自主性较低，无论是高考升学、专业选择，还是个人兴趣爱好的选择，绝大部分都是在家长的主动干预下完成的。同样的道理，在选择深造这个方面，父母的态度也至关重要。受疫情影响，2020年上半年，高校毕业生大部分时间是在家中度过的，他们日常频繁地听到父母对自己继续深造的期望，某种程度上，也增强了自己的深造意愿。但是，这部分毕业生并没有做好继续深造的准备，致使盲目考研人员比例增加。我们选取 2019 届 200 名考研失利的学生开展调研，数据显示在报考本校本专业考研失利的学生中，高达 70% 的学生表示复习不认真，只是被动考研。

5. 研究生就业焦虑感上升

我们针对天津大学 2020 届研究生开展问卷调研，截至 2020 年 3 月 31 日，回收有效问卷 2，474 份，其中硕士毕业生 2，126 人，博士毕业生 348 人。问卷调研数据显示，54.53% 的研究生认为 2020 年就业形势严峻；88.65% 的研究生认为疫情会对自己就业产生影响，其中 37.11% 的学生认为影响较大；35.69% 的研究生对当前的就业形势感到比较焦虑和不乐观。具体数据如表 1-3 所示。

表 1 毕业生对疫情背景下就业形势判断

层次	就业形势判断程度			
	形势较好	形势一般	不确定	形势严峻
硕士	3.15%	30.62%	10.25%	55.98%
博士	3.16%	31.90%	19.25%	45.69%
总体	3.15%	30.80%	11.52%	54.53%

表 2 疫情对毕业生求职的影响

层次	影响程度		
	影响程度较大	影响程度一般	无影响
硕士	46.84%	45.11%	8.05%
博士	35.51%	52.59%	11.90%
总体	37.11%	51.54%	11.35%

表 3 毕业生疫情背景下的就业形势所持态度

层次	态度			
	乐观	一般	不乐观	比较焦虑
硕士	12.09%	52.40%	26.81%	8.70%
博士	18.10%	45.11%	24.43%	12.36%
总体	12.93%	51.37%	26.48%	9.22%

疫情背景下，就业压力和毕业压力叠加的问题进一步突出。就业压力方面，调研显示 94.00% 的硕士生、75.28% 的博士生投递过简历，但只有 71.90% 的硕士生、51.44% 的博士生曾经收到过录取函。具体数据如表 4、表 5 所示。数据对比可以发现，学校依然有 14.10% 的研究生虽然主动求职，但并未获得单位录用。已获得单位录用的同学中也有很多处于观望状态，并未最终签约。同时，还有 24.72% 的博士生尚未开始求职。毕业压力方面，54% 的硕士生、77% 的博士生表示担心无法顺利毕业。由于不能毕业即使找到工作也无法入职，引发求职动力不足。在这方面，博士生相比硕士生毕业压力更大，所以求职动力受影响更加明显。

表 4 毕业生投递简历情况

层次	投递简历份数				
	0	1-3 份	4-7 份	8-10 份	10 份以上
硕士	5.60%	12.61%	21.54%	14.25%	46.00%
博士	24.72%	35.92%	20.11%	6.03%	13.22%
总体	8.29%	15.89%	21.33%	13.10%	41.39%

表 5 毕业生接收到录用函的情况

层次	接收到录用函份数			
	0	1 份	2 份	3 份及以上
硕士	18.10%	18.02%	22.06%	41.82%
博士	48.56%	25.29%	13.79%	12.36%
总体	22.39%	19.04%	20.90%	37.67%

三、疫情防控常态化下高校就业管理与服务工作的有效开展路径

1. 加强组织领导，推进全员参与。

高校毕业生就业工作关乎社会经济发展，民生改善和社会的安全稳定。新冠疫情防控期间，我国经济发展受到巨大冲击。而且，人员无法大规模聚集、务工人员返工推迟、进出口贸易需求减少等均导致需求端对经济的驱动力不足。所以，高校党委应高度重视就业工作，把毕业生就业工作作为当前一项紧迫的政治任务，认真落实“一把手”工程。学校各机关要认真落实中央文件任务要求，制定助力大学生就业的政策文件。各院系充分发动导师力量，助力毕业生就业。从表 6 数据中可以看出，毕业生整体通过导师或者专业老师推荐获取就业信息占比较低。但是博士研究生群体中，通过导师或专业老师推荐获取就业信息比例较高，为 15.52%。这说明专业教师群体，尤其是学生导师，在毕业生就业工作上还是可以发挥较大作用的。在这方面，我们可以推行导师包干责任制。导师是学生在校教育的第一责任人，如果毕业生无法顺利就业，导师存在一定的责任。此外，全体毕业班辅导员应以高度的责任感、使命感和紧迫感，当好就业工作的信息员、宣讲员、指导员和协调员。应充分挖掘优秀学生骨干力量，发挥榜样作用。如搭建网格化互助框架，学生结对帮扶，1 名优秀学生骨干辐射 5 名同学，以朋辈引领朋辈。总之，应全校上下，齐抓共管促就业。

表 6 毕业生获取就业信息的主要渠道

获取就业信息的渠道	层次			
	本科	硕士	博士	整体
校内发布招聘信息的平台	66.99%	66.60%	53.74%	65.52%
学校组织的各类现场招聘会或宣讲会	48.98%	62.94%	45.11%	56.63%
学校组织的各类线上招聘会或宣讲会	63.73%	47.79%	40.80%	52.42%
用人单位网站	20.70%	25.45%	40.52%	25.29%

续表

获取就业信息的渠道	层次			
	本科	硕士	博士	整体
社会招聘网络	18.74%	20.65%	17.53%	19.72%
辅导员介绍	15.16%	9.03%	9.20%	11.08%
校友介绍	5.05%	6.16%	10.34%	6.19%
家人或亲友介绍	8.80%	3.48%	4.60%	5.35%
导师或者专业老师推荐	3.10%	3.72%	15.52%	4.62%
兄弟学校组织的招聘会或宣讲会	3.02%	4.19%	3.16%	3.70%
实习实践	3.83%	3.48%	0.86%	3.35%
兄弟学校组织的线上招聘会或宣讲会	3.59%	3.25%	2.87%	3.32%

2. 主动挖掘就业岗位，全力拓宽就业渠道。

一方面，要挖掘就业岗位。整理学校近年来毕业生去向较为集中的用人单位以及校友企业名录，主动联络，全力确保毕业生就业岗位供给。疫情好转之后，积极走访用人单位，调研招聘需求，推荐优质学生。另一方面，要努力拓宽就业渠道。面向毕业生积极宣讲大学生征兵政策，“特岗教师”“三支一扶”“西部计划”等基层专项计划，动员学生参与社区工作者与中小学教师招录考试，研究推进二学位招生、科研助理招聘等政策落实落地。

3. 提供精准服务，实现精准就业。

一是要精准摸底就业期望。对所有毕业生开展全覆盖式问卷调研，精准掌握毕业生对就业薪资、就业区域、行业领域、发展前景等的就业期望，并联动校院两级，建立就业情况周报制度，进行动态追踪。以天津大学为例，我们对2020届全体毕业生开展问卷调研，参与本科生4，518人，硕士研究生6，202人，博士研究生1，563人，共计12，283人。通过数据对比，我们发现毕业生就业期望与现实情况存在较大差异，具体表现为薪资待遇期望过高，进入央企、国企等单位欲望强烈，这与现实情况存在较大差异，具体数据如表7、表8所示。二是要精准对接岗位信息。调研数据显示，通过学校招聘信息平台获取招聘信息的人数比例要远大于通过其他渠道，具体数据如表6所示。所以，学校就业部门应安排专人负责整理、分类海量的招聘信息。但是，大部分高校由于编制所限，该项工作的人员配备往往不足。针对该现象，可以通过选拔学生骨干、招募学生志愿者等方式，组建一支专业化就业信息“整理、分流、加工”团队，由一名教师负责指导，每天对招聘信息进行精细化整理，及时、精准的推送给各学院毕业班辅导员。辅导员根据学生求职需求进行匹配，根据学生意向推送就业信息、推荐用人单位，让就业信息与毕业生精准对接。三是要精准开展就业指导。通过表7、表8数据对比我们发现，受疫情影响，毕业生对央企、高校等工作相对比较稳定的单位更加向往。所以，帮助学生合理建设就业心理预期尤为重要，一方面，我们可以与第三方平台合作，借助专业的职业规划和测评系统，为毕业生定制专属生涯报告。另一方面，我们也可以通过辅导员和校内外生涯规划咨询师，对毕业生分类开展“一对一”谈心谈话，加强毕业困难学生心理疏导，考研失利学生就业动员，求职学生技能指导等。

表 7 毕业生薪资水平期望情况

层次	年薪（万元）							
	≤6	6-8	8-10	10-12	12-15	15-20	20-25	≥ 25
本科	1.96%	7.17%	20.29%	28.61%	22.66%	9.62%	4.73%	4.96%
硕士	0.24%	2.12%	7.53%	18.20%	24.32%	20.37%	12.98%	14.24%
博士	0.00%	2.01%	4.89%	9.48%	17.53%	25.29%	20.98%	19.82%
总体	1.25%	4.83%	11.83%	20.74%	22.50%	16.71%	10.62%	11.52%
去年实际	7.20%	10.13%	15.69%	17.21%	15.93%	13.11%	10.83%	9.90%

表 8 毕业生就业单位性质期望情况

单位性质	层次				
	本科	硕士	博士	整体	去年实际
央企	33.01%	31.70%	12.36%	30.14%	18.06%
国企	17.44%	13.69%	2.59%	13.60%	15.42%
事业单位	3.34%	4.14%	1.72%	3.97%	3.74%
党政机关	5.46%	8.28%	3.45%	6.72%	7.03%
高等教育单位	3.91%	7.34%	60.92%	10.87%	9.69%
初、中等教育单位	2.77%	5.17%	0.57%	4.07%	1.09%
科研院所	3.02%	6.68%	12.36%	5.79%	1.02%
民企	16.54%	11.76%	1.72%	12.41%	26.90%
三资企业	6.36%	6.91%	0.86%	6.18%	16.05%
其他	8.15%	4.33%	3.45%	6.25%	1.00%

4. 创新工作方式，组织网上就业大市场。

开启空中“云”就业，打出“云”端组合拳。在特殊时期，将线下招聘会“搬到”网络上开展，将招聘活动开展方式由传统的“面对面”转换为现代的“键对键”，打造“云招聘、云求职、云就业”新模式，做到学生足不出户，“职从天降”。线上双选会由于没有场地大小的限制，能容纳更多的用人单位参加招聘活动，给予学生更多选择机会。但需要注意的是，线上招聘会要有规划、有组织地开展，以免由于信息爆炸导致毕业生无从选择。一方面，可以根据企业性质进行分类，比如，将招聘会分为“民营行业骨干专场”“央企国企专场”“军工集团专场”等。另一方面，要将季度招聘活动计划表提前发布，让学生更好地规划自己的求职进程。此外，应加大就业信息网络平台的宣传力度，如教育部 24365 校园招聘服务网站、各省市教育部门及人社部门招聘网站、高校就业信息网等，就业信息网络平台知名度的提高，会为毕业生提供更多的就业机会[6]。

5. 防疫不见面，发挥网络系统大价值。

高校就业部门应高度重视网络信息化平台建设。网络信息化建设在优化管理、降低成本、提高效率上发挥着重要作用。目前，国内大部分高校就业网站功能单一，只能简单罗列招聘信息，满足不了现代大学的人才培养及日常管理的需求。各高校应结合学科特点，建立和完善高校就业信息网络平台，实现就业管理与服务和生涯教育的网上综合。就业网的功能要全面，应包含招聘信息发布、招聘会场地预订、举办线上招聘会、就业派遣手续办理等功能。此外，信息化建设不是把线下服务简单地挪到线上开展，而是应结合学校人才培养目标定位，有效地将就业信息按照专业、行业、岗位等进行精准分类，重点突出国家战略岗位的宣传与引导，结合学生实际，提供全面、周到、人性化的就业管理与服务，实现“信息多走路，学生少跑腿”。同时也要与一些大型人才网建立联系，做好各类就业信息矩阵建设。

四、结语

当前，我国新冠肺炎疫情防控向好态势进一步巩固，外防输入、内防反弹各项措施进一步完善，全国范围的生产生活秩序恢复等工作稳步开展。但是目前人类仍然没有完全掌握新冠病毒的特性，世卫组织总干事谭德塞对外宣称，疫情仍在加速蔓延，影响可能会持续数十年，推动社会经济运行恢复常态、确保安全稳定仍存在很大挑战。高校毕业生是每年求职人群中的主要群体，确保高校就业工作有效、稳固开展意义非凡。在这种形势下，做好常态化疫情防控下的就业工作就更为重要。所以，一定要不断增强“四个意识”，坚守岗位，做到科学有效防控、安全有序招聘，确保疫情防控常态化和开展就业工作“两手抓、两不误”。

参考文献：

[1] 新冠病毒体外存活时长受多种因素影响 [J]. 中国社区医师，2020，36（17）：129.

[2] 国务院应对新型冠状病毒肺炎疫情联防联控机制综合组 . 关于印发低风险地区夏季重点场所重点单位重点人群新冠肺炎疫情常态化防控相关防护指南（修订版）的通知 [Z]. 疾病预防控制局，2020.

[3] 杨春华 . 教育期望中的社会阶层差异：父母的社会地位和子女教育期望的关系 [J]. 清华大学教育研究，2006（4）：71-76，83.

[4] 刘天军 . 大学生考研动机及影响因素研究：基于陕西省 6 所高校抽样调查的实证分析 [J]. 高等财经教育研究，2013，16（4）：71-75，81.

[5] 夏上，李佼，倪志良 . 新冠肺炎疫情对我国社会经济发展的影响 [J]. 财政监督，2020（10）：5-9.

[6] 万文娴 . 高校就业信息网络平台构建探究 [J]. 泉州师范学院学报，2011，29（3）：68-71.

[7] 罗劲松，叶彬强，周群 . 新形势下加强高校就业工作信息化建设的思考 [J]. 中国大学生就业，2008(14)：15，25.

家庭教育对大学生心理健康成长的影响及对策

吴晓菲
天津大学仁爱学院

大学生是祖国的未来，是民族的希望，肩负着民族复兴的时代重任。然而，当下大学生的心理问题日益严重，令人担忧。习近平总书记在全国教育大会的讲话中强调：“家庭是人生的第一所学校，家长是孩子的第一任老师，要给孩子讲好‘人生第一课’，帮助扣好人生第一粒扣子”。家庭教育作为人生教育的起点，在大学生成长中扮演至关重要的角色，引起了学校、社会、政府的高度重视。中共中央、国务院在《关于进一步加强和改进大学生思想政治教育的意见》中明确指出：“学校要探索建立与大学生家庭联系沟通的机制，相互配合对大学生进行思想政治教育”。新时代背景下，转变家庭教育观念，增强家校合作意识，开展家校合作的思想政治教育，成为亟待解决的重要问题。

从本质上来讲，大学生心理问题是因较差的心理素质遇到现实问题，内心产生矛盾和冲突，自身无法消解而产生的。家庭是大学生形成自身人格的基本环境，其对学生的心理健康会产生根本性的影响。一个人的性格、三观、交际能力和心理素质等都与其家庭有着不可避免的关系。一般而言，大学生心理问题往往是由原生态家庭导致的。父母自身的人格特点、教育方式、观念、态度、受教育水平等会对孩子心理造成严重影响。溺爱型的父母对孩子过度保护、过分宠溺，会导致孩子长大后以自我为中心、自卑懦弱、缺乏抗压能力；放任型的父母在孩子遇到问题或困难时往往缺乏引导与帮助，不能为孩子的成长起到积极正向作用，导致孩子对困难缺乏正确的认识，最终使得人格发展不健全。带着存在问题的心灵走进大学的学生，在各类因素的作用下很容易暴露出心理缺陷。高等学校要做好大学生的心理健康教育，务必从学生受教育的根源抓起，深入了解每位学生的家庭状况、家庭结构、家庭环境、父母的教育方式等，深入落实 2018 年 7 月中共教育部发布的《高等学校学生心理健康教育指导纲要》，进一步强化家校育人合力，引导家长树立正确的教育观念，以健康和谐的家庭环境影响学生，有效提升心理健康教育实效，与家长合作发挥家庭教育的主导作用，共同促进大学生的心理健康成长。

一、案例分析

（一）案例一

大一学生 A，性格偏内向，生活态度认真，学习刻苦，对自己要求较高，可以说是一个懂事上进的学生。该生原生家庭较为复杂，从小父母离异，被父母安排在亲戚家中生活、读书，与父母沟通交流较少，缺少父母在身边的亲密陪伴。从小学到高中，该生多次换居住环境，换监护人，家庭环境的不稳定造成该生心理存在缺陷，严重缺乏安全感和归属感。在日常生活中，不管是做事还是与人相处，该生都小心翼翼，过于敏感，更多地考虑他人的感受。长期生活在他人家中，让该生学会“看脸”行事，从小到大遇到问题或是有负面情绪均靠自己消解，缺少成长过程中的引导者和倾听者，主要的发泄方式是暴食。长此以往，众多生活问题、学习问题不断转化为日益加重的心理压力，久而久之衍生为心理问题，产生心理障碍，出现心理危机。

该生在高中时期逐渐意识到自身的心理问题，不仅仅是遇到困难就控制不住吃东西的简单问题，其多次与父母沟通想寻求帮助，父母认为是其心理素质和自制力较差，贪嘴爱吃东西，并没有关注和在意。升入大学后，该生与母亲同住，母亲由于职业性质，对该生身材要求较高，精心为其制订减肥计划，监督其减肥。该生在母亲的影响下逐渐重视身材管理，经过努力，减肥成功，但自身的暴食问题致使其减肥成功后再次发胖。最终该生陷入“暴食——内疚——抠吐”恶性循环，直至病情严重到影响正常生活，甚至出现为控制自己暴食而自伤的行为，该生的心理问题彻底激化。该生主动找到我诉苦，我及时发现该生的问题所在，并及时介入，以朋友的身份与该生多次于宿舍促膝长谈，了解其内心世界的真实感受和面临的问题，帮助其寻求解决问题的办法。在对该生的情况有了基本把握后，我及时多次耐心与其父母沟通，深入了解该生在家的情况，并告诉其家长该生在校的实际状况，以及其存在的问题，以引起其父母的重视。其父母了解到其真实状况后，高度重视，并及时带该生就医治疗。目前该生已经愿意与父母敞开心扉交谈，回归正常生活。暴食和抑郁的问题在专业医生的治疗和父母的悉心照顾、陪伴下最终治愈。家庭中父母的缺位，家庭教育的缺失严重影响了该生心理的健康成长。

（二）案例二

大一学生 B，性格内向孤僻，情绪不稳定，不善于表达，喜欢独处，追求时尚。该生是半留守学生，长期跟母亲生活，父亲常年外出务工，其母亲不善言辞，因而其与母亲缺少有效沟通，与父亲几乎没有沟通。该生在高中时遭受校园欺凌，向父母寻求帮助，其父母没有意识到问题的严重性，对该生的处境表现冷漠、忽视，还夹杂有怨责。不恰当的表达方式和语言伤害，以及对该生所面临困难的漠视，给该生带来沉重的心理打击，对该生的心理造成无法治愈的创伤。在学生最无助、最需要帮助的时候，该生无依无靠，因没有感受到家人给予的温暖而绝望，一边承受着来自校园欺凌的痛苦与折磨，一边承受来自家人冷漠带来的伤害。从此出现了自闭、叛逆、性格孤僻、对生活缺乏兴趣等问题。当内心的压抑和恐惧得不到疏解，对父母充满抱怨、仇恨，致使该生内心受创出现心理障碍，最后形成抑郁症。

该省的父母逐渐意识到自己的行为给孩子造成的伤害，主动与该生沟通并道歉，积极带该生去进行心理咨询和专业治疗。为了减轻内心的愧疚，其父母对该生的消费方面不加引导和控制，用物质支持来填补其情感和精神方面的缺失，对其几乎是有求必应，使得该生没有形成正确的认知和消费理念，一味地追求时尚，通过“买买买”来满足自身的欲望，寻找存在感，填补精神方面的空缺。该生习惯父母在金钱方面的付出，稍有减少便会产生不满与父母争吵。在这个家庭中，父母无视孩子的情感需求，没有及时根据孩子思想行为以及心理的变化，对孩子自身萌发的内在需求给予积极挖掘和有效引导，父母和孩子之间缺乏有效的沟通，未发挥家庭教育的先天作用，导致学生形成错误的思想认知，心理问题一再加重。归根结底，父母自身的认知局限和错误的态度及表达方式，造成一个孩子不健全的人格。家庭教育的有无、好坏，亲子关系情况等与家有关的诸多因素，对学生的成长和发展影响深远，乃至直接决定一个学生一生的幸福。

二、家庭教育中存在的问题

（一）父母的缺位是导致学生人格不健全的关键

家庭是塑造人格的基本环境。学生的成长、人格的形成、个性的发展始终与家庭息息相关。在学生未成年时，家庭是学生接受教育的主要阵地，他们深受家庭环境、家庭结构、家庭氛围、亲子关系，以及父母思想、行为、认知、表达方式的影响。父母作为学生的第一任老师，其言行举止、处事方式、价值观念对学生存在着潜移默化的影响。父母在家庭的缺位，直接限制学生的人格发展。大学生的情感、行为往往是对一个家庭的某种特定反映。家庭形态和家庭结构是影响大学生心理的重要因素。放任型的家庭对孩子学习和生活关心较少，缺乏有效沟通和管理，放任其自己生长，缺少对学生身心发展规律的认识，缺乏对学生形成正确认知的引导。父母的缺位，家庭教育的缺失，造成众多学生存在人格缺陷。这类学生与父母关系不佳，不善于与父母交流，习惯于独立生活，内心缺乏自信，缺乏安全感。学生A所在家庭属于放任型的家庭。学生A父母离异，家庭不完整，家庭环境的改变会给学生的心理造成打击，再加上从小到大父母缺位，没有正确的引导教育和悉心陪伴，使得学生A行事瞻前顾后，小心翼翼，缺乏自信，极度自卑，内心敏感，情感空缺，内心压抑，形成内向性格。

（二）家庭教育“需求”与“供给”不匹配

家庭是个体成长的关键。家庭教育是学生身心全面健康发展的基础。在众多家庭中，父母由于个人经历、受教育程度、生活环境等因素，因而对家庭教育认识不到位、不深刻。他们对子女的教育缺少情感投入或是情感投入过度，重视子女身体健康而忽视心理问题，重物质满足、轻思想引导，存在着家庭教育错位现象。从家庭教育情感投入过度方面来看，父母对子女教育方面的供给远远超过子女的需求。众多父母通过不正确的教育方法，根据自己的主观意愿判断子女的需求，给子女过多保护，参与子女问题的解决。这种教育方式，剥夺了子女自由选择的权利，限制了子女的全面发展，不利于其身心健康。长期生活在这种家庭环境下，子女容易形成对父母的严重依赖，缺乏独立生活的能力，不利于其未来发展。从家庭教育情感投入严重不足情况来看，父母由于自身受教育程度不高，精力有限，加上经常缺位，因而在对子女进行家庭教育时常常采取简单、直接、粗暴的方式，对子女进行斥责、批评，忽视子女的情感需求。他们简单地认为让子女过衣食无忧的生活，满足其物质需求就是对子女的负责。父母家庭教育的“供给”与子女成长的“需求”存在错位，使得子女长大后性格孤僻，内心自闭，出现心理危机。文中的学生A和学生B情况类似，他们均属于留守子女，父母在情感方面投入不足，能够给予更多的是物质的满足，然而他们更需要的是精神的引导和抚慰，因而最终出现了不同的心理危机。

（三）家庭教育方式不恰当

父母是唯一不需要培训就能上岗的职业。父母的认知、观念、生活方式、工作性质以及受教育程度等各方面因素存在较大差异，对孩子的教育方式也存在较大区别。有些父母过于溺爱孩子，以孩子为中心，对其百依百顺。在这种环境中成长的孩子往往以自我为中心，缺乏换位思考的能力，生活中比较自私自利，人际关系差，到社会上生存容易碰壁。在现代社会中，独生子女较多，被父母溺爱长大的学生多，他们因自身原因处理不好人际关系问题，容易出现心理障碍，引发各种心理问题。还有些父母，受传统思想影响严重，对孩子实行专制的教育方式。父母只从自己的主观意志出发，认为孩子属于自己，必须对父母言听计从，把自己的想法强制施加于孩子，从不考虑孩子的意愿，对孩子采取严厉、强迫命令式教育。在这种家庭环境中成长的孩子，缺乏自信自尊、孤独，比较顺从、懦弱；或是走向另一个极端，即冷血、残暴，心理扭曲。在本文研究的两个案例中，两个家庭的家庭教育方式均是放任型。父母忙于生计和自身发展，忽略了孩子的成长，认为极大的物质满足是对孩子最好的爱。在家庭教育发挥主导作用的阶段，对孩子缺少关心和教育，放任孩子自己成长，使得孩子形成内向孤僻的性格，无法养成良好的习惯，无法培养正确的兴趣爱好和良好的心理素质，更无法形成健全的人格。

三、整合家庭教育资源，发挥家庭育人功效

家庭教育是伴随一个人一生的教育形式。与学校教育和社会教育相比，家庭教育中家庭成员间的关系更为亲密牢靠，家庭成员间彼此的影响更大更深远。因此，为培养孩子的健全人格，需要整合家庭教育资源，充分发挥家庭教育的巨大作用。

（一）积极承担主体责任，杜绝丧偶式教育

父母关爱的缺失，家庭教育的缺位，是导致大学生人格不健全、心理存在缺陷的重要原因。据统计，我国存在六千万以上的留守儿童，这意味着如此高比例的群体得不到完整的家庭教育。他们规模庞大，成长过程中得不到有力监护，生活上疏于照顾，情感上缺少抚慰，在生活、学习、心理、情感等各方面上往往存在众多问题。此外，家长在教育孩子的方式方法上存在偏差，也会影响孩子的身心健康发展。采取放任式教育的家庭，即便家庭结构完整，父母均在身边，但父母对孩子的行为不加约束和引导，对其习惯不加监督，错把放任当信任。作为父母，务必意识到家庭教育的重要性，知晓自身对孩子的深远影响，积极主动发挥为人父母的作用。父亲和母亲在家庭教育中分担着不同的角色，承担着不同的责任，在孩子不同阶段发挥着不同的作用。传统观念里“男主外女主内”，女人相夫教子，教育孩子的任务往往落在母亲头上，父亲在子女的教育中参与程度不高。但父亲的教育不同于母亲的说教教育，一旦父亲缺位，就会导致父亲在孩子心中的威信降低，孩子的习惯养成出现困境，孩子容易缺乏责任感、自信心、安全感，缺乏面对困难的勇气，怯于与他人建立人际关系等，所以作为孩子的父亲，作为家庭教育中不可或缺的成员之一，有必要意识到自己在家庭教育中的重要性，关注孩子生活、学习中的细节，与孩子建立良性互动关系，杜绝丧偶式教育。

（二）转变教育观念，注重情感投入

在大多数父母的观念里，家长只是孩子物质需求的提供者，让孩子吃饱穿暖就已经尽到父母抚养孩子的义务，认为孩子成长过程中的教育应该是学校的事，或是秉持“树大自直”的育人思想，对孩子的行为缺乏相应的约束和管教，缺席孩子的成长，导致孩子成长过程中缺乏正确的引导和教育，最终造成人格缺陷。在前面的案例中也提到过，父母的教育观念严重影响孩子的健康成长，这需要引起家长的警醒。家庭教育与学校教育相比其重要意义体现于家庭教育对学生学习以外其他事情的教育和引导，进而凸显出学生自身的个性。因此，父母不仅要养孩子，更重要的是教育孩子，除了满足孩子成长中最基本的物质需要，更重要的是情感的陪伴和

精神的引领。给孩子营造良好的家庭环境，提供无微不至的温暖，有助于孩子形成强大的内心和安全感。孩子在遇到挫折和困难时愿意向父母求助，同时拥有战胜困难的依靠。此外，社会在飞速发展，不同年代的孩子个性存在较大差异，切不可用旧时的育儿观念来养育“00后”。在培育孩子方面，父母需要有一颗不断学习的心，不断更新育人观念，尊重科学，尊重孩子成长发展的客观规律，在不同的成长阶段给予不同的支持与引导。父母要学会因材施教，根据孩子的个性，采取合适的教育方式。人的一生都在不断学习不断成长，为人父母也是一样，需要与孩子一起学习，不断地去摸索，陪伴孩子的成长。

（三）创新家校合作方式，发挥育人合力

众所周知，家庭、学校、社会都承担着大学生的教育工作，三者相互联系不可分割。家庭教育是基础，学校教育是主导，社会教育是支持，三者相互作用、相互影响，要达到良好的育人效果，三者必须相互配合、相互促进。随着社会的发展和科学技术的进步，网络自媒体发展突飞猛进。以微博、微信为代表的自媒体已经走进千年万户，融入人们的生活，成为信息传播和交流的主要媒介。自媒体时代的到来，拓宽了人们获取信息的渠道来源，对网络原住民的大学生生活和学习更是产生了重大影响。创新家校合作方式，构建家校合作平台。高校可以充分挖掘自媒体灵活、开放、交互的优势，通过线上的方式将学校、家长、学生联系起来，实现家校合作育人的目标。例如：学校可以建立家校微信群、QQ群，老师可以通过群与家长交流和沟通，了解每一位学生的情况，同时转发一些与大学生心理健康有关的文章，将学校的育人理念、校训、校纪、学校网络育人、实践育人的相关活动传递给家长，让家长参与学生的成长，实现家校互动、双向作用；学校还可以针对本学校的特点，研发具有学校特色的学生心理健康成长APP，供辅导员老师、心理老师、学生、家长共用。考虑到学生家长受传统心理教育文化不足及自身受教育水平等因素的影响，其在家庭心理教育的知识与能力、意识方面往往比较欠缺，因此可以在APP中设置家庭育人的相关模块，为家长提供学习的机会，对家长进行必要的培训，以便家长可以及时发现学生存在的心理问题。开设大学生心理健康教育的基本知识和课程，以填补学生、家长、教师该方面知识的空缺。当然，高等学校学生来自五湖四海，学生父母工作性质存在较大差异，文化程度参差不齐，还有部分学生来自偏远的山区，其父母对新媒体的认识和使用可能还不够成熟。考虑到这些因素，学校可以鼓励老师通过家访、电话、短信、信件等方式来交流，多种沟通方式配合，打好家校合作组合拳。针对不同情况采取不同措施，通过线上线下相结合的方式，发挥家校育人合力。

参考文献：

[1] 家校合作构建大学生心理健康 [J]. 中国医药导报，2019（22）73-76.
[2] 刘赪秀．原生家庭视角下的大学生心理健康教育研究 [J]. 教育心理，2018（17）：166-167.
[3] 新时代高校家校合作育人策略研究 [J]. 北京教育（高教），2019（4）：92-94.

高校辅导员谈心谈话能力提升研究

陈文洋
天津工业大学

《普通高等学校辅导员队伍建设规定》（教育部令第 43 号）指出：辅导员是开展大学生思想政治教育的骨干力量，是高等学校学生日常思想政治教育和管理工作的组织者、实施者、指导者，辅导员应当努力成为学生成长成才的人生导师和健康生活的知心朋友。而发挥辅导员作用最基本的载体之一就是谈心谈话。谈心谈话是辅导员对学生进行思想政治教育以及处理日常事务的有效方法，对于满足与学生沟通的情感和心理需求，帮助疏导学生职业规划的困惑，解决学生遇到的各项现实问题，具有十分重大的意义。谈心谈话常态化，既能体现辅导员对学生的人文关怀，又能提高对学生思想政治教育的精准度。

一、辅导员谈心谈话的现实意义

（一）谈心谈话是辅导员履行岗位职责的基本要求

《普通高等学校辅导员队伍建设规定》规定了辅导员九大工作职责，辅导员应围绕学生、关照学生、服务学生，把握学生成长规律，不断提高学生思想水平、政治觉悟、道德品质、文化素养。经常性地开展谈心活动，可以有针对性地帮助学生处理好学习成才、人际关系、职业规划、心理健康生活等方面的具体问题。辅导员开展谈心谈话工作是了解学生、帮助学生解决思想和现实问题、激励引导学生的关键，对于进一步提高学生思想政治水平具有实际效果，也是辅导员履行岗位职责的基本要求和渠道。

（二）谈心谈话是增强学生对辅导员认同感、提升师生之间信任度的重要渠道

辅导员要全面了解学生思想状态以及所遇到问题，而有的学生会对老师有一定的抗拒，不愿意吐露真实情况。谈心谈话能够进一步提高学生对辅导员的认同感和信任度，辅导员有效开展谈心谈话工作不仅能够提高思想政治工作的实效性，还能帮助辅导员在学生中树立一定的威信，在持久的工作中能全面了解学生的思想动态，增强师生之间的情感。海明威曾说过：每一个人都需要有人和他开诚布公地谈心，一个人尽管可以十分英勇，但他也可能十分孤独。通过经常性的谈心谈话，学生会感到被重视，辅导员更能了解到学生内心需求，便于服务学生成长成才，学生也能找到合适的倾诉对象，有利于自身健康成长。

（三）谈心谈话是大学生思想政治教育的重要途径

习近平总书记指出："对干部经常开展同志式的谈心谈话，既指出缺点不足，又给予鞭策鼓励，这是个好传统，要注意保持和发扬。"继承和发扬这一优良传统，我们责无旁贷。大学阶段正值大学生价值观的养成时期，做好大学生的思想政治工作，对于国家的繁荣发展至关重

要。因此，辅导员在开展思想政治工作时要做到因事而化、因时而进、因时而新，不断切合学生思想动态，提高自身的水平，只有不断地与大学生进行谈心谈话、深入交流，才能掌握学生发展规律，帮助学生成长成才，提高思想政治工作水平。

（四）构建辅导员谈心谈话长效机制是推动辅导员职业化、专业化、专家化的重要举措

辅导员队伍职业化、专业化、专家化建设是我国高等教育适应新时期、新要求的迫切需要，辅导员扎实做好谈心谈话工作是开展学生价值引领的重要举措，而做好谈心谈话工作要求辅导员有一定的专业素养，辅导员在谈心谈话过程中要准确把握谈心谈话的概念、原则、技巧、思路，高校应建立谈心谈话质量评估标准，构建辅导员谈心谈话长效机制，加大力度推动辅导员职业化、专业化、专家化建设。

二、辅导员谈心谈话应遵循的原则

（一）明确目的原则

明确目的原则是顺利开展谈心谈话的重要保障，也是谈心谈话取得良好效果的前提。谈心谈话作为大学生思想政治教育的重要方法，并非毫无目的的漫谈，而是具有很强的针对性和引导性，坚持问题导向，帮助学生解决现实遇到的问题。

（二）循序渐进原则

谈心谈话是由一连串有序的步骤组成的一个过程，这个过程基本包括建立起信任关系、确立谈话目标、制订谈话方案、实施行动、结束巩固、跟踪调查等，唯有遵守循序渐进原则，才会切实增强谈心谈话的科学性，确保谈心谈话的质量。

（三）正向激励原则

辅导员要用发展的眼光看待学生，在谈心谈话过程中运用正向激励原则来鼓励学生，这样可以充分调动学生谈话的积极性。辅导员要认真分析学生个体或群体的多样性、差异性和层次性，具体分析学生在所有需要中最为强烈的某种需要，运用激励措施，方可确保正向激励达到实效，促进学生健康发展。

（四）引导启发原则

引导启发原则是指在谈心谈话过程中，辅导员通过说理话情激发学生思维，引导他们独立得出结论，提高学生分析问题和解决问题的能力。德国教育家第斯多惠说：“一个坏的教师奉送真理，一个好的教师则教人发现真理。”这就是告诉我们在做思想政治教育工作的时候，不可以忽视教师的主导作用和学生的主动性，对学生进行单一的知识灌溉，反而会降低学生自主学习的能力。辅导员运用引导启发原则进行谈心谈话，可以提高学生的主观能动性，培育学生“自我教育、自我服务、自我管理、自我监督”的能力。

（五）隐私保密原则

隐私保密原则是师生之间建立信任、鼓励学生畅所欲言的基础，也是谈心谈话顺利进行的重要保障。辅导员不能泄露与学生谈心谈话的内容，在没有征得学生同意的情况下，不得随意泄露学生个人隐私，体现辅导员的诚信，使学生获得安全感，这样有利于建立起良好的师生关系。辅导员在谈心谈话过程中合理运用隐私保密原则，可以打消学生的顾虑，更全面地了解学生的思想动态，同时也会赢得学生的信任和尊重，帮助学生树立正确的自我认知。

（六）平等尊重原则

辅导员应以平等、尊重的态度面对谈话学生，对学生特定的思维、情感和交谈方式所表现出的尊重应该是无条件的。当学生向辅导员吐露个人隐私是为了得到更好的帮助，迫切需要辅导员能够理解他们的内心感受和想法时，辅导员的尊重会给学生创造一个安全、温暖的氛围，使其敞开心扉，最大限度地表达自我，也会使辅导员可能完整地把握、体验学生的内心世界。

三、辅导员谈心谈话的思路

（一）谈话前准备工作

辅导员开展谈心谈话，旨在掌握学生的思想动态，帮助学生解决疑难问题。要做到“对症下药”、“不打无准备之仗”，需要辅导员在谈心谈话前做好准备工作，一是要充分了解和掌握学生的情况，包括家庭情况、学习情况、人际关系情况等。二是设定合理的谈心谈话目标。为了让谈话取得最佳效果，每次谈心谈话要设定合理目标。三是谈心谈话的地点选择。辅导员应根据学生的具体状态选择不同的谈心谈话场所，比如有的学生与辅导员已经建立起一定的信任感，因而谈话地点可以有较多选择，方便的谈话地点即可；而有的学生并未与辅导员建立起足够的信任感，学生被约谈可能会产生一定的顾虑和抵触，如果选择办公室作为谈话地点，学生可能会比较紧张，难以敞开心扉，这时候就可以将谈话地点扩展到操场、食堂、宿舍等较为轻松的地点，学生也能够畅所欲言。

（二）建立对话机制，全面获取信息

在谈心谈话的过程中，辅导员要积极关注学生，调动学生的积极性，让学生敞开心扉，引导学生多说，从学生的表达中收集学生传递的信息并做到及时整合，辅导员在谈心谈话过程中要想取得实效，应当运用一些常用的沟通技术，比如积极地倾听、态度温和等，同时也要与心理咨询技术相结合，比如尊重、热情、真诚、共情和积极关注。运用沟通技术往往能使谈心谈话事半功倍。总之，在谈心谈话刚进行时，辅导员应把重心放在获取更多的学生信息方面，少说多听，建立一定的信任感，让学生敢于表达自己，并且辅导员要及时在头脑中整合所获得的信息，形成连贯的材料。

（三）分析、解决问题

根据谈心谈话前掌握的学生的基本情况，辅导员应掌握学生思想动态，判断学生是否存在问题。如果存在问题，要敏锐地找出问题的症结所在，围绕“法、理、情”进行引导，帮助学生认识、领悟自身的问题，并在谈心谈话过程中启发、引导学生自己解决问题。在对学生情况充分掌握和分析的基础上，辅导员要帮助学生总结问题出现的原因，积极寻找解决问题的方法。在谈心谈话结尾阶段，如果辅导员与学生达成共识，辅导员可以引导学生表明自己的态度，按照共同探讨的方案执行；若双方尚未达成共识，针对有些问题需要进行多次谈心谈话，辅导员可以给予支持和鼓励，提升学生解决自身问题的信心。

（四）跟踪反馈

当谈心谈话结束后，辅导员还要做好两方面的工作，一是根据学生情况进行跟踪反馈。辅导员要正面观察谈心谈话后学生行为、心情等方面是否有所改变；还要侧面了解学生的情况，发挥学生干部的作用，通过宿舍长、班委等进行反馈，进一步了解学生近期情况变化。对谈心

谈话的效果进行客观评价，来决定是否再次进行谈话以及是否需要联系家长。二是针对每次的谈心谈话进行记录和总结。辅导员要做好工作方面的记录，对谈心谈话进行思考和归纳，总结谈心谈话的注意事项和谈心谈话工作的基本规律，形成谈心谈话的工作案例，凝练成学术成果。这样才能真正发挥谈心谈话的实效，让学生能够感动关怀和健康成长，辅导员在谈心谈话方面也能有所提高。

四、总结

谈心谈话不是一次性工作，一次谈心谈话的结束只能说明阶段性的完成。辅导员要有反复谈心谈话的决心和毅力，做到有问题早发现、早解决，教育为先，预防为主，将事态控制在萌芽阶段。同时辅导员要提升自身专业素质，掌握谈心谈话的意义、基本原则、思路等，将谈心谈话工作落实到实处。

参考文献：

[1] 何剑骅，房利 . 非暴力沟通技术在高校辅导员谈心谈话工作中的应用 [J]. 铜陵学院学报，2019，18(3)：66-69.

[2] 黄小华 . 高职辅导员队伍专业化、职业化和专家化建设研究 [J]. 学校党建与思想教育，2018（15）：89-91.

[3] 刘潇，张磊 . 高校辅导员谈心谈话工作开展探究 [J]. 教育理论与实践，2020，40（6）：41-43.

国际化背景下高校创新创业实践育人模式探索

降凌楠[1]　　张璐[2]
1. 天津工业大学　2. 天津医科大学

近年来，我国经济社会发展取得瞩目成就，国民教育水平不断提高，每年毕业生人数都在不断增加，2020 年再创新高，毕业生人数达 874 万人。而 2020 年初新冠肺炎疫情的发生，对我国经济影响巨大，特别是对中小企业运营冲击也很大，造成企业用工需求大幅下降，大学生就业形势严峻，结构性矛盾突出，我国整体就业压力增大，大学生就业创业工作面临复杂严峻的形势。为此，国家、各地方政府政策纷纷颁布实施各种政策措施支持毕业生就业创业工作，加大对大学生就业的宏观调控和政策促进的力度，把引导、促进学生就业创业放在政府工作中的重要位置，加大财政、金融等经济支持，采用落户、子女入学等人才配套措施鼓励大学生创新创业。同时，提供税收减免、场地服务等优惠政策鼓励企业与大学生签订就业创业合作协议，实现以大学生高水平创新创业、以创业带动就业。

近年来，随着“一带一路”“粤港澳大湾区”发展战略的不断深入，我国经济发展逐渐与国际经济发展接轨、不断融入国际社会，在我国经济发展和经济结构优化升级的过程中，对创新创业人才、特别是国际化创新创业人才的需求越来越大，它在全球经济文化一体化的背景下，具有主导时代发展的主导功能和作用，这就要求高校以进行复合型创新创业人才、国际化人才的培养为基本路径，从而营造出有利于满足创新创业人才发展需求的政策环境，切实提高大学生的归属感，以期更好地发挥高校毕业生人才的优势，实现创新创业人才对国家、地方发展所应做出的积极贡献。

一、我国创新创业实践育人现状

为支持大学生创新创业、我国出台了一系列优惠政策，支持高校创新创业实践育人体系建设，并对创新创业人才培养制定了科学的规划和合理的目标。为了促进创新创业工作内涵式发展，各高校根据自身实际，制订了相应的工作方案。工作方案主要包括以下几个方面：一是建立创新创业课程体系。为营造良好的创业教育育人环境，各高校开设了“职业生涯规划”“就业指导”等公共必修、选修课程并结合慕课等线上、线下结合的创新创业课程，为大学生提供多样化创新创业教育。二是各高校积极聘请校内外结合的创业导师，充实学校导师团资源规模，部分高校建立了校内校外相结合、分层次、立体化的创业指导服务体系，提升学生创业能力，并将分类指导和个性化咨询服务相结合。三是依托校内众创空间，打造创新创业项目培育，以增强学生创新、创业、就业能力，创造更多创新创业项目。

二、推动创新创业人才培养过程中遇到的问题

1. 创新创业人才培养重理论轻实践

在大学生创新创业人才培养过程中，虽然高校建立了较为完善、线上线下相结合的创新创业课程体系，但是在提供大学生创新创业实践平台方面还有所欠缺，特别是在大学生创新创业理论教学和创新创业实践相结合的产学研一体化的过程中，许多高校都存在不足。这就造成了高学历、低能力的大学生人才培养现状，在国际化交流合作过程中，这种缺乏实践经验的大学毕业生将无法有效开展创新创业工作，造成创业成功率低、经营能力差、创新成果无法孵化等问题，导致创新创业失败，因而需要建立产学研一体化的理论与实践结合的人才培养模式。

2. 大学生创新创业人才服务体系尚不完善

全国、各地方政府为了鼓励大学生创新创业出台了一系列政策措施，也确实在一定程度上起到了促进大学生创新创业、推动构建创新创业实践育人体系的作用。在政策执行过程中，政府、高校、校外企业等多部门难以形成合力、缺少协作，从而导致大学生创新创业人才服务体系不完善。特别是在国际化背景下大学生开展创新创业活动，需要高校、企业、工商、税务、海关、金融等多部门联动，而当前我国尚未构成各部门联动协作的创新创业服务体系，这成为阻碍大学生创新创业活动开展的障碍。此外，我国缺乏对创新创业政策实施效果的监督管理机制，对政策措施的落实情况缺乏监督监管，使得许多政策措施难以落实，无法发挥其效用，导致挫伤大学生创新创业热情，不利于创新创业工作的开展。

3. 创新创业教育师资质量薄弱

目前，我国高校虽然设立了各种创新创业相关课程，但是相对于创新创业大学生数量和需求，我国高校创新创业师资数量和质量都存在不足。许多高校虽然设立了创新创业课程，但是很大一部分教授课程的教师并不是创新创业专职教师，而是由一些经济、管理相关专业教师兼任，还有相当一部分是由高校辅导员兼任，课程涉及就业指导、职业生涯规划等各种领域。这些教师不但缺少专业系统的创新创业教育理论实践经验和资质，而且缺乏相应的创新创业学科背景和国际化视野，导致创新创业课程水平偏低。此外，我国并未建立完善的创新创业教师的晋升渠道和职称评定标准，这严重降低了创新创业教师的工作积极性和科研能力，导致本就数量不足的创新创业教师队伍的人才流失。

三、国际化背景下完善高校创新创业实践育人模式的对策研究

1. 依托高校众创空间孵化平台，完善创新创业实践育人体系

众创空间是大学生就业创业良好的创新创业实践孵化平台。政府、高校应协作深入建设大学生众创空间、校外孵化平台，以及配套的优惠政策措施，放宽大学生创业准入标准，进一步支持大学生孵化平台的建设和运营，以引育创新创业大学生项目为目标，以推动创新创业人才培养为宗旨，以培育文化创意氛围、激励学生实践能力和培养创意思维为目标，以强化学生突破思维定式的创新意识和跨学科整合创新行为、培育高水平高校创新创业人才为任务，完善高校创新创业实践育人体系建设，不断完善实践育人平台建设，以培养国际化创新创业人才为最终任务，创造高校创新创业良好的氛围。

2. 不断提高大学生创新创业服务水平

在当前，大学生在创新创业过程中遇到的困难和存在的问题很多，因此即使大学生创新创业的热情很高，但是部分政策不落地，缺乏针对性和实际操作性，导致制定政策的出发点和初衷与实际实施效果差别过大。比如针对大学生的税收优惠在实际执行中，创新创业大学生知晓度过低，且办理手续过于烦琐，导致很多大学生无法真正享受政策优惠。这就要求相关部门整合资源、加大宣传力度，为大学生简化流程、开设办事绿色通道，运用网上办事大厅等线上平台，增加政策实施的效果和可操作性。

很多创新创业政策在落地实行时遇到各种问题，例如大学生申请创业贷款时，需要开具涉及各部门的证明，手续烦琐，申请周期长，而且申请成功率过低、贷款额度低，这对投身创新创业的大学生开展创业活动造成了很多不便。因此，政府、高校、企业等部门应从政策落实的角度出发，在调整政策细节的基础上，增加对政策措施落实情况的监督监管，避免由于政策落实不力、部门间相互推诿、缺乏协作等人为因素造成创新创业政策失效，并严格执行监管和增加处罚力度。此外，通过建立创新创业竞赛平台，组织开展好各项创新创业竞赛和学术科技创新活动，通过竞赛平台进一步培养学生的创新意识和实践能力，并建设线上众创空间智能化服务系统，学生可以通过网络线上及时了解最新的创新创业动态，实现“互联网＋创新创业”的实践育人模式。

3. 建设专业化师资队伍，完善创新创业实践育人环境

在建设专业化师资队伍的过程中，各高校应共享和集合校内外导师资源，建立创新创业师资库，包括学校从事创新创业相关教学研究的教师或学者、辅导各类创新创业大赛的教师或学者、具有创新创业相关资质的教师或学者，以及校外企业家、投资人等优质资源，提供针对性的专业化创新创业课程辅导和导师咨询辅导服务，提高学生的创新精神，培养学生的创业意识、提升学生的国际化创新创业能力，有助于大学生开展各项创新创业活动。同时，在创新创业教育实施过程中，政府相关部门、高校要对创新创业教育进程进行监督监管，保障创新创业实践育人模式的有效开展。

同时，要不断完善高校国际化合作办学法律法规，为各高校积极开展国际合作办学提供有利政策法规保障，为培育我国创新创业国际化人才、完善高校创新创业实践育人体系提供充足的师资人才储备。

参考文献：

[1] 牛富生 . 山东政府扶持大学生自主创业的政策研究 [D]. 山东：山东财经大学，2016.

[2] 顾元兵 . 大学生自主创业中的政府职能研究 [D]. 南京：南京师范大学，2015.

[3] 石伟华，薛晶晶，刘海杰 . 促进大学生就业创业政策措施研究：以保定市为例 [J]. 经营管理者，2013（26）：76.

[4] 郭斌，罗建林 . 关于高校开展大学生创业指导工作的思考 [J]. 出国与就业（就业版），2011（02）：49-51.

“互联网+”背景下高校二级学院网络思政教育路径浅析

李艳琦
天津工业大学

习近平总书记在2016年的全国高校思想政治工作会议上强调，要坚持把立德树人作为中心环节，把思想政治工作贯穿教育教学全过程，实现全程育人、全方位育人。随着时代的发展和社会的进步，互联网的普及和应用已经融入高校学生的各项学习、生活和工作当中，这使得网络思想政治教育成为推进“三全育人”工作取得实效不可或缺的元素，在“互联网+”背景下如何能够使网络思想政治工作更有温度、力度和效度，是思想政治教育工作者必须思考和面临的问题。

一、大学生网络思想政治教育的必要性

（一）大学生日常生活网络化

大学生接受新鲜事物较快，随着电脑、手机、平板在大学生中的普及率不断提高，通过新媒体平台获取信息的手段正在打破时间和空间的束缚，网络已经成为高校学生生活中不可或缺的存在。

（二）大学生心智不成熟，价值观易受到影响

高校学生心智尚不成熟，正处于从懵懂走向成熟的过渡阶段，缺乏丰富的社会阅历，因此更加倾向于利用网络来解决自己日常所遇到的问题。而在此过程中他们可能对网络中的多种信息难以进行准确判断，难免会被网络中的不良价值观所影响，对自己的人生发展产生影响。

二、大学生网络思想政治教育的路径

（一）抓牢阵地建设，提升队伍组织力

加强网络思政阵地建设，首先应以学生的网络需求为切入点，学生经常活跃的地方在哪里，我们就应该将阵地建设在哪里，打造不同形式、不同内容、符合学生特点和成长发展规律的思政教育平台。同时，为保证网络平台的内涵建设及持续发展，建立与之相对应的完善的管理制度和内容发布审核制度非常重要。

加强网络工作队伍的培养和激励，推动思想政治传统优势同网络技术的结合。二级学院可组建“两支队伍”：一支通讯员队伍，由党委书记、副书记、组织员、辅导员构成；一支网络“微”队伍，由党委副书记牵头，各年级辅导员及党团学生骨干构成。同时，还要建立党建新

媒体和分团委学生会新媒体两支网络“微”小分队，这两支小分队应由日常就能够在引领广大青年学生有序开展各项工作、生活、学习等方面发挥着先锋作用的党、团学生骨干组成，从而保证所有队伍均由政治强、业务精、作风硬的人员组成。制定考核激励机制，充分调动通讯队伍积极性和主动性，针对学生小分队，应将参与新媒体工作作为综合素质测评的重要内容，在同等条件下优先考虑将其纳入奖学金、优秀学生干部评选及先进工作者的评定规则。

完善管理制度，加强平台发布内容审核。二级学院可组织学院党委、学生工作办公室、学生骨干等相关群体，创建网络信息安全管理“多级审核”模式，即学生组织审核、学生工作办公室审核、学院党委审核，逐步完善工作机制，规范日常管理。定期开展通讯员队伍与网络“微”队伍的意识形态教育和网络安全教育，坚持社会主义文化，弘扬中华优秀传统文化，传播网络正能量。

（二）坚持“双向育人”，扩大平台影响力

坚持“双向育人”，发挥党组织和团组织的优势，加强对党员、团员的教育管理，用社会主义核心价值观凝心聚力，积极进行各类网络平台建设。完善坚持正确导向的舆论引导工作机制，充分发挥新媒体的强大力量，推进微信平台、微博账号、B站等新媒体平台建设，将网络思维融入思想政治教育当中，结合青年的网络行为打造“互联网+”思政模式，提升了网络信息发布的覆盖面和影响力，从“立好办网之魂、强化能力建设、巩固壮大阵地”等三个方面开展工作，营造健康、清朗的网络文化氛围。持续激发工作人员动力，依据平台特点，除特殊情况外，要求每日更新固定个数的内容，结合“三全育人”的总体要求，发布党建信息、新闻通知、政策规定、线上活动、文章推荐等内容，及时上传学院各项工作最新动态，进行原创视频、原创音乐、原创文章的创作，争取与其他校级新媒体联动，提高影响力。有机融合党支部、团支部和学生群团组织，在平台上打造品牌学习活动，开设专题活动报道专栏，建立可发挥各类学生特长的栏目，以优质的内容供给和多样的展现形式将广大学生吸引和聚集到网络阵地周围，用青年学生喜闻乐见的网言网语，讲述学生关注的话题，倾听学生的心声诉求，以期能够获得青年学生的关注和认可，潜移默化地发挥协同育人效应。

（三）精准持续帮扶，形成云端凝聚力

目前来说，QQ、微信、微博、腾讯会议等已经成了大学生日常离不开的沟通渠道。在这种情况之下，高校思政工作者要想更好地开展网络思政工作，就必须正视新媒体的重要性，积极利用新媒体创新教育的手段和形式。在现在疫情防控的背景下，高校思政工作者可以整合新媒体的优势，借助线上交流平台开展线上谈心谈话，打通QQ、微信、微博、腾讯会议等新媒体沟通渠道，强化网络与现实的互动共享，形成网络交流和落实服务的长效联动机制，通过师生有效互动，拉近师生之间的距离，有针对性地为学生提供高效、便捷、贴心的线上服务，针对不同学生群体进行需求研判，积极开展“云平台”心理咨询、学业规划和就业指导等相应的帮扶工作。可利用新媒体加强对特殊群体的关怀关注，安排专职辅导员“一对一”线上定向帮扶，开展贫困家庭救助、心理咨询辅导和学业困难专项指导等长期追踪式服务。针对低年级学生，可邀请行业优秀代表、研究生导师开设“网络视频”宣讲会，介绍本学院优质师资与学科发展现状，提供最新考研动态和备考建议，鼓励更多优秀学子规划学业方向，提高学习动力。在疫情防控的背景下，可多次组织就业相关宣讲，组建就业开拓“网上服务圈”，实现高密度、

高质量就业信息推送；与多学院联合举办“空中双选会”，开展“手拉手”就业指导，实现全员多角度覆盖。通过一系列线上工作的开展，努力取得网络思政育人实效。

（四）厚植爱国情怀，筑牢思想引领力

在网络思政教育过程中，要坚持上好“四节大课”，即爱国主义大课，制度自信大课，社会担当大课和专业学习大课。利用特殊时间节点，学院领导班子、班导师、辅导员应该主动利用新媒体平台积极发声，为学生树立正确的思想观念，不断增强主动性、掌握主动权、打好主动仗，真正做到阵地不失守、导向不含糊、发声有分量。学院思政教育人员不仅要在自己的平台发声，还应该在更大的平台，如高校辅导员在线、高校辅导员联盟等平台上发声，提升网络教育素养，切实做好学生的思想引领工作，形成融洽的教育氛围。

同时，学院要注重线上教育与线下实践的无缝对接，网络育人与实践育人相辅相成、相互影响，实时推送学院优秀学子的先进事迹，将这些先进事迹作为思政教育的生动素材，让教育内容“接地气”“亲同学”，把思政教育转化为学生成长成才的力量，推动“思政课程”与“课程思政”的双向贯通。

三、结语

网络作为高校思想政治教育新的战场，其正在使得思想政治教育发生新的转变，作为思想政治教育工作者，我们应该主动占领阵地，加大思想政治教育供给侧结构性改革，将网络思政教育融入教学、管理、服务等各个环节，深入探索网络思政教育新的路径，用好网络这把双刃剑，真正服务于国家教育发展的大局，不断推进“三全”育人向深层次发展。

参考文献：

[1] 习近平．把思想政治工作贯穿教育教学全过程开创我国高等教育事业发展新局面 [N]. 人民日报，2016-12-09（1）.

[2] 陈祥．新媒体视角下创新大学生网络思政教育工作的路径探索．青年与社会，2020（8）：181-182.

[3] 潘伟．高校大学生网络思政教育对策研究．职业技术，2019，18（12）：77-80.

[4] 王慧．新媒体视角下高校辅导员网络思政工作中存在的问题及对策分析．智库时代，2020（10）：95-96.

[5] 黄青，官鹏飞，赵巧．融媒体背景下网络思政教育策略——以易班网络平台为例．西部素质教育，2020，6（9）：32-33.

[6] 李珍．牢牢掌握意识形态工作主动权——学习习近平总书记关于意识形态工作的重要论述．马克思主义研究，2017（9）：25-31.

疫情防控背景下网格化管理在高校的应用

廉笑音
天津工业大学艺术学院

由于疫情防控的复杂性、长期性，疫情防控在短时间内不可能完全结束，我们现阶段较长时期都会处在疫情防控常态化阶段。疫情面前，我们举全国之力共渡难关，现阶段疫情防控不断持续向好，各行各业不断复工复产。2020 年 8 月底，教育部要求各高校全面恢复正常教育教学秩序，学生们错峰返校，沉寂数月之久的校园重新充满活力，但同时由于疫情的原因，返校后的学生教育管理成为高校首要考虑的问题。

高校学生教育管理是一个多部门参与、各环节紧密联系的体系，各部门职能不同，但在整个体系中发挥着不可替代的作用，部门之间相互协调、信息共享，维护与共建和谐美丽的校园环境。部门之间如果出现信息错位和缺失，就会影响整体功能的发挥。将网格化管理引入学生教育管理，建立合理网格将各部门、各部分联系起来，明确职责，推进高校学生教育管理工作发展。疫情防控常态化背景下，高校利用网格化进行学生教育管理，有利于统筹推进疫情防控和教育教学工作的开展。

一、高校网格化管理的相关内容

1. 网格化管理的概念

“网格（grid）”一词最早源于 20 世纪 90 年代的电力系统，它是网格化管理的核心。之后，计算机行业运用了“网格”这一概念，发挥数字网络信息处理功能，充分实现数字资源共享，并将其发展为网格技术。网格化管理源于网格技术在管理领域的运作，它以满足对象需求和监督反馈为管理目标，建立即时反应机制，提供一体化服务。网格化管理最初应用于城市管理，将基层社区自治组织划分为网格，将数据、信息、知识等资源充分整合在一起，更加方便了解个体需求，并快速对需求做出精准的回应，是现代化国家治理理论和现代科技融合的一种创新模式。随着网格技术的不断成熟，网格化管理模式也在逐渐优化，为人们接受并广泛投入运用。高校利用网格化进行学生教育管理，能够有效地整合资源，将各个管理部门和学生按照一定的标准划分成若干个网格单元，利用现代信息技术在网格单元之间建立起协调机制，使各个网格能有效地进行信息交流，共享组织资源，以最终达到整合组织资源、提高效率的目的。

2. 高校网格化管理特点

高校网格化管理是一种全新的管理模式，是按照一定的标准和原则，依托互联网及信息技术等手段，以“网”为平台，以“格”为模块，整合并优化资源，形成高效便捷、科学规范的管理模式。在高校网格化管理中，网格越密集，网格上的“格点”就越多，辐射到的对象也越多，影响范围也就越大。为保证高校网格化管理的精准覆盖，高校应以职能部门、寝室为单位进行网格划分，以点带面进行管理。例如在寝室网格化管理过程中，以每个寝室为一个网格单元，寝室长为该单元的负责人；几个寝室构成一个三级网格小组，由学生党员、班干部作为三级负责人；几个三级网格组成一个二级网格小组，由辅导员或班导师担任二级负责人；最后，由学院领导担任一级负责人，统筹管理二级负责人，听从学校的同一指挥和管理。职能部门的网格化管理也按照这种方式进行划分，责任到人，提高了信息共享与工作效率。

高校网格化管理打破了“横向”编班的局限，在“横向”的基础上增加了“纵向”管理，形成了横纵结合的全方位管理模式，大大缩短了反馈时间，提高了管理的时效性。高校依据网格化管理，能够充分发挥大学生的主体作用，形成全员参与管理的“齐抓共管”管理模式，构建动态、高效的全方位、立体化的管理格局。

二、高校网格化管理的现状审视

1. 规模扩大，成效显著

高校管理者为了能够更好地把学校办出特色、提高质量，持续做好学生教育管理工作，不断从管理理念和行为方式上着手探索各种方法。现阶段，高校以学院作为办学实体，学校与学院之间责任、权利和义务不够清晰，学校对学院更多的是行政管理，学院的作用没有真正地发挥出来，而学校发展又依赖于学院，高校的发展动力不足。网格化管理方法应用于高校教育管理，在一定程度上规避了现有管理方式和内容糅杂的弊端。网格化管理模式中，高校各个部门成为信息相互共享、职能明确并且相对独立的个体，能够及时准确地处理学生教育管理过程中遇到的各种问题。随着网格化管理的探索与应用，将网格化管理引入学生教育管理中的高校不断增多，提高了高校学生教育管理的综合治理能力。

2. 模式碰撞，实现以人为本的管理理念

现阶段，大学生诉求多元化发展，高校现有的许多管理环节都脱离了现代时代发展的趋势，在学生发展、心理健康教育等方面凸显出许多问题。高校传统的管理模式已经不适应当代大学生的发展，甚至阻碍了大学生自身的发展和能力的提升。教育管理网格化的引入，将高校发展遇到的问题责任化、清晰化，冲击了传统的单一的管理模式。责任人通过自身掌握的资源与信息，自主并且有针对性地处理模块化的问题，提高了具体工作过程中的服务质量，从而提高了整体教育管理的服务水平，提高了工作过程的科学性、规范性和合理性。网格化管理能够依据大学生实际发展中的问题，充分发挥管理人员的创造力构建与高校人本化管理相匹配的管理模式，完成对大学生的教育和人才的培养。

三、高校网格化管理存在的问题

网格化管理是大数据时代下高校管理体系现代化发展的形势所需。然而，当前高校网格化管理仍存在不平衡、不充分的现象，部分高校的管理还停留在被动服务的层面上，主观能动性发挥不足。主要问题表现在以下几个方面。

1. 高校网格化管理机制有待完善

高校网格化管理虽然以信息技术为基础，但不等同于信息化管理。高校在网格化管理方面

缺少机制设计，尽管有些高校有相关机制，但在实际的运行中仍然以传统的学生管理方式为主，并未发挥网格化管理的实效。部分高校在开展网格化管理时没有站在学生思想政治教育的高度上进行统筹和规划，主要对大学生的行为进行管理和约束，而忽视了对学生的思想教育和管理。在高校网格化管理中需要融入思想政治教育，针对大学生思想意识动态和实际行为不断创新管理方式，坚持"以人为本"的原则，尊重大学生的主体性，根据大学生的思想动态变化不断调整管理方法。另外，一些高校的职能部门存在"各自为政"的情况，在数据共享与协同管理机制上存在漏洞，降低了高校网格化管理的效率。

2. 高校网格化管理数据应用有待深化

在高校网格化管理过中会产生大量数据，这些数据中包含了很多不实、重复的数据，很多高校处理数据过于简化，对数据的分析缺少关联性和全面性，数据结果难以精准反映学生情况，以至于网格化管理的数据结果在实际的学生管理和教育中发挥的作用有限。此外，高校受资金制约，没有足够的财力进行信息化平台的建设和维护，加上信息化技术更新较快，很多信息处理平台仅仅在建设初期能发挥作用，由于后期投入不足，运营几年后几乎处于停用状态，在资源上也造成了巨大的浪费。

3. 高校网格化管理效能有待提升

高校网格化管理的目的是为大学生提供更好的服务，满足大学生成长成才需要，为大学生全面健康发展提供保障。因此，高校网格化管理不应仅停留在学生的信息统计和数据处理的基本层面，而是要紧密贴合大学生的成长与发展，从学业表现、心理状况、奖惩资助、就业创业等方面进行全方位的动态分析，针对每一名学生形成个性化数据，为开展有针对性的大学生思想政治教育提供数据支持。

四、高校网格化管理的创新实践

1. 构建网格化协同管理机制

高校是一个人员密集的场所，是高校学生学习生活的重要场所。高校突发事件管理是一项系统工程，包括教学活动管理、师生财产安全管理、后勤保障管理、突发事件应急管理、校园安全管理等。高校学生管理涉及学工、教务、后勤、党建等诸多部门，虽然每个部门分工不同，但其职责贯穿学生发展全过程，从整体来看这些职能部门是一个有机的整体。高校要构建完善的网格化协同管理机制，形成系统化的管理体系，树立"协同共享"的理念，打破信息壁垒，保证学生管理网格联络畅通、信息互通。高校要坚持 "重心下移、扁平化管理的原则"，结合大数据技术将信息进行有效整合，推动数据共享，切实发挥网格化管理的作用。在网格化管理过程中，各级网格员要切实发挥主体作用，做好学生管理信息的分类、传达、追踪、反馈和共享等工作，提升高校网格化管理的准确度和有效性。

2. 提升应急能力，构建激励机制

学生在面对突发事件造成的冲击和危害时，容易出现紧张、惶恐、焦虑甚至精神崩溃等问题。提升高校管理者和学生的应急管理能力，可以更好地应对网格化管理中出现的各种问题。培养管理者居安思危的意识，组织各级网格负责人集中培训，提高负责人应急处理突发事件的能力，将突发事件的危害降到最低。建立逐层反馈的应急机制，能保证网格员遇事不慌，帮助他们真正地去面对并有序地解决各种事件。

相关统计数据表明，大学生 60% 以上的在校时间都在宿舍中度过。可以以宿舍为单位构建网格进行学生事务管理。网格员由学生组成，能够解决学工队伍人员不足的问题。网格化管理要求学生有很高的参与积极性，然而在具体操作过程中很难维持队伍持久的积极性。网格化管理最重要的一点就是透明化。学生实际参与中可能存在因为熟悉而掩盖问题的现象。高校寝室管理采用网格化，需要进一步健全激励机制，提高参与学生的主动性和积极性，还可以制定每月一次例会制度，听取网格员的工作汇报，帮助他们克服工作开展中遇到的困难，同时为网格员鼓劲打气，消除学生网格员的顾虑。

3. 强化主体意识，畅通反馈渠道

教育功能是高校最基础的功能，能帮助学生树立正确的世界观、人生观、价值观，巩固学生认识，提升学生个人能力。网格化管理中，网格员要发挥高校教育功能，高校管理部门积极组织开展各种安全教育，提高学生的理性认识，帮助学生树立安全意识。改变高校管理模式，帮助学生提高主体意识。高校面对学生不断增强的主体意识，不能打压和遏制，而是要为学生提供各种条件，帮助学生更好地进行自我管理，学生自我管理是高校进行学生教育管理最好的选择。开通部门联系渠道，鼓励学生反馈各种问题。编制宿舍行为准则，明确学生自我检查、自我纠错的内容；创新宿舍管理方法，提高学生的自律能力，逐步培养学生的自我管理。

五、结语

高校学生教育管理中推行网格化管理，不仅能够畅通各部门之间的联系，还能够更好地贯彻“以人为本”的教育理念，充分发挥各部门职能和学生的自主性，提高学生自我解决事情的能力。随着网格化管理的深入应用，如何更好地整合资源，提高网格化管理应用效果，做好育人工作，是学生管理工作者需要进一步探索和思考的问题。

参考文献：

[1] 王景 . 高校共青团工作网格化管理探析 [J]. 前沿，2013（03）：19-21.

[2] 傅江浩 . 研究生思想政治教育网格化管理模式研究 [J]. 学校党建与思想教育，2014（12）：47-48.

[3] 黄毅 . 浅析疫情下网格化管理在高校中的应用 [J]. 财富时代，2020（5）：222.

[4] 姜忠 . 论校园危机预防中存在的问题及对策 [J]. 中共济南市委党校学报，2010（2）：100-102.

[5] 贾伟 . 高校学生应对突发事件的现状、问题与对策研究［D］. 西安：西北大学，2016.

[6] 邵桦林 . 大学生寝室文化建设的意义及路径探析 [J]. 淮海工学院学报（社会科学版），2012（13）：122-124.

大学生日常事务管理中学生骨干队伍的作用浅析

刘京京　王威
天津工业大学

“00后”逐渐成为大学生的主要群体，大学生日常事务管理工作有新的希望、新的机遇，也有新的困难、新的挑战。当代大学生接触到的新奇事物远比以往的大学生要多得多，他们思维比较活跃，愿意获得多种体验，又非常注重个性化发展，他们接受能力强，社交能力强，社交圈较广，并且较为依赖电子产品。对待如此个性化发展的现状，党员带班、学生会以及学生班主任这三支学生骨干队伍在日常事务管理中发挥的作用越来越重要，因为学生骨干是辅导员、班导师开展工作的助手，是执行各项政策的抓手，更是学生中间的帮手。新时代背景下，应积极分析探索学生骨干队伍在日常事务管理工作的不同作用，提高大学生日常事务管理的科学性、精准性、有效性，全方位助力大学生成长成才。

一、大学生日常事务管理的现状及特点

1. 工作量大，精准不足

大学生日常事务管理涵盖了入学教育、助学管理、评奖评优、纪律处分、宿舍文化建设、创新创业、毕业生教育等多个方面，各项事务性工作烦琐，涉及学生人数众多，学生需求存在差异性，工作量较大。当前的工作只注重解决学生日常事务共性问题，不能分门别类有针对性地解决学生差异化需求，精准度不足。

2. 服务过度，引导不足

当前的大学生群体适应能力、宿舍生活能力、动手能力较弱，于是“有困难找辅导员”成了学生解决各种“疑难杂症”的专治秘方。学生在学习生活中遇到困难就会首先求助于辅导员，而辅导员就需要花大量时间、精力帮助他们解决问题，于是容易陷入“服务过度，引导不足”的怪圈。一方面，辅导员事无巨细地为同学提供无微不至的帮助和服务，甚至超出了他们自身应该承担的职责；另一方面，辅导员由于忙于各类事务性工作而忽略了对同学自我管理、自我监督、自我服务的引导。

3. 浮于表面，育人不足

当前大学生日常事务管理工作任务繁重、工作范围不够清晰，“上面千条线，下面一根针”使辅导员奔波于大量事务性工作。辅导员自身时间、精力有限，因而对于很多学生事务管理工作只能止于表面上帮助解决当前困难，往往无暇顾及深层次存在的问题，也不知道如何更加深

入地开展工作，不能充分发挥辅导员的自身优势，管理育人成效略显不足。

4. 形式单一，创新不足

当前大学生日常事务管理形式较为单一，以布置分配工作为主，容易忽略大学生的主体作用，将大学生放在被动接受的位置，不能够有效的互动，甚至有些经验不足的辅导员不能将教育与管理有效融合和合理调控，只是单纯说教和帮助，没有重视大学生日常事务管理方式的多样化，创新性存在不足，阻碍了大学生日常事务管理进一步的发展。

二、学生骨干队伍的角色定位

党员带班、分团委学生会以及学生班主任作为老师的助手、执行的抓手、同学的帮手，在大学生日常事务管理中扮演着越来越重要的角色。

1. 老师的助手

学生骨干队伍有着学生和老师的双重身份，扮演着学长和师长的双重角色。正因为身份的特殊性，学生骨干在进行教育管理的过程中，因年龄相近、情感相投、朝夕相处等因素，更能与学生有效地进行沟通，及时、深入地了解学生的动态信息，为日后协助辅导员做好奖、助、贷、勤等工作打下良好基础。辅导员老师通过听取学生骨干定期的工作汇报，也能够及时了解学生的情况，有效解决老师与全体学生的脱节现象。

2. 执行的抓手

辅导员工作与学生各方面息息相关，其文件政策的宣传和具体事务的落实全都需要学生骨干队伍积极参与，带领一支有活力、有能力、有水平、有担当的学生骨干团队，充分发挥其积极性、主动性、创造性，成为政策执行过程中最为重要的抓手，工作中也能达到事半功倍的效果。另外，辅导员可定期举办学生骨干座谈会，反馈执行中出现的问题，及时进行总结，发现问题，修改方案，以便提高日后的执行力。

3. 学生的帮手

学生骨干队伍是全体学生中的“关键少数”，是德才兼备、能力突出、愿干事、能干事的优秀学生，可以起到先锋模范作用。他们也是学生开展自我管理、自我教育、自我服务的引领者，更是学生日常事务的重要帮手和榜样引领。辅导员可定期与学生开展交流，询问学生骨干在事务管理发挥学生帮手的成果成效,对于学生的迫切需求分门别类有针对性地进行帮助解决。

三、学生骨干队伍的作用浅析

大学生日常事务管理要紧紧围绕“立德树人”的中心，把服务学生成长成才作为工作的根本，有针对性地解决学生差异化需求，有效创新学生骨干队伍工作方式方法，做好大学生日常事务管理。

1. 党员带班——思想引领的标杆旗帜

党员带班是在自愿申请下优中选优的学生党员，他们可深入宿舍、班级、年级，协助辅导员、班导师开展日常管理工作。党员带班工作要突出一个“带”字，要坚持思想引导，提高学生思想政治素养，配合辅导员做好入学教育和毕业教育。利用入学教育契机，党员带班应积极组织新生参加“入党初心”大讲堂，通过五四青年节等节日节点，做好征文活动，及时了解学生思想动态，做到有偏差及早发现、及时汇报、尽快干预、有效解决。做好五四红旗团支部、五四团干部标兵的榜样引领宣传工作，通过标兵讲团课、优秀支部展示提高大学生思想政治觉悟，为日后学生党建工作埋下红色的种子。广泛开展各类红色主题活动，适时加以引导并开展时事教育，使学生心系国家发展，牢记并践行青年学生使命。

指导党员带班持续开展调研活动，通过主题沙龙、座谈交流、问卷调研等多种方式，面向全体大学生问需，整理学生提出的切实困难和问题，形成大调研记录，分门别类列出问题清单和学生需求清单，对查摆的问题和诉求、意见建议进行深刻反思，深挖问题根源，提出有效解决问题的方法措施，党员带班要做到工作有台账、有进度、有安排、有落实，配合辅导员及时回应学生的所需所想，真正为学生解决问题，让学生收获实实在在、看得见摸得着的获得感。

2. 学生班主任——日常事务的百科全书

学生班主任在配合辅导员、班导师进行日常事务管理的过程中，因年龄相近、情感相投、朝夕相处等有利因素，更能有效地与学生进行沟通，深入了解学生的动态信息，为协助辅导员做好奖、助、贷、勤等资助工作以及纪律处分工作打下良好基础[6]。资助工作涉及更多家庭经济困难学生，学生班主任要配合辅导员做到以下三点。第一要标准清晰，公平公正，精准认定家庭经济困难学生；第二，要时时关注，发放精准，有效帮助家庭经济困难学生；第三，要资助育人，德才并重，助力家庭经济困难学生发展成才，有效解决家庭贫困代际相传的问题，为国家脱贫攻坚战贡献力量。

另外，利用学生班主任充分接触学生的优势，积极组织宿舍文化节活动，抓好宿舍内务卫生评比工作，建设宜居宜学宿舍环境；完善落实宿舍规章制度，强化学生遵守纪律意识；培育和谐宿舍人际关系，营造团结互助友爱氛围；精心组织宿舍文体活动，有效提升宿舍文化品位。

3. 学生会——实践创新的榜样引领

学生会是学院组织领导下的先进学生团体，他们有活力、有朝气、有想法，辅导员应充分利用学生的组织、协调、领导能力，开展卫生科技文化三下乡社会实践活动。第一，探索开展返家乡实践活动，以企业实习、公益服务、社区报到、兼职锻炼等主要方式，引导大学生了解国情民情，服务家乡的经济社会发展；第二、开展志愿服务进社区活动，以社区为基础，开展帮扶助困、自护教育、科普宣传、心理疏导等志愿服务，发挥学生志愿服务在社区治理的有效探索和积极作用；第三、追寻红色记忆，因地制宜进行与“四史”“纪念世界反法西斯战争胜利 75 周年”“中国抗日战争胜利 75 周年”等主题有关的红色场馆、红色历史遗迹及相关纪念场馆的寻访，加强实践指导，创新实践形式，深入宣传报道，营造良好氛围，有效引导学生深受教育、长才干、作贡献。

指导学生会积极组织参加“挑战杯”等各类创新创业赛事，营造良好的双创竞赛氛围，培养学生的创新意识和创业能力。通过组织参加各类创新创业讲座、展示路演、竞赛培训、参观交流等活动，有效帮助创业学生提升水平。组织参加校内外创业导师关于辅导主题、辅导内容等各环节的线上、线下辅导学习，向有创业意向的大学生提供针对性的创业辅导，促进学生创新创业和实践能力提升。

参考文献：

[1] 刘大为 . 高校学生干部的选拔、培养与使用 [J]. 辽宁医学院学报（社会科学版），2007（3）：76-78.
[2] 赵荣华 . 大学生思想政治教育与日常事务管理工作思考 [J]. 文化创新比较研究，2018（30）：11-12.
[3] 王蕊，何美 . 高校思想政治教育三支队伍整合的内在逻辑 [J]. 高校辅导员，2019（1）：38-41.

新形势下高校班团一体化建设探析

牛自委
天津工业大学

一、班团一体化建设的内涵

近年来，随着共青团改革不断深入和从严治团工作的不断推进，“班团一体化”建设在高校工作中越来越受重视。“班团一体化”理念的提出是对传统班集体组织结构模式的创新和完善，重在发挥团支委和班委的协同作用，加强班级和团支部的组织建设，突出团支部在班团组织中的核心地位，以团支部建设带动班级建设，以班级建设推动团支部建设，促进班团组织规范管理、灵活联动、深度融合，进而有效提升班团组织的战斗力、凝聚力和创新力。班团一体化核心目标位政治突出、协同合作、减负增效、统筹发展、联动创新，其中突出团支部在班团一体化建设中的核心地位为首要任务，而协同合作则是实现坚定学生政治站位，提升学生思想觉悟，帮助学生树立正确的价值观，引领学生积极向党组织靠拢。

二、高校班团一体化建设现状

1. 班团学生干部职责分工不明确

虽然班级和团支部管理和服务对象相同，辅导员负有管理班团事务的责任，但在实际工作中，部分高校出现辅导员和班主任直接联动班长进行班级管理，缺乏对其他班委的指导，团支书则直接脱离辅导员归各学院团委书记领导，这导致一系列问题的出现：①辅导员和班主任对班级和团支部其他学生干部不了解，各班委及团支委对自己职责及分工不清，班长由总揽班级事务变成所有事情均亲力亲为，团支书则总理团支部事务，其他班委和团支委对于班团建设和管理参与感不强，导致班长和团支书工作较为繁忙，其他学生干部过于空闲，班团管理质量有所降低。②从身份角度定位而言，各班干部应权责清晰，各司其职，但实际工作中因团干部和班委职责界限不清楚，管理定位缺失，注重班级管理而轻团支部建设，导致学生认为班长大于团支书,班委高于团支委,团支部的组织概念受到削弱,以至于团支部的核心功能无法充分发挥。

2. 学生集体荣誉感不强

首先，近年来因价值观多元化发展，学生更注重个人的发展，关心个人利益的得失，关注自我意愿是否可以得到满足，而对团支部、班集体的归属感和认同感不强，缺乏集体观念和集体荣誉感，使班团组织处于向心力弱、凝聚力差的状态。学生对班团组织开展的活动积极性不高，主动性不强，一副“事不关己高高挂起”的样子。此类现象的出现也会在一定程度上产生模范效应，使情况急剧变坏。其次，随着高校大类招生工作的不断推进，学生进入校园之后在一个班团集体汇总经过一至两年的基础知识学习和生活，对现有班团集体与同学、老师建立了同学友谊和师生情谊，产生了一定的归属感和依赖感。但之后会打乱之前的集体划分，根据学生所学专业进行班团组织重新梳理，导致新集体中学生因互相不了解，又因为自身已经建立交友范围或“生活朋友圈”，使其对现有集体的融入欲望较低，使班团组织缺乏凝聚力，集体意识淡薄，集体荣誉感降低。

3. 工作体系缺乏规范性

高校班级文娱活动和团支部团日活动是班团一体化建设的主要依托和重要体现方式。但在实际工作中存在班级文化氛围不强，团日活动注重形式而轻质量，脱离学生实际需求等情况。与此同时，在活动开展方面，班级集体活动内容多以游戏、聚餐等形式开展，注重娱乐性，缺乏政治思想引导，而团日活动内容则多以讲座、集体学习等形式为主，缺乏趣味性和创新性，仍将传统模式定位为活动开展的重要形式，紧密结合当代大学生兴趣爱好，导致吸引力较低。另外，班团组织在工作开展过程中未进行统一规划和整体统筹，缺乏衔接，各自为战，使班团工作体系中存在较多漏洞，进而削弱了班团一体化最大效用的发挥。

三、高校班团一体化建设建议

1. 明确班团学生干部职责分工

团支部和班级分别是学生政治思想教育和日常事务管理的主要阵地，二者相辅相成，缺一不可。在班团组织管理过程中，辅导员和班导师应充分了解团支委和班委情况，发挥每一位学生干部的作用，制定详细的职责分工，使学生干部各司其职，协同合作，提升学生干部身份认同感和工作参与感，提升班团管理工作质量。在学生日常教育管理中，应提升学生对思想政治工作的重视程度，提高学生对团支委的职位认可感，形成思想政治教育高于日常事务管理的氛围，实现以团支委为核心，以班委为重要辅助的班团组织管理制度。

2. 提升学生集体荣誉感

首先，高校在开学之初应充分发挥入学第一课的作用，开展思想政治教育和集体意识教育，帮助学生树立大局意识和集体观念，清晰地认识到个人和集体之间的关系，促进学生尽快以“家庭成员”的思想和“主人翁”的站位融入班团组织。其次，在进行专业划分、班团组织重组之后，应尽快选出团支委和班委等学生干部人选，保证班团组织的正常管理和运营。与此同时，辅导员应及时与学生原辅导员、班主任及学生干部进行谈话，梳理重点学生情况，并结合数据库对每一位学生进行深入了解，通过重点关注和全面了解两种方式帮助学生平稳过渡。针对处于“游离状态”的学生进行长效追踪和引导，让其认识到集体的重要性，进而提升学生对新集体的归属感，激发学生的集体意识和集体观念，强化学生集体荣誉感，增强班团组织的凝聚力。

3. 规范班团一体化工作机制

班团一体化工作机制的构建是以工作协同为出发点，以“团支部开展政治思想教育和学生服务、班委落实学生日常管理和监督”为工作理念，在明确团支部和班级工作范围的同时，提升班干部工作能力，注重工作的统筹协调和班干部的紧密配合，减轻学生负担，节约活动经费、避免资源浪费，提升工作质量。班团组织在活动开展方面，内容和形式应“与时俱进”，做到因时而进、不断创新，使娱乐中有政治，教育中有生活，保证活动形式的轻松欢快，活动内容的高质适量，最大限度地将学生兴趣和目光吸引到集体活动中来。此外，要加强顶层设计，杜绝片面的结果考核。学院班团组织建设应联动学院、校团委、辅导员、班主任等部门和人员，做好顶层设计和过程指导，用规划提升工作质量，用实践完善工作思路，避免出现唯结果论的考核情况，否则会降低学生的自发性。

四、结束语

班团一体化建设作为共青团中央实施共青团工作改革的重要举措是激活高校共青团组织“神经末梢”的重要方式，是打通组织与学生之间“最后一公里”的重要切入点，是影响党组织储备人才质量的重大工程，更是我国全面深化改革工作不断推进在高校的真实反映。班团一体化建设以强化团支部在班团组织中的核心地位为方向，以帮助学生、服务学生为抓手，以推动团组织融入高校思想政治教育工作为目标，通过理顺班团组织关系，制定协同运作机制，形成多方合力，把团支部和班级建设得更加充满活力、散发魅力和蕴含战力，最终实现高校学生管理和思政工作质量的全面提升。

参考文献：

[1] 马志发，吴宏辉，韩舜琦．新形势下高校班团一体化协同工作机制建设研究 [J]. 产业与科技论坛，2019（23）：254-255.

[2] 裴孟．自媒体背景下高校班团一体化机制建设研究 [J]. 智库时代，2019（49）：113-114.

[3] 尹彦，高晓莉，刘荣．新媒体背景下高校班团一体化建设路径探究 [J]. 应用研究，2019（13）：59-60.

[4] 任少伟，群团改革背景下高校“班团一体化”运行 [J]. 当代青年研究 2019（3）：103-107.

[5] 侯玮薇，基层团组织建设探析——强化班团一体化管理模式 [J]. 理论研究，2019（12）：230.

我国大学生劳动教育研究进展及趋势
——基于CNKI 的Citespace 可视化分析

王慧
天津工业大学

随着习近平总书记对劳动教育极端重要性的多次论述及2020年两份劳动教育专门文件的出台，劳动教育被赋予新的时代意义和重大使命。高校作为教育系统的最高层级和最后阶段，是劳动教育最后一块责任田，而大学生群体既是所有教育层级劳动教育效果的缩影和集中体现者，亦是可通过高校行之有效的劳动教育重塑的对象，更是未来走上社会从事劳动的主力军。借助Citespace可视化分析软件并结合对关键文献的深度阅读，对当前大学生劳动教育研究现状进行综述，勾勒出当前大学生劳动教育研究的宏观轮廓，奠定了新时代大学生劳动教育研究的起点。

一、研究文献可视化分析

以“大学生劳动教育”为篇名在中国知网（CNKI）检索，检索时间为2020年8月8日，检索结果为165条，遴选学术期刊论文151篇，其中核心期刊论文15篇，硕士论文13篇。

（一）年度发表趋势

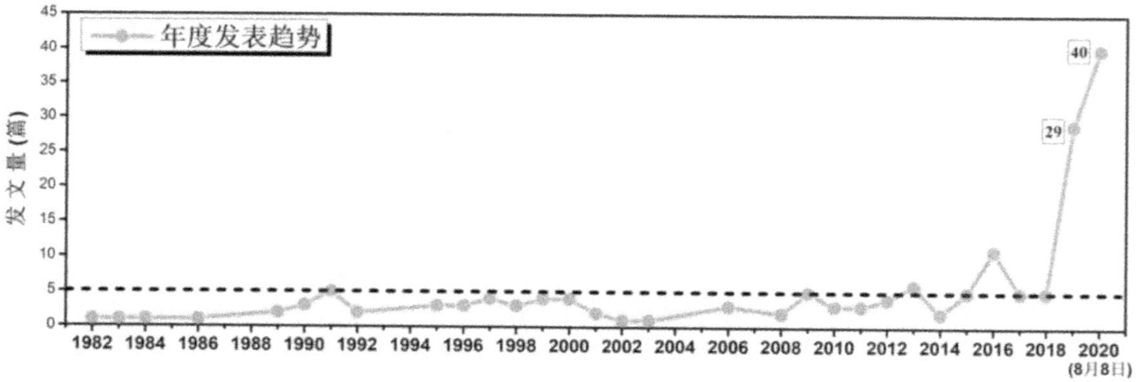

图1 1982-2020年以大学生劳动教育为篇名的研究文献年度发表趋势

如图1所示，研究整体时间跨度为1982—2020年，以2017年中国特色社会主义进入新时代为划分标准，2017年之前劳动教育研究处于边缘化状态，只有2016年发文量为11篇，其余年份均在5篇及以下；2017—2018年发文量均为5篇，自2019年开始呈现大幅度增长态势，

2019 年整年发文量为 29 篇，2020 年继续保持高增长趋势，至 2020 年 8 月 8 日的发文量为 40 篇。

2019 年成为劳动教育研究的“转折之年”，这与 2018 年 9 月全国教育大会习近平总书记对劳动教育的重要论述及 2020 年《关于全面加强新时代大中小学劳动教育的意见》《大中小学劳动教育指导纲要（试行）》两份文件出台密不可分，不难看出关于劳动教育的研究具有明显外生性特点，基于劳动教育本身现实问题及学术层面的自发性研究不足；且虽然劳动教育研究有所增加，但较之德智体美“四育”的研究仍差距悬殊，同时由于前期基础性研究积累缺失，使得劳动教育研究面临既要追根溯源，又要与新时代发展同频共振的双重挑战。

（二）关键词共现图谱

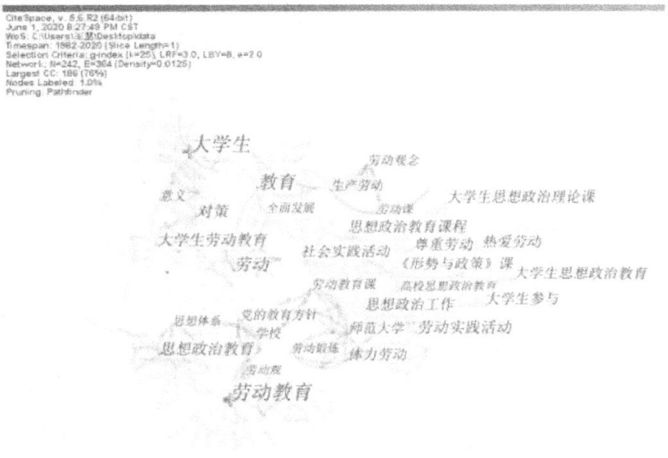

图 2　关键词共现图谱

表 1　关键词频次及中心性汇总表（频次 >4）

Count	Centrality	Year	Keywords
80	0.51	1982	劳动教育
68	0.38	1992	大学生
25	0.13	1982	思想政治教育
14	0.18	2017	新时代
14	0.29	1983	劳动
11	0.39	1996	教育
7	0.03	1984	教育与生产劳动相结合
7	0.13	1986	体力劳动
6	0.14	1995	大学生劳动教育
6	0.15	2006	对策
6	0.03	1992	途径
6	0.13	1982	学校
5	0.05	1986	劳动观念
5	0.09	1995	高校
5	0.04	1984	思想体系
4	0.05	1982	党的教育方针
4	0.00	1990	社会主义
4	0.05	1997	劳动教育课
4	0.04	2003	高等教育
4	0.00	2012	劳动观教育

关键词共现是以不同研究文献中的同一个关键词为联系纽带，颜色越深、字体越大代表该关键词在不同研究文献中出现的次数越多越重要。表 1 中 Count（频次）代表关键词出现的次数，Centrality（中心性）越高则表示该关键词越重要，Year（年份）是指该关键词在已有研究文献中首次出现的时间，关键词共现图谱反映了研究主要方向和重点领域。

图 2 中除大学生劳动教育研究主题之外，较为明显的关键词有“思想政治教育”“劳动实践活动”，结合表 1，劳动教育在研究中首次出现是 1982 年，“思想政治教育”与“劳动教育”出现在同一年，“大学生”首次出现为 1992 年，将二者合二为一是在 1995 年，“新时代”首次出现是在 2017 年。从表 1 中不难看出，关于大学生劳动教育的高频关键词在 2010 以后出现的只有“劳动观教育”和“新时代”。研究者在一段研究周期内对大学生劳动教育有所忽视，劳动教育研究处于“无人问津”状态，且研究内容存在与时代要求、学生发展相脱节的现象，具有一定的滞后性。

（三）作者合作网络图谱

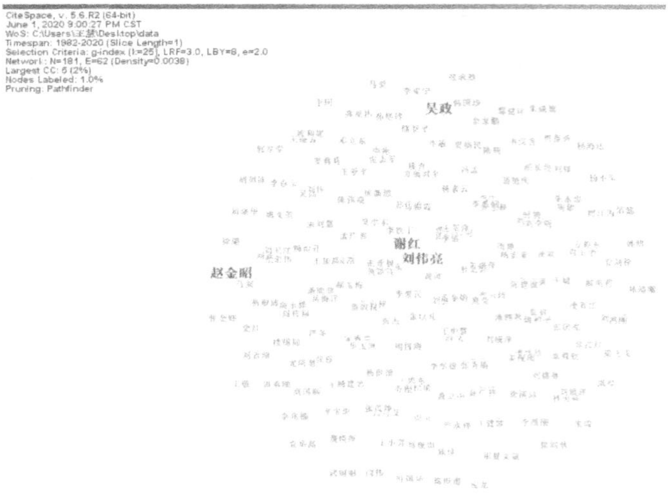

图 3 作者合作网络图谱

表 2 作者出现频次及中心性示例表

Count	Centrality	Year	Authors
2	0	2019	吴政
2	0	1991	赵金昭
2	0	2020	刘伟亮
2	0	2020	谢红
1	0	2015	韦汉吉
1	0	2020	李依
1	0	2001	朱永忠
1	0	2020	张秀娟
1	0	2006	张开祝
1	0	2016	徐璐
1	0	2020	孟广普
1	0	1989	严永福
1	0	1996	华玉凤
1	0	2018	马彩霞
1	0	2019	岳海洋
1	0	2019	朱盛萍
1	0	2008	滕青
1	0	2016	李悉娴
1	0	1991	朱成德
1	0	2018	熊和妮

作者合作网络是以不同研究文献中同一作者为纽带，以此来揭示不同作者之间的研究关联度及合作程度。如图 3 所示，只有吴政、赵金昭、刘伟亮和谢红 4 位作者发表 2 篇学术论文，且除赵金昭之外的 3 位作者首次发文年份是在 2019 年及 2020 年，1-2 年的时间发表 2 篇论文，而其余研究者在 1982-2020 年近 40 年研究周期内均只发表 1 篇论文，可见研究者尚未将其作为专门研究领域，研究持续性较差，深入性、系统性不足，且较多为孤军作战，尚未形成强有力的研究团队。

二、研究内容综述

在文献可视化分析的基础上，通过对已有研究文献的宏观把控和核心文献的研读，从本体要素和外在因素两大维度对已有研究进行划分和归纳。

（一）劳动教育本体的价值、内涵、问题及路径研究

对于以上四个维度的研究有些作者择其一，有些作者从整体着手，已有研究主要集中在理论层面的研究，实证研究较少；而理论研究侧重于对政策的解读、工作经验之谈、外在意义阐述与具体实践开展，一来忽视了对劳动、劳动形态及内容本身的深入挖掘，二来过多关注具体实践，缺乏对劳动教育体系的宏观把握。

1. 关于劳动教育价值的研究

对大学生劳动教育价值的研究围绕三个主体，一是高校，涉及大学生思想政治教育，最终落脚点在立德树人；二是社会，涵盖德智体美劳“五育”并举，经济社会发展乃至民族复兴的中国梦；三是人的生存发展之需，其中徐海娇专门研究新中国成立 70 年劳动教育价值取向的发展脉络，从宏观层面概括其价值重心经历体能、生产、工具、技术到素养的变迁，从最初的物质和技术层面的功利性追求回归人的本身，关注“完整的人”的精神世界和情感需求。从微

观层面的“人”到宏观层面的“国”，研究者尝试多角度全方位深挖劳动教育价值取向，为劳动教育其他研究提供更多种可能性。

2. 关于劳动教育内涵的研究

目前，对劳动教育内涵的研究尚未达成共识。已有研究一是关注劳动教育在德智体美劳“五育”中的地位界定，二是立足新时代探究其显著特点。刘伟亮等将新时代大学生劳动教育内涵概括为四个方面，即目标上要求更高，概括为弘扬一种精神、端正两种态度、外化三种行为、内化四种观念；内容更加丰富，在内涵和外延上均有所扩展；教育对象特点更加鲜明及教育方式上更加多元化。

3. 关于劳动教育现存问题的研究

对劳动教育现存问题的研究聚焦于不同主体。从高校来说，研究者普遍认为高校对劳动教育的思想认同度与实践支撑度存在一定偏差，劳动教育处于边缘化和逐渐弱化的现状；从家庭来说，家庭原生态劳动教育缺失、不同家庭劳动教育的差异性使得大学生对劳动教育的认同力和执行力存在很大差异；从大学生群体来说，存在“佛系”思想以及价值取向功利化、态度消极化、能力削弱化及意志曲线化等状况，也有研究者从知、情、意、行四个维度论述当前劳动教育价值弱化、机制虚化及内容窄化。

4. 关于劳动教育实施路径的研究

对劳动教育实施路径的研究大体分为横纵向两个维度。横向上研究者关注社会、高校及家长不同主体，不同主体各司其职、互通有无，构建劳动教育协同机制。纵向上研究者构建大学生劳动教育的完整体系。部分研究者借助于理论模型，例如：郭军学依托“AGIL”模型的适应、目标、整合和潜在模式的四大功能，匹配大学生劳动教育的思想、计划、形式和氛围来提升大学生劳动教育质量；刘伟亮等研究者则从劳动教育开展的实际出发，主张从课程 + 实践两个层面打造劳动教育共同体；孟国忠依照劳动教育“认知——价值——行为——品质”的内在逻辑，提出从价值引领、实践体验、回归生活和劳动氛围方面改进。

（二）外在的劳动教育思想与劳动教育的融入研究

随着劳动教育，研究者将研究目光投向先前的一些劳动教育思想，取其精华、去其糟粕，从中探究其对当下劳动教育开展的借鉴意义。冯孟研究墨子身体观，“身体力行”思想明确身体劳动的价值，指出身体劳动是劳动的主要形式，主张构建身体劳动的课程体系，并将劳形作为评判标准；刘丽萍关注我国在长期农业劳动中形成的“中华农耕文化”，认为它是“奋斗、和谐和创新精神”三种精神的集中体现，主张将中华农耕文化融入大学生劳动教育；张茂坤研究劳动教育生活化，强调创新富有生活情趣的“前植式劳动”“即时式劳动”“后延式劳动”的实践载体，增加大学生劳动教育的获得感和幸福感；也有研究者对陶行知、颜元的劳动教育思想进行挖掘，对原有劳动思想的探究在一定程度上拓宽了当下劳动教育研究的思路，但也有一定局限性，难以与时代特点、学生本体需求有机结合。

习近平总书记对劳动教育的多次重要论述，更新了劳动的教育观、价值观、实践观和发展观等内容，在此基础上形成了新时代劳动教育的指导思想和实干方向，为后续研究提供了新思路，提供了一个贴合时代发展、贴近学生本体需求的逻辑起点。

2020 年出台的两份劳动教育文件成为指导新时代劳动教育的纲领性文件。《关于全面加强新时代大中小学劳动教育的意见》（以下简称为《意见》）分为五部分：第一部分为新时代对劳动教育的新要求，包括重大意义、指导思想及基本原则；第二部分为全面构建劳动教育体系，分为基本内涵、总体目标、相关课程、教育内容及评价制度五个分支；第三部分为广泛开展劳动教育实践活动；第四部分为提升劳动教育支撑保障能力，涉及实践场所、人才队伍、经费投入、安全保障四个方面；第五部分为加强组织实施，此五部分共同搭建起劳动教育的理论框架[9]。而《大中小学劳动教育指导纲要（试行）》（以下简称为《指导纲要》）是对上述意见相关要求的进一步细化，重点针对劳动教育是什么、教什么、怎么教问题，更为具体化和细节化。

习近平新时代中国特色社会主义思想对劳动教育的新发展，指出了劳动教育较之以往的显著不同特点，为新时代劳动教育的理论研究和实际运行开辟了新的方向，契合劳动教育发展的时代要求。

参考文献：

[1] 徐海娇，艾子 . 新中国成立 70 年我国劳动教育价值取向的历史进程与反思展望 [J]. 广西社会科学，2019（11）：171-176.

[2] 刘伟亮，谢红 . 高校大学生劳动教育研究综述（2000—2019）[J]. 高教学刊，2020（10）：133-136，140.

[3] 郭军学 . “AGIL” 模型视角下高校大学生劳动教育质量提升研究 [J]. 农家参谋，2020（14）：180，191.

[4] 孟国忠 . 高校劳动教育价值实现的机理研究 [J]. 学校党建与思想教育，2019（14）：85-87.

[5] 冯孟 . 身体力行——基于墨子身体观的大学生劳动教育研究 [J]. 智库时代，2020（2）：204-205.

[6] 刘丽萍 . 中华农耕文化融入大学生劳动教育研究 [J]. 教育现代化，2019，6（72）：25-27.

[7] 张茂坤，张可艾 . 劳动教育生活化——倒逼机制下大学生劳动观养成的破窗效应对策 [J]. 江苏教育研究，2015（12）：7-9.

[8] 刘向兵 . 新时代高校劳动教育论纲 [M]. 北京：社会科学文献出版社，2019.

基于“三全育人”的高校资助工作模式优化探讨

王若男
天津工业大学

2017年2月，中共中央、国务院印发了《关于加强和改进新形势下高校思想政治工作的意见》，提出高校要紧紧围绕“立德树人”的根本任务，形成全员全过程全方位的“三全育人”格局。同年12月，中共教育部党组印发《高校思想政治工作质量提升工程实施纲要》〔2017〕（62号），明确提出高校十大育人体系，并把资助育人纳入其中。2018年3月，教育部部长陈宝生在人民日报发表署名文章《进一步加强学生资助工作》，文中提到，“必须把学生资助工作摆在更加重要的位置”。2020年4月，教育部思政工作司对新时代、新形势下高校思政工作要点进行梳理，要求高校聚焦重点领域创新内容、方法与载体，全面深化“三全育人”综合改革。

高校资助工作是解决大学生群体显性贫困问题的重要途径，“三全育人”是高校落实“立德树人”根本任务的目标模式，也是解决大学生群体隐性思想问题的根本措施。因此基于“三全育人”框架对高校资助工作模式进行优化研究，既是对高校资助工作育人功能的完善与提升，也是对高校思政育人工作的补充创新。

一、当前高校资助育人模式存在的不足

（一）资助育人队伍尚不健全

从育人主体来讲，高校育人主体是以党委为领导的包括全体高校教师在内的大队伍。但是，高校学生资助工作通常是由学生工作队伍主管、学院包括分管领导作为第一责任人，资助工作的整个过程所体现的育人队伍参与度不高，顶层设计体现较少；从资助工作者来讲，高校经济困难学生较多，在布置工作时往往是由各学院资助工作专职辅导员认领并执行，加上有的学院学生工作分工过于明晰，不同辅导员对资助工作的执行力不尽相同，导致资助育人在基层落实时效果并不理想；从班级管理者角度来看，目前大部分高校在班级学生管理上多增设班导师协助辅导员管理，但专业有别，大部分班导师只注重学业指导，而在思想引领、学生日常事务帮扶等方面总是被动执行，育人作用并不突出；对高校而言，资助育人工作的最终目的是积极探索在“立德树人”任务下学生资助工作如何由“大水漫灌” 转变为“精准滴灌”，从而由扶贫转变为“综合扶志”，大学生困难群体成长背景不同于普通学生，专业课教师和辅导员在他们的教导上虽然下功夫，但如何使受助学生实现自我成长、自我完善、自我帮扶，是目前仍有

待思考的问题。

（二）资助工作机制有待完善

资助工作战线应形成一个完整的连续闭环，且着眼于资助前、资助中和资助后的全过程。目前，高校资助工作在精准度、资助弹性以及跟踪机制上仍有待完善。近年，大部分高校在资助认证环节只要求学生提供家庭经济情况调查表，且在盖章证明环节有很大程度的简化，加之国家政策帮扶，学生资助覆盖面很大，因此在贫困认证信息的来源上缺乏可靠性和准确度；另外，高校资助金额会根据不同困难群体的家庭经济状况分等级划分，导致不同地区、不同致困因素的学生在划分贫困等级上缺乏准确科学的衡量依据。从时间上来说，很大一部分学生一旦进入学校贫困生信息库，后续的资助标准基本不会改变，所以如何做到资助等级因时而异，对资源分配效率和扶贫精准性有很大影响。除此之外，高校资助工作往往以助学金发放为工作结点，而忽视受助学生的动态反馈机制，尤其是毕业生受助群体的离校后跟踪调查。

（三）资助育人角度仍需拓宽

资助育人工作的实施者和受助者之间也是一种供求关系，供需平衡才是维护关系和谐稳定的前提。现实中，资助实施者有为受助者提供教育引导和帮扶的意识，但是大多数施教者只重视物资补助，轻视精神扶贫，且对学生的诚信感恩教育形式单一，停留在说教层面。资助工作的全方位育人要求与受助学生心理完善、实践能力成长、学业帮扶等实际需求缺乏融合。另外，受助生中不乏家庭关系不和谐或特殊家庭成员的现象，但是高校学生工作者只着眼于对学生在校期间的困难，对学生家庭问题不管不问，因而很难实现全方位帮扶的目的。目前，高校资助资源绝大部分来源于政府专项资金，社会资助占比较少，在资助覆盖面上还有很大空间。

二、基于“三全育人”的高校资助工作模式优化途径

（一）提高思想站位，完善组织保障

学生资助工作是国家政策在教育领域的深入延伸。全体高校教育工作者应具备长远眼光和大局意识。2020 年是全面建成小康社会的决胜之年，也是脱贫攻坚战全面胜利的收官之年，学生资助工作不仅促进教育公平、社会公平，而且在人力资源开发、扶贫脱贫、实现全面建成小康社会等方面发挥了重要作用。可见，资助工作具有政治性、教育性和思想性。高校应在校党委领导下，加强资助工作顶层设计，将学生资助工作与建设人力资源强国相衔接；强化监督机制，确保国家资助政策落实落地；完善全员育人工作机制，提高工作站位。高校辅导员和班导师队伍应强化责任意识，促进协同育人，在资助工作不同阶段整合教育资源，开展不同形式的教育，做好学生资助政策的宣传者、实施者，做好为国育才的主力军。高校学生工作者还应摒弃一贯的“输血式”育人观念，逐步引导受助学生成长为自立自助的主体，实现“造血式”扶贫。同时，高校应主动引入企业资源，拓宽资助育人与人才输出双渠道，实现“国家资助、学校奖助、社会捐赠、学生自助”多维资助育人体系。

（二）健全工作机制，实现精准资助

高校应针对资助工作的不同环节及实际情况，制定符合自身工作特色和学生特点的资助工作机制。在贫困认证环节，院校职能部门应通过大数据共享确定信息来源及真实性；对于不同贫困程度及家庭背景的申请人，应制定统一的划分标准和权重赋值，以可操作化的评价方法对

困难学生进行量化认定评价；对于特殊困难群体，要灵活转变工作方法，分类施策，体现工作温度。鉴于当前资助中仍存在诚信缺失和资助低效等现象，因此要建立资助后的学生经济情况动态跟踪机制，将助学金的去向及家庭经济状况的变化纳入学生贫困信息数据库管理并随时更新，从而为实现学生“弹性化”资助以及完善修订资助政策提供参考。对于毕业离校的受助生，学校也应与社会、企业形成信息联动，从家庭评价、社会评价、个人评价入手，建立多维评价模型，评价结果既有利于完善学校资助工作机制，也是对高校育人效能的反馈以及人才质量的监督和把控。

（三）优化育人模式，凸显需求导向

资助育人工作的着眼点应充分适应受助者的需求，既要在资金帮扶上下功夫，更要重视受助学生的全面发展。在资助形式上，要以直接资助为主，以劳动自助为辅，开设勤工助学岗位，从而锻炼学生的自强自立能力，满足其自尊需求。在育人角度上，首先应围绕立德树人的根本任务，加强学生社会主义核心价值观教育；同时要重视学生自身能力、素质、心理等方面的教育，通过制订学业计划、朋辈帮扶、就业指导等方式，提升学生的创新能力和社会实践能力；通过讲座、研讨、榜样引领、谈心谈话等方式，强化学生励志成才、诚实守信、知恩感恩、勇于承担的优秀品质；通过电话家访、宿舍谈话、专业咨询等方式，完善学生心理健康，端正自我认识，满足自我实现的需要。

三、结论

高校资助工作覆盖面广，工作对象特殊，也是高校实现立德树人总目标的重要途径。结合新时代“三全育人”总体要求分析高校资助工作的不足并探讨优化模式，既有利于促进高校资助工作进一步发展，也有利于促进高校协同育人局面的不断完善。

参考文献：

[1] 张一弛．高校立德树人任务下精准资助育人路径探析：以湖南文理学院为例 [J]. 创新与创业教育，2020，11（1）：99-102.

[2] 韩梦雪．高校贫困大学生资助育人新模式研究 [J]. 教育教学论坛，2020（12）：366-367.

[3] 杨英．新时代高校资助育人质量提升体系路径探究 [J]. 智库时代，2020（10）：127-128.

疫情背景下大学生就业创业服务育人研究

魏文云
天津工业大学

“就业是民生之本”，把稳就业放在重要突出的位置，贯彻落实好高校毕业生就业问题，是全面做好“六稳”工作的首要工作。2020 年应届大学毕业生总数达到 874 万，加之疫情影响，大学生就业问题更是高校和政府关注的热点问题。高校需要高度重视毕业生就业创业问题，以为毕业生提供更精准、更完善的就业创业服务为理念，致力提高大学生就业创业能力，帮助毕业生顺利成功就业，这对实现大学生稳定就业、保障社会经济发展、稳定大局具有重要意义。

一、疫情背景下大学生就业创业服务工作面临新的挑战

1. 毕业生就业创业压力增大，就业观产生两极分化现象

2020 届毕业生不仅面临着就业劳动力市场供需结构失衡带来的竞争压力，同时面临着，伴随疫情暴发产生的就业、学业、心理等综合性压力。据教育部统计，2020 年毕业生达 847 万人，毕业生总人数较往年有了大幅度提升，但就业市场可提供的就业岗位并没有增加，由于技术的快速发展，一些行业反而在缩减招聘规模。加之新冠肺炎疫情的影响，众多企业遇到了前所未有的困难，中小微企业纷纷倒闭，整体经济形势低迷，毕业生就业创业压力明显增加。受疫情影响，毕业生的就业求职时间节点被延期和扰乱，大学生在毕业季未能按时返校，毕业论文的撰写和毕业答辩多数改为线上进行，造成了毕业时间的后延，挤压了毕业生就业求职的时间和精力。疫情防控期间，大部分企业暂缓招聘活动，考研面试和考公招聘延期，正常进行的招聘活动全部改为线上招聘和面试，“云招聘”成为主流，给毕业生的求职应聘活动带来了新的挑战。综合以上多方面因素，毕业生就业择业心理发生了变化，就业观产生了两极分化现象，一部分毕业生鉴于就业形势的严峻，更加积极主动地开展就业求职活动，迫切想要实现稳定就业；一部分学生产生逃避心理，干脆不就业，不找工作，打着考研、考公务员、事业编的幌子，实行“拖”字诀。

2. 不同行业招聘规模发生重大变化

受疫情影响，一些传统行业受到严重冲击，例如餐饮业、旅游业、运输业、制造业等人口聚集型的服务类产业受影响尤为严重，这些往年能吸纳众多毕业生提供就业岗位的行业招聘规模急剧减少，所能提供的薪资待遇也没有往年的竞争力。2020 年 2 月 25 日，人力资源社会保障部与市场监管总局、国家统计局联合向社会发布了 16 个新职业。同样因为疫情，生鲜配送、医药行业、在线和远程教育、游戏产业、抖音、快手直播行业等依托大数据云计算的新型服务行业更突显出适应性和重要性。这些行业的发展需求为高校毕业生就业提供了新的发展空间和

就业渠道。这类企业招聘需求在不断增加，能够提供更多的就业岗位。这对大学毕业生来说，是新的就业机会。因此，高校在开展就业创业服务工作时，要正确分析就业市场情况，为毕业生梳理和推荐适宜的工作岗位。

3. 高校就业创业服务指导工作模式发生改变

疫情形势下，中国经济发展和就业市场发生重大变化，部分毕业生改变了就业方向，追求“稳定工作”的人数比例明显提高，考公务员、事业编，坚持“二战”考研成为部分毕业生就业择业的选择，这样造成了本该就业的部分毕业生仍然待就业的现象。加之较往年来说正常举办的春季招聘活动在今年基本没有开展，大部分企业延期甚至取消了春季招聘。就业指导老师与毕业生的交流依靠电话、微信、qq 和腾讯会议等形式进行，没有面对面交流的机会，就业指导者与学生的链接黏度有所下降。高校不能组织线下针对专业进行的专场招聘会，只能依托信息庞大、缺少主动性的网络招聘会。这些情况都对高校就业创业服务指导工作提出了新的挑战。高校开展就业创业服务工作，一是要重视引导毕业生树立正确的就业观念，在当今就业严峻形势下，抢占就业先机，先就业后择业。学校要向毕业生讲清楚、讲明白、讲透彻疫情背景下的就业形势，精准分析国家、地方政府出台的就业帮扶政策，帮助毕业生建立就业创业信心。二是适应“云招聘”形式，完善就业信息系统，拓宽企业和毕业生双向选择的渠道。

二、疫情背景下提升大学生就业创业服务育人的路径

1. 完善就业服务育人机制——构建“三全育人”就业服务机制

大学生就业创业指导服务工作也离不开思想政治教育，将服务育人理念贯彻到毕业生的就业工作教育中不仅是贯彻习近平新时代中国特色社会主义思想的现实要求，也是实现毕业生“稳就业”的重要机制。将“三全育人”提倡的全员育人、全程育人、全方位育人与大学生就业创业服务育人机制中就业平台、育人队伍和过程有机结合起来，以系统化的模式来完善毕业生的就业创业服务育人机制。从全方位育人指导大学生就业工作路径出发，联动两个平台：一是线上依托互联网技术的就业服务平台，二是线下社会实践平台，充分利用线上和线下的优势资源，开展就业创业指导教育。从全员位育人指导大学生就业创业工作出发，重点依托四支队伍：一是职业发展与就业指导课程教师队伍，二是辅导员、班导师等思想政治教师队伍，三是朋辈群体队伍，四是社会和家人力量。协同发挥四支队伍的力量，助力毕业生成功就业创业。从全程位育人指导大学生就业创业工作出发，职业规划课程和就业指导服务从大一至大四不断线，连贯四个阶段进行针对性职业规划和就业指导教育，持续提升大学生就业创业能力，教育好、管理好和服务好大学生的就业全过程。

2. 强化服务意识，建强工作队伍

高校要落实一把手工程，压实培养人才责任担当，强化就业创业服务意识。高校对毕业生的就业服务是大学期间不间断的全流程服务，从入学教育开始的专业认知、就业走向等就业教育，到成长计划、职业技能、求职技巧、就业咨询、双选会、宣讲会、实习实践、单位招聘等每一阶段环环相扣，不仅形成人才的知识体系和实践能力体系，更是就业工作服务全流程体系。每个流程和环节都会对毕业生的就业创业能力产生影响，都需要就业工作指导教师进行专业化的指导。高校就业服务指导工作不能仅仅依靠学院的辅导员，更涉及专业课教师、班导师、系

室主任。这些都需要具备专业化的就业指导能力和水平的工作队伍，形成强大的就业服务力量，为毕业生就业创业服务育人机制提供人员保障。疫情背景下，高校毕业生就业创业出现了新的变化，“云招聘”成为主流，那么就业指导教师队伍就要主动学习和适应“云就业”和“云帮扶”的工作模式和特点，运用互联网技术，充分指导毕业生线上参加企业宣讲会、网络招聘会和云面试等就业环节和流程。就业创业指导服务队伍，不仅要在业务上做到精、准、实，也要在宣讲就业创业上政策做到准、严、新。例如2月25日国务院总理李克强主持召开国务院常务会议，推出了鼓励吸纳高校毕业生就业的措施：“增加基层医疗、社会服务等岗位招募规模，加大对小微企业吸纳高校毕业生就业的支持。”在实际就业指导服务过程中，就业创业指导教师就需要充分讲解国家政策，引导毕业生成功顺利就业。

3. 进行分类指导，关注重点群体

做学生思想政治工作要遵循因事而化、因时而进和因事而新的原则，讲究因人施策的工作方法，同样在对毕业生进行就业创业服务指导时，要对毕业生进行精准分类，建立就业台账，实行“一人一策”指导服务方案，摸清底数，掌握精确信息，及时更新学生毕业去向，按照学生就业意愿进行分类指导。针对去企业工作的毕业生，根据毕业生所学专业，精准推荐就业岗位，筛选掉网上大量干扰信息，针对毕业生的期望的就业行业、工作地域和岗位组织专场招聘会。要充分挖掘企业资源，利用产学研优势，善于发掘成功校友资源，为毕业生推荐具有针对性和熟悉性的工作岗位。针对考研、考公务员和考事业编的毕业生，可以为毕业生备考过程提供系列报考指导、专业讲座、场景模拟等就业创业帮扶措施。针对就业困难的毕业生，包括家庭经济困难学生、建档立卡学生、身体残疾学生、重点心理关注学生，要将就业帮扶工作前置，从思想上高度重视困难毕业生群体的就业创业问题，从制度上形成帮扶机制，从工作专业化角度出发建立并形成就业困难毕业生帮扶台账，进行动态追踪。学校不仅要安排专业教师进行就业创业求职的专业化指导，增强求职应聘的实践能力，同时还要安排教师党员与就业困难的毕业生进行一对一交流，掌握他们的心理状态和就业观念，找出每个就业困难毕业生的实际困难，从而有针对性地进行专业和个性化的帮扶。最后，要积极落实国家和政府的就业帮扶政策，保质保量地落实就业困难毕业生的求职就业补贴发放工作。

三、结语

习近平总书记指出：“要注重高校毕业生就业工作，统筹做好毕业、招聘、考录等相关工作，让他们顺利毕业、尽早就业。”高校重视并完善大学生就业创业服务育人工作，有利于实现稳就业的目标。因此，高校从服务育人角度，提高毕业生就业创业服务质量，帮助毕业生顺利就业是有现实意义的。

参考文献：

[1] 人力资源和社会保障部门户网 . 人力资源社会保障部、市场监管总局、国家统计局联合发布智能制造工程技术人员等 16 个新职业 [NB/OL].[2020-03-02] http：//www.mohrss.gov.cn/gkml/12x/jiedu/202003/t20200302_361075.html.

[2] 许涛 . 疫情背景下高校毕业生“云就业”的 困境与突破 [J] 中国大学生就业 .2020（15）.

常态化疫情防控背景下大学生创业教育研究

温莉莉
天津工业大学

2020年全国高校毕业生人数再创新高，达到874万。受新冠肺炎疫情影响以及近年来全球经济下行的影响，往届未就业毕业生及应届毕业生的就业面临巨大压力。2020年4月8日，习近平总书记在中共中央政治局常务委员会会议上强调，“要坚持在常态化疫情防控中加快推进生产生活秩序全面恢复。”为维护经济社会平稳发展，国家相继出台“六稳”“六保”等多项举措促进就业、保障民生。

新冠肺炎疫情仍在全球肆虐。在全球一体化的今天，疫情传播对于经济的不良影响何时中止无法估量，因此对于未来几年内即将毕业的学生可能面临的就业难问题也需要提前关注并制定相应预案。

疫情发生以来，教育部联合各部门相继出台多项政策文件推动高校毕业生的就业创业工作。在常态化疫情防控背景下，高校应总结以往大学生创业教育的经验，并根据新形势下经济社会的发展特点，开展大学生创业教育，突出工作重点，实现教育教学改革与管理服务的优化升级。

一、往年大学毕业生创业状况总结

2014年9月，李克强总理首次提出要借改革创新的“东风”，在960万平方公里土地上掀起“大众创业”“草根创业”的浪潮，形成“万众创新”“人人创新”的新态势。自此，“大众创业、万众创新”上升成为我国重要的国家战略。根据第三方专业机构麦可思公司跟踪撰写的《中国大学生就业报告》（就业蓝皮书）[①]，总结近年来大学生创业状况如下：

（一）大学生自主创业比重小、历年变化较为稳定

大学生毕业后的主要去向为受雇工作、自主创业、升学深造、准备考研及待就业。由于相对于受雇于他人或组织，自主创业要求大学毕业生成为职业岗位的创造者，客观上来说要求大学生具备从事工商业活动的综合能力，并能够承担经营带来的风险，所以一直以来自主创业是大学生毕业后的小众选择。但伴随国家大力支持大学生创业的各项举措出台，并综合考虑应聘

---

① 报告的研究对象为毕业半年后、3年后和5年后的普通高校大学毕业生。如《2020年中国大学生就业报告》的研究对象为毕业半年后（2019届）、3年后（2016届）和5年后（2014届）的普通高校大学毕业生。

的竞争压力，大学生选择创业的人数也有过小幅增长。数据如图 1、图 2 所示。

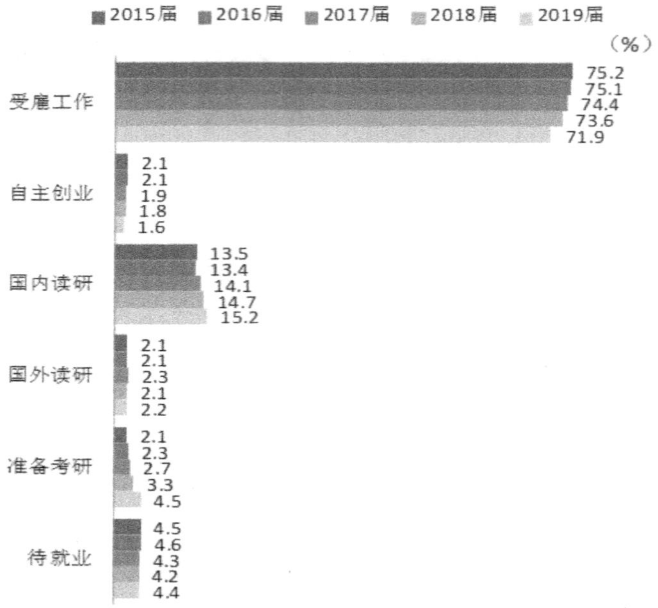

图 1　2015 届 -2019 届本科毕业生去向分析①

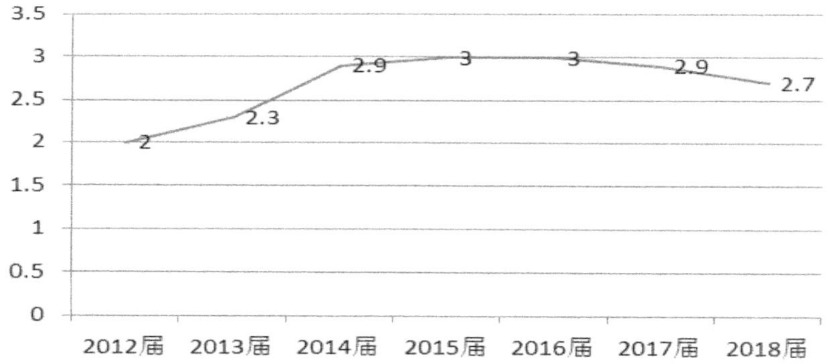

图 2　2012 届 -2018 届大学毕业生毕业半年后选择自主创业比例

（二）毕业三年内选择自主创业比例增加

随着毕业时间的延长，大学毕业生在求职、升学过程中会出现新的职业选择，毕业三年内选择自主创业的人数对比毕业半年内选择自主创业的人数有明显增加 。

① 麦可思 - 中国 2015~2019 届大学毕业生培养质量跟踪评价。

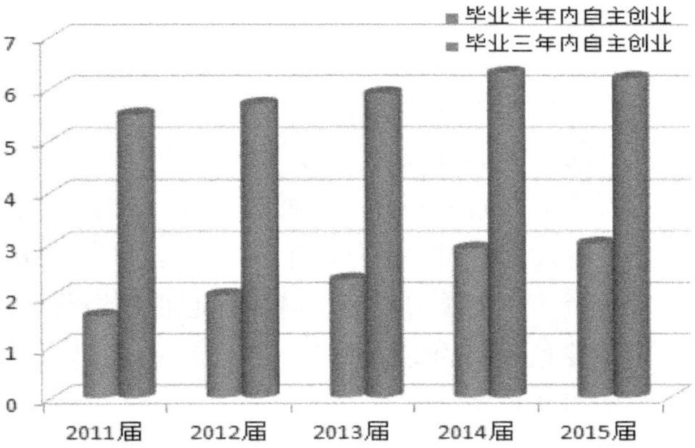

图 3　大学毕业生毕业半年内的自主创业比例与毕业 3 年内自主创业比例对比

（三）自主创业的项目三年内存活率不足半数

大学生自主创业项目普遍受资金投入有限、抗风险能力低、缺乏经营经验、项目自身缺乏核心竞争力等多种因素影响，毕业即自主创业的大学生中，三年后仍坚持创业的比例均停留在 40% ~ 50% 之间。

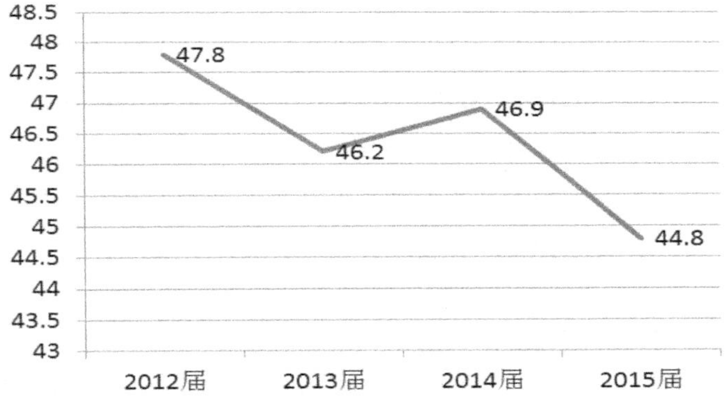

图 4　大学毕业生毕业半年内的自主创业 3 年后存活率

（四）创业项目集中于教育、文娱、零售业等领域

根据统计，大学生自主创业多集中于教育业、文娱行业、零售业。因以上行业入门门槛较低，并且市场需求量大，经营方式灵活，所以是大学生创业的首选。此外，移动互联网的便捷催生了很多新的创业形式，如线下教育培训、互联网营销、网店与实体店相结合的新零售，以及依托社交网络的零售形式等。

二、常态化疫情防控背景下对大学生创业的机遇与挑战

“新冠肺炎疫情是百年来全球发生的最严重的传染病大流行，是新中国成立以来我国遭遇的传播速度最快、感染范围最广、防控难度最大的重大突发公共卫生事件。”危机往往孕育着机会。疫情防控的常态化形势对大学生创业既是机遇又是挑战。

（一）疫情影响下的经济下行与大学生创业的“轻资产”倾向

2020年2月，在国内疫情尚未得到有效控制阶段，清华和北大联合调研了995家中小企业，29.58%的企业2020年营业收入下降幅度超过50%，58.05%的企业下降20%以上。同时，85.01%的企业维持不了3个月生存。大学生创业初期绝大多数是小微企业，在面临如“疫情”一般的突发事件时，继续存活下去是首要目标。并且，一部分大学生的创业资金依托于融资，在经济普遍下行的形势下，一些投资公司“自身难保”，必然会对投资的项目更加慎重。因此，疫情也促使大学生创业向“轻资产”的项目转变，减少在起步和经营阶段对资金的依赖，这对启动项目和维持生存发展有重要且现实的意义。

（二）国家政策对大学生创业的大力支持

2020年3月4日，教育部印发《关于应对新冠肺炎疫情做好2020届全国普通高等学校毕业生就业创业工作的通知》，该通知强调要引导毕业生到基层、到现代农业、社会公共服务等领域就业创业。通知发布后，各地积极响应。如上海市团市委面向青年创业者推出30亿元优惠利率贷款，解决了资金的燃眉之急。并且，在9月10日发布的《关于实施高校毕业生就业创业推进行动的通知》，特别提到要坚持扶持大学生创业创新，对创业毕业生普遍提供针对性创业培训，推荐适合发挥毕业生专长的创业项目，优先安排经营场所，落实创业担保贷款、创业补贴等政策。

（三）新行业的迅速发展带来新的创业机遇

疫情的爆发使我们认识到公共卫生安全的重要性。人们投入更多的精力关注自身健康。随着物质生活的改善，近些年的大健康产业发展迅速。疫情防控常态化背景下，围绕健康的消费将会逐渐成为每个人的稳定消费并逐渐增多。此外，疫情初期，为避免聚集，线上办公、线上教育等服务迅猛发展，消费者们逐渐适应了线上服务。伴随5G时代的到来，线上服务及“互联网+”创业形式的普及将为大学生提供更多广阔的舞台。

三、新形势下高校创业教育的重点与难点

常态化疫情防控背景下，大学生创业教育应加强供给侧改革，在教学、管理服务等多环节，提高大学生创业教育的针对性和实效性，培养出具有社会意义和市场竞争力优秀创业项目，帮助大学生发挥出更高的社会价值。

（一）坚定理想信念教育、鼓励大学生积极创业

面对突如其来的疫情和纷繁复杂的国际形势，我们党团结带领全国各族人民，统筹推进疫情防控和经济社会发展工作，抓紧恢复生产生活秩序，率先取得了抗击新冠肺炎疫情斗争的重大战略成果。疫情为广大同学上了一场生动的思政课。中国的抗疫斗争充分展现了中国精神、中国力量、中国担当。虽然疫情给我国经济带来了短期不利影响，但是大学生们仍然要坚持“四个自信”，坚定战胜疫情的决心、经济复苏的信心。高校应该鼓励大学生充分发挥自身技术、专业、能力优势，积极参与创新创业，为经济发展贡献自己的力量。

另一方面，由于短视频、直播的兴起和普及，一些不劳而获的网红给大学生带来了不良的影响。一些学生幻想“一夜暴富”。高校应教育广大学生树立正确的就业观和择业观，弘扬中华民族优秀传统，培养大学生勤奋踏实、遵纪守法的精神。

（二）调动教师积极性，优化创业教育教学模式

高校的创业教育是大学生素质教育的重要组成部分，应该发挥课堂的主渠道作用，调动专业教师参与创业教育的积极性，创建专业的创业教育师资队伍，提高创业教育的针对性和实效性。高校应发挥科研优势，通过开设系统的课程或开展实习实训，鼓励学生从专业出发、提升创业项目科技含量、激发项目的内生动力与核心竞争力，延长大学生创业项目的生命周期。

在课程设置方面，高校也应该与时俱进，关注疫情下催生的新行业，如大健康产业、人工智能产业、线上服务的经营与管理等，将这些课程或有关讲座贯穿在创业教育的过程中。

（三）多措并举改善服务，为大学生创业保驾护航

大学生创业孵化、启动、经营阶段，需要全方位全过程的支持。在平台方面，高校可以增设创客空间为项目孵化提供场地和设备支持，积极联络企业和投资方，搭建校企合作平台助力创客项目融资，开设讲座或宣传专栏介绍创新创业政策，为大学生创业争取更多实际福利。同时，由于创业过程中，大学生需要承担更多风险和压力，面对挫折和经营危机，良好的心理素质也是成功创业的必要条件。学校应该为创业同学开设专门的心理辅导，帮助他们预防并解决心理问题。

此外，毕业半年内到毕业三年内，选择自主创业的人数有显著的增多，大学生创业教育与相关服务应做到毕业不断线，长期关注毕业生的创业动态，协助大学生创造出更多优秀的创业项目。

（四）发挥社团与竞赛魅力，激发大学生创业热情

学生社团是学生根据兴趣自主发起的学生团体，具有自我教育、自我管理、自我服务的功能。高校应该鼓励学生成立创新创业社团，通过日常培训、市场调研、模拟路演、参观学习、竞赛团建等多种方式，激发在校大学生的创业热情，提高他们的创业素质与能力。

新冠肺炎疫情仍在全球肆虐，尽管目前国内疫情防控已取得了阶段性的成果，我们仍然不能掉以轻心。在常态化疫情防控背景下，抓实抓好大学生创业教育，既能够缓解大学毕业生的就业压力，又能够最大限度地发挥大学生的智力、人力优势，增加市场活力，并与响应国家“六稳”“六保”的政策号召相一致。未来高校应继续探索方法、改进模式，推动大学生创业教育，通过培养优秀的创业项目和创业人才，输送出更多合格的社会主义合格建设者和可靠接班人，为早日实现“两个一百年”奋斗目标贡献力量。

参考文献：

[1] 国研智库研究部项目组 . 新冠疫情下的危与机：背景、影响与建议 [J]. 中国观察发展 .2020（3），22-26.

[2] 夏玉丽 . 疫情背景下大学生创新创业教育的机遇和挑战 [J]. 就业与保障 .2020（9）：185-186.

后疫情时代大学生就业工作路径研究

张诗婕
天津工业大学

就业是民生之本，就业工作是学校和学院的一把手工程。在疫情防控背景下，高校应进一步贯彻落实中共中央、国务院关于促进高校毕业生就业创业工作的决策部署，启动“24365”全天候网上招聘，充分发挥校园招聘主渠道的作用，为毕业生牵线搭桥，搭建用人单位和毕业生双向选择的供需平台，更好地为毕业生提供就业服务。以天津工业大学电子与信息工程学院为例，学院制定了毕业生就业推动“三四五”方案，旨在抓住三大关键时间节点，发挥四大主体的推动作用，开展五大系列活动，多措并举，促进毕业生精准就业，实现高质量、高满意度就业。

一、抓住三大时间节点

大三是大学期间尤为关键的一年，是承上启下的重要时期，学生即将面临考研还是就业的重要选择。但这一阶段的学生更多的是迷茫和无所适从，学院应该抓住关键时间节点，及时召开考研及就业动员大会，引导学生认清形势，明确定位，权衡利弊，做出适合自己的选择。

（一）第一次就业动员大会

为帮助毕业生全面了解就业形势，调动就业积极性和主动性，每年三月份，学院应召开大三学生就业动员大会。由学院副书记、就业工作专项老师等分析当前就业形势、学院近年来毕业生主要就业去向以及发展前景，引导毕业生认清形势，早做准备，准确定位，主动出击。

（二）考研动员大会

为帮助同学们加深对考研的了解，确立合理的考研目标，增强考研信心，提升考研竞争力，学院应在每年 3 月份召开考研动员大会，邀请院长、系部主任等担任主讲人，从研究生专业与学制、国家政策、报考与录取流程等方面进行全面讲解，并且结合学院专业特点，在报考专业方向、院校选择方面对考研同学进行详细指导。与此同时，学院也应邀请各专业考研成功的学长学姐分享考研经验与体会，为即将准备考研的学弟学妹们提供宝贵的建议，主要内容可包括专业方向的选择、考研各科目的复习方法、复试准备，以及如何树立考研信心、制订考研计划、调整备考心态、调节生活饮食习惯、安排作息时间等。

（三）第二次就业动员大会

大四下学期，部分同学在上学期求职时屡次碰壁，部分同学没有危机意识，依然宅在宿舍沉迷游戏当中，还有部分同学考研失利后不知所措。学院应在每年 3 月份再次召开就业动员大会。此次就业动员大会的目的是让多次求职失败的同学能够重拾信心，让宅在宿舍的同学走出宿舍、主动就业，让考研失败的同学转变观念、积极就业。

二、动员四大责任主体

（一）就业创业协会

依托就业创业协会推动学生就业工作。天津工业大学电子与信息工程学院就业创业协会秉承“实现就业理想，放飞创业梦想”的服务理念，联动各个学生组织，紧密联系企业单位，开展就业创业指导活动。通过分析新形势下大学生就业创业政策，对学院相关就业市场状况进行调查，了解人才需求变化，结合学院学生就业意识、创业倾向等进行整体分析；搜集对口企业招聘信息，核查企业招聘资质，联系企业开展宣讲，通过学院新媒体开展广泛的宣传，及时将有关企事业单位用人需求传递给毕业生；充分发挥优秀企业和校友资源作用，邀请企业家、专家开展讲座，围绕职业生涯规划、就业经验分享和创新创业指导帮助学生提升就业质量；针对不同年级学生，牵头组织策划就业创业系列活动，激发学生就业创业活力，包括“职业生涯规划”“简历制作”“创业策划书撰写”等，形成完善、可传承的院级竞赛机制。

（二）班级就业负责人

充分利用班级就业负责人深入班级的优势，发挥班团组织力量推动学生就业工作。协助“职业生涯规划”和“就业创业指导”课程教师，搜集大学生创业与就业的成功案例，活跃课堂气氛，增强课程吸引力，引导班级学生树立正确的就业观念；根据学院就业推动方案，及时了解班级学生就业意向和创业倾向，发布就业信息，协助就业专项老师统筹班级就业工作；依托班级和宿舍，深入学生群体，搜集学生就业困难和创业需求，对接就业创业协会，有针对性地解决困难；协助组织开展相关活动，加强宣传和动员，提高班级同学的参与积极性。

（三）班导师

发挥班导师管理班级的天然优势，以班级为单位抓就业。通过班会及一对一谈话形式，深入了解毕业生的就业意向和思想状况，对就业困难的同学进行个性化指导，帮助毕业生树立正确的就业观念；以多种方式激发毕业生就业主动性，充分利用学院校友、对口企业等资源提供就业岗位；做好就业工作风险防范，引导学生诚信就业，避免学生陷入传销组织等危险情况发生；在毕业前后持续追踪班级同学的就业状态，及时给予鼓励和指导，力促其落实就业。

（四）学生党支部书记

发挥学生党支部书记的关键作用，以党支部为单位，充分开展就业动员活动。发挥党支部书记的带头作用，引导支部党员、入党积极分子、入党申请人充分认识到目前就业形势和考研形势的严峻性，增强紧迫感；充分发挥支部成员的力量，在集中学习中轮流分享保研、考研、求职过程中经验与教训，促进共同进步；发挥学生党员的先锋模范作用，切实践行“两学一做”，积极帮助身边未就业的同学，带动其投简历、参加宣讲会和招聘会，提高班级同学的就业积极性。

三、开展五大系列活动

（一）宣讲会、招聘会系列

1. 专场宣讲会

校园宣讲会是毕业生了解企业和岗位最直观的方式，具有效率高、针对性强、签约率高的优点。学院应积极拓宽校企合作路径，建立校企合作机制，与专业对口的优质企业、学生有就业意向的企业建立长期联系。在春招、秋招时邀请相关企业定期来学院开展专场宣讲会（受疫情影响可以线上宣讲会为主），系统全面地介绍相关企业的情况、文化价值观、人力资源政策、校园招聘的程序和职位介绍等信息，具体包括业务模式、产品理念、市场前景、用人标准、职业发展、培训体系、薪酬体系、企业文化，同时现场对学生关注的问题答疑解惑，使专场宣讲会真正成为学校、学院、学生三方共赢的平台。

2. 学院专场招聘会

校园招聘会是促进校企资源共享、合作共赢、共同发展的重要举措，为用人单位和毕业生提供了良好的沟通平台，为企业行业提供适用人才，为毕业生提供充足的就业机会，有利于深化校企深度合作，实现人才共育。学院应抓住关键时间节点，如每年在 11 月份和 4 月份，举办专场招聘会（受疫情影响可以线上招聘会为主），选择有针对性的企业，严把用人单位审核关，为毕业生提供与企业面对面交流的机会，同时在招聘会现场设置服务点，邀请学院老师、企业 HR 为求职者答疑解惑，提供一站式服务，全力助推精准就业。

（二）企业参观系列

为让学生深入了解行业特性和企业特点，提高就业意识和能力，把握市场变化，树立正确的就业观念，学院可依托就业创业协会组织开展“信梦想、筑未来”走访企业计划，为学生提供近距离与企业面对面对话的机会，这既是对大学生专业知识与素养的一次检验，也能为将来顺利走向工作岗位奠定基础。同时，企业参观活动能进一步增进学院和企业之间的联系，在人才培养、企业招聘、学生创新实践、就业创业等多方面进行深度合作，为将来的人才培养和输送打下良好的基础。

（三）职业规划系列

职业生涯规划的意义在于可以帮助大学生树立“提前”意识，避免学习的盲目性和从众性，在自我认知的基础上，主动去了解职业社会对人才的需求，挖掘自身潜力与优势，扬长避短，提升职业竞争力，从而为将来顺利进入职场打下扎实基础。学院可举办职业生涯规划专题讲座，邀请知名校友、优秀毕业生和即将毕业保研的在校本科生代表、在校研究生代表等，结合其专业领域和个人的发展经历分享求职技巧和职场经验，也可以举办职业生涯规划大赛，为学生提供展示自我、交流学习的平台，传播和普及职业规划理念，引领和示范职业规划实践，唤醒大学生的职业生涯规划意识和就业自主意识。

（四）求职技能系列

就业竞争力是指高校毕业生在就业市场上，具有战胜竞争对手、找到适合自身才能发挥和实现自身价值的适当工作岗位的能力，即全面满足社会和用人单位对人才需求的能力。求职技能提升是指为毕业生传授企业的招聘流程、选拔标准和必备的求职技巧，帮助毕业生提升就业竞争力，以良好的状态和成熟的心态应对求职挑战，获得满意的工作职位。

1. 简历制作技能提升

我们常把简历比作求职的敲门砖，是毕业生初入职场的第一张名片，有了这样的媒介，求职者才有机会跟用人单位进行初步的交流，也才可能有之后的面试。简历的好与坏，直接影响到求职的成败。学院可举办简历制作培训讲座，邀请知名企业 HR 或专业老师为学生讲解简历的重要性和制作的注意事项，让学生学会在制作简历时避免踩到雷区，快速抓住 HR 的眼球，也可以举办简历制作大赛，为学生提供展示自我和锻炼自我的平台，真正提高学生的简历制作水平。

2. 面试技能提升

面试为单位和求职者提供了双向交流、彼此了解的机会，是展现个人实力的真正平台。在当前，面试形式的多样化、考察内容的全面化、评价方式的多元化，都让面试的难度逐渐增加。为让毕业生直观了解面试流程及注意事项，进一步加大学院就业指导力度，学院可邀请各大知名企业举办“面试技巧培训会”“模拟面试”等活动，为学生带来具有实战指导意义的面试培训和模拟实战，让学生了解真实的面试场景、面试的基本礼仪和实用技巧，学会在面试中自如地应对各类问题，在有限的时间内更清楚、更优秀地展现自己。

（五）校友沙龙系列

校友资源是高校和学院实现可持续发展的重要推动力量。校友提供的就业信息资源或因校友社会影响而获得的就业信息资源往往是高校校内就业市场用人单位的核心资源，是毕业生双向选择的主要用人单位资源。校友与母校有着特定的亲缘关系，他们了解母校和毕业生的优势所在，能很好地将用人单位的岗位需求与学生的需求结合起来，提供的就业信息最为真实可靠，最切合毕业生的需要，并且能够提供持久的供需联系。为使校友资源真正助推学院就业工作，应借用线上、线下平台，建立新时代校友资源运营新机制。

1. 线下校友沙龙

在各大重要节日和关键节点，通过校友走访、就业调研、校友回访等方式，加强与校友及其用人单位间的联系沟通，做好学院的形象建设，使该项活动成为为母校服务、为校友服务、为社会服务的重要载体。在每年的开学季，可邀请优秀校友回校，开展“校友为新生导航”活动，举办校友事迹展览与报告会，做好榜样宣传，建立两者间的良好联动关系。在就业季，可举办“校友论择业”“校友话就业”等活动，为学生提供思想观念上的正向引导和就业技能上的专业指导。同时，学院可与优秀校友所在企业、专业教师合作企业建立就业实训、社会实践和科技成果转化基地，尽可能为更多学生提供实习和就业机会。

2. 线上校友平台

依托学院新媒体中心、就业创业协会，建立实时更新的校友数据库，方便学院学生查看心仪企业的优秀校友，建立良性互动。同时在学院官方微信公众号、学院官网上定期推送优秀校友事迹分享、专访等，提高学院优秀校友的模范引领作用。

就业是最大的民生，稳就业才是稳民心，切实做好高校毕业生就业工作，是全社会共同的责任。同时，就业也是衡量高校人才培养质量的重要指标。高校应建立全程化、全员化就业服务体系，抓住三大关键时间节点，发挥四大主体的推动作用，开展五大系列活动，做到沟通引导不断线，重点帮扶不断线，岗位推送不断线，接续服务不断线，努力实现高校毕业生更高质量、更充分就业，助力毕业生走好最后一公里。

参考文献：

[1] 徐丽媛 . 论高校大学生职业生涯规划教育体系的构建 .[J]，科教导刊，2020（20）：167-168.

[3] 田野 . 学会“扫雷填坑”，让你的简历脱颖而出 [J]. 中国大学生就业（综合版），2020（1）：29-31.
[3] 安身健 . 校友资源与高校大学生就业工作的开展 [J]. 学术交流，2009（2）：180-182.

“微时代”高校共青团新媒体平台管理机制创新研究

郭兵
天津工业大学

随着网络科技的发展，互联网“原住民”一代已经成为高校学生主体，微信、微博等新媒体凭借其及时性、互动性、便捷性已经成为青年发声、传播信息的主要方式。这些“微”事物已经成为大学生日常生活的一部分，因为新兴微网络技术的迅速普及与深入渗透，当今时代已经进入了“微时代”。“微时代”是一个相对的概念，是指大众依托电脑、手机等信息网络技术载体，使用文字、语音、图片、视频等媒介进行及时、高能、协同的信息阅读、整理、编辑、发布和讨论等行为的信息化时代，直接影响大学生的思维方式与行为习惯。

在“微时代”如何运用互联网等新媒体、新技术加强和创新高校思想政治工作，有效实现全员育人、全程育人、全方位育人，更好地立德树人，这是高校思想政治工作面临的新课题。习近平总书记强调“共青团应当高度重视网上工作，全体共青团员都要发挥积极作用，争当‘中国好网民’”“开展网络斗争、加强网络管理、弘扬网上主旋律，这项工作大家都要做，但团组织也可以更多发挥一点作用。”高校共青团应该利用自身优势，靠近青年，深入青年，进而引领青年，在尊重网络思想政治教育工作普遍规律的基础上，创新工作内容、实现方式和互动机制，全力扩大新媒体工作覆盖面，努力增强工作的针对性和实效性，发挥好价值引领和思想引领的桥梁纽带作用。

一、“微时代”高校思想政治教育工作的新变化

近几年国际局势变化多端，国内经济和社会发展也面临很多挑战，意识形态领域的争夺战也越来越白热化，“个人主义”“自由主义”“历史虚无主义”“普世价值论”“人权至上”等西方话语正潜移默化地渗透、引导、灌输给高校青年，网络空间成为影响青年最直接最有力的阵地，高校思想政治教育工作基本特征已经有了新的变化。

首先是教育权威的动摇。传统的教育权威重要的基础便是信息不对等，难以被人质疑。新媒体平台普遍具有短平快的传播特点，追求新鲜，标榜个性。大学生获取信息的途径和效率大大增加，获得的信息量相比传统媒体时代呈现爆炸式增长，每个人视野宽泛、思维多元、自我意识强烈，权威的影响力大大下降。其次，教育时间空间凸显开放性。传统教育模式中一般都在封闭的教室、会议室、礼堂等空间内进行，受众有限，形式固定，传统的教育方式也都遵照一定的教学计划和目标，在特定的时间和节奏内推进思想教育，新媒体则打破了所有空间和时

间限制，随时随地可以开展信息交流，交流对象的规模也不受限制。教育权威的动摇和教育开放性带来的最重大影响就是教育结果的不确定性，信息来源不确定，信息真伪良莠不确定，大学生正处于价值观探索和形成时期，社会阅历浅薄，容易受到外界影响，传统教育的模式能否产生良好的教育效果充满不确定性。

“微时代”既是挑战也是机遇，虚拟空间的超强覆盖性、网络世界信息制作和传输方式的多样性、新媒体平台互动交流的公平平等性，都能极大丰富思想政治教育的手段，提高思想政治教育效果。高校应该立足时代发展需求和学生成长需求，将传统的教育方式与新媒体有机结合，不断创新思想政治教育内容，革新思想政治教育语言，充分发挥新媒体平台互动交流功能，为高校思想政治教育开拓新的成长空间。

二、高校共青团新媒体工作面临的挑战

借助网络平台开展育人工作现在已经属于各高校常规工作，但如何打造高效高质量新媒体平台依然是网络育人工作的重点和难点。随着政府、社会和高校对新媒体工作越来越重视，校园内各级各类新媒体账号呈现爆发式增长，共青团新媒体工作面临的压力和挑战也越来越大。

（一）共青团网络思政工作重视度不足

基于传统的高校管理模式和部门定位，共青团组织在高校各党政部门中一直处于相对弱势的地位，团委工作经常被认为是“锦上添花”，以文体活动和志愿活动为主，思想引领和宣传教育工作主要集中在宣传部和学工部门，共青团组织在思想政治教育工作上的潜力没有被充分发挥，高校共青团网络思政工作在新媒体领域影响力较弱。

（二）意识形态领域建设难度大，舆情风险高

高校共青团的重要工作即弘扬社会主义核心价值观，引领学生坚定“四个自信”，提高对党的政治、思想和情感认同，面对当下复杂多元的信息获取渠道和真假难辨的网络环境，舆论阵地的争夺难度提升,舆情预测、控制和引导困难加大,需要新媒体团队的高度关注和持续思考。

（三）新媒体平台工具化

高校共青团各级组织对建立新媒体官方平台的必要性已经取得共识，但对于如何运用新媒体平台则没有更好地思考。一些官方微信微博只是不定期发送部门新闻、活动和比赛通知，内容单一，形式刻板，单纯把新媒体平台作为网上布告栏，工具化倾向严重。

（四）新媒体内容模式化。

部分新媒体的管理模式依然沿袭传统思维，部门领导或负责老师决定内容制作，单向输出内容，不重视用户体验，导致新媒体平台出现定位错位、亲和力欠佳、功能使用单一、对青年群体脉搏把握不准等问题。

三、高校共青团新媒体平台管理模式与方法创新研究

团属新媒体育人平台应该是融思想性、知识性、趣味性、服务性于一体的主题网络教育空间，通过网络开展生动活泼的网络思想政治教育活动，形成线上线下思想政治教育的合力，以“润物细无声”的方式影响青年、指导青年、引领青年。推进“网上共青团”建设，加强共青团新媒体力量，高校共青团必须进一步提高对团属新媒体平台的重视程度，打造一支有思想、

有纪律、有热情的运行团队，大力推动团属新媒体文化建设。

（一）加强新媒体干部队伍建设，坚守红色媒体本色

政治工作信息化最终目标及第一要务是人的素质信息化，这就要求思想政治工作队伍必须充分认识信息化对高校思想政治工作的重要性，善于运用互联网做好思想政治工作，成为运用互联网进行思想政治工作的专家。共青团组织要加强新媒体干部队伍建设，注重培养理想信念坚定、热爱和了解新媒体技术和规律的团干部，有体系、有计划地加强梯队培养，大力扶新媒体工作室，同时积极地引导专业教师参与网络思政，充实团属新媒体力量。

高校团属新媒体的运行团队一般都由大学生组成，他们思想理论知识薄弱，流动性强，因而必须加强对其培训和管理，除了一般的技术类培训，更重要的是党团理论知识培训。合格的团属新媒体学生干部既要有高水平的新媒体技术，能写文章会拍照片，更要有坚定的政治站位，要充分理解团属新媒体的光荣使命和职责，敢于发声，善于发声，有效利用新技术服务新时代，引领新青年。

（二）加强思想引领，善用互联网思维

青年学子是团组织思想引领的工作对象，同时也是现代网络产品和网络文化的深度参与者。平台生命力、文化向心力、产品吸引力决定着新媒体平台的发展状况。“用户至上”的互联网思维要运用到团属新媒体平台的运行中，在团队管理和内容制作中要充分考虑学生需求，在大胆运用理论武器反击错误思想的同时，善于寻找契合学生的切入口，设置生活化、青春范儿的讨论角度，将马克思主义、中国特色社会主义理想信念、社会主义核心价值观等关系国家发展、民族命运的重大议题设计包装，更加巧妙合理地传播给团员青年。

（三）加强制度建设，完善审核发布机制

团属新媒体平台作为官方宣传平台，必须有专门老师监督管理，必须有完备严密的审核机制。平台的指导老师应该具备思想政治教育相关理论知识，多参与培训、学习和交流活动，提升对新媒体平台的掌握能力。平台的日常运行因为多有学生参与，为防止出现不当内容，要严格“先审后发”，要明确“三审核、两把关”机制，即具体制作的“编辑”负责一审，当日的值班“责任编辑”负责二审，平台的负责人“总编辑”负责三审，三审后的内容发给负责老师进行第一次把关，负责老师审核后再发给相应的分管领导再把关，层层审核，处处把关，才能确保提供准确、可信、有益的内容给受众。

（四）加强供给侧改革，创新制作模式

在日常生活中我们可以注意到，青年学生对有思想、有品质、有趣味的内容是有强烈需求的。高校团属新媒体平台的制作者和受众主体都是青年学子，因此必须增强语言和形式的现代感和时尚感，提升学生阅读体验，增进价值引导工作的亲和力。制作内容时除了传统的图文信息，注重运用视频、漫画、音频、动图等多种媒体形式，多用第一人称和第二人称增强代入感，选题要根据时间节点侧重学生校园生活中的重点和热点增强互动性。运行团队可以打破传统的按照功能区分如文稿部、摄像部、编辑部、记者部的部门设置，实行小组独立制作的“工作室制度”，每个工作室独立负责每次内容的开发、采访、制作、编辑和推送工作，不同的工作室可以有不同的风格，有利于增强运行团队的主体意识和产品意识，推动制作更多角度多元、内容创新、风格生动的高质量新媒体产品。

（五）加强文化建设，营造共青团认同感

团属新媒体平台不仅是共青团的发声平台，也是共青团的形象代表。稳定持续地输出优质内容不仅能增强官方平台的口碑和用户黏性，扩大平台影响力，也能提升共青团的品牌价值，增强团组织凝聚力，使受众产生“我是共青团员我骄傲”的认同感和自豪感。一方面高校团组织和新媒体平台的运行团队要重视发布的每一条信息，用情打造，用心制作；另一方面，新媒体组织也要打造自己的团队文化，如设计吉祥物、设计团队形象标识、加强团队建设、重视技能培训和个人包装等等。健康向上的团队才能制作健康向上的内容。

（六）加强矩阵建设，建立团属新媒体统一管理机构

团属新媒体的建设和发展要充分依靠团组织的组织力量，尤其是高校团组织本身具有很强的组织凝聚力和行动力。团属新媒体管理要注意整合资源，加强联动，以校级团属新媒体组织为中心，横向联合学生会、研究生会、青年志愿者协会等各类学生组织，纵向打通校团委、院团委、团支部等各级团组织，形成共青团新媒体矩阵，合理布局，同频共振，优势互补，加强传播效应，形成引领合力。团属新媒体组织要建立规范化的工作例会制度、沟通机制和评价体系，构建有效的信息共享、动态交流、联动反应的网络工作模式，加强相互了解和工作督促，形成良性竞争，用制度化的方式保障新媒体矩阵的稳定运行，最终形成“聚是一团火，散是满天星”的共青团新媒体矩阵优势，扩大团属新媒体平台在高校青年师生中的影响力。

（七）加强线上线下联动，最大化思想政治教育成果

“微时代”高校思政教育具有现实性与虚拟性并存的特点，共青团组织在实际工作中要注重线上线下各种教育资源的挖掘和整合，使各方面资源的教育功效发挥到最大，更好地为思想政治教育工作服务。

首先，新媒体网络思政属于第二课堂，要善于引进和配合高校思政第一课堂的内容，将第一课堂上比较传统的教育内容通过新媒体形式再传播，既是配合传统教育模式推动思政第一课堂教育内容入脑入心，也是第一课堂资源再利用加强新媒体理论知识宣传的思想性和规范性。其次，虽然当代大学生网络交流频繁、网络依赖性高，但生活中大学生对团体活动、社交活动依然有很高需求，新媒体组织可以利用这类需求组织线下活动，多开展面对面的交流讨论和实践活动，讨论大学生学习生活工作中的共性问题，共同参与主题团体活动。新媒体组织要充分依靠和发挥党团社团作用，线上带动线下，线下配合线上，引领学生积极参加社会实践活动和志愿活动，让大学生更多地将网络生活与现实生活相结合，走出网络，走出宿舍，走向操场，让大学生更多地接触社会，观察社会，了解社会，在实践中锻炼学生利用信息分析问题解决问题的实践能力，学习宣传党和国家最新政策和精神，加强学生获得感。再次，团属新媒体组织要注意结合高校日常工作内容和节奏，如重要节庆日、党团活动、学生社团活动、学生奖贷勤助免管理、就业规划、创业指导以及心理健康工作等，充分挖掘，巧妙结合，将新媒体工作日常化、生活化，使他们在日常实际工作中接受教育，并能够进行自我教育。

四、结语

随着“微时代”的到来，微博、微信、抖音、B 站、知乎等新媒体平台和工具层出不穷，高校传统思想政治教育工作内容和模式遭遇巨大挑战。当前和今后一段长时期内，高校共青团

都应思考如何借助新媒体传播优势，打造新时代共青团形象，发挥共青团思想引领作用，扩大主流价值影响力，唱响主旋律，传播正能量，更好地服务高校思想政治教育工作。

参考文献：

[1] 王伟强，张波，张政 ."微时代"大学生思想政治教育路径创新思考 [J]. 武汉交通职业学院学报，2017（4）：100-103.

[2] 寿云蕾，徐达 ."微时代"下高校新媒体网络育人平台的诊析与管理模式研究 [J]. 文化创新比较研究，2019（35）：72-74.

[3] 马俊，王莉，胡找心 . 信息化背景下高校思想政治工作创新探究 [J]. 学校党建与思想教，2018（12）：52-53.

[4] 胡小芹 . 信息化背景下的高校思想政治教育工作研究 [J]. 山西青年管理干部学 院学报，2013（4）：56-58.

“竞赛+思政”实践育人模式下的高校学风建设研究

——以“创兴杯”竞赛为例

薛高建 周苏毅

天津工业大学

在疫情防控期间，教育系统面临着巨大的冲击。一方面，教师迎接超长时间的居家教学；另一方面，学生面对居家学习的挑战，努力做到“停课不停学”。学风现状和学风建设成了社会关注的焦点。

习近平同志指出，“一所高校的校风和学风，犹如阳光和空气决定万物生长一样，直接影响着学生的学习成长。”高校立身之本在于立德树人，学风建设是高校立德树人的重要载体。高校的根本任务是培养人才，而学风建设是提高教育质量和人才质量的关键。良好的学风气息可以为学生营造良好的学习、成长和生活环境。学风是一种潜在的教育方式，它不仅是依托课堂教学表现出来的，更是体现在校园的方方面面，它激励和鼓舞着校园中每一个人。学风的教育方式是持久的，一旦内化为全校师生共同的目标、信念和行为规范，就会有直接的推动和影响，从而增强大学生的积极性和主观能动性。学风不仅涉及学习行为，还涉及学习目的、学习态度、学习质量等，都与人生观、世界观、规范和道德修养有关，提供生活灵感、智慧和精神力量。“惟源清，方清流；惟风正，方学正”，学风建设的过程，也是培养学生良好品格的过程。

学科竞赛是大学生创新实践能力提升的实践平台，是高校第二课堂育人、助推学风建设的重要途径。新时代大学生思想政治教育要以习近平新时代中国特色社会主义思想为指导，以立德树人为根本任务，着眼人才培养。[4] 习近平在全国高校思想政治工作会议上指出，“好的思想政治工作应该像盐，但不能光吃盐，最好的方式是将盐溶解到各种食物中自然而然吸收。”“好的思想政治工作应该像盐”的第一重意蕴是做好思想政治教育工作要讲求方式和方法，第二重意蕴是指做好思想政治教育工作要把握时机和分寸。综上所述，如何将学科竞赛与大学生思想政治教育有机融合对高校落实立德树人根本任务具有十分重要的意义。因此，天津工业大学电子与信息工程学院依托“创兴杯”实践能力竞赛，构建“竞赛＋思政”实践育人新模式，强化高校学风建设与人才培养。

一、电子与信息工程学院“创兴杯”实践能力竞赛介绍

电子与信息工程学院“创兴杯”实践能力竞赛（以下简称“创兴杯”）起源于2005年，至今已连续举办十五届，主要面向低年级大学生，以培养培育学生的创新实践能力、专业兴趣、

团队合作、刻苦钻研和专业报国等优秀品质和优良学风为宗旨，深得大学生喜爱，为各级各类大学生创新实践竞赛奠定了良好的基础。学院将立德树人、学风建设、实践育人相结合，构建“竞赛＋思政”的实践育人模式，着力培养业务精、品德优、本领强的全面发展型人才。

2017—2019年“创兴杯”学生参赛情况见图1、表1.

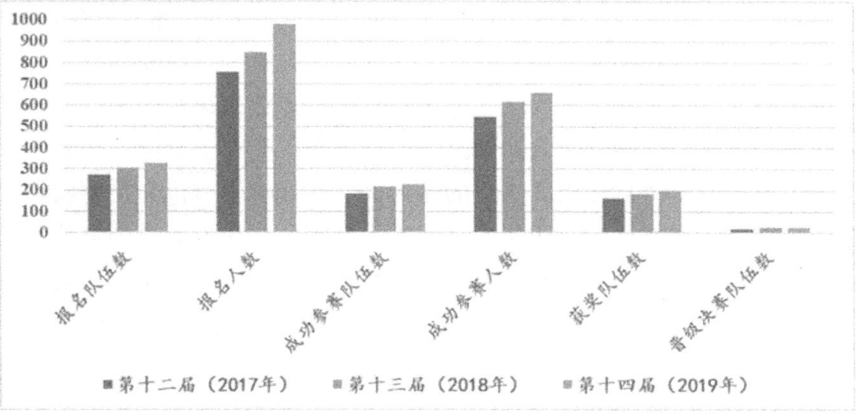

图1 2017-2019年“创兴杯”学生参赛情况

表1 2017-2019年“创兴杯”学生参赛情况

“创兴杯”	报名队伍数	报名人数	成功参赛队伍数	成功参赛人数	初赛获奖队伍数	晋级决赛队伍数
第十二届（2017年）	271	756	182	546	163	19
第十三届（2018年）	304	847	217	617	184	25
第十四届（2019年）	326	981	228	661	197	27

二、“竞赛＋思政”实践育人的优势

1.“竞赛＋思政”实践育人的传统育人优势

学院坚持立德树人的根本任务，把培养德智体美劳全面发展的社会主义建设者和接班人这一人才培养目标放在突出位置，落实习近平总书记提出的“六个下功夫”，积极探索将思想政治教育融入学生专业能力培养中的育人模式，在十五年实践经验基础上，形成了“竞赛＋思政”的实践能力体系。学院连续举办了十五届“创兴杯”实践能力竞赛和三届“企业杯”电子设计竞赛，适合大一至大四不同年级的学生参加，在推动一、二课堂的学术教育和思政教育的协同方面，辅导员与专业教师以及学生朋辈同心同向，实现大一至大四全过程不间断的育人，这是探索创新协同整合思政合力、全员全过程全方位育人格局的新举措。通过“竞赛＋思政”培育出来的学生业务精，品德过硬，越来越受用人单位的青睐，他们在社会主义现代化建设中贡献着自己的力量。

学院自2005年举办第一届“创兴杯”实践能力竞赛以来，一直在探索“竞赛＋思政”相融合的育人体系。现在，每届自愿报名参加竞赛的学生数为900余人，占学生人数近80%，学生覆盖面非常广。思想政治的引领逐渐强化并成为一种行动自觉，很多学生放弃了周末、节假日的休息，奋斗在竞赛实验室里。很多学生通过竞赛了解了专业在国民经济发展中的地位，强化了责任担当意识。

2.“竞赛 + 思政”实践育人的载体平台优势

“竞赛 + 思政”实践育人体系以学院金字塔式的学科竞赛为载体和平台。金字塔式的学科竞赛以院赛“创兴杯”实践能力竞赛和“企业杯”电子设计竞赛为塔基，以校赛和市赛为塔中，以国赛为塔尖，采用了递进式的人才培养模式。作为入门式基础学科竞赛的学院“创兴杯”实践能力竞赛，每年举办一届，立足培养学生的创新意识、专业兴趣和团队合作精神，深受广大学生的喜爱，每届参赛学生达 900 余人。学院在“创兴杯”竞赛基础上又拓展了“企业杯”电子设计竞赛，为大三大四学生搭建更高水平的育人平台，让学生有机会在学校里接触到企业的实际课题，提早熟知职业道德规范、职业操守和工程伦理。在学科竞赛的宣传、组织、征题、评审等各个环节，始终贯穿着对学生的价值引领。在培养学生的专业能力的同时，注重学生创新精神、奋斗精神、团队合作精神、工程伦理以及专业使命和社会责任感的培育，引导学生将小我融入大我，用所学所长服务于国家发展需要，为区域经济发展作贡献，为社会和人民谋福祉，实现学生品德和学识的共同成长。

“竞赛 + 思政”实践育人体系以学院金字塔式的学科竞赛模型为载体和平台开展实践，已经开展了十四年，深得学生和用人单位的好评。竞赛的赛题、竞赛的评审以及竞赛作品的宣传展示等志愿服务是开展思政教育的重要抓手。赛题主要来自人民群众的生活问题，如为方便针灸病人治疗的便携式针灸仪，还有专业教师的科研项目、企业的真实工程问题等。在竞赛评审中，将学生创新精神，沟通能力、团队合作、奋斗精神、作品在社会的应用价值和工程伦理等问题作为评审的指标点。通过竞赛作品走进大学新生、走进社区小学生等志愿服务，增强学生对专业的认同感以及用专业报效祖国的责任担当，始终将价值引领贯穿竞赛的全过程。

3.“竞赛 + 思政”实践育人的体制机制优势

学院通过建立和完善体制机制，推进“竞赛 + 思政”实践育人体系的可持续发展。一是成立电子设计教学部门。学院专门成立电子设计教学部，选派政治和业务过硬的专业教师进入该部门，如全国道德模范徐伟老师，由他们组织更多的专业教师担任竞赛指导老师，在培养学生专业技术的过程中引领和提高学生的思想政治素质。二是建立协同育人的体制机制。由电子设计教学部和学生工作办公室共同组织学科竞赛，成立 4 个专业社团，由优秀社团团长兼任学生指导员，协同了专业教师、辅导员和学生朋辈在“竞赛 + 思政”实践育人体系中的合力。三是提供场地和经费保障。学院建成了学生“创新实践一条街”，将“竞赛 + 思政”的育人支出纳入学院人事分配制度中，为实践育人提供了场地和经费保障。五是将思政教育、考核纳入竞赛的全过程之中。在竞赛宣讲会将学生的创新精神，工作量，竞赛作品的背景和应用前景、团队合作、沟通交流等作为评审的元素。

三、“竞赛 + 思政”实践育人助推高校学风建设的优化路径

1. 加强品牌特色打造

在“竞赛 + 思政”实践育人模式中，价值引领贯穿于竞赛的全过程，既为学生学好专业知识搭建平台，又在过程中开展思想政治教育和工程伦理教育等，培养学生用所学所长服务于国

家发展需要，为区域经济发展作贡献，为社会和民众谋福祉的价值追求。一是要加强实践品牌特色。一方面，竞赛的选题要进一步贴近生活实际需求。另一方面，要创造更多的机会，积极宣传弘扬正能量，开展科技作品进新生、进社区的专业志愿者实践活动，强化学生的专业使命感和思想政治素质。二是要加强成果特色。要培养学生的工程伦理观念，教育学生在开发和设计产品时要考虑对人类和环境可能造成的损害和隐患，提高学生用专业知识服务人民的福祉的意识和担当，帮助人民实现对美好生活的向往。三是加强创新特色。“竞赛 + 思政”强调的是融合，思想政治教育不是另起炉灶，而是融入学科竞赛中，实现学生专业能力和思想政治素质的双提高。

2. 提升实践育人实效

要进一步提高师生参与度，鼓励引导教师把自己的科研项目作为学生参赛的赛题。要进一步提高受教育效果，使得经过“竞赛 + 思政”实践育人体系教育走向工作岗位的学生得到很多用人单位的好评和赞许，让他们因为有良好的道德品质在升学中被双一流大学录用。要进一步加强对竞赛赛题选题、过程的引导和管理，更加合理地设定评选标准。要推进竞赛与专业志愿服务相结合，强化竞赛的育人价值。

3. 扩大助推学风影响

把明显体现思想政治品质的、创意好的作品打造升级，对外宣传，推广并鼓励积极参与社会的各项活动，成为创新项目。将好的产品推向市场，参加更有影响力的活动；将好的做法进行总结提升，在兄弟工科学院间分享交流；总结提升，形成对“竞赛 + 思政”实践育人体系的科学认识。进一步扩大宣传，让更多的学生参与进来，接受培养。通过与专业教师的通力配合，完善体制机制，提高原有实践育人的效果，提升学生作品的创新性以及与国家发展和人民生活的关联性。走出竞赛平台，走到更多的学生中，走到更多的社区中，走向更广的社会中，在实践中提升育人的实效，进一步扩大助推高校学风建设的影响。

参考文献：

[1] 王黎莉 . 大学生学科竞赛与学风建设融合机制研究 [J]. 烟台职业学院学报，2019，25（4）：37-40.

[2] 李化杰，李庆本，孙海萱，等 . 思想政治教育视角下“95 后”大学生学风建设对策研究 [J]. 现代经济信息，2019（13）：397-398.

[3] 谭超，曹倩 . 应用型本科院校学风建设及其与学科竞赛耦合机制研究 [J]. 大学教育，2019（12）：150-152.

[4] 严晓莉 . 新时代背景下思想政治教育在大学生学风建设中的作用研究：以浙江省某高校为例 [J]. 国际公关，2019（6）：86-87.

[5] 马国超，毛庆东 . 以学风建设为抓手，提升大学生思想政治教育 [J]. 文化创新比较研究，2019（3）：102-103.

[6] 龙雨萍 . 以学科竞赛为载体深化高校教学改革和学风建设：以湖北文理学院为例 [J]. 中外企业家，2014（15）：183-184.

[7] 聂辉 . 大学生思想政治教育工作推动高校学风建设的实施路径 [J]. 佳木斯职业学院学报，2018（7）：131-132.

高职院校学生管理工作中的法治教育探析

石文娟
天津机电职业技术学院

中国特色社会主义进入了新时代，中国共产党十八届四中全会通过了《中共中央关于全面推进依法治国若干问题的决议》，对依法治国做出了重要部署，2020 年 7 月 28 日，教育部印发了《关于进一步加强高等学校法治工作的意见》，明确了高校法治工作的重点内容，将法治作为高校治理的基本理念和基本方式，将法治工作融入学校教育教学的全过程和全环节。目前，随着高职学校的扩招，高职学生已然成为高校中重要的力量。高职学生是否具有法律素养，是否能以法治思维和法治方式处理问题，深刻关系到社会主义法治国家建设，关系到整个社会的平稳发展。鉴于此，培育具有尊崇法治、具有信仰法律、具有规则意识的社会主义建设者和接班人，在高职院校学生管理工作中融入法治教育意义重大。

一、高职院校学生管理工作中法治教育的现状

1. “微时代”为高职院校学生法治教育带来挑战

“微时代”是指借助于互联网技术，用平板电脑、智能手机等便携式移动设备，通过短小精悍、传播迅速的载体，以微表达、微阅读、微课堂、微视频等为表现形式的信息化时代。微时代背景下，网络上源源不断的海量信息量无时无刻充斥着学生的神经，比如社交网络上或者校园里出现的一个热点事件，随时随地都会成为舆论的风向标，但是高职院校普遍对热点问题捕捉缓慢，当学生存在疑虑并在网络上发表观点时，学校不能很好地利用热点契机开展正面的法治教育，不能很好地以案说法去阐明错误、片面的观点，从而让学生真正地从内心深处认同法治的公平正义性。

2. 高职院校学生管理工作中对法治教育重视不够

高职院校以培养高素质的技术技能型人才为主要目标，尤其是针对高职学生的特点，更加注重教师的专业性。高职院校比较缺乏受过系统法学教育、具有较强法治实践经验的教师，大多数法治教育仅仅在“思想道德修养与法律基础”课程中有所涉及，但是大多数思政课教师并未受到系统的法学教育培训，立足于宏大的依法治国背景下的法治精神的讲解，高职院校涉及学生日常生活、学习以及大三毕业生的职业生涯的法律知识和实践能力比较匮乏。在日常学生管理工作中，高职学生获得法治教育的途径比较少，除了“全国法制宣传日”“宪法宣传日”等重大节日，高职院校对学生的宣传较少，对学生的法律素养的培养停留在班会、橱窗宣传等，没有深入地将法治教育内容讲深讲透，无法达到法治教育的目标。

3. 高职学生法治意识淡薄，对法治的认识有偏差

目前，高职院校的学生相对于本科院校的学生来说，基础知识薄弱，高职院校学生生源复杂，既有高中毕业生，又有中专毕业生、社会考生、职高毕业生、“3+2”制以及近两年的“四辅人员”，他们具有自身的特点，如学习主动性差、自律性不强、对知识的接受能力弱、法律意识淡漠等。高职学生接触的法治教育比较少，没有形成系统的法律思维和法律习惯，对基本的法律知识和法治观念不能很好地内化于心，外化于心。

4. 高职院校法治教育环境单一，学生参与度不高

我国自古以来就是注重人情的“乡土社会”，传统的“人治”“私了”现象仍然时有发生，来自不同地域的学生难免受到影响，同时，社会大环境中存在的一些不良法治现象也对高职学生有很大的冲击，加之高职院校中并未对依法治校有足够的重视，当学生出现某些严重的违法违纪问题时，更多地侧重于用说教“化”之。虽有完整的规章制度，但并未落地，执行不严格，这削弱了学校规章制度的权威性。高职院校法治建设的薄弱也不利于学生积极参与学校组织的各种活动。

二、探讨在高职院校学生管理工作中加强法治教育的路径

1. 构建法治教育微载体，加强引领

面对“微时代”，高职院校要实时在日常学生管理工作中，将法治教育浸润式地渗透到学生的日常生活中，通过各种微载体，以法制小品、法治辩论赛、征文比赛、法治教育精品课等方式，用学生容易接受的喜闻乐见的方式传播法治文化，让学生从内心深处形成对法律文化的认同。“法治教育工作者应以案说法、深入浅出、通俗易懂，变传统说教为时代表达，形成融思想性、时代性和亲和力于一体的法治教育表达体系”。同时，在学生管理工作中，充分利用“全国法制宣传日”“宪法宣传日”等重大节日开展主题班会，强化学生的法律认识与规则意识，并且利用学院的微信平台在日常的思想政治教育过程中及时分享身边发生的、社会上的热点案例，通过组织学生观看法治教育影视及颁布重要法规，用比较直观、形象的形式，让学生从中接受潜移默化的法律熏陶，加强学生的价值引领。例如在疫情防控期间，及时地与学生分享与疫情相关的诸多法律知识，进一步巩固了高职院校学生法治教育的活动成效。

2. 加强对学校法治教育的重视，优化师资队伍

马克思主义理论指出，物质决定意识，经济基础决定上层建筑，人们的经济水平得到很大提高时，法治意识就会相应的提高；相反，一个社会中人们法治意识的提高还依赖于对法律教育的重视和投入程度。因此，高职院校应根据自身的实际情况，在允许范围内引进法律专业的老师，或者通过培训、实习等方式，进一步增强教师队伍和学管人员的专业素质。同时，在有必要的情况下，可以开设适合高职学生的法治教育课程；在学生管理方面，挑选出与大学生切身利益相关的制度规范，重点围绕《宪法》《民法典》《刑法》《经济法》《中华人民共和国教育法》《普通高等学校学生管理规定》等全面开展专题教育，密切联系学生思想实际，努力使高校法治教育贴近当代大学生生活，使知法、学法、用法、守法成为大学生们的迫切要求和自觉行动。

3. 培养学生法律思维，坚定法治信仰

党的十八届四中全会指出："法律的权威源自人民的内心拥护和真诚信仰"。法律信仰是人们在内心深处对法律的认同，是人们愿意自觉去遵守的一种依归，它植根于人们的日常生活和心灵中。首先，高校中大学生对法律的信仰最多的就是对规章制度的认同和尊崇，并且自愿内化为自己日常生活、学习的一部分。要使得大学生法治教育落地生根，就要培养学生的法治思维，而这种法治思维的培养更多程度上源自规章制度制订的民主参与，目前高职院校中的学生大部分是"00后"，"00后"有自己独特的思想和成长经历，更加追求一种自我认同感，因此要拓宽学生制度制定的民主参与，建立畅通的表达渠道，同时让辅导员、班主任和任课老师形成一种合力，时刻以法治教育、规则意识作为教育管理的突破口，齐抓共管，慢慢将规则意识植根于大学生的心里，让法治信仰成为学生的世界观。

4. 优化高职院校法治教育环境，提高学生法治教育的参与度

法治教育的环境会直接影响法治教育的效果，一方面，要不断改善社会环境，在全社会形成尊崇法律、信仰法律的良好氛围，让中国特色社会主义法律文化落地生根，让每一个人深切感受到中国特色社会主义法治建设的进步，增强对依法治国的自信心。另一方面，要严格依法治校，全面贯彻教育部印发的《关于进一步加强高等学校法治工作的意见》要求，制定学校的各项规章制度，在日常管理中严格依法办事，依规办事，用法治思维和法律手段解决校园中的矛盾和问题，同时，要用看得见的正义维护学生的合法权益，让学生从内心深处信仰并自觉地遵守。

青少年是祖国的未来、民族的希望，高校是培养人的地方，践行立德树人是每一位思想政治教育工作者的初心和使命，这是一项重大而复杂的系统工程，更加需要将情理和法理融合在一起，在学生管理工作中，要用爱温暖陪伴，但也要以法为鉴，将法治教育贯穿始终，树立法律至上、尊重规则、敬畏规则的规则意识，使大学生真正成为中国特色社会主义法治建设的忠实崇尚者、自觉遵守者、坚定捍卫者。

参考文献：

[1] 钟琴 ."微时代"高职生法治教育特点与创新 [J]. 广西教育，2018（12）：174.

[2] 唐莞阳 ."微时代"高职院校学生法治教育的实施困境及对策探析 [J]. 高教论坛，2020（6）：95-96.

[3] 梁冠华，鞠玉梅 . 新媒体给现代舆情管控带来的挑战：基于反沉默螺旋理论 [J]. 情报科学，2018，36（4）：155-159.

浅析高校占据网络思想政治教育主阵地的关键点

张亚丽
天津机电职业技术学院

2015 年 1 月，中共中央办公厅、国务院办公厅印发了《关于进一步加强和改进新形势下高校宣传思想工作的意见》，文件强调要充分利用好网络形式，积极创新高校网络思想政治教育主阵地。在此背景下，特别随着移动互联网等新兴技术的快速发展，把握高校网络思想政治教育的研究发展脉络，促进高校网络思想政治教育学术研究的改进，对提高高校网络思想政治教育的实效性和针对性具有巨大的现实意义。加强网络思想政治教育，是“极力促进思政教育与互联网的深度融合，致力打造兼具引领性、教育性和安全性的强大网络精神高地”。

一、大数据下网络思想政治教育的机遇与挑战

随着移动互联网的崛起，大数据流量分析已经成为各大网站与 APP 判断用户喜好的主要依据，而当前大学生的信息接收也在由最初的接收向发布转变。随着社会主义市场经济的扩大化，网络开发商也在追求利益的最大化，这对网络思想政治教育来讲既是新的机遇，也是新的挑战。

（一）言论自由角度

我国宪法规定，公民具有言论自由的权利，公民可以通过各种合法的渠道表达自己的言论。大学生作为移动互联网的主要参与者与使用者，可以通过网络以匿名或者实名的方式表达自己的观点。这样不仅有利于真实民意的表达，也为疏通学生诉求提供渠道。但是也正是自由度的扩大以及匿名性的特征，导致学生在言论表达中责任分散，因而许多不实的言论充斥在网络中。不实的网络观点不仅会使观点表达者产生危机，而且不实言论的传播，久而久之会成为不可控的谣言，从而对表达主体产生信誉影响。在网络思想政治教育领域亦是如此。符合社会主义核心价值观的信息，为巩固大学生良好的道德行为规范起到了巩固作用，反之则会破坏大学生对基本道德行为规范的认知，破坏大学生从业已形成的道德自律与他律行为。

（二）信息本身、形式及获取渠道角度

随着智能手机的普及化，大学生在接收信息的形式、渠道等方面呈现多元化趋势。信息传递已经从简单的文字表达向声音、图像、视频、漫画等多种形式转变，信息的获取渠道也从传统的广播、电视、报纸等向各种社交网站、APP 转变，并且大学生可根据自身的喜好自由切换获取信息的方式，也可根据自己的支持度随意地转发、扩散相应的信息。这对网络思想政治

教育来讲，既是机遇，亦是挑战。富有正能量的信息传递可以扩大其正面影响，反之则会产生负面效应。

（三）影响效力角度

信息的每一次传递都具有或大或小的影响力，而热点信息的传递则会极具蝴蝶效应。以“扶老人”问题为例，每一次“扶老人”问题都会因为各种“点”而登上热搜，有正能量的友爱画面，有“讹”与“被讹”，也有不实报道。网络热点出现时，大家会根据信息本身呈现的文字信息去判断善恶，而不是从信息的来源是否可靠、内容是否真实的角度去辩证分析。而某些目的不纯的观点发布者，会为了蹭热搜而发表不实的观点。在网络思想政治教育领域也曾出现类似的问题，某些微博大V为博取粉丝量发布大量不实报道，导致一段时间内历史虚无主义遍布网络，对我们的主流思想政治教育产生巨大的破坏效应。因此，网络思想政治教育务必要占领意识形态主阵地，巩固自身的话语体系。

二、高校占据网络思想政治教育主阵地的关键点

从大数据下网络思想政治教育的机遇与挑战可以分析得出，网络思想政治教育主阵地的占领直接影响思想政治教育在网络上的话语权。为此，高校在占据网络思想政治教育主阵地时，必须把握以下关键点。

（一）关注大数据与流量的分析

通过后台数据与流量的分析，可以得出大学生对信息本身、形式等的喜好程度，以此为突破口，利用思想政治教育平台、各种APP，发布能够使学生最大化接收的信息。以抖音软件为例，随着小视频软件的兴起，抖音在各大小视频APP中占有很大的市场份额，几乎成了众多大学生日常消遣的重要方式。在网络思想政治教育中，各学校可以充分利用这一平台，根据大学生的喜好发布相应的小视频，将教育的理念融入小视频中，让学生在消遣娱乐中无形接受隐性思想政治教育，在日积月累中逐渐影响学生的认知与价值观念。

（二）注重网络思想政治教育形式的多样化表达与多渠道分布

在网络思想政治教育领域，高校要注重学生主动性的发挥，针对学生由信息的被动接受者向主动发布者的角色转变，鼓励学生以事实为依据，采用合法的形式发布相应的内容。长期以来，在思想政治教育领域，学生呈现一种被动接受的趋势。随着教育领域的改革，学生的主动性得到一定程度的发挥，但是总体而言，学生的主动性还有待激发。在调动学生主动性方面，也可同时与学校社团相结合，如志愿者社团、话剧社等，采用多样的形式、生动的内容进行多渠道宣传，营造人人参与、人人是主角的思想政治教育氛围。

（三）构建完备的高校思想政治教育网络系统

占领网络思想政治教育主阵地，既要进驻各大软件系统，又要有自己的专业平台。进驻各大软件系统平台的多少直接决定话语权的多少，而专门化平台的设立是开展网络思想政治教育的保障。高校可以根据自己自身情况构建相应的专门化平台。构建完备的高校思想政治教育网络系统，首先要做到居安思危。纵观高校网络思想政治教育现状，总体而言，各高校在学校管理与学生管理方面工作比较到位，学生的总体主流价值观念与社会主义核心价值观相符合。但是高校要具有强烈的危机意识，要明确，网络时代的到来，许多事情的变更，都在瞬息之间，

所以高校要树立阵地意识和整体观念，充分发挥学校学生管理工作者与党团组织的能动性，开辟和占领网络这块思想政治教育的新阵地。利用新阵地，实时传递党的最新方针政策、传达时代最强音、传播社会主旋律。为实现这一目标，高校必须建立专业化队伍，包括集学校党团队伍、思政教师队伍、IT 技术队伍等于一体的高校网络思政团队；其次，网络思政专栏在内容与形式方面，要与学生的喜好相结合。随着“00 后”走入大学校园，因其独特的家庭成长环境与社会环境，造就了自身独有的性格。思政教育专栏的形式要与学生的喜好相结合，让学生更容易在较短的时间里了解其内涵并肯定其内容价值，引发学生自觉的思考与内化。最后，要做好网络监测。每个平台为了更好地掌握民意与学生喜好，都会分设相应的留言或其他言语表达渠道。不同的学生由于自身认知与价值观的不同，而对网络思政具有不同的见解，同时也不乏言语偏激者，所以在平台维护中就急需网络红客、清洁队伍。网络红客与清洁队伍主要作为网络监测者而存在，各自有不同的分工，其实质工作都是对不当言论及时处理，以期占据网络思想政治教育的主阵地以及话语权，确保学生在接受网络思想政治教育的过程中，得到正确的引导。

随着大数据时代的到来，网络思想政治教育工作将逐渐处于常态化。加强对网络思想政治教育的深入分析研究，有助于构建更加科学、系统的网络思想政治教育阵地，为思政工作在网络领域赢得更多的话语权。同时，网络思想政治教育的构建，绝不是一朝一夕可以实现，需要各界教育工作者长期投入研究，并根据现实变化而适时调整，从而有效提升网络环境下思政工作的实效性。

参考文献：

[1] 网络思想政治教育方法体系的建构探析 [J]. 赵建超 . 思想政治课研究 .2020（4）：74-78.

关于高职院校学生党员培养教育模式的创新及路径研究

王燕 刘扬
天津交通职业学院

一、高职院校学生党员培养教育的新要求

（一）学生党员培养要成为高职教育工作新常态

高职院校学生党员的培养教育，要形成高职教育内部的工作常态，要将学生党员的培养教育结合到日常工作中。在职业教育体系建设、规划、计划、行动中，充分地体现党员教育培养。在高职教育体系中，在明确建立党员培养目标、党员培养任务，并制定党建工作的实际举措，真正地探索学生党员创新培养模式。结合现代化的教学手段，完成产教结合，实现多途径的人才培养模式，构建现代化的高职院校学生党员培养教育工作新常态。

（二）学生党员培养要成为高职教育新目标

高职院校学生党员培养要成为高职院校教育的新目标，以满足人才培养相应的社会需求。高职院校在教育过程中，应当注重人才培养的质量，将学生党员的人文素养教育、思想道德教育、服务意识教育作为人才培养的质量提升目标，确保人才人文和政治素质与技能技术的全面培养。要关注高职人才的未来发展，切实推动人才适应社会、满足社会需求，促使人才创造更大的社会贡献。要将思想道德教育、人文素养教育、职业精神教育与高职院校职业技能教育有机融合，实现学生党员培养模式的创新及发展，从而推动高素质技能人才的培养。

（三）学生党员培养要成为高职教育新思路

提升高职院校学生党员培养效果，要从人才培养质量、职业教育保障等多个方面着手进行，将其作为高职院校教育模式的新思路。创造高职院校思想政治教育的多任务、多途径模式，提升思想政治教育的渗透力和影响力。发挥高职院校学生党支部的正能量传递效果，积极组织实践育人课堂。不断创新党员培养教育模式，探索多元化的教育路径。发展校企合作、产教融合、工学结合模式。突出高职院校学生党员培养工作在高职院校教育模式中的创新和思路引导作用，提升办学优势，拓宽育人模式，大胆尝试创新思路和方法。

二、新时期高职院校学生党员培养教育的重要性

（一）贴合现代职业教育人才培养质量的要求

高职院校是我国教育中的重要组成部分，高职院校是培养学生党员的重要的党的基层组织。因此，高职院校的学生党员培养，不仅要更加全面，而且要更加严格。只有实现高质量的学生

党员培养，才能够满足现代社会对于人才培养的质量要求，才能够适应现代职业教育人才培养质量的要求。高职院校的学生党员是学生中的精英人才，是兼具思想道德修养与技术技能的综合性人才。对于他们的培养教育，要更加关注培养质量，同时要确保教育模式贴合时代要求、满足社会需要。

（二）保障党在新时期伟大战略任务完成的条件

在新时期，我党为实现中华民族伟大复兴的中国梦，不断布置各项战略任务的布局。而高职院校的学生党员是未来社会主义的建设者和接班人，是实现我党伟大战略任务的重要力量。通过高职院校学生党员的培养模式创新，能够保证在我党新时期伟大战略任务完成的过程中，有源源不断的高质量人才作为补充，也能够引导广大学生，通过提升自身综合素养，为祖国的建设贡献自己的力量。实现高职院校学生党员培养教育模式的创新发展，可以有力推动我国各项建设事业发展，实现助推各项战略任务完成。

三、高职院校学生党员培养教育模式的创新及路径

（一）从基础做起，牢抓政治理论和信念教育

政治理论代表着党员的扎实政治功底和时代气质，是学生党员的培养基础。因此，高职院校要从基础抓起，巩固学生党员的政治理论素质培养，加强学生的信念教育，探索学生党员政治理论教育的有效模式。一是在学校内进行分层教育。针对党员积极分子、党员发展对象以及预备党员，进行不同层次的有针对性的教育。结合不同的政治理论内容，依靠基层党委组织部门，从院系到班级、寝室逐层开展政治理论学习活动，建立政治理论学习氛围，实现政治理论教育的基层渗透。二是强化政治理论教育与信念学习的延续性。无论是在学校学习期间，还是在校外顶岗实习期间，要统一对政治教育完成衔接和过渡，避免思想教育断流。学校要加强与实习企业之间的联系，通过和实习企业党组织部门的联合，完成对党员及发展对象的政治教育，促使他们在实习工作中感受到正向的思想引导，形成正确的意识。三是加强基层党组织与学生党员之间的沟通交流，利用多样化的沟通平台以及适合学生沟通的方式，拓宽思想政治理论学习的途径，从而提升学生党员的学习自觉性、学习积极性以及学习参与性。

（二）从日常做起，完成党员培养教育践行

在日常教育中践行学生党员教育培养，推动学生党建工作的创新发展，使学生党建工作焕发生机与活力。一是要在日常教育中，通过党建教育与职业化教育的融合，完成高素质学生党员的培养。除了党员思想系统教育、政治理论教育，还要增加现代职业素质教育与职业能力的培养内容。让学生党员除了了解政治理论知识，还能感受到职业魅力，树立正确的职业观念，同时增强自身的发展信心。同时，要树立廉洁诚信的职业素养、职业意识。二是日常教育中，应展现独特的地域资源优势、增强地域教育特色。可以充分利用当地优秀的文化遗产和革命历史完成特色教育。例如通过武昌起义纪念馆、周恩来纪念馆、毛泽东故居等当地独有的地域文化资源对高职院校学生党员进行日常教育。能够通过具有亲和力和感召力的教育素材，发挥价值观的引导作用，完成对学生党员的精神熏陶，真正从行为规范方面影响党员思想。通过具有地域特色的教育内容与形式，举办系列活动，加深高职院校内的文化教育氛围，推动高职院校学生党员培养教育模式的发展。三是在日常教育中，加快短周期的学生党员培养节奏。要注重

从学生入学到实际顶岗的短期思想教育，学生党员在校的培养周期安排要与学习与实习等内容结合起来，真正将党员培养工作在短期内完成。通过入学时的入党宣誓仪式，增强学生党员的使命感与自豪感；通过党组织活动提升党员服务意识；通过加强党员任务布置，实现对学生党员的引导和鼓励。要在坚持培养原则的基础上，遵守党员发展工作要求，坚实有效完成党员培育工作，推动高职院校学生党员培育在短周期内保质保量地完成。

（三）从服务做起，实现高质量服务

服务实践是带动学生党员发展，完成高质量学生党员培养的重要途径。一是要规范化志愿服务工作，让学生党员在“有温度”的服务进行中体会到奉献精神。安排学生党员的志愿服务活动不可以只是走形式，要充分保证服务质量，培养学生党员在志愿服务活动中的热情，并且要累计计算具体服务时间，将其作为学生党员入党考察的重要标准。服务实践可由学校基层党组织、学工处、团委等完成统一的联合布置。结合暑期社会实践等活动，保证有序、安全开展。志愿活动的主题和内容，可联合当地社区福利院、红色基地、地铁站等完成公共服务的实践。在实践过程中，要考量学生党员的服务意识和吃苦精神，培养他们为社会贡献的思想意识。通过学校组织服务实践活动，使学生的奉献精神受到鼓舞和推动，完成对社会的正能量凝聚，并磨砺学生的思想品性、增强学生毅力、锻炼学生意志品质。二是要发挥志愿服务的多样性，鼓励丰富出彩的服务活动实践。高职院校在组织学生党员完成实践活动的过程中，要不断研究和开发具有多样性的服务内容，并且要树立典型，使这些典型为学生做好榜样带头作用。在出彩的服务活动实践中，不仅要监督学生实践过程，同时要跟进分享过程。要在活动中践行党员精神，同时要记录党员故事。

（四）从平台做起，建设现代化党员培养阵地

实现高职院校学生党员培养教育模式的创新，要结合现代化技术手段，建立科学的党员培养教育平台，建设现代化党员培养阵地。一是通过互联网实现开放性的教育引导，打破传统思想教育模式。通过网络育人的模式，开展党员思想教育，提高教育效率，增加党员培养时间，并且通过互联网实现教育的实时性和开放性。运用互联网资源实现党员思想教育工作，能够促使学生党员更快、更全面的接受先进的思想，在自身综合素质、能力方面获得全面的提升。二是通过信息化平台实现全面的资源共享。学生党员的培养教育同样需要教育资源的支持和供给，通过信息化平台的建设分享有利的教育资源，能够促使学生党员掌握多方面的能力、开阔个人视野；对校外环境、社会环境有一个崭新的认识；能够促使理论与实践融合的教育获得更好的效果。三是通过数字化的平台实现基础建设功能。通过建设党员培养网络数字化平台，能够对校内的党员教育进行数字化管理，通过调查问卷、综合培养能力、评估等各个方面，将党建基础建设工作与数字化技术有机融合，促进高职院校学生党员培养工作效率的提升。四是通过交流媒介实现党建信息的快速传播。现代化的交流媒介促使人与人之间的联系更加紧密，交流更加便捷。将高职院校学生党员培养的党建信息、章程制度、政策法规、思想内容等，通过微信、QQ、邮件等多种形式进行快速传播，能够建立起有效的沟通模式和信息化推进模式，实现线上、线下教育的统一，从而真正实现高职院校学生党员培育工作的网络发展。

四、结语

高职院校的学生党员培养教育工作应当结合高职院校人才培养的技能型特性，为党建工作开创全新的空间。要结合党员培养的基础要求，让学生党员培养成为高职教育的常态目标，并开发全新的培养模式。要开发人文素养教育，开展思想道德培养、强化学生党员的服务意识，并使党员培养教育工作延续到学生未来实践中，常态化开展党建工作。新时期高职教育人才培养呈现出更加多元化的形态。在此基础上完成高职院校学生党员培养教育模式的创新及路径，必须呈现出多个角度、多个方面，能够抓住高职教育面向未来的发展需要，实现教育与时代的统一。

参考文献：

[1] 蒋依诺．高职院校学生党员培养教育“网络育人”工程创新研究与实践 [J]. 科教文汇（中旬刊），2019（1）：29-30.

[2] 张广川．高职院校学生党员教育培养的多维路径探析——基于工学结合的视阈 [J]. 职教论坛，2016（2）：18-21.

[3] 孙兰欣．三基一化：校企合作式高职院校学生党员后续教育新模式探究 [J]. 高教论坛，2015（02）：6-9，29.

重大疫情下高校学生舆情引导机制研究

安鑫
天津科技大学

2020年初，新冠肺炎疫情像一只“黑天鹅”突然降临在中国大地，使本该热闹的春节假日变得格外安静，随之而来的是铺天盖地的“武汉封城”“口罩抢空”“新冠病毒”“传染隔离”等新闻报道，全国各大城市陆续启动了公共卫生事件一级响应机制，这场面对新冠肺炎疫情的“战争”就此拉开了序幕。疫情发生后，每个人都是疫情新闻传播的主体。在网络上，人们会通过各种各样的方式表达自己对疫情的关注，其中一种就是转发各种尚未经权威部门证实的疫情信息。这些信息，部分被证明是谣言，如网上流传的利用“板蓝根”“熏醋”等方法预防新型冠状病毒，对此，国家卫健委已经在其官方媒体进行辟谣，板蓝根等有一定的治疗效果，只是治疗一般的风寒性感冒发烧等疾病，而对新冠病毒有作用是空穴来风，无据可循。而熏醋的消毒效果也一般，建议大家用医用的酒精进行消毒。同时一些有关疫情的虚假谣言的危害程度与传播速度是不容忽视的。在自媒体时代，与疫情相关的虚假谣言经过略微渲染与包装后容易被社会大众所关注、传播并放大，其滋生蔓延往往会十分迅速。现在正值疫情防控的关键时期，一些不实的虚假信息一旦蔓延传播开来，将会给全国的疫情防控工作带来很大的消极影响，不仅会制造恐慌情绪，误导老百姓做出错误的行为，严重者会使疫情防控工作前功尽弃。千里之堤，毁于蚁穴，疫情的虚假谣言防控工作不能懈怠，更不能忽视。

新媒体时代，高校学生具有很强的自我判断意识和强烈的好奇心，逐步成为网络活动中的主力军。高校学生同样关注着社会一点一滴的动态，在新冠肺炎疫情暴发的背景下，高校学生一时难免存在恐慌、疑虑和彷徨，针对新爆发的疫情事件有着自己的理解以及判断，但是高校学生对于新冠肺炎疫情的知识储备不足且自我控制力不强，没有对疫情新闻进行科学思考和理性判断的能力，不能辨别其真伪，就可能对疫情谣言进行扩散和传播，造成社会恐慌，从而使舆情导向失控。所以，出现疫情谣言后，大学生极有可能成为疫情谣言事件传播发酵的“源头活水”。在新媒体时代，高校学生在看到一些疫情热点事件信息时，会迸发出极高的热情，高校需要及时地对学生的舆论进行引导，通过高校舆情引导机制让学生时刻保持清醒，冷静地思考判断疫情信息的真伪，严格把控疫情信息传播的关卡，从而打赢高校疫情舆情防控战。

一、新冠疫情信息在高校学生中传播特点

（一）多元散播性和快速传播性

在网络时代，疫情信息传播成本很低，大学生成为自媒体领域发言和传播信息的绝对主力，在虚拟性、交互性、聚集性的网络平台，如微信群、论坛中，大学生会接

触到疫情防控期间的各种信息，很多是掺杂其中的谣言，因为网络时代的开放性，使得大学生在传播疫情信息时有多元散播的特点。在遇到与疫情相关的信息时，高校学生对重大公共卫生事件产生极强的共鸣，部分学生可能掺杂着虚荣的情绪以及渴求获得更高社会关注度和个人利用，让疫情谣言发酵、蔓延，给社会以及疫情防控带来很多麻烦，此时大学生的传播及时性和多元传播就有可能加速疫情谣言的传播。

（二）缺乏判断性和传播放大性

高校大学生有着极强的自我意识和强烈的社会主人翁意识，同时乐于揭露疫情事件背后的真相，然而大学生现在正处于世界观、人生观塑造阶段，犹如一张“白纸”，还未深入地探究社会以及世界，思维和心理发展尚不成熟，在深层次上，一些学生缺乏相应的辨别是非能力，容易冲动[1]，缺乏对疫情信息真实性的理性思考以及科学的判断。在疫情防控期间，相关新闻事件具有很高的社会关注度，部分不良媒体为了获得高关注度和点击量，会对疫情事件进行夸大和扭曲，此时高校学生就容易被一些不良媒体和个人利用，加上自己对疫情事件的理解，对疫情事件进行夸张性放大，如果部分学生被这些新闻渗透，其社会危害程度不可想象，会使整个疫情舆情产生动荡，从而影响疫情防控工作。

（三）高校学生疫情谣言传播易感性

回顾疫情防控期间的谣言，网络上和学生开学相关的新闻，如：近期网络上热传着一张某市中小学以及高校的开学声明，有“文件截图”也有相应落款，文中写到，分层次分批错峰开学，初高三从 4 月 8 日起，中小学会在 4 月 14 日开学，而高校会在 4 月 21 日起陆续开学。看似煞有介事，落款为“某市教育局”。事实是这份“文件”是伪造的，“某市教育局”落款早已弃用，真实的落款名称是“某市教育委员会”。面对类似疫情谣言时，部分高校大学生有着很强的盲目从众心理，尤其是对与自己生活、学习有关的事件，有着极高的关注度和敏感度，使得大学生成为疫情谣言传播的易感人群，而且谣言传播的积聚性和关注度也会给疫情防控带来麻烦。

二、新冠肺炎疫情下高校学生舆情引导机制。

（一）建立高校学生疫情舆论反馈机制，及时掌握舆论动态

新媒体时代，多平台网络媒介手段包括新浪微博、腾讯微信 QQ、百度网盘、高校论坛等，大学生针对近期发生的疫情事件发表自己的观点，同时针对自己认同的疫情信息进行转载评论，利用多种渠道来参与疫情新闻事件的传播，这种情况会给高校采集学生疫情舆情结果造成很大的困难。根据辅导员日常工作反馈体制，本文提出构建“高校防控领导小组—学院防控领导小组—辅导员联盟—舆情监督员—监管小组组长—学生群体”的 6 级在线舆情反馈机制，首先需要将各班级人员分成几个小组，通过民主形式推选出监管小组组长，然后落实以班级团支书为班级舆情的第一负责人制度。定期开展监管组长、监督员、辅导员的舆情培训工作，细化责任主体，明确反馈收集渠道，严格预判学生们近期的舆情动态，向学生们明确疫情谣言带来的危害，尽可能将疫情谣言扼杀于传播的摇篮之中。疫情暴发后，大学生或是彷徨，或是焦虑，此时高校要建立健全学生的倾诉渠道，及时了解学生的相关诉求以及疑惑，分析学生的共性问题

和个性问题，兼顾长远与目前，既要解决重大疫情下学生的困惑，又要针对学生的困境进行专题教育，形成长效的疫情专题教育机制，尽快给出解决方案，给予学生关切和问候，时刻以维护学生的根本利益为出发点，最大限度维护高校舆情动态稳定。

（二）建立高校学生疫情谣言传播紧急处理机制，控制谣言蔓延

当疫情新闻传播的同时，也会掺杂的疫情谣言的传播，部分学生可能会对疫情谣言不假思索地进行传播扩散，此时高校应利用上述的六级在线舆情反馈机制，及时收集学生的相关动态，并同时立即启动高校学生疫情谣言传播紧急处理机制，高校辅导员在收到班级舆情监督员反馈后，应该及时联系当事人，倾听其讲述事件的原委，并及时评估谣言的传播危害程度，调研相关官方媒体新闻报道，第一时间请示领导后，引导学生及时删除相关谣言信息，并在其传播渠道进行辟谣工作，为进一步消除谣言的影响，可在学校官方媒体进行相关辟谣教育工作，并将相关信息反馈给每一名同学，避免更多的学生被疫情谣言所误导。重大疫情的应对重点是“同时间赛跑、与病魔较量”[2]，建立快速响应的疫情谣言紧急处理机制的关键在于能够及时掌握学生中的疫情谣言传播信息，并及时、积极、有效地反馈处理，及时辟谣，并进行好事后教育，掐断其传播渠道，从而抑制谣言的滋生蔓延。

（三）开展疫情专题传播媒介素养教育

大学生面对疫情新闻事件时，分辨其真伪能力和自我控制能力存在不足，因而高校应该全面加强大学生疫情专题传播媒介素养教育，通过腾讯会议等平台召开疫情主题班会，对近期谣言案例进行分析，传达最新的官方新闻报道，如开展“青春战‘疫’，共克时艰”线上主题团日活动。通过认真学习超星学习通的“新型冠状病毒防疫安全公益课”，使学生了解最新的防疫知识，积极参与超级校园上“疫情防控知识”的答题，通过语音交流抗疫温暖故事，制作手抄报、视频等作品，引导广大团员青年学习疫情防控知识，理性认识疫情并积极抗击疫情。采取疫情通报制度，建立分级管控机制，通过线上宣传制度响应和配合国家的抗疫号召。组织“疫”兆一心、除“疫”大比拼主题活动优秀作品展示，作品形式多元，包括短视频、海报、文学作品等，其内容展现了赞颂抗击疫情一线医护人员，高校学子积极参加疫情防控工作等积极向上的内容，通过各种文艺作品为武汉加油，为中国加油。开展生态文明主题教育，组织学生在线收看“大自然在说话”生态文明教育课，学生们通过在线观看、交流研讨、主题班会等多种形式，进一步树立并增强了绿色文明健康的生态理念。开展相关法律法规专题教育，如：《突发公共卫生事件应急条例》第五十二条等规定，散布谣言的可以拘留或者罚款；若编造与突发传染病疫情等灾害有关的恐怖信息，或者明知是编造的此类恐怖信息而故意传播，严重扰乱社会秩序的，可以编造、故意传播虚假恐怖信息罪定罪处罚。帮助同学们认识到在疫情防控期间，传播谣言、编造谣言是违法的行为。通过以上的疫情专题媒介教育，大学生可以更加理性和客观地分析新闻消息，在增加疫情防控知识的同时，提高正确处理疫情新闻的能力。

（四）高校主流媒体应“权威发声、引导发声、抢先发声”

多种媒体平台在不停挖掘着疫情相关新闻，部分信息存在着逻辑矛盾、时效性差的特点。高校官网、微信公众号、微博等主流媒体应主动选择权威媒体公布的消息，及时向学生传达疫情动态，如利用国家卫健委发布的疫情确诊人数等数据帮助学生了解各省区市的疫情情况，利用央视新闻、新华网等向学生传达疫情防控期间的“逆行者”的事迹，帮助学生学会感恩，了

解疫情战役的初步胜利来之不易，通过学习强国等平台传达党和政府的决策部署。疫情防控期间高校的疫情宣传也要做到“精准”二字，帮助每一名学生都能够阳光、积极地应对疫情，引导学生在网络宣传疫情防控正能量事迹，并敢于对疫情谣言说不。高校应及时针对学生相关利益事件进行辟谣，如2020年有学生反映收到诈骗电话，具体是要求将其国家助学贷款的账户进行注销，否则产生的后果自行承担，全国学生资助管理中心发布了2020年第1号预警，提醒学生注意个人的身份信息以及财产安全，提高警惕。

（五）守好意识形态阵地、把握舆论引导主动权

我们的部分大学生不同程度地存在政治信仰迷茫，容易造成理想信念模糊。新冠肺炎疫情背景下，国际敌对势力会对中国“大作文章”，而高校是各种社会思潮广泛存在的地方，是意识形态斗争的前沿阵地[4]，高校应当始终把大学生的思想政治教育摆在首位，并贯穿于疫情防控的全过程中。高校教师在线上课堂直播时要把思想政治教育融入学生的专业学习的各个环节，在潜移默化中向学生传递党和国家在疫情防控中的积极部署，颂扬前赴后继的逆行者，把线上直播课堂开成健康、向上、弘扬主旋律的“思政讲堂”。2020年3月9日，教育部社科司与人民网联合组织的“全国大学生同上一堂疫情防控思政大课”直播后，相关新闻登上微博热搜，30多万人次参与讨论，总阅读量超过6亿，引发了全国高校师生的热议，使全国人民对打赢疫情防控阻击战充满信心。高校辅导员应引导学生在疫情防控期间积极配合相关政策安排，并与疫情较重地区的学生取得“一对一”的联系，开展心理排查和疏导工作，使其及时调整情绪，以乐观开朗的心态来完成居家学习的任务。充分利用新媒体的优势，开设辅导员微信公众号，开设疫情解惑直播课堂，精心准备“疫情下相伴成长”为主题的网络思政课金微课，通过一些形式多样、内容丰富、学生喜闻乐见的方式，来激发学生的爱国情怀，使学生树立民族自信心、自尊心、自豪感，在疫情中汲取积极向上的营养，成为有思想、有道德、有文化、有纪律的社会主义接班人。辅导员也应化身“网络舆情监管员”、占领网络思想政治教育阵地，对在疫情中“唱衰中国”“抹黑中国”等不良倾向性问题，必须旗帜鲜明地亮明自己的观点，针对学生的部分言论进行引导，帮助学生明辨是非，答疑解惑，坚信疫情下通过党和政府作出的积极努力，一定能使国家渡过难关。

三、结语

新冠肺炎疫情突发公共事件的信息呈现病毒式的传播特点，瞬间引爆舆情，极大地增加了舆论引导难度[5]。高校学生是疫情谣言的易感群体，存在及时传播性、多元散播性、缺乏判断性等特点，高校在依法、科学防控疫情的同时要高度关注高校学生的舆论引导工作，建立高校学生疫情舆论反馈收集机制，及时掌握舆论动态，建立高校学生疫情谣言传播紧急处理机制，控制谣言蔓延，开展疫情专题传播媒介素养教育，面对疫情新闻事件高校主流媒体应“抢先发声、引导发声、权威发声”，守好意识形态阵地、把握舆论引导主动权，遏制网络疫情谣言，切断其传播渠道，清朗疫情传播环境，打赢疫情舆情防控阻击战。

参考文献：

[1] 安鑫．天津市高校危机事件信息传播机制研究 [J]. 科学咨询，2020（1）：15-16.

[2] 中共中央政治局常务委员会召开会议研究加强新型冠状病毒感染的肺炎疫情防控工作 [N]. 人民日报，2020-02-04.

[3] 罗亮，提升高校思想政治工作队伍重大疫情应急管理能力探究 [J]. 思想理论教育，2020（3）：107-111.

“立德树人”视域下高校劳动教育的价值解读与路径探究

温娟
天津科技大学

高校作为广大青年学生思想道德教育的重要阵地和主要渠道，担负着落实立德树人根本任务，培养德智体美劳全面发展的社会主义建设者和接班人的神圣使命。劳动教育是实现大学生成长成才方略的重要环节，关系到个人的前途命运、社会的持续进步、国家的长远发展。天津科技大学充分认识到加强劳动教育是实现立德树人目标的重要途径，是提高大学生道德素质的有力抓手，每年通过组织新生开展义务清扫公厕活动，不断涵养劳动育人的价值取向。

自1999年起，学校每年都会组织全体新生开展义务清扫公厕活动，迄今为止累计参与义务劳动10万余人。在整个学年中，学生将轮流负责清扫校园楼宇的公厕卫生，每个学生累计参与劳动10小时，通过亲身参与，实际体验劳动过程，更深层次地明白环境的重要性，从而懂得感恩。这柄小小的“拖把”在天津科技大学历届学生中已经传递了整整20个年头，它让人文道德之美和劳动之美相得益彰，共同积淀成科大文化的深厚底蕴。

通过这种日常化、具体化、生活化的实践活动，力求从小切口入手做好劳动教育的大文章，循序渐进地将道德建设与劳动教育有机结合，将道德之花在学生心中立下根基、润泽心田。

一、立德树人视域下劳动教育的价值内涵

（一）劳动教育是落实立德树人的基础环节

劳动教育是通过有计划、有组织、有目的的劳动理论学习和实践活动，帮助学生塑造正确的劳动价值观、掌握一定的劳动技能和知识，具备一些基本的生活素养的教育活动，实现帮助学生全面提升自身综合素质、促进个人可持续发展的目标，从而实现《关于全面加强新时代大中小学劳动教育的意见》中提出的以劳树德、以劳增智、以劳强体、以劳育美的综合育人理念。一是以劳树德，学生通过义务清扫公厕这种真实的劳动体验，感受劳动给自己带来的快乐，体会到劳动创造的价值，发自内心地去珍惜劳动成果；二是以劳增智，通过具象的、鲜活的实践劳动和身体感悟，将书本上抽象的知识、技能和价值观转化成自身知识架构和思维模式，不断提高理论修养和实践能力；三是以劳强体，通过义务清扫公厕劳动可以强健体魄，磨炼意志，培养学生养成乐观开朗的健康心态；四是以劳育美，通过劳动可以使学生切实感受到劳动之美，改善了公共环境，提升审美水平，形成善于发现美、创造美的品格。

（二）劳动教育对立德树人具有重要的支撑作用

党的十八大以来，习近平总书记每年在“五一”国际劳动节前夕都要向劳动者致以节日的问候。同时多次在各种重大会议上强调劳动教育，表达他对劳动的尊重与崇尚之情。不仅如此，总书记还身体力行，参加各种劳动，打坝、种树、修渠……，用他的劳动本色教育引导青年一代热爱劳动、感知劳动、重视劳动。因而高校更是责无旁贷，应当在劳动过程中，把劳动教育的育人功能和作用充分发挥出来，帮助学生树立劳动意识，塑造人格品德、全面提升能力，从而为社会输送具有团队协作精神、吃苦耐劳品质、动手能力强的高素质人才。

二、劳动教育存在的现实困境

（一）劳动教育主体认同感有待加强

当代大学生自身劳动意识淡薄，对劳动的体认不到位，对各种形式的劳动都往往退避三舍、望而生畏，缺少主动劳动的精神。在校园中经常可见的是学生宿舍脏乱差、靠外卖解决吃饭问题、取快递都需要他人代劳的现象。入学之初，学生对学校组织的义务清扫公厕活动表示不理解、不支持，传统观念导致形成了对体力劳动的错误认识。由此可见，帮助学生正确认识劳动的价值、树立热爱劳动的思想、养成热爱劳动的习惯，尤为重要和紧迫。

（二）教育体系构建亟待完善

教育是一个漫长持续的过程，不是一蹴而就的，需要科学化、系统化的顶层设计和统筹规划作为支撑，学校在开展活动初期，存在活动目标不明确、内容设计不合理、过程执行不通畅、实施效果不理想等诸多问题，使活动无法收到预期的目标。

（三）校内部门协调机制有待优化

劳动教育的组织实施应由校内各部门齐抓共管、各司其职，协力推进，可现实状况依旧是只有学工部门高度重视，一家唱“独角戏”，其他各部门缺乏正确认识，在活动中没有以高度的政治责任感和使命感主动作为，因而教育思想难以达成共识。有些部门也没有理清工作职责和工作范畴，在活动开展过程中找不到准确的定位。

（四）教育共育格局尚未形成

全社会要共同承担起推动劳动教育稳步前行的责任。但现在很多层面却误认为教育的主要责任人是学校，而家庭、社会缺少责任担当，无法与学校形成教育合力，从而制约了劳动教育的长远发展。学校成了开展劳动教育的孤岛，教育相对自我封闭的状态长久以来并没有被打破和改善，新生义务清扫公厕活动并没有得到家长和社会的大力支持与关注。

三、加强劳动教育的实践路径

（一）把握育人导向，打造品牌文化

学校坚持以习近平新时代中国特色社会主义思想为指导，以社会主义核心价值观为引领，围绕立德树人根本任务，积极引导大学生懂得劳动最光荣、劳动最崇高、劳动最伟大、劳动最美丽的道理。当代大学生劳动教育面临新形势、新特点、新要求，劳动教育也被学校重新放到一个新的政治高度去看待，教育工作者也在潜心思考和研究如何让劳动教育做实、做细、做好，努力形成劳动教育的良好校园风气，积极营造关心支持劳动教育的舆论氛围。学校把新生义务清扫公厕纳入常规，成为“规定动作”，通过校园体验式劳动的方式，为学生搭建劳动锻炼的实践平台，从而更好地认识社会、了解国情，增强社会责任感。

（二）科学规划部署，保证活动实效

学校学生资助管理中心负责新生义务清扫公厕活动的整体统筹，制定具体实施方案，及时安排部署。在活动推进过程中，精心组织、抓好落实，确保活动扎实安全、稳妥有序进行，同时通过校园网、学院公众号等形式及时报道活动开展情况、活动取得的成效、优秀典型事例，营造出浓厚的劳动教育氛围，扩大劳动教育的社会效果。学年活动结束后，每个班级会形成一本《劳动札记》，用于记录劳动时的点点滴滴以及同学们的劳动感悟，资助管理中心将把这些《劳动札记》收集留存和整理归档。根据物业部门每周的劳动评分，资助管理中心会评选出学年义务劳动先进班级，使其发挥榜样示范作用，促进劳动教育活动更好发展。

（三）加强部门协同，凝聚工作合力

围绕新生义务清扫公厕活动，各部门要努力构建劳动教育协同机制，推动工作融合发展。资助管理中心作为负责此项活动的工作部门，要细化顶层设计、统筹安排，制定每学年的新生义务劳动实施方案，对劳动各个环节进行科学合理的规划，在开展过程中加强组织领导，强化监督检查，确保活动取得实效。各二级学院要按照活动相关要求，广泛开展活动宣传，发挥舆论导向作用，使之有效开展，有序进行。劳动中还要大力宣传先进典型和先进事迹，使其发挥榜样示范引领作用。物业部门每天要安排专人，严格按照物业标准进行卫生检查，并给出相应的成绩，做好效果反馈工作。

（四）构建教育网络，打造教育共同体

教育是一项系统复杂的工程，需要家庭、学校、社会的共同参与，为了发挥教育的功能，必须深刻理解和把握义务劳动与家庭、社会的必然关系，在利用好学校这个主战场的同时，发挥好家庭和社会的协同作用，才能推动学校义务劳动活动的顺利开展。家庭教育在整个教育体系中起到至关重要的作用，每年的义务清扫公厕活动学校都会通过各种途径通知到学生家长，从而给劳动教育奠定了坚实的基础,同时家长也要协助学校扭转一些学生歪曲的劳动价值观念。同时良好的社会教育也显示出不可替代的作用,网络时代下大众传媒对于转变大学生劳动观念、树立正确的劳动思想发挥着重要作用。20 年来，天津科技大学新生义务清扫公厕活动的经验做法获得新闻联播、人民日报、新华社等各级各类主流媒体的广泛报道，也受到天津市领导的充分肯定。广受青年人喜爱的《中国青年报》也在显著位置给予报道，亦获得新浪网、中广网等多家网媒的转载。

古人云，“一屋不扫何以扫天下”，义务清扫公厕活动作为学校新生入学的第一门思想教育必修课，在加强大学生德育教育方面效果显著。天津科技大学也会继续积极探索以立德树人为根本的劳动教育方式方法，为培养德智体美劳全面发展的高素质人才贡献力量。

参考文献：

[1] 檀传宝．加强和改进劳动教育是当务之急——当前我国劳动教育存在的问题、原因及对策 [J]. 人民教育，2018（20）：30-31.

[2] 文新华．论以新时代马克思主义劳动观为指导深入推进劳动教育 [J]. 中国高等教育，2018（21）：10-

12.
[3] 徐海娇 . 劳动教育的价值危机及其出路探析 [J]. 国家教育行政学院学报，2018（10）：22-28.

新时代高校强化班级文化引领班风学风建设探究

陈尚尚
天津理工大学

一、高校班级文化的内涵

班级文化是“班级群体文化”的简称。班级文化作为社会群体的班级所有或部分成员共有的信念、价值观、态度的复合体，具有自我调节、自我约束的功能，是一个班级的灵魂，是每个班级所特有的，是一个班级物质和文化的集中表现。班级文化包含班级制度文化和非制度文化，又可分为“硬文化”和“软文化”。硬文化是指具有可见性的显性文化，例如班级教师的摆设、宣传标语等均为“硬文化”。软文化则是指包含制度文化、观念文化和行为文化在内的隐形文化，是班级成员精神行为的外在体现。

班级文化的形成是学校、教师和学生三者之间作用的结果，它集中承载了一个班级共同的理想和信念，代表着一个班级整体的形象和生命，是班级全体成员共同的智慧结晶和劳动财富，同样是班级整体班风学分的集中体现。班级文化建设的质量好坏，将对班风学风和学生的成长产生直接的影响。加强和优化班级文化建设，有助于提升班级整体凝聚力和战斗力，推动学生成长成才。

新时代高校肩负立德树人的教育目标，承担着培养社会主义合格建设者和接班人的任务，班级文化是班风学风建设的重点环节和内容，优良班级文化的建设是必不可少的中心环节，尤其在当前网络新媒体兴起和学生个性突出的时代，班级文化引起自身的可调节、可变特性，需建立与时代和学生特点相适应的班级文化，提升新时代班级文化的内涵和质量，丰富班级文化的内容和层次，建立与时代发展相符合的制度和文化，进而实现对班风学生的正向引领和学生的正面引导。

二、高校班级文化建设现状及意义

班级文化建设对大学生综合素质的提升具有系统性的作用，然而，在新时代教育改革逐渐深入的背景下，高校招生人数在增加，校园环境设施更新在加快，学生个体的信息传递和思维转化在提速，在这些综合因素作用下，高校班级文化如何建设，如何顺应新时代的要求，更好地发挥班级文化的积极作用，是当前一段时间高校班级文化建设需要思考的问题。

（一）班级文化建设的起源及意义

所谓“文化”，是指人类在社会历史发展过程中制造的物质财富和精神财富的总和。新时代高校持续推进“三全育人”的过程中，以文育人、以文化人的重要作用日渐凸显，在学生成长成才培育过程中起到春风化雨、润物无声的教育效果。早在1932年美国教育社会学家沃勒在《教学社会学》中关于学校文化的论述，开班级文化研究之先河，此后学界对于班级文化教育研究逐渐深入和细化。

班级文化之于社会，高校班集体的生活学习是对学生进入社会大学前的演练，如何提升集体凝聚力和集体荣誉感，促进青年学生树立“小我融入大我”的价值观，如何实现个人奋斗目标与祖国发展相统一，班级文化的培育和建设是必要环节；班级文化之于集体，在高校班级中常会有这样的分化，一个班级班风学风优良，学生成绩优秀，就业竞争本领强，而有的班级则会出现旷课、迟到现象突出，集体荣誉感差等问题，所谓“近朱者赤，近墨者黑”，班级群体效应会影响班级整体和其中的个体；班级文化之于个人，班级文化是一个学生培养人文素养的第一个环境和主要环境，对于学生人文素养的培养具有重要作用，集中体现着学生的文化内涵和品格修养，展示了个体的综合素质和能力。可见，优良班级文化的建设在社会、集体、个人等方面均发挥重要作用，随着新时代新要求，高校不仅要在培养青年科学技术能力上下功夫，更要培养出有理想、有道德、有担当的合格社会主义青年，班级文化建设不可缺席。

（二）高校班级文化建设“困境”与“发展”

高校班集体作为日常教育教学的基本单位，是学生学习、生活的重要载体，对于高校高效运转、集体凝聚和学生成长发挥了重要作用。但伴随高等教育的普及和快速发展，高校班级建设滞后于时代发展和要求，在班级文化内涵、构建和功能等方面陷入“困境”，主要表现在以下几个方面：一是高校大学班级与中小学班级在形式上有差别，“上课时聚集，下课后分散”的教学模式，使得高校班级教室不在固定，难以形成固定的“硬文化”条件，缺乏形式感，难以形成持久的“沉浸式”氛围；二是班级凝聚力建设缺失，伴随高校学习、生活的自由程度的提高和学生目标性培育的减少，学生自由发展的空间的拓展，难以使用统一的“既定目标”进行量化，例如中学有高考分数的刚性线，所有学生均围绕同一目标而努力，能够增强凝聚力的聚合性；三是人文素养的匮乏，随着新媒体时代下手机等网络终端的普及，学生个体沉浸于个人空间，形成“网络达人”而“线下个人”的不对称情形，不利于学生个人素养和集体文化内涵的培育和发展，综合来看在新时代新形势和要求下，高校班级文化建设将迎来更大的挑战和困境，但与此同时也为新时代高校班级文化创新建设提供了新机遇。

因此应紧随时代要求，贴合学生成长规律，转化变量为动量，助力班级文化建设升级和创新，满足新时代对班级文化间的要求和特点。一是符合新时代学生特点和成长规律，让班级文化建设的内容融入学生生活学习过程中；二是符合新时代对高校“立德树人”根本任务的要求，坚持正确的政治方向，积极引导和帮助学生建立正确的人生观、价值观，体现班级文化德育和美育的作用；三是班级文化能够凝聚力量，服务于全体同学，班级文化建设的目的在于凝练共同思想内涵，聚焦班级共同信念目标，体现班集体风采，合力促进自身的能力和素质。

三、高校班级文化建设的三个层面

班级文化的形成不是一蹴而就的，是学校、教室和学生共同作用合力的结果，在制度文化、精神文化、创新文化和人文素养文化相融合统一的过程形成了班级文化。在减少班级特色因素影响的前提下，分析高校班级文化建设重点在于以下 3 个层面。

（一）学校层面，凝练弘扬校园文化，提升校园文化氛围

“以校风促学风”是培育优良班风学风的有效保障。提升班级文化建设，一是学校提供足够的文化制度保障，建立健全文化体系和顶层设计，精心制订合理有效的制度，并加强制度的执行力，形成班级文化建设有据可循、有规可依的良好氛围。例如增加文化类课程，增强学生的个人文化涵养；丰富校园文化育人硬件景观，提升校园整体文化环境，形成潜移默化的文化滋养。二是丰富校园文化活动，通过开展丰富的文化实践活动，达到增强集体凝聚力和团结同学的作用，例如结合“学分活动月”开展班风引领系列活动；结合爱国励志开展社会主义核心价值观教育活动；创办特色文化节，增强学生的融入感。三是强化班级管理，体现班级的整体性。例如在班级教室、宿舍分配方面加强集中统一性；组织开展以班级为单位的风采展示，多角度、多层次地将班级整体融入教育教学的全过程中。

（二）教师层面，教师作为学生日常生活学习的直接接触者，是班级文化建设的指导者和直接参与者，在凝聚班级文化，提升班风学风建设方面的作用不可或缺

一是教师在教学过程中要加强班级管理，形成规则制度，以良好的教风带动学风。在教学过程中常会有这样的现象——学生选择性逃课。这其中包含的原因可能是多重性的，但不可回避地是与教师的课堂管理有直接关系，严格的班级管理有助于形成严谨的班风和严明的规则意识，进而成为班级全体共同遵守的守则，凝聚成为优良的班级文化；另一方面教师融入学生集体中，成为班级的一分子，成为学生的朋友。当前高校班级配备辅导员和班主任，为教师融入班级提供了有效途径和制度保障，教师参与到班集体当中，与学生共同制定班级的各项规章制度、班级计划或是对某事进行集体的裁决；教师在不损害班级整体利益的情况下，非常乐意给予某个学生帮助或是指导，同时接受他们的监督；教师要给班级活动以最大的支持，并尽可能地参与其中，给予客观公正的表扬和批评，使教师成为班级文化的直接参与者和建设者。

（三）学生层面，作为班级文化建设的主体，其思想、行为、价值观等直接作用于班集体

一是班级同学应确立共同的班级目标，建立班级文化的前提是拥有共同的目标和信念，就是要激发学生的爱班荣班情怀，共同维护班集体的理念；二是提升学生在互竞中的互促精神，高校学生个体目标较强，在共同成长的过程中存在差异和竞争关系，应建立满足个性成长需求、追求共同提升的班级文化，在互爱互促过程中满足学生成长成才需求；三是提升学生个体的文化素养，“以文育人”目标的实现是将优秀的文化扎根在学生的精神层面，实现由内而外的涵养提升，因此在班级文化建设过程中，应注重学生个体文化的培育和践行，使学生在班级文化中汲取养分，同时用个人文化果实反哺班级文化，形成循环互促的文化建设模式。

四、班级文化与班风学风联动建设的四项措施

（一）以网络资源为拓展，凝聚文化氛围

伴随手机终端、网络信息的普及，“网上热闹非凡，线下无人说言”的现象也愈发明显，根据班级调查发现：有 17% 的同班关系中只通过网络联系；而空闲时间的 60% 在自己的网络圈子中。网络时代在提供信息传递便利的同时减少了线下的交流，如何变被动为主动，将网络的变量提升为班级文化建设的最大动量，可以从以下几点着手。依托“两微一端”建立班级公

众号，有班级同学分组轮值负责，共同打造班级线上文化阵地，可开设班级文化、个人风采、微话题等专区，传递班级信息、展示班级文化，凝聚班级人气，营造班级氛围；积极开展线上交流互动的线上活动，充分发挥互联网信息交互特色，增强班级成员的交流互动性，例如可以布置开展一次学术讨论，将网络时间消耗转移到学习生活中来，在学生共同探讨的过程中形成班级特有文化氛围，也可开展宿舍风采展示、个人才艺秀等文化活动，充分展示班级成员的独特魅力，增加班级成员间的了解；利用网络平台加强制度管理，例如开展活动签到、线上报道等活动内容，有效避免线下工作中的人员失误，在制度的约束和保障下，使规则和要求成为自觉的行为习惯，进而成为班级的文化。变变量为动量，用网络凝聚人气，营造班级文化氛围。

（二）以校园活动为践行，提升创新文化

高校实践活动非常丰富，是提升班级文化和学生成长的有效途径，应以校园活动为践行，开展文化形式丰富、内涵高雅、效果突出的实践活动，提升班级创新文化和战斗力。一是有效发挥“优秀班集体”“优秀团支部”的评比类活动，凝聚班级力量，展现班级风采，汇聚班级荣誉感，同时在准备过程中，加强班级成员群策群力的集体智慧和全员参与的统一行动，形成班级智力聚集、思想统一的集体主义精神，促进文化内涵汇集、活动开拓创新的文化氛围，应积极鼓励和策划以班集体的形式参加此类活动，在活动前汇集思想、在活动中锤炼班级品格、在活动后促进班级创新文化在升级；二是打造班级特色文化。每一个集体都有每一个集体的特色，如何让特色成为集体共同守护的文化，班级特色品牌活动是表现张力最好的途径之一。班级成员都是班集体的守护者和建造者，班级特色品牌活动便是有利的抓手和焦点，根据班级学科属性结合专业特点形成班级独特的品牌活动，充分展示班级的特有文化，进而促进班级文化内涵式发展和创新文化发展，形成“班级包含我，我亦融进班”的文化氛围。

（三）以党员学干为引领，夯实精神文化

精神文化作为班级文化的灵魂，在班级文化建设中是必须首先完善的内容。党员学生干部作为班集体带头人，在班级精神文化中发挥着引领和指向性的作用，应以党员学干为引领，夯实精神文化。一是培养过硬的学干队伍，学干队伍的质量直接关系班级文化的高低；二是发挥先进典型的模范引领作用。每一位党员干部都是一面旗帜，如何充分发挥学生党员干部的先锋模范作用，使其起到榜样引领的积极作用，进而提升班级文化层次和质量，首先应树立党员学干的正面形象，展现出班干部为班级奉献和牺牲的精神和行动，进而联动身边的同学；其次要传播他们的先进典型事迹，通过宣讲团、报告会等形式，线上线下展示先进典型事迹，形成班级内足够的精神文化氛围，以点带面同发展，提升集体整体文化内涵；最后将优秀党员学干融入班集体，他们既是模范引领的积极榜样，也是身边触手可及的同学，可以更好地发挥其模范带头作用，夯实班级精神文化。

（四）以班级党团为载体，健全制度文化

制度是班级文化建设的有效保障，无规矩不成方圆，班级的文化建设亦是如此，建立和完善班级的文化制度是班级文化稳定性的基础保障。应制定和完善班级文明公约、宿舍安全文明守则、班级学风管理规定等适合班集体实际、班级成员一致认可的制度，约束和规范全体成员的行为。确立班级的口号、班规、标语等“软文化”层面的标识，体现班集体的共识，成为班级的隐形制度；制度是班级文化的具体体现，一个团队的战斗力来自日常的规范，具体的表现

就是成员自觉遵守相关制度，因此在班级制度文化建设过程中要有相应配套的惩戒措施，以保障制度能够被遵守和执行。同时制度不单是规定和约束，也要包含关爱与担当，应建立班级“帮扶互助”机制，在生活、学习等方面建立互助体系，让制度先行，进而形成文化。高校班级应结合学校和班级的实际情况，组织确认适合实际的班级制度，融入目标、关爱和目标，形成本集体的制度文化。

新时代提出了新要求，高校班级不仅是学生学习的场所，也是精神内涵和文化素养的成长沃土，应充分认识班级文化在班级建设、学生成长等方面的积极作用，充分依托新媒体、党员学干等优势资源，建立和完善班级精神和制度文化，充分发挥高校、教师和学生三层联动的共建机制，不断夯实班级文化，培育优良班风学风，促进学生成长成才，为新时代高校“立德树人”根本任务的落实提供班级样本，打造和完善“以文育人、以文育人”的班级载体和途径，培养新时代青年人才。

参考文献：

[1] 林凤英 . 校园文化建设与大学生综合素质提升探讨 [J]. 智库时代，2019（38）：135.

[2] 陈红敏 . 班级文化建设摭谈 [J]. 中国农村教育，2019（23）：8.

[3] 杨博 . 制度文化视角下的新型班级建设初探 [J]. 高教学刊，2019（25）：144-146.

[4] 庄园 . 高校班级凝聚力建设的困境与突破 [J]. 江苏高教，2019（11）：90-94.

疫情防控常态化下高校毕业生就业困境与对策

——以天津理工大学管理学院为例

何涛

天津理工大学

一、前言

2020 年全国毕业生超过 874 万，相比 2019 年增加 40 万人，高校毕业生就业压力较往年进一步增加，加之疫情防控成为常态化的大背景下以及中美关系震荡等不利因素的叠加影响，我国的经济形势面临较大的下行压力，在可预见的 2021 届高校毕业生就业形势将更加复杂严峻。

为党和国家培养合格的社会主义建设者和接班人是高校的根本任务，做好高校毕业生的就业工作不仅是稳定社会、改善民生的重要保障，更是为祖国的社会主义现代化建设提供源源不断的生力军的根本要求。然而当前“有人无岗”与“有岗无人”现象依旧存在，招工难与用工难等各类结构性矛盾仍然突出[1]，就业形势依然严峻。因此，深入研究这个问题并找出相应对策愈发重要，本文以天津理工大学管理学院毕业生就业状况为对象展开相关研究。

二、管理学院 2020 届毕业生就业现状

（一）管理学院就业整体情况

管理学院目前有 2020 届毕业 992 人，其中本科生 867 人，硕士研究生 124 人，博士研究生 1 人，涉及本科 11 个专业，研究生 10 个专业。截至 9 月 10 日，管理学院整体就业率 75.50%，其中本科生就业率 74.51%，研究生就业率 82.40%，具体就业情况见表 1。

表 1　管理学院 2020 年 9 月就业情况统计表

2020届毕业生就业情况统计

专业	保险学	信息管理与信息系统	工程造价	工程管理	财务管理	工商管理	市场营销	工业工程	物流管理	工商管理（3+1）	工商管理（国工）	本科总数	研究生	学院总数
签三方就业协议	17	9	41	43	13	6	12	20	15	12	11	199	61	260
升学	6	15	5	4	9	18	1	7	19	6	2	92	6	98
考研率	8.96%	21.43%	4.76%	4.17%	10.00%	16.98%	1.69%	10.29%	26.76%	8.82%	2.99%	10.61%	4.80%	9.88%
出国	4	2	7	1	0	0	0	1	3	8	9	35	0	35
签劳动合同就业	10	4	11	3	8	12	11	2	5	6	6	78	28	106
其他形式	11	21	0	21	42	55	16	28	22	10	16	242	8	250
专业人数	67	70	105	96	90	106	59	68	71	68	67	867	125	992

续表

签约率	55.22%	42.86%	60.95%	53.13%	33.33%	33.96%	40.68%	44.12%	59.15%	47.06%	41.79%	46.60%	76.00%	50.30%
就业率	71.64%	72.86%	60.95%	75.00%	80.00%	85.85%	67.80%	85.29%	90.14%	61.76%	65.67%	74.51%	82.40%	75.50%

（二）管理学院重点关注人群就业情况

在重点关注的就业人群中，管理学院共有湖北籍毕业生 3 人，全部实现就业，1 人出国，1 人升学，1 人其他形式就业；管理学院困难毕业生 77 人，其中 54 人实现就业，就业率 70.13%，其中签三方就业协议和劳动合同 32 人，升学 4 人，其他形式就业 18 人；管理学院涉及 52 个贫困县毕业生 14 人，其中 10 人实现就业，就业率 71.43%，其中签约 5 人，其他形式就业 7 人；管理学院新疆籍少数民族毕业生 14 人，其他就业形式 6 人，未就业 8 人，就业率 42.86%；管理学院西藏毕业生 17 人，其中 11 人实现就业，就业率 64.7%，其中签三方 3 人，出国 1 人，其他就业形式 7 人。具体就业情况如图 1 所示。

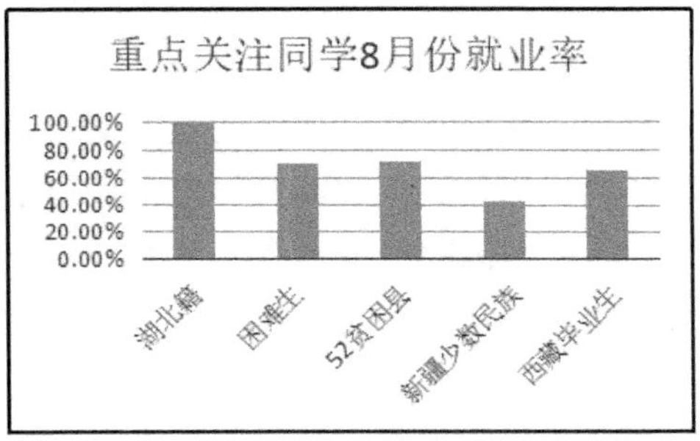

图 1　管理学院重点关注人群 8 月就业情况统计表

（三）管理学院重就业率变化趋势

2020 年初受疫情影响，管理学院就业率较往年同期受到巨大冲击，5 月份毕业生返校时就业率仅为 10%，在这种大背景下，管理学院积极行动，在院党委的坚强领导下，各系主任、专任教师、毕业指导教师、辅导员、班主任等全员出动，上下一心共同促就业。6 月初就业率突破 60%，6 月 15 日就业率突破 70%，6 月底达到最高的 76%。

进入 7 月份，管理学院根据教育部、市教委要求展开就业数据和材料排查工作，对于已经离职和变更单位的同学进行数据更新。通过排查更新，整个 7 月份管理学院就业率逐步下降并稳定在 70% 上下，但整体签约率由 6 月底的 29.1% 增长至目前的 50.3%。具体情况如图 2 所示。

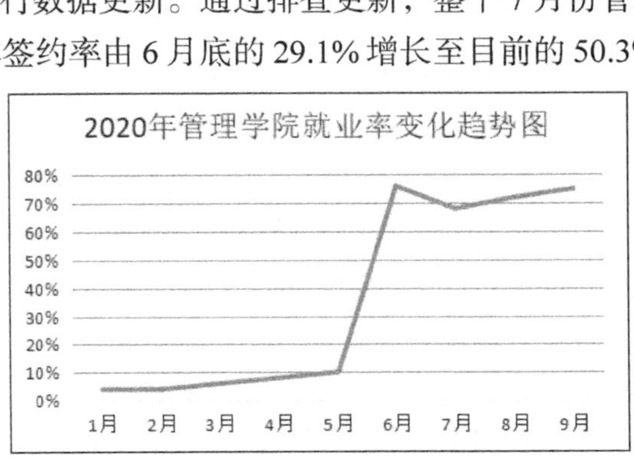

图 2　管理学院 2020 年就业率变化趋势图

三、当前形势下就业面临的问题

（一）未实现就业人数较多

管理学院2020届毕业生整体就业率虽然已经突破75%，但由于毕业生基数较大，目前仍有243人未实现就业，已对其建立就业帮扶台账。其中除去选择继续考研的同学外，仍有一半的人未能实现就业，绝对数字仍然较大。

（二）已就业同学中不稳定就业人数依然较多

已就业同学中有250人为其他形式就业，虽然人数由最高峰的418人将至当前水平，但占比仍然较高。加之经济形势和就业环境整体严峻，此类不稳定就业同学随时可能离职，在辅导员与毕业生的回访沟通中，相当多的同学未来存在离职重新考研或参加公职类考试的打算，高校促就业工作的压力注定长期存在。

此外，受到国外疫情形势反复和当前国际形势尤其中美关系动荡的双重叠加影响，管理学院原计划出国深造的同学面临重新选择，目前部分赴美同学的留学签证已被取消。

（三）用人单位招聘需求与大学生就业意向存在较大差距

随着我国社会经济的长足发展，我国高校毕业生的就业期望也一路水涨船高。追求一份好工作对于毕业生而言是无可厚非的，但是脱离实际盲目追求理想中的空中楼阁无疑对于就业工作是一场灾难[2]。尤其在当下，国内与国际经济形势依然复杂多变，国内一些长期积累的深层次矛盾逐渐突出，社会主要劳动力结构与经济社会发展需求不相适应、结构性就业矛盾突出等问题凸显毕业生择业期望与用人单位实际需求的矛盾[3]。

暑假期间，辅导员老师对于毕业生的持续跟踪调研发现，未就业同学中多数都计划继续考研或考公务员、事业单位等，无近期就业意向，这类同学就业期望较高，普通推荐单位无法满足其需求。大学生择业观与人才市场需求错位是目前大学生就业市场存在的普遍现象，也是大学生的自我意向与用人单位实际需求之间的矛盾。

很多大学生头脑中精英意识过强，对薪资和职位的要求较高，眼高手低，然而却不能胜任理想职位。由于他们不能给自己准确的定位，导致高不成低不就的现象，出现大学生就业市场中大学生找不到工作、企业找不到员工的现象[4]。这也直接导致每年考研人数居高不下，毕业生以此来逃避就业，更有一部分大学生宁愿待业在家也不愿意屈尊折腰。

四、解决当前就业困境的对策

（一）强化党在就业工作中的领导作用，做好顶层设计

管理学院就业率自5月下旬快速增长离不开党委的坚强领导和大力支持。针对今年的新情况，学院建立了党政一把手牵头领导、负责学生工作的党委副书记直接领导，各系主任、专任教师及专业辅导员、班主任负责为毕业生提供招聘信息和就业指导等帮扶，就业辅导员进行数据整理、更新、汇总的全员联动体系，建立教师对学生分人包干原则，积极动员仍未就业的同学尽快找到工作单位，推荐各类招聘单位，帮助其早日实现就业。

（二）加强对毕业生的思想教育，使其树立正确择业观

社会主义高校的任务是为党和国家源源不断地培养合格的社会主义建设者和接班人，不是为社会增添更多的负担。要在学生在校期间加强对其思想上的价值引领和择业观教育，引导和

鼓励高校毕业生到基层就业，进一步引导和鼓励高校毕业生到城乡基层、中西部地区、中小微企业就业，到祖国需要的地方去，成为国家需要的人才[5]，以服务社会、奉献国家为己任，既实现了就业，也提高了个人综合素质。同时，健全基层服务保障机制，畅通流动渠道，拓展扎根基层高校毕业生职业发展通道[6]。

（三）完善制度建设，做好就业保障工作

在我国抗击新冠肺炎疫情取得阶段性胜利的背后，我国数字基础设施建设取得的成就发挥出了巨大优势。在诸多技术已经成熟的大背景下，部分地区和院校已经出台的线上三方、网络签章等方式可以在全国范围内普遍推广落地，以此次防疫抗疫为契机真正实现线上办理的全过程。希望相关政策制度能够得到改进完善，升级相关政策和管理方式，加强一体化政务服务平台建设，做到与时俱进，真正实现网上签约以及网上办理就业手续，彻底做到“一网通办”。

五、总结

做好高校毕业生就业工作，把稳就业放在更加突出位置，已不仅仅是惠民生的重要发力点，也是经济转型升级中的一个重要施政指引[7]。改革开放40多年来，经济发展与扩大就业有效联动，就业优先，可以说是抓住了保证经济平稳健康发展的关键点，为实现未来“十四五”规划新一轮科技革命和产业变革提供巨大发展潜力。

参考文献：

[1] 江朝，向林峰．经济新常态对大学生就业影响分析 [J]. 品牌研究，2018，（6）：176-177.

[2] 李德永．大学生就业供求关系分析及其对高校就业工作的启发 [J]. 安徽理工大学学报：社会科学版，2019，21（1）：102-105.

[3] 张峰．大学生就业能力培养与企业需求匹配度分析 [J]. 中国农村教育，2019， 289（3）：13.

[4] 李洪岩．精准帮扶视阈下大学生“慢就业”的应策理路 [J]. 吉林师范大学学报（人文社会科学版），2018，46（5）：119-124.

[5] 蔡可姝．论大学生就业能力的影响因素及提升路径 [J]. 科教文汇，2018（32）：139-140.

[6] 贺娜．供给侧改革视角下大学生就业竞争力提升对策研究 [J]. 黑河学刊，2019， 242（2）：12-14.

由爱国三问到实践三问
厚植爱国主义情怀 探究高校学生实践路径

李雪娇
天津理工大学

一、再提爱国三问，滋养爱国情怀

习近平总书记在全国教育大会上强调，要在厚植爱国主义情怀上下功夫，让爱国主义精神在学生心中牢牢扎根。1935年，著名教育家张伯苓在南开大学开学典礼上问了3个问题：“你是中国人吗？你爱中国吗？你愿意中国好吗？”这是历史之问，更是时代之问、未来之问。面对“爱国三问”，广大大学生只有把人生理想融入国家和民族的事业中，才能最终成就一番事业。

爱国永远是中华民族最深厚、最深沉、最有生命力的情感。爱国主义精神带领中华儿女走出了最危急的时刻，走过生死考验，在共产党的领导下取得了革命的胜利，成立了新中国。

中国自古以来就强调“知行合一”，孔子强调寓教于乐、因材施教等教育思想，陶行知主张“教学相合”，这些都包含着实践育人的思想。

在新冠肺炎疫情防控常态化前提下，做好高校思想政治工作，特别是培育大学生爱国主义思想是一项重要的政治任务。高校要坚持以习近平新时代中国特色社会主义思想为指导，“要听党话、跟党走，胸怀忧国忧民之心、爱国爱民之情，不断奉献祖国、奉献人民，以一生的真情投入、一辈子的顽强奋斗来体现爱国主义情怀，让爱国主义的伟大旗帜始终在心中高高飘扬。”①习近平总书记的谆谆嘱托，为高校大学生涵养爱国情怀、践行报国情怀，提出了明确要求，指明了前进方向。

二、提出“实践三问”，融入爱国教育

每每读到“爱国三问”，作为一名高校老师，总是思虑万千。在经济全球化、信息化浪潮的冲击下，国内外形势复杂多变，基于此可能会出现多个思想流派和多种实践观点，广大青年学子坚持正确的实践观点和实践方向，在目前具有更加现实和紧迫的意义。更重要的是将爱国主义融入实践过程中这是执政党不断赢取民心、稳定形势、巩固制度、团结青年的需要。

由此及彼，结合自身工作实际，特提出“实践三问”：“你是谁？你准备去哪？你能做什么？”“实践三问”更多的是学校和家庭对学生的期许之问、价值之问、人生之问。面对“实践三问”，该如何作答？我认为“只有始终保持为中华崛起而读书的初心和将爱国情、报国志融入实践中，才能收获人生的成长。”

大学生是十分宝贵的人才资源，是民族的希望、祖国的未来，肩负着民族振兴的历史使命。

习近平总书记在多个场合经常强调："空谈误国，实干兴邦"。这句话不仅仅应当运用到国家发展上，同样也适用于学生培养和发展，务实踏实，才能发展起来。实践出真知，大学生积极参加爱国实践活动是提高大学生综合素质的需要。爱国实践活动一是有利于大学生从思想上比较客观地去重新认识、评价自我，形成正确的国家观、人生观、价值观；二是有利于他们通过实际的生产实践活动上提高自身的综合能力，在实践中不断动手、动脑、动嘴，增强干事创业的本领。

因此，如何在大思政背景下，将爱国主义精神融入大学生实践活动中，科学地设计实践活动的形式和种类，已经是一项刻不容缓的任务，具有重要的理论意义和实践意义。

三、落实"实践三问"，构建实践路径

在全国高校思想政治工作会议上，习近平总书记指出，要更加注重以文化人以文育人，广泛开展文明校园创建，开展形式多样、健康向上、格调高雅的校园文化活动，广泛开展各类社会实践。

实践教育既是一项学生事务工作，也是一项思想政治工作。对于高校思政工作者来讲，习近平总书记对于做好高校思想政治工作所作出的"因事而化、因时而进、因势而新"的指示，同样适合用来指导如何在厚植爱国主义情怀前提下，探究和构建高校学生实践教育和路径。

第一，应做一个"三有"老师，即有故事、有温度、有情怀。一位学者曾经说过：一个文物承载的故事越多,就越有价值。那么在实践教育中一个老师越会讲故事,他的工作就越有成效。怎样开展和调动大学生参与爱国实践活动和积极性，是需要认真思考的问题。从实践内容上，一定要把握重大爱国时间节点，比如五四、9•18、国庆、一二•九等，坚持贴近热点、贴近学科、贴近学生，依靠专业老师，搭建不同类型第二课堂实践平台；从实践形式上，可以采用短视频、广播剧、自媒体漫画等，遵循发展性及服务性原则，让爱国实践活动焕发出无限的生命力。从实践宣传上，一定要生动具体，不能空讲大道理，可加入音频视频，让文字和画面动起来，从而调动学生的积极性和主动参与性，增加实践的影响力和延展性。所谓有温度：其真谛笔者觉得就是平日里的促膝长谈和耳提面命，让学生感觉到老师是真正地关心他，辅导员就是那个为他保驾护航的人，这样在发动和组织实践活动时，才能有号召力；同时组织爱国主义教育和爱国实践活动一定要有情怀，在面对困难和压力时，依然能腕尽其力，背后依靠的就是让更多的学生爱国、报国，让祖国和人民放心这样的情怀。

第二，要为中华之崛起而读书。为中华之崛起而读书是周恩来总理在少年时立下的宏伟志向，其核心是对爱国主义精神的传承和弘扬。和谐稳定、敏思勤学的大学校园激励着青年学生刻苦学习、实干锻炼。青年人要始终将人生志向同国家联系在一起，将奋斗方向与民族结合在一起，这是广大青年学子各种具体志向的底盘，也是人生的脊梁。心怀祖国、情系人民是学校和父母的期待，承载着祖国和民族的希望。学风建设也是学校办学过程中的不懈追求和主题，优良学风的形成与历久不衰，是造就优秀育人环境的根本和追求卓越的基本保证。

所以在学生日常管理工作中，要更加强调增强学生自主、自觉、自愿的学习意识，筑牢学风建设的思想基础。根据学生的实际情况和兴趣爱好，多途径为学生提供学习知识的机会及场所。使人人爱学习、人人要学习成为学校每个学生的一种牢固观念、行为目标和自觉行动。着

重突出科技创新，提高学生的实践和创新能力，增强学习效果，提高学生的综合素质。通过开展以为中华之崛起而读书为主题的各种活动，加强就业创业教育，开展社会实践，充分发挥学校红色社团的育人功能，进行分类指导，激发他们的学习的信心和勇气，克服学习上的畏难情绪，在校园大环境里勤奋学习，努力实践。

要建立“三注重三个早”爱国实践教育模式。“一注重”打造品牌爱国实践活动，如可以积极寻找与学校专业相关度高的企业开展实践活动，理工类院校可主要集中在信息传输、燃气、电力、热力、机械等方向，与时下提倡的工匠精神、志愿服务西部相结合；文科类院校可主要集中在公益类服务组织、大中小学、医院、社区等领域，与延安精神、西迁精神相结合；同时要引导毕业生在重大工程、重大项目、重要领域积极实践和就业，在基层一线奉献自己的青春年华。

“二注重”一网一微，即学校党委宣传部、学工部、团委官网和官微建设。一网一微在疫情防控工作常态下做好爱国主义教育，有力推动爱国实践显得尤为重要，特别是要有效开展“爱国实践云模式”，有布局、有重点、不断线地推出活动。有意识性地培养“红色网络大V”，比如辅导员红色工作日志、辅导员个人公众号运营，利用好青年学生喜闻乐见的方式和语言主动引导，把爱国主义教育相关的教育活动以生动活泼的方式予以呈现，扩大影响力。

“三注重”校友资源。校友是学校最为宝贵的财富，校友是学校最为珍视的资源，校友企业是学校和毕业生永远信赖和依靠的重要力量。广大青年学子同样渴望报效祖国、建功立业。校院两级负责校友工作的老师，应积极为校友企业和毕业生搭建实践平台，同时可在校院两级微信平台和网站专门推出校友企业实践岗位招募版块。

“三个早”即早规划、早融入、早结合。早规划即提前规划就业方向，根据就业方向规划实习单位。提早实习可以提升职业技能，扩展人脉资源，还可以收获人生体验和解决就业信息不对称的问题。在正式实习之前，首要的任务是做好实习计划，把握住与本专业相关、与职业定位相关、求职相关的实习机会，然后就具体问题具体分析。早融入即在新生入学教育中融入爱国主义实践教育，问一问新生面对“实践三问”（结合学涯规划和生涯规划），自己有没有答案，知不知道怎么找答案。在懈怠时，能够想到“实践三问”，自我鞭策自我警醒，要不断努力。早结合即探索依托基层党委、教工党支部（师生党支部）、支部委员、支部党员，将爱国主义实践活动与党支部建设相结合，进一步形成合力，共同促进爱国主义教育，发挥基层党组织战斗堡垒作用，将促进学生爱国实践过程转化为党性教育的过程，践行不忘初心、牢记使命的过程。

加强爱国主义教育，要强化责任担当。在不断开创爱国主义实践教育的新局面。新时代要有新担当，新作为。在工作中不但要有见招拆招的思路方法，还要有以滚石上山、爬坡过坎的劲头和勇气担当，即使前方崎岖难行，始终相信玉汝于成。从点滴小事做起，细致耐心，勇于担当，善于作为，不断积累事业发展的正能量，为实现中国梦贡献自己全面力量。

新时代高校大学生就业核心素养培养的路径探究

刘渊博 张凯晴
天津理工大学

随着大学生人数的不断增加，大学生就业形势日益严峻。虽然部分专业具有较好的发展前景和竞争优势，但是部分学生对自身专业的了解不彻底，在就业分析、择业分析、职业分析、人生规划等方面不明确，就业核心素养缺失，导致部分高校学生就业存在着一定的困难。高校的职业生涯规划教育和就业指导需要围绕学生的实际需求；把握立德树人的基本方向，培养学生正确的核心价值观、人生观、择业观；帮助学生制定切实可行的就业目标，形成终身受益的良好习惯，接受社会的考验；使学生在自己的岗位上保持永久的热情和不竭的动力。

一、高校大学生面临的就业现状

（一）学生职业规划不明确，目标与社会需求不匹配

从基础教育到高等教育，固定的学生生涯模式使得很多学生缺乏对未来的思考和对自身的人生规划。对社会现实和就业环境的模糊认识，使得当前大部分学生就业观念不切实际，缺乏吃苦精神和奉献意识。尤其是在大学期间，部分学生会根据周围同学的就业趋势选择自己的目标，更有大部分学生会根据家人的期望来制订自己的计划，因此缺失了自我思考能力和明确的职业规划[1]。例如，大部分中国家庭期望子女继续深造或者考取公务员和事业单位等稳定的工作单位，从而导致学生职业定位不明确，错失了适合自己的工作，也错过了最佳的就业时机。

（二）家校企业三方缺乏协同联系

目前，高校就业指导相关课程较少，就业准备工作较晚，学校与企业之间的沟通较少，学校和企业单位的针对性讲座匮乏，导致大部分学生无法真正地了解企业需求和社会现状，无法将在校所学知识的实用性和实效性充分发挥，因此难以形成明确的职业规划和就业目标。其次，家长和学校之间的沟通较少，大部分学生的就业规划来源于 3 处：家庭的择业理念、学校的企业资源、同伴的就业方向，3 个方向的就业理念综合影响了学生择业观和就业观的形成。而现在大部分高校、企业和家庭缺乏联系，高校作为纽带缺少主动联动。家校企业的三方协同联系可以帮助学生形成明确而清晰的就业理念，减少不必要的盲目跟风和犹豫不决，因此加强三方联系、明确责任主体，可以帮助学生树立正确的就业理念和人生目标。

（三）高校就业核心素养教育缺失

正确的职业道德观和职业素养、完善的就业准备和实践技能、良好的心理素质和择业竞争

是高校学生在走出校门之前应具备的基础素养，其中正确的职业道德观尤为重要[2]。高校学生在就业和择业时不仅仅是选择一份工作，更是选择一份终身从事和热爱的事业。但如今，随着时代的变迁，经济的发展，部分大学生的择业观发生了改变，以社会认可度和福利待遇为主要考虑因素，择业动机往往具有盲从性和功利性等特点。高校开设的职业生涯规划和创新创业指导课程缺乏核心素养教育等内容，而且相关课程课时较少，课程目标不明确，与专业课的联系不紧密，导致大部分学生无法真正从中汲取相关知识。

二、高校大学生就业核心素养的基本内容

（一）正确的职业道德观和职业素养

根据高校学生的求职意向调查发现，当代大学生多数向往薪资较高和受尊重的职业，而对于需要吃苦耐劳和无私奉献的岗位则无人问津。习近平总书记在学校思想政治理论课教师座谈会上强调："办好思想政治理论课，最根本的是要全面贯彻党的教育方针，解决好培养什么人、怎样培养人、为谁培养人这个根本问题。"因此高校教育需要把握政治思想引领的基本方向，加强职业道德观和职业核心素养的教育，引导学生志存高远、脚踏实地，不畏艰难险阻，勇担时代使命，把个人的理想追求融入党和国家事业之中，为祖国培养德才兼备、知行合一的优秀人才。

（二）完善的就业准备和实践技能

大学期间就业的整个过程分为多个步骤，学生应该在大一时就具备相应的职业理念；大二时接受相关的职业教育；大三时进行择业准备阶段的探索和实践；大四时进入择业竞争和就职适应的阶段。这 4 个阶段循序渐进且缺一不可，因此高校就业指导应紧紧围绕这 4 个阶段开展相关的教育。特别是在择业准备的阶段，不仅要用科学的方法教授相应的就业指导课程，而且要将专业课程和就业指导相融合，运用就业理念指导修正教学实践内容，在以掌握理论为基础的前提下，通过理论融合实践的教育和实习机会增强学生的实践能力和社会适应度。

（三）良好的心理素质和择业竞争

在就业择业的过程中，良好的心理素质和良性的择业竞争是形成就业核心素养的关键。现如今，大部分的高校毕业生都缺乏职业规划的能力和清晰明确的目标，例如，我国每年的考研人数急剧增长就是其中最为明显的表现，大部分同学缺乏规划、恐惧就业，因此在没有清楚认识到自己未来发展的方向时选择继续深造，利用读研的时间继续寻找人生目标。不够成熟的心理和不够明确的就业目标会大大减少学生们的就业机会，容易使其在择业的过程中产生逃避和放弃等消极情绪，甚至在日后的工作中产生较大的心理落差，从而错过了最佳的就业时机，影响人生的职业发展。因此在高校学生就业核心素养的教育中应该加强心理素质培养。

三、以促进就业为导向的大学生就业核心素养培养基本路径

（一）增强学生职业规划探究能力，帮助学生树立就业核心素养

大学时期是学生树立正确的世界观、人生观、价值观的重要时期，也是培养学生独立自思考能力的关键阶段。职业规划的过程尤为重要，高校应充分发挥学生的自主能动力，让学生亲身参与其中，可以通过分组的形式，让每一个学生真正地了解职业分类、职业发展、职业性格

等就业关键的特征，在调研和探究的过程中加强团队合作精神，明确自身的人生目标。高校应该增设专门的就业指导老师，在学生一入校时即建立学生就业档案，并且在学生成长的过程中记录学生各方面能力和素质的变化并定期考核。对就业核心素养不达标的学生进行指导和目标调整，最后结合学生的个人意愿和规划探究给出完整的就业指导。还要对学生就业后的工作情况和职业发展进行追踪，树立优秀榜样，形成良好的“传、帮、带”延续模式。

（二）加强品质培养，优化课程体系，完善就业准备

大学生的意志品质培养和职业道德培养直接决定着其日后的人生轨迹和职业发展，也是一个人为人处世、成长成才的基础。高校应在贯彻落实将立德树人作为教育的根本任务的同时，以服务学生为根本，加大对学生综合能力的培养，优化课程体系，有针对性地开设人文素质教育课程，建设大学生职业能力培养体系。帮助学生扎实专业基础，同时强化学生具备发现问题、分析问题与解决问题的能力，帮助学生适应从大学校园到社会的过渡。

（三）加强家校企业三方的联系，提倡就业形式多样化

就业是民生之本，就业工作是高校的基础工作，也是衡量高校教育成果的重要标准之一，更关乎高校未来的发展方向，高校应充分发挥教师和校友的作用，让学生“走出去”，校友“走进来”，企业“请进来”，家长“加进来”，形成全员参与、三方协同的良好局面。在大学4年的教育中将学业指导、品质培养、社会认知、就业实践等内容融入课程中，将就业核心素养培养和专业知识学习相结合，建立“全员、全过程、全方位”就业体系。利用大数据和网络建立一人一档，提倡就业形式多样化，实现就业精准推荐，就业渠道清晰化，促使高校就业服务系统化、精准化[3]。

大学生的就业核心素养不仅包括职业素养，也包括综合素质。良好的就业核心素养可以帮助学生把握正确的择业观、形成良好的心理素质、养成良好的学习习惯，从根本上提升大学生的核心竞争力。帮助学生实现顺利就业，迅速适应工作岗位，并实现他们的人生价值。

参考文献：

[1] 陈奕同 . 大学生就业存在的问题及其解决措施 [J]. 西部素质教育，2019，5（16）：184-185.
[2] 罗祖兵 . 深度教学：核心素养时代教学变革的方向 [J]. 课程 • 教材 • 教法，2017（4）.
[3] 杨乾振 . 大数据视域下高校毕业生精准化就业指导路径探究 [J]. 智库时代，2020（2）：43-44.

新冠肺炎疫情防控背景下高校新生军训工作的思考

盛洪飞
天津理工大学

军训作为高校新生入学的第一课，目的在于强健新生体魄，增强新生国防意识，激发爱国情感，是高等院校开展素质教育、推进教育改革的重要举措。但在2020年春节之际，新冠肺炎疫情肆虐中国，它传染性强、危害大、防控难度大。我国各省市相继启动重大突发公共卫生事件一级响应，团结社会各界力量，采取科学严格的防控措施，保障人民生命健康安全。高校由于人员密集，也面临着巨大压力。从开始的“停课不停学，停课不停教”到各地“有序复学”，各高校都优化调整了教学计划安排，并结合当地实际情况制定了疫情防控工作标准和具体工作方案，有条不紊地推进高校教学管理工作。当前国内疫情总体可控，但人员流动和聚集增加会带来疫情反弹风险依然存在，特别是国际疫情快速蔓延带来的输入性风险增加。随着2020年高校新生的开学，在新冠肺炎疫情常态化防控背景下，如何做好高校新生的军训工作，不仅关系到祖国新一代青年身心的健康成长，而且对探索高校国防教育的变革具有重大意义。

一、高校军训工作的重要性

“军训”最早可追溯至夏商时期的奴隶社会，以后各朝代都有过对学生实施军训的记载。由于历史发展过程的曲折性，军训则经历了时兴时滞的不同发展阶段。直到中华人民共和国成立后，我国对学生实施军事训练才真正走向正轨。据不完全统计，我国已有近500所高等院校和近3，000所中等学校开展了学生军训。军训已成为高校规定开设的一门公共必修课，是学生接受国防教育的基本形式，是培养和储备我军后备兵员及预备役军官、壮大国防力量的有效手段。

当前，国际局势保持总体和平、缓和与稳定态势，但局部的战争、动荡与紧张有所加剧。特别是新冠肺炎疫情暴发以来，以美国为首的部分国家，不仅没有采取积极措施控制疫情蔓延，保障人民身体健康，反而将矛头直指其他国家，意图撇清自身责任，更是没有底线地发起针对多国的经济制裁和军事威胁。就我国来说，中美关系在台湾问题、经贸问题等方面新的考验，而且有愈演愈烈之势。因此，高校作为国家培养人才的基地，对大学生的国防教育刻不容缓。军训作为国防教育的重要一环，自然不容忽视。

二、新冠肺炎疫情防控背景下高校新生军训工作面临的困难

（一）当代大学生国防意识不足

当代大学生成长于物质丰富、社会和谐、国家富强的新时代。自中华人民共和国成立后，我国即进入了相对和平时期并持续至今，但是世界范围内局部战争和局部争端一直不断，霸权主义、恐怖主义的威胁一直存在。大学生们大多是通过新闻、微博等方式从外界了解一些信息，例如“海湾战争”“钓鱼岛争端”等。但均是以旁观者的身份来对待，他们缺乏基本的政治敏锐性，不能正确分析我国在经济全球化时代加强国防建设的意义。还有部分学生认为，国防只是军人的事情，与自己无关，因而他们不太关注国家和民族的发展，国防意识淡薄。

（二）训练内容简单陈旧，缺乏科学性

高校军事技能训练内涵丰富，既包含理论学习又有实践锻炼，主要包括中国人民解放军条令（内务条令、队列条令等）、中国人民解放军优良传统（坚持党对军队的绝对领导、解放军性质任务和宗旨、三大纪律八项注意等）、轻武器射击、战术、军兵种知识和综合拉练。根据高校现有的军训软硬件设施，考虑到高校新生的身体及心理素质，训练的内容往往会简化为内务整理、队列训练和会操，再加之2020年疫情防控的整体要求，很难保障新生的训练内容多样化和科学化。同时，高校军训的内容与中学阶段的军训内容基本相同，缺乏连贯性和新鲜感，系统性不强。

（三）训练形式单一，学生参与度低

当前，大学生军事训练的方式单一，基本在校园内进行，强调统一性和规定性，很少考虑到不同院校、不同专业或者不同民族学生的特点。在军训管理的组织架构上，大部分高校采用传统的营、连、排的模式，由教官单方面发布训练任务，学生被动接受，缺乏吸引力，造成学生参与度低，训练不积极。

（四）军训管理组织不规范，训练效果不佳

在执行军训任务时，部分高校仅仅将军训作为一项常规工作来对待，在训练方案的制定、训练场地的选择、带队教师的选派方面不够重视。同时，在训练过程中，顾虑太多，训练时间减少，训练强度也大幅降低，日常管理较为松散，见习学生越来越多，导致训练效果不佳，在最后的考核考优环节，存在“走过场”现象，学生都可以通过考核。同时，在军训结束后，没有后续的教育活动跟进，不能实现对大学生长期的教育和引导。

三、疫情防控背景下加强和改进高校军训工作的对策

（一）加强思想引领，提升学生国防意识和政治站位

军训作为高校新生入学第一课，是磨炼新生意志、强健新生体魄、培养新生国防意识的重要环节。在当前的全球化经济时代，很多学生习惯从自身、从小家看待问题，很少想到人民能够安居乐业、家庭能够幸福美满的背后是强大的国家，是国家强大的经济军事文化实力的支持。而我们是其中的每一分子，理应为祖国的事业奉献自己的力量。知识储备多、学习能力强、综合素质高的大学生正是重要的国家军事后备力量。在军训课堂中，首先需要强调政治意识，让学生们清楚为谁而练，提升学生们的国防意识和民族自豪感。

（二）选拔退役复学学生担任军训教官

退役复学大学生是指在读期间，选择入伍参军进入部队锻炼，退伍后回到原学校继续学习的大学生。早在20世纪初期，部队就开始征集适龄大学生入伍参军，以补充部队的高素质人才。服役两年后，大部分入伍大学生选择退伍回到高校继续学习，退役复学大学生群体的数量也在不断增加。经过部队锻炼后，他们国防意识强、军事技能素质过关、自律性高；由于具备学生和教官的双重身份，他们更了解学生的思想状态和身体状态，在训练中能够因材施教，促使训练更具有针对性和实效性。

高等学校可在暑假选拔优秀的退役大学生进行集中训练并考核，合格后颁发证书，正式成为一名学生教官，与部队教官一起进行新生训练。军训结束后，学生教官可继续发挥引领作用，保证国防教育的长期性。

（三）科学规划军训的形式和内容

军训的形式和内容将会在很大程度上决定大学生军训的效果。特别是在疫情防控期间，如何在合理防控疫情的前提下，保障军训的正常进行，显得尤为重要。

在形式方面，需要充分考虑新冠肺炎疫情的影响，实现训练形式的多样化。为避免过多的人员聚集，可考虑将军训时间延长，分批次进行训练；在训练场地一定的条件下，可将课堂、宿舍内的国防教育和操场的日常训练穿插进行，避免所有学生同时训练；需要充分考虑到“00后”大学生个性鲜明但抗挫折能力弱等特点，设置更多趣味性强、互动性强的项目，寓教于乐，让更多的学生融入军训中。由教育部、原总参谋部和原总政治部在天津共同主办的首届军事训练营在内容与形式创新方面已经做出了有益尝试，可作为借鉴。

在内容方面，既要考虑到大学生的特点，也要充分考虑军训的时间和场地因素。一般来说，学生在中学和大学都会进行军训，但训练内容多是队列训练，存在训练内容重复的问题。大学生军训应该与以往的军训训练内容有所区别，并实现有效衔接。中学生可将队列训练、条令条例作为训练的主要内容，大学生军训可选择更具实战性的内容，比如轻武器射击、野外生存、行军宿营。此外，还可增加无线电使用、核生化防护、反恐演练、信息化装备等内容，开阔学生眼界。

（四）多方合力，做到军训的有序开展

训练的内容和形式确定以后，合理的管理和组织就成为大学生军训有序开展的关键。各高校要提高认识、加强领导，选拔素质过硬的教师担任带队教师，选拔优秀的退役复学大学生担任军训教官，制定合理科学的军训计划与方案。在军训进行过程中，武装部、教务处、学工处、保卫处、后勤处、体育部、医务室等多部门应加强沟通协调，做好训练的物资保障、安全保障等各方面工作，确保军训安全平稳开展。此外，应完善学生军训考核机制，避免考核形式化、表面化。

四、结语

对于高校新生的军训工作，依然要严格按照《大纲》和《标准》要求，在保持安全的前提下，理顺组织架构，完善自主组训的模式，探索符合学校实际的措施办法，认真开展好军训技能训练，切实达到提高大学生国防意识、增强其国家安全观、培养其爱国主义精神、掌握一定

的军事理论知识和技能的目的要求，确保国防教育工作取得实效。

参考文献：

[1] 金璐璐 . 大学生军训中的思想政治教育研究 [D]. 黑龙江：哈尔滨工程大学，2012：13-14.
[2] 贺幸平 . 信息化战争背景下高校国防教育问题的症候透视 [J]. 湖南社会科学，2009（4）：148-151.
[3] 杨晓平 . 关于普通高校国防教育内容和课程设置的思考 [J]. 贵州民族学院学报，2008（1）：167-169.
[4] 张博，蒋明，何永淼 .“90 后”大学生军训思想政治教育工作模式探究 [J]. 思想教育研究，2014（236）：91-95.

高校学风建设的现状及措施研究

孙宁
天津理工大学

一、高校学风建设的重要意义

关于“学风”，最早源于《礼记·中庸》，即“博学之，审问之，慎思之，明辨之，笃行之。”① 学风的好坏直接影响教学质量能否提高和人才培养目标能否实现。高校学风建设是学校建设的重要组成部分，学风建设体系是否完善、能否持续有力地推进，关系到高校能否实现内涵式发展、高质量发展；此外，优良学风的形成对于高校师生来说都是终身受益者，优良学风不仅能够促进高校教师在教学内容、教育手段和教学形式上不断推陈出新，而且能满足学生的学习需求，使青年学生得到高质量发展；于社会而言，高校优良学风的形成，能够培养更多高质量人才，满足社会发展需求，提高社会的整体人文素养。因此，高校学风建设对于高校、学生、社会来说都是必要也极具重大意义的。

二、高校学风建设现状

近年来，高校学风建设已受到各高校的高度重视，虽然取得一定成效，但仍存在许多不足之处，学风建设问题也日渐突显。

（一）高校学风建设体系不完善

高校学风建设普遍存在顶层设计不完善，各部门协同联动不足、学风建设不能结合自身学校实际的问题，没有形成具有自身高校特点的学风氛围和文化，从而不能达到以文化人、以文育人的目的。

（二）学生缺乏学习能动性

部分学生存在“60 分万岁”的学习心理，认为读大学的目的就是混个文凭，集中表现在学习目标不明确、学习态度不端正、被动学习等。还有一部分学生专业认同感不强，对自己所学专业存在畏难或者排斥心理，导致厌学甚至弃学。部分大学生没有养成良好的学习习惯，自律性差，沉迷于游戏或者情感问题中，导致挂科，甚至拿到学业预警。

（三）部分教师对于学风建设缺乏主动意识和系统化建设思路

经研究调查，部分教师的教学方法单一、教学内容陈旧，不能适应新时代高等教育发展脚步；教师存在填鸭式教学方式，不能引起学生的学习兴趣，导致课堂教学效果不佳，长此以往，

① 张树国. 中华传世经典阅读·礼记 [M]. 青岛：青岛出版社，2009：242.

造成教师不愿意教，学生不愿意学的局面。

三、高校学风建设的举措

（一）强基固本，形成四年“不断线”全过程育人

学风建设工作，重在平时的常抓不懈，要加强基础性学风管理。加强考勤统计、巡课查课、深入宿舍等，及时掌握学生学习情况和心理动态，做好班干部的培养工作，使班干部成为教师和学生的可靠联络员，从而使教师更好地了解学生实际、满足学生发展需求。例如，可通过举行“学习监督员”挂牌仪式推选本班考勤监督员；分年级、专业、党支部召开学风建设讨论会等，了解学生的心声，满足学生发展需求；应加强学生诚信教育，通过签订诚信考试承诺书、党员诚信考试承诺践诺活动等营造好的学习风气。除此以外，还需根据不同年级学生特点，制定适应本年级学生特点的学风建设活动，立足 4 个年级，做好基础性学风建设，形成“四年不断线”全员育人格局。

1. 大一年级做好新生适应性教育

要形成完整的新生适应性教育体系，在全员、全过程、全方位“三全育人”大思政理念的指导下，探索建立包括家长会、新生见面会、安全教育讲座，日常行为规范培训、入党启蒙教育、女生专题教育、生涯规划讲座、安全教育、校规校纪培训、新生适应性教育考试、专业认知教育等内容的新生适应性教育体系，帮助新生更好更快地融入大学生活。

2. 大二年级加强专业教育

开展专业教育能使学生全面了解自己所学专业，增强学生的专业认同感。例如在开学初、中、末分阶段开展专业教育主题班会、科技创新竞赛宣讲指导等，鼓励学生积极参与互联网 +、大学生创新创业等大型科技赛事，最终达到以赛促学的目的。

3. 大三年级加强考研推动

首先进行调查研究，对于有意向考研的学生做到心中有数，了解学生在备考过程中存在的实际问题；其次，开展具有针对性的考研推动会，如开展优秀学长考研经验分享会、考研信息资源分析、学科指导、考研心理辅导等。

4. 大四年级做好就业指导

①辅导员老师提前进行毕业生就业摸底。掌握就业困难学生、经济困难学生、学业困难学生的情况，做好“一对一”帮扶工作，建立“一对一”帮扶台账，了解大部分学生的就业意向，有针对性地开展就业指导；②提前进行职业生涯教育。要有将就业工作前置的意识，职业生涯教育不止在大四进行，要从低年级开始进行潜移默化的职业生涯教育，如进行学生择业观、就业观教育；③主动进行就业动员。向学生宣传国家就业政策，借助企业信息资源库，推荐学生就业，主动联系企业开展双选会，为学生提供更多的就业机会。

（二）立德铸魂，以优良党风带教风促学风

1. 以优良党风带教风促学风，积极动员广大师生员工参与教风学风建设工作，提高教师对于学风建设的主动意识

教师的教风对良好学风的形成具有直接的影响，因此要在教师队伍中经常性地开展学风建设活动，如在教师党支部中开展以学风建设为主题的党、团日活动，师生党支部对接开展学风

建设研讨会，打造名师讲堂、评选“一堂好课”等，提高教师教学积极性，增强课堂趣味性和时效性，进而提高学生的学习兴趣，使学生喜欢学习。切实发挥全员育人作用，强化辅导员、班主任、班导师工作职责，利用思政教育平台、班会等加强学习监督，加大督查力度，运用新媒体开展主题教育，如在官方微信公众号开设学风建设专题栏目，加强宣传报道，帮助学生养成良好的学习习惯。密切关注特殊学生群体，如建立存在心理问题学生、经济困难生、学业困难生等的信息台账，对缺乏学习目标和动力、进取心不强、学习成绩差的学生实施帮扶教育。充分发挥学生党员和党支部的先锋模范作用和战斗堡垒作用，为学生提供学习上的帮助。

2. 营造风清气正的科研学术之风

高校应该坚持激励与约束并重，倡导负责任的研究行为，坚决反对背离科学精神的做法。要坚持正确的科研价值导向，明确科学家特别是青年科研人员应该追求什么、摒弃什么，比如，跟风式科研不可取，基础研究不能以追求发表高影响因子论文为目的。一旦有科研人员急功近利、弄虚作假，就要受到应有的惩处。大学作为培养人才的重要场所，更应加强学风建设，营造风清气正的学术之风。

（三）示范引领，打造学风建设文化标签

加强示范引领，打造学风建设文化标签，形成学风建设独特文化。通过打造符合本校发展的学风建设文化，从而实现长效育人机制，营造浓厚的学风氛围和环境，为师生提供优质的学习环境。通过加强典型人物的宣传，引领师生向模范学习，召开教师节表彰大会，进一步增强教师教书育人的责任感和使命感，提升全体教师参与教学实践和研究的积极性，创新教育教学方法和人才培养模式。加强优秀学生人物宣传，通过开展表彰大会或借助新媒体宣传，评选先进个人和集体等，授予符合本校、学院特色的优秀个人称号或集体称号，如优学人物、3.0 专业、优良学风班、优秀党支部等，同时发动学院、班级形成优良学风口号和倡议等，开展积极向上的学风建设活动，真正做到以文化人、以文育人。通过示范引领的作用，带动提高一大批学子的学习积极性和主动性，进而形成良好的教风和学风。

综上，学风是保证人才培养质量的关键因素，学风建设从来不是一项短期工程，高校必须常抓不懈、久久为功。在做好基础学风建设工作的同时，还要创新学风建设形式，提高学风建设实效性，真正将学风建设落到实处，努力营造风清气正的学风氛围。深入学习贯彻全国教育大会、全国高校思想政治工作会议和全国研究生教育会议精神，着力破除与新时代要求、高质量发展不相适应的思想观念和思维定式，让教师进一步认识到“为谁教、教什么、怎么教”，学生认识到“为谁学、学什么、怎么学”，在全校上下营造崇教尚学的浓厚氛围，推动高校内涵发展勇攀新高。

参考文献：

[1] 杨晓东 . 高校学风建设中的制约因素及对策分析 [J]. 现代教育科学，2003（9）：62-63.

[2] 教育部 . 关于切实加强和改进高等学校学风建设的实施意见 [EB/OL].http：//www.moe.gov.cn/srcsite/A16/kjs_xfjs/201112/t20111202_172770.html.

[3] 刘姗姗 . 以红色基因引领高校学风建设 [J]. 高校辅导员学刊，2019（5）：79-82.

基于思政视角谈大学生诚信教育

张召召
天津理工大学

近年来，大学生诚信问题在高校屡屡出现，高校如何加强诚信教育，怎样杜绝大学生诚信问题，及怎样培养和引领当代大学生践行社会主义核心价值观等方面的思考成为高校思想政治教育的关键。基于此，研究大学生诚信问题的现状，分析诚信问题的原因，并从思想政治教育的视角探究相应的教育对策，对于推进大学生诚信建设，提高思想政治教育实效性有着重大而深远的意义。

一、高校大学生诚信问题的现状

一直以来，大学生在诚实守信方面都被给予正向评价，绝大多数大学生有较高的思想道德素养，对诚信的重要性普遍认同，具备诚信这一道德品质，有着正确的“三观”，综合素质能力符合高校对于人才培养的目标，符合社会需求。但是，在高等教育大众化背景下，不乏个别学生存在诚信缺失的行为，而且在某些方面表现堪忧，可归纳概括为以下几个方面。

（一）思想政治方面的诚信缺失

随着网络普及、社会多元文化交织，大学生受到各种思潮的影响和冲击，对社会主义认识存在偏差，这在大学生申请入党方面有所体现。大学生在校期间95%以上都会递交入党申请书，然而入党动机却不甚明确，有的为了找个好工作，党员身份可以加分；有的家长要求入党，自己缺乏主见；有的随波逐流，别人申请自己不申请感觉不积极；入党申请书的撰写多数存在抄袭网络，简单机械的复制粘贴，缺乏坚定的理想信念却言不由衷。有的为了入党更是找寻各种关系，造成学校不良政治风气，更重要的是会使得这种不良的失信行为带向社会，对社会发展造成不好影响。

（二）学业方面的诚信缺失

①考勤代签到。高校课堂、实践活动等教学环节多采用考勤方式对学生进行教育管理及学习评价，评价结果记入学生综合考评。基于这种教学模式，一些懒惰的大学生为获得考勤成绩，违背诚信找人代签到、代参加活动等。这种现象愈演愈烈，如今演变成职业“替课”。“替课”人员多为班级内部同学，有部分学生花钱“雇佣”一些人员提供专职服务，供给者有些是贫困学生，有些则是课程较少的大四学生。②作业抄袭。作业本应是温故知新，使学生扎实掌握知识的有效方式方法，如今却成为大学生诚信问题的考量。多数学生作业抄袭“学霸”，抄袭网络，更有甚者网购代写。③考试作弊。据《中国青年研究》以往报道，一份对892名大学生进行的抽样调查显示，有82.74%的大学生曾有过作弊行为（包括夹带纸条、给别人传答案、替考、

高科技舞弊等）。如今，高校考试作弊已经成为普遍现象，不分年级、不分专业、不分性别。作弊的手段也越来越多样化，虽然各高校出台诸多考试作弊相关纪律处分条例，却屡禁不止。④论文剽窃。每当临近毕业，那些平日专业知识学习不扎实的学生便如“热锅上的蚂蚁”，为了能按时完成论文，获取学位，便会采用各种手段进行论文“创作”，如抄袭他人论文、高酬购买毕业论文或从网上拼凑抄袭。他们想以此蒙混过关，殊不知一味地“复制”“粘贴”“照搬照抄”的偷懒作假行为，丢了诚信，简化了大脑，扼杀了思维。

（三）经济方面的诚信缺失

①经济造假。如今国家采取多种政策对在校贫困大学生进行多项资助，以帮助家庭经济困难学生顺利完成学业。然而一些大学生违背诚信，谎报家庭困难经济情况，弄虚作假，换取老师、同学的同情，以骗取国家助学金。②恶意欠费。现今高校大学生物质生活水平在提高，而诚信品行在下降，拖欠学费已经成为一种普遍的现象。每学期开学之初，学生拿着家长给的学费，恣意挥霍，如购买高档手机、高档化妆品等；出入高档酒店、KTV等高消费；上网、旅游、炒股甚至赌博等，对于所欠学费置之不理。有些大学生在校期间申请了国家助学贷款，毕业之后，已经具备还款能力却不按照承诺约定按时还本付息。更有甚者隐瞒自己的工作单位和联系方式，拒收学校老师和银行的催款信息。

（四）就业方面的诚信缺失

①求职简历造假。面对日益严峻的就业形势和就业压力，为了能在激烈的竞争中寻求到一份满意的工作，一些大学生不惜采取各种各样的手段制作虚假简历：伪造各种荣誉证书、资格证书；编造社会实践经历和学生干部履历，普通学生写成了学生会主席；填写学习成绩时只拣高分的填写，低分的不填，美其名曰“所学主要课程及成绩”，甚至有些自己私自修改提高成绩。②随意解除就业协定。在签订就业协议书时考虑欠缺，面对几家单位难以取舍，刚刚签约就想解约。部分学生考研和就业两手准备，先和单位签订一份就业协议，考上研究生之后则违约，选择继续深造。这些就业失信的行为无疑加大了学校的培养成本和企业的招聘成本，同时对大学生本身也造成一定影响，不利于其后期职业发展。

（五）生活方面的诚信缺失

在日常生活中，有些大学生价值观扭曲，以自我为中心，自私自利，与同学交流缺乏真诚，把同学之间的交往利益化。不少学生干部参加学生会、社团不是想着纯粹地锻炼自我，为同学们服务，而是想着怎样为自己谋取利益。还有些学生缺乏责任感，用虚情假意对待纯洁的校园爱情。大学生生活中这些失信行为，严重影响了正常的人际交往，如不及时加以纠正，一方面不利于其本身健康人格的形成；另一方面也不利于高校和谐校园建设。

二、高校大学生诚信问题的原因分析

大学生诚信问题产生的原因，包括主客观因素：大学生自身因素、家庭因素、社会因素一定程度上影响着大学生诚信品质，然而主要因素还应归结于高校的诚信教育。

（一）大学生自身因素

大学生虽大都是年满十八周岁的成年人，其“三观”基本确立，有明辨是非的能力。但诚信意识仍缺乏，在面对利益诱惑之时，难免会犯下违背诚信的错误。如为了取得高分，从而在评定奖学金、组织发展中获得优先资格，不惜采取一切可能的手段。尤其是随着国家对奖学金和助学金的支持力度逐年增大，就业压力逐年增强，如果有学生依靠作弊手段获得奖学金、好工作，周边的同学就会积极效仿。还有部分学生对诚信的认识不足，尽管有辅导员、班主任反复强调考试作弊会带来的严重后果，仍然不能引起大学生的重视，直到自己受到处分之时才后悔不已。

（二）家庭因素

家长是学生最好的老师，随着我国现代化和城镇化的进程不断加快，外出务工成为一种社会常态，很多孩子不在自己父母身边长大，家庭教育的缺失，不利于学生身心的健康成长，当然也包括诚信品质的培养。还有不少学生家长为了孩子能进入重点初中、重点高中而托关系、走后门。在这样的家庭环境中成长的孩子，何谈诚信？

（三）社会因素

一方面，网络科技的高度发达，社会多元文化的共存，大量西方文化思潮和价值观念的冲击，使得弄虚作假、坑蒙拐骗等不良之风强势来袭并已经逐步渗透学校这片净土。另一方面，用人单位在招聘时，往往看重学历、成绩和获奖情况，以此作为学生的实际能力的考量标准，而忽视为人处事、道德品质的重要性。大学生为了寻求一份较好的工作，不惜制作假证书，社会上一些“专业制作证书”的机构也为其提供温床。

（四）诸多因素源于学校教育

首先，高校教育一味地重视专业课教学，把学习成绩作为评价学生的主要指标，而忽视了“育人、育德”教育。老师忙项目、忙科研的多，真正关注教学、关心学生少。这在一定程度上，导致了学生价值取向、价值追求的偏离。其次，近年来高校的扩招，增加了学校的管理难度，在一定程度上降低了教学质量。老师教学采用大班授课形式，很难与学生进行互动交流。学校很少制定关于学生诚信问题的奖惩、管理等方面的制度。再者，部分高校学习氛围、校园文化、教学风气较差。大一新生刚入校，就会接受学长、学姐、老乡们的“说教”，传授各种“经验”，什么“六十分万岁，多一分浪费”，什么“选修课必逃，必修课选逃”，“不逃课的大学不完整”等等。另外，教学楼、宿舍楼等随处可见出售考试答案、制作各种证书的小广告。男生宿舍游戏横行，女生宿舍追剧成风，学生更多的时间花在了“娱乐”上，而不是学习。一些老师除了教学任务，很少会花时间与学生交流，更不用说“德育”教育。

三、发挥思想政治教育在化解大学生诚信问题的作用

诚信教育是高校思想政治教育的重要组成部分，诚信教育的关键在于如何发挥思想政治教育在大学生诚信建设方面的作用，落实立德树人根本任务，培养德智体美劳全面发展的社会主义建设者和可靠接班人。

（一）坚定高校思政育人的核心价值

高校教育作为教育的重要组成部分，是我国社会主义人才培养的主阵地，是实现“两个一百年”奋斗目标、中华民族伟大复兴中国梦的动力源泉。高校教育不仅要“育才”，更重要的是要“育人”，而“育人”的核心在“育德”。《左传》载“太上有立德，其次有立功，其次有立言，虽久不废，此谓不朽”。关于落实高校思想政治教育立德树人的根本任务，习近平

总书记多次进行了阐述和批示。这一要求明确，高校教育必须把好“育人”的关，为特色社会主义事业输送德才兼备的优秀青年。

（二）增强教师诚信育人的观念

古人云：“师者，所以传道授业解惑也。”老师，不只是简单的教书匠，更重要的是教授学生为人处世的道理。因此高校诚信教育实施就要求教师增强育人观念。要求教师改变以往“一言堂，满堂灌”的专业教育，要把德育贯彻到课堂中来，要主动地去关注、关心学生的思想动态，指导引领其成长成才，这也是近年来落实高校课程思政的建设要求。同时，教师要以身作则，诚信待人，在学生考评上公平正义、奖惩分明。只有在这样的育人观念和教学氛围下，学生才会受到教育和熏陶，自觉地效仿和学习。在辅导员、班主任的日常工作中，要始终坚持立德树人的理念。把诚信教育贯彻到学生工作中来，更多地组织开展诚信教育学习实践活动，感化学生。

（三）健全学生诚信教育的机制

“志不强者智不达，言不信者行不果”。除正确引导之外，监督、制定相关奖惩制度进行约束和激励，也是高校诚信教育的一部分。首先，就是诚信档案的建立，“人无信不立”，让学生意识到诚信的重要性。将学生在校期间的诚信行为记录在册，放入个人档案，对其以警示教育，及时帮助他们改正失信行为。其次，制定规章制度把学生的诚信品质作为考核的一项内容，与其评优评先挂钩。最后，要实行学校、家庭、社会“三结合”的教育管理网络，深入广泛开展诚信主题教育，采取有效形式和长效机制相结合，增强学生社会责任感，践行社会主义核心价值观。

参考文献：

[1] 唐霄，唐子芹，赵慧，等 . 对高校学生诚信教育体系构建浅析 [J]. 学术论坛，2014，37（4）：177-180.

[2] 马蓉仙 . 当代大学生诚信道德现状及对策分析 [J]. 黄冈师范学院学报，2013，33（5）：123-125.

[3] 许会荣 . 关于我国高校诚信教育的思考 [J]. 中国电力教育，2009（3）：196-197.

[4] 马安勤，马骏，杨志群 . 大学生诚信教育：问题，机制与方向 [J]. 华南农业大学学报（社会科学版），2008，7（3）：148-152.

[5] 陈亚会 . 辅导员有效开展大学生诚信教育的方法与策略 [J]. 当代教育实践与教学研究，2019（16）.

[6] 裴榕，王学俭 . 大学生诚信问题及提升路径探析 [J]. 高校辅导员，2020（2）：62-66.

高职院校毕业生就业状况浅析

傅岚岚
天津轻工职业技术学院

新冠肺炎疫情的发生，给2020届毕业生就业带来了前所未有的挑战，习近平总书记为此在2020年7月7日给中国石油大学新疆克拉玛依校区首届118名留疆毕业生的回信中指出，“这届高校毕业生经受了磨炼，收获了成长，志不求易者成，事不避难者进”，从而给高校毕业生就业指明了方向。同时也给高校就业工作者提出了新的课题，如何为毕业生做好服务保障，确保在疫情防控期间就业工作顺利完成，是我们未来工作的重点，也是我们需要深入探讨研究的课题。

作为一名普通高职院校2020届毕业班辅导员，通过对所在二级学院毕业生就业数据进行分析，对就业工作有以下认识。

一、新形势下就业工作的重点任务

根据教育部办公厅22号文《关于为2020届离校未就业高校毕业生提供不断线就业服务的通知》，天津市委教育工委、市教委也下发了《关于为2020届离校未就业高校毕业生提供不断线就业服务的通知》，简称66号文，指出一是持续开拓就业招聘岗位。由于我所在二级学院为艺术学院，学生就业专业对口要求高，所学专业集中在服装设计、环节艺术设计、广告设计与制作、文物鉴定与修复、影视动画等几个方向，以往就业形势良好，就业率一直维持在99%左右，就业特点是学生就业单位多为中小型企业，规模较小。此类企业优势是就业灵活，对学生学历要求不高，薪酬多采取底薪加提成形式兑现，符合艺术类高职专科毕业生需求，供需双方能够完美契合，这也是以往就业率高的原因所在。但是，受疫情冲击最严重的也是中小型企业，部分企业倒闭，致使学生由就业转为失业，当前我系的重点工作就集中在帮扶这部分学生上，积极为其提供新的就业信息，帮助学生尽快实现二次就业是我们目前的重点任务。二是持续加大就业帮扶力度。为了做到精准帮扶，我系在7月初对全系毕业生做了逐一摸排，筛选出疫情防控期间失业和未就业学生人数，占全系总人数43%，其中困难生占未就业人数的21%。面对如此难堪的形势，全系老师和辅导员再次感受到国家高度重视2020届毕业生就业工作的必要性，也感到了极大的压力，为此，我系快速行动，积极联络企业，了解企业用工情况，以及疫情防控期间企业防控措施是否到位，筛选出符合要求的企业，组织线上招聘会，为未就业学生二次提供就业服务。对失业困难生做到一对一关注，了解学生就业困难原因，辅导员老师在做好心理疏导的同时，积极推荐工作岗位，确保困难生尽快就业。截至2020年8月初，我系未就业比率由原来的43%下降到23%。三是坚持做好信息更新。此项工作的难点在于学生拿到毕业证后配合辅导员工作的意愿下降，更新了信息不会第一时间通知辅导员，甚至存在失联情况，这就给辅导员信息更新工作带来了极大的困难。如何能够利用一切现有条件，顺利完成教委下达的任务，是辅导员当前的重点工作。辅导员老师只能迎难而上，凭借各自带班智慧，让学生配合工作，一个简单的信息更新，瞬间由体力劳动转变为脑力劳动，考验的是辅导员以往几年对班级和学生的付出以及学生对辅导员的感情回报。四是持续提供就业派遣服务。一旦未就业学生找到工作，并能持续在工作岗位上谋求稳定发展，根据学生意愿，学院将积极配合学生做好二次派遣服务，确保学生无后顾之忧。结合上述 4 点，新形势下就业工作的重点任务归根结底只有一个，不畏困难，全力帮助学生就业，做到让大部分毕业生能有业可就，并且帮助困难生全部就业。

二、新形势下就业工作面临的困境

（一）疫情前后就业市场的变化

高职学生就业受学历影响，就业单位多面向中小型其他企业，此类就业模式占据我系就业比例的 90% 以上，但是此类企业规模普遍偏小，抗击风险能力较弱，疫情防控期间部分企业无法继续经营，宣布倒闭，致使学生中途失业，此类情况占据我系未就业学生数的 50%，给就业工作带来了极大的困难。另一方面，疫情防控期间存活的企业，在用人方面与以往相比要求提高，待遇不变的情况下，多要求从业者有较强的业务能力和较高的专业技能，能够独当一面，因而变相地提高了学生就业的门槛。受疫情影响，在薪酬不变的情况下，房租、交通费、饭费有所提高，对刚毕业的学生来说，更是雪上加霜。

（二）学生就业心理的变化

随着经济社会的发展进步，“00 后”大部分是独生子女，学生就业从以往的以谋生为目的转变成以锻炼自己，提升个人能力高回报为目的，这就直接导致了学生对工作岗位、环境、待遇的挑剔，同时，家长的意愿也在发生着变化，更加注重孩子的感受，对孩子安全、未来的发展寄予厚望，忽略了脚踏实地一切从基础做起的传统认知。但是，疫情的来临，致使企业减少的速度明显快于家长学生思想转变的速度，导致部分心存观望态度的学生无业可就。另外，对未就业学生数据统计分析后可以看出，当前未就业学生多为在学期间专业技能较差学生，课业不精，成绩不理想，掌握的专业技能无法满足现有岗位需求，导致不自信，面试结果不如意的情况多次发生。但对专业技能要求较弱，薪酬偏低的工作又看不上，高不成、低不就，蹉跎了岁月，仍不改初心，是目前就业工作者面临的另一个难题。

（三）辅导员在学生就业工作中遇到的新问题

通过摸排未就业学生情况，进一步了解未就业原因，让辅导员感到意外的另一种情况正在悄然出现，个别少数学生由于疫情尚未完全结束且家庭经济情况良好，直接拒绝就业，经查家长支持学生暂不就业。换言之，家长让孩子上学，最终目的不是就业，而只是简单的学历需求，此类情况虽然数量不多，但正在悄悄增长。面对这种情况，辅导员确实无从下手，家长、学生无就业意愿，只能直接影响高校就业率。

三、完善就业措施，突破就业困境

目前就业工作面临两方面的任务，一是 2020 届未就业毕业生的工作落实、后续服务工作。

二是总结经验，弥补不足，为未来毕业生就业工作开拓新方法。针对 2020 届暂未就业学生，高校将严格按照国教 22 号文津教 66 号文件要求，攻坚克难，稳扎稳打，逐一分析，定向投放就业信息，跟踪回访，将工作做到头，直到学生确实就业为止。同时及时收集资料、信息准确录入、更新迅速、完善支撑材料、及时跟进后续派遣服务，确保完成就业任务。对于明确表示暂不就业的学生，充分了解学生及家长意愿，做好信息收集归档。

疫情的突然来临，给今年的就业工作迎头一击，反思以往的工作，感觉还有很多地方可以完善，通过这次对未就业学生情况的逐一排查，深入了解未就业原因后，充分感到就业工作不是简单地完成上级布置的任务，而是责任和使命。是未雨绸缪，是润物细无声，也是高瞻远瞩，规避风险。

（一）积极做好就业新形势下的思想转变工作

疫情来临，增加了就业工作的难度，需要就业人员、辅导员老师及时转变思路，及早适应当下环境要求，改变以往工作方法，开拓新思路，充分运用互联网优势，使就业工作不停顿。学会利用新技术，为学生和企业搭建沟通桥梁，提前做好预判，分析就业市场动态，掌握当年就业缺口，做到心中有数。提前引导学生，在思想上以适应市场环境为主导，以个性发展为辅助，及早占领就业岗位为前提，先站稳岗位再谋求发展。

（二）灵活教学，做到教学与企业深度融合

高职教育充分做到所学即所用，结合教学内容，与企业提前对接，将课堂教学部分移入企业进行，让学生有理论与实践相结合的既视感，并通过学习与企业建立起联系，为即将到来的毕业季就业打好基础，届时将水到渠成，实现互惠双赢。我系环境艺术设计专业多次采用此模式，任课教师与企业设计人员同时在现场为学生授课，学生参与到实际工作中，消除了神秘感，增加了探求的乐趣和学以致用的体验，提前对企业产生亲切感，此时如企业抛出橄榄枝，会有不错的收获。

（三）了解学生需求，顺势而为，将事半功倍

通过分析未就业学生暂不就业原因，会发现部分学生是在做自我提升培训，此数据约占未就业学生总数的 10%，换句话说，就是学生对所学知识不满足，至少是无法满足对预期工作岗位的技术要求，如果我们能提前引导学生利用业余时间做好培训，或者提前将社会需求度高的热门培训介绍给学生，供学生提前做出判断，在毕业季来临前完成技能提升，小小的时间上的改变，将会对就业工作起到有利的促进作用。

（四）真情付出，不问回报

纵使我们为了开拓就业绞尽脑汁，使出浑身解数，但是万变不离其宗，做好毕业生的就业服务工作仍是我们的工作重点，辅导员本着一颗慈爱之心，担当起责任和使命，为每一位毕业生做好后续服务工作，让学生感受到人走茶不凉，让学生触碰到就业工作的温度，带着对母校的真情走上工作岗位，学生和辅导员之间的情感线保持不断，是对辅导员工作的莫大鼓励。我们送出了希望，未来学生的就业工作就会在这种希望中一届届绽放。

这次疫情给就业工作出了难题，面对困难，由最初的措手不及，无能为力，到镇定后的摸排、想方法、定措施，确实锻炼了辅导员应对变化的能力，同时也考验了辅导员的带班能力。面对挑战，辅导员将严格按照国家有关文件要求，千方百计拓展就业渠道，提供就业信息，帮助学生就业，不负使命。

新冠肺炎疫情下高职院校学生心理援助工作机制的研究

周显晶
天津轻工业职业技术学院

近年来，全球有多个国家和区域都出现了不同的紧急公共卫生事件，诸如“非典”疫情、中东呼吸综合征疫情以及埃博拉等，人们的生命和财产面临巨大威胁。需要指出的是，突发事件最大的特点就是难以预料且事出突然，一旦爆发就可能引起公众的恐慌和担忧。据调查可知，在突发事件面前人们的情绪波动较大，甚至会无限放大担忧和焦虑。研究表明，突发事件导致的生理损伤可自愈且需要的时间较短，但心理所受床上需要的时间就比较漫长，甚至是终身。

2019 年末，新型冠状病毒肺炎（COVID-19）突然爆发，世界卫生组织于 2020 年 1 月底明确指出该疫情为国际关注的突发公共卫生事件，各国应该予以重视。该疫情的主要特点是：一是无易感人群，所有人都易感；二是传染快，接触以及飞沫等均可以传播病毒。该病的临床症状主要是发烧、呼吸困难等，目前尚没有特效药治疗。由于当时各种各样的信息在网上接连出现，甚至还有别有居心的人人为制造恐慌，在网上传播虚假信息，这就导致很多人对事态发展比较悲观，部分人甚至有焦虑与抑郁症倾向。出于学生安全考虑，学生开学时间也有所推迟。根据大学生的心理生理发育特点，长时间在家，脱离正常的人际社交，会一定程度上产生负面情绪，如焦虑、抑郁等，甚至会出现危机状态。

教育部于 2020 年 1 月 28 日下发相关文件，指出要重视广大师生及人民群众的心理情绪波动并设计可行的应对方案。随后《关于设立应对疫情心理援助热线的通知》在 2 月正式通过并生效，指出各地要加大心理援助力度，对应开通有关本次疾病的心理援助热线。该次疫情既属于紧急公共卫生范畴的危机；也属于心理范畴。因此疫情治疗应该两步走，且两步应同步开展，即一方面针对人身，对病人进行抢救；另一方面针对心理，防止人们因过于恐慌影响人们的身心健康以及影响正常的生活秩序。对高职院校的学生也是如此，也应该对其进行心理干预。

一、心理危机的概念

心理危机（psychological crisis）这一词汇，最早可以追溯到 1964 年，G. Caplan 是首创者。他指出，心理危机指的是个体因变故（如亲朋过世、家庭不幸或不可抗力）导致的心理崩溃。详细而言，在个人突遭变故时，其自身的危机处理系统已经无法将其从过度悲伤绝望中拉出来，也就是依靠其自身难以战胜此时的绝境，所以内心就会出现诸多负面情绪，如忐忑不安、紧张焦虑，甚至自闭等。

Kristi Kanel 在 2003 年就心理危机展开深入的探究和分析，阐明了其内涵与外延，他认为心理危机主要由 3 个要素组成，在概念中必不可少。①发生的危机；②造成的悲观后果；③自身能力无法抵抗该种情况，从而使个人的身心受挫、情感认知功能出现障碍。他的观点的优势在于对事件的经过以及个人的行为变化进行了论述，揭示了病理原因。所以该概念在学术界与医学界支持者众多。

二、疫情下高职院校学生心理援助工作机制构建的意义

（一）疫情下实施心理援助的法律政策要求

有多部文件中就心理危机这一内容加以论述，包括具体的应对措施。如《“健康中国 2030”规划纲要》以及《全国社会心理服务体系建设试点工作方案》等。其中都指出当出现突发事件时，相关部门应该积极展开心理救援工作，干预心理危机，减少公众的恐慌和担忧情绪，降低应激反应，让公众可以保持平和的心态，不要走极端。而 COVID-19 就属于紧急突发事件，相关部门就应该根据法律法规开展心理干预治疗，不致让国民陷入大规模的慌乱中，使国民生活可以有条不紊地进行下去。对于学校来说，也应该了解学生的心理实际情况并定向开展个性化心理干预，减轻学生的思想负担，让学生放松心情。

（二）疫情对高职学生心理发展的影响

研究表明：影响高职学生处理突发事件能力的因素错综复杂，但心理素质是最核心的影响要因。在紧急情况发生时，不同心理素质的人会有不同的认知和行为，心理素质较差的人面对紧急情况通常会手足无措、不知道应该如何处理，内心惶恐不安、紧张焦虑，甚至有人会感到绝望；而心理素质强的人通常会选择冷静分析并对应作出积极的回应，一般是正向积极反馈，如坦然面对、调整个人心态。可见，心理素质和行为认知之间呈正相关性，也就是心理素质越强对情绪控制的越好。从高职学生角度分析：COVID-19 产生的影响主要有以下方面。

1. 对认知的影响

认知主要是个体对外界综合信息系统处理的行为过程，在个体面对不同事件时就会产生不同的认知。对于高职学生来说，认知能力较强，但由于 COVID-19 疫情来势汹汹且各种消息接踵而来，在这种情况下容易出现较大的认知错误等。如有的学生会觉得自身在疫情面前如此渺小，无法应对。

2. 对情绪的影响

情绪主要是个人面对相关事情时所表现出来的情感态度。COVID-19 的出现，因为举国都在配合这场看似没有硝烟的战争，随着疫情感染人数的增加，学生的情绪也会一定程度上受到影响，如担心、焦虑等。数据显示，大学生因该疫情而产生焦虑与抑郁的比重较高，对应是 26.60% 和 21.16%，明显比其他突发事件产生的焦虑抑郁更严重。因高职学生的情绪波动幅度较大，要采取一定的应对措施。

3. 对行为的影响

行为主要是在认知的基础上而采取的相关举措，如意志行为、消遣行为等。COVID-19 疫情使学生不能如期回到学校学习，学习与生活方式有所调整变化。由于该次疫情学生不能坐在教室里上课，学校推出了网课，不少学生习惯了在学校上课，突然在家里，因而变得精力不集

中、学习散漫，有的甚至在上网课期间根本不学习、不听课，选择打游戏；有的学生因长期在家甚至产生了社交障碍，有的学生甚至过度放大了恐惧，明明洗一次手就可以，但却反复洗手，表明内心已经出现了问题。

三、疫情下高职院校学生心理援助工作机制构建的基本原则

（一）定向干预原则

COVID-19疫情暴发较为突然，且病情传播扩散速度非常快。在这种情况下，学生难免会出现忐忑不安、神经紧张的情况，甚至会精神上无限扩大事态的严重性，所以要根据学生的心理特点进行定向干预，使学生不致处于高度紧张的状态，让紧绷的神经可以放松下来。

（二）科学引导原则

COVID-19疫情出现后有人趁虚而入，利用网络造谣传谣。由于互联网已经成为公众生活的一部分，诸多信息在网上传播迅速且信息质量良莠不齐，大学生的心智还未发育健全，对虚假信息的甄别能力较差，常常会信以为真，甚至成为传谣的一分子。因此，要教会学生如何甄别信息、提高判断力，避免成为惶恐的制造者，这也是要干预的一个重要方向。

（三）有效联动原则

针对该次疫情，高职院校要针对学生的心理发展实际情况，如基于恐慌、焦虑抑郁程度等指标来定向设计有效的干预方案，各个部门要携手分工合作，采用协同型心理干预方式来开展工作，保证心理干预工作可以落到实处，从而帮助学生走出心理困境。

四、疫情下高职院校学生心理援助工作机制构建的途径

对于高职院校而言，应该全面评估这次疫情给学生带来的影响，包括人身、学习成长以及心理方面，需要特别强调的是，有些学校更多关注的是人身与学习维度，对于心理不够重视，但实际上人身以及学习更多是表面可见的，可以在短期内恢复和追赶上，可心理更多是看不到、摸不着的，但对学生的影响却极其深远，甚至会影响终身。

（一）着力培养高职生的应激能力

第一，要根据学生的身心情况制定有效的应对之策。学校可以发动学校的老师、辅导员等共同参与到心理援助中，尽快让学生的情绪平复下来，使其端正态度、正视疫情；同时要制定可行的舆论宣传方案，要向学生传达正确的新闻事实，进行思想上的有效引导，使其能放松心情，精神不再高度紧绷。在这次疫情中不少学生会感到自身能力有限，自身的渺小，伴有较强的负能量，而此时若是出现相应的负面言论，就会放大学生的紧张与恐惧，使学生的心理防线彻底崩溃，情绪甚至会失控。所以，学校要积极开展正面舆论引导，对学生思想产生正向积极的干预作用，让学生能够冷静的对待疫情。需要指出的是，学校要就负面舆论作出有针对性的回应，而不是选择避而不谈，这样才能起到事半功倍的效果。利用舆论可以让学生平复心情，提高学生辨别力，帮助学生顺利走出心理和精神困扰。

第二，设计学生自我防御措施。一方面学生应该重视体育锻炼，不断强健体魄，增强免疫力。另一方面要增强个人心理素质。在遇到事情时可以冷静分析看待，而不是出现事情时就感到茫然无助，要提高处理特殊情况的能力。同时选择正视疫情，乐观面对，积极防护，而不是

一直守着网络，跟随网友大军制造恐慌。

（二）加强学校心理援助管理机制

（1）制定危机管理指挥机制，开展紧急预案。这次疫情突然来袭，打破了学生原有的运作规律，学生大规模停课。因此学校要开展危机管理，虽然学生无法来学校，但是也要通过其他途径了解学生的实际情况，同时根据课程安排可以上线网课。

（2）设计心理互助共享机制。高职院校可基于心理学会、心理卫生协会等的指示，对本校资源加以整合，对应设计可行的心理互助机制，邀请心理学会、卫生协会的专家以及本校老师参与其中，展开群防群控的心理干预。对于心理工作者来说，若是在为学生答疑解惑期间有无法解决的难题，可以在系统中问询其他学者，从而达到更好的干预效果。

（3）开展心理教育和心理援助。对学生进行心理健康教育，讲解相关方面的知识，增加学生的知识储备及应对水平。健康教育可以多渠道、多形式并行，如利用微信、微博及公号等，也可以选择微电影、短视频等方法。有利于转变学生的思想认知，进而会影响学生的行为，使学生的情绪可以平复下来。因为疫情原因，学生更多是在家积极配合战“疫”，不能当面交流，如果是通过电话、微信等方式进行心理咨询，学校不应该泄露学生的个人隐私，要为其保密。鉴于此，学校对应可以开展线上心理咨询。

（4）积极进行心理干预。在这次疫情下，若是不能及时根据学生的心理变化作出干预，学生出现焦虑与抑郁的风险性较高，若不及时应对，可能就不仅需要面对疫情带来的灾难，还需要面对由此产生的“人祸”。所以，高职院校一方面要积极配合国家抗疫，但另一方面也不可以忽视学生的心理情绪波动，要让学生正确解读疫情并学会冷静分析，而不是人云亦云的制造恐慌，让学生的情绪尽快平复下来。学校要基于学生的实际情况，定向制定个性化的干预方案，本着人本思想，要保证每个学生都能得到心理援助，让学生以健康积极的心态来面对疫情。

参考文献：

[1] 张斌，王瑞丽．突发疫情时大学生心理波动的控制策略 [J]. 教育探索，2009（12）：123-124.

[2] 任颖．新媒体下高职生心理健康现状及心理危机无感干预防范路径 [J]. 新西部，2019（12）：133-134.

[3] 昌敬惠，袁愈新，王冬．新型冠状病毒肺炎疫情下大学生心理健康状况及影响因素分析 [J]. 南方医科大学学报，2020（40）：171-176.

[4] 符国帅，王牧．新型冠状病毒肺炎疫情下高校心理危机干预机制的构建 [J]. 心理月刊，2020（4）：26-28.

[5] 毛文娟，纪巍．返校开学后学校疫情防控的对策研究 [J]. 河北师范大学学报，2020（3）：25-28.

[6] 谢念湘，佟玉英，赵金波，张微．高校突发卫生事件对大学生心理成长的影响 [J]. 实践与探索，2011（24）：297-298.

[7] 胡俊峰，侯培森．当代健康教育与健康促进 [M]. 北京：人民卫生出版社，2005.

[8] 焦建英，胡志，何成森，等．突发公共卫生事件心理危机干预研究进展 [J]. 医学与社会，2014，27（3）：78-81.

新媒体视域下天津市本科高校团支部价值引领研究

程翠平[1] 王亚鸽[2] 李伟[3] 陈勇[4]
1. 天津商业大学；2. 天津天狮学院；3. 天津职业大学；4. 天津商业大学

一、引言

随着互联网时代的到来，微信、微博、抖音等新媒体成为不少大学生生活中的重要内容。调查显示，当前高校 95% 的大学生都在运用 QQ、微信、微博等社交媒体进行交流并获取信息。从现实情况来看，新媒体的发展势头迅猛。新媒体具有传播方式多样、信息内容丰富，互动交流便捷等特点，但同时也带来了一些问题。新媒体传播内容纷繁复杂，有的积极健康，有的消极低俗，这对于高校基层团支部的价值引领工作来说是一个重要挑战。

本研究针对这一现实问题开展研究，力求以新媒体为切入点，挖掘当前天津市本科院校团支部利用新媒体进行价值引领的现状与问题，力求打造团支部价值引领新路径，让团支部能够形成合力，提升基层团支部建设能力。

在理论层面，目前关于高校基层团支部建设的研究成果丰硕，不少学者分析了目前高校基层团支部存在的一些问题，诸如团支部活动不足，教育方式落后、团员意识淡薄，组织建设涣散等问题，并从不同角度探究提升高校基层团支部活力的方式，如制度建设、团员干部素质的提高等。其中，不少学者都就如何运用新媒体提升支部整体活力进行了研究，通过分析新媒体的特点和个案研究，为高校基层团支部的建设提出了意见和建议。总的来说，新媒体形势下的基层团支部价值引领的研究还处于相对初级的阶段，不少学者认识到了这一问题的重要性，但是对于实践中的问题分析不足，也缺乏专业的解决问题的理论与实践方面的探索。

在现实层面，大学是青年团员树立正确人生观、世界观、价值观的重要时期，用正确的思想引导青年学生，对于团员的发展和基层团支部的活力建设都将起到重要作用。高校基层团支部要想建设好，必须顺应时代潮流，迎接挑战。另一方面，高校基层团支部也存在着团支部凝聚力不够、团员意识淡薄，价值引领作用不突出的问题。在新形势下，网络阵地的价值引领工作大有可为,但是如何在新媒体时代做好基层团支部的价值引领工作成为人们关注的一个焦点，如何引领、怎么引领都是需要深入探索的问题。

二、研究理论依据

美国学者拉斯维尔于 1948 年在《传播在社会中的结构与功能》一文中首次提出了构成传播过程中的五种基本要素为传播者（Who）、信息（Says What）、媒介（in Which

Channel)、接受者(To Whom)、传播效果(With What Effect),他的这一理论后来被称之为“5w模式”。本研究以此为主要理论依据，将天津本科高校团支部运用新媒体进行价值引领看作是在青年学生中传播、弘扬社会主义核心价值观的过程，分别从传播主体、传播内容、传播媒介、传播对象、传播效果 5 个方面进行研究分析。

2004 年《中共中央国务院关于进一步加强和改进大学生思想政治教育的意见》中指出，“要努力拓展新形势下大学生思想政治教育的有效途径，主动占领网络思想政治教育新阵地。要全面加强校园网的建设,使网络成为弘扬主旋律、开展思想政治教育的重要手段”。在2020年5月，教育部等八部门发布的《关于加快构建高校思想政治工作体系的意见》中指出，“要加强群团组织建设，增强工会、共青团、妇联等群团组织的政治性、先进性、群众性”“提升校园新媒体网络平台的服务力、吸引力和黏合度”“重点建设一批高校思政类公众号，发挥新媒体平台对高校思政工作的促进作用。引导和扶持师生积极创作导向正确、内容生动、形式多样的网络文化产品”。课题组将中共中央、国务院、教育部、共青团中央等发布的多个政策文件作为重要的理论依据和指导方针，并将相关精神和思想要求融入课题研究中。

三、研究目标

本研究以天津市本科高校团支部新媒体使用行为作为研究对象，以“5W 模式”为理论基础，采用问卷调查和访谈的方式对高校团支部使用新媒体的行为进行全面分析。

(1)调查团支部新媒体运营概况(平台、频率、内容偏好、特征)。

(2)剖析团支部新媒体对学生价值观引领的传播效果与存在的问题。

(3)针对团支部新媒体使用过程中存在的问题，以传播学“5W 模式”为理论框架，从传播主体、传播内容、传播媒介、传播效果、传播对象出发，探讨新媒体视域下团支部提升价值观引领功能的路径。

四、天津市本科高校团支部价值引领现状

课题组通过调查问卷和个人访谈，对天津 6 所本科高校团支部运用新媒体进行价值引领的现状进行研究分析，通过问卷星设计线上调查问卷并面向天津大学、天津中医药大学、天津师范大学、天津商业大学、天津美术学院、天津天狮学院 6 所天津市本科高校共发放问卷 1, 200 份，有效问卷 1，140 份。6 所高校涉及的办学种类涵盖了综合类高校、专业类高校、艺术类高校、民办类高校，问卷共面向 4 个年级发放，调查对象与样本的选择具有一定指向性与代表性。

调查问卷共设计问题 16 个，问题涉及填写填写人的学校、年级、身份等基本信息，所在团支部新媒体平台的发布频率、内容，团支部借助新媒体开展线上活动的方式和受欢迎程度，团支部运用新媒体进行价值引领的效果和满意度调查，以及填写人对于新媒体平台进行价值引领的意见和建议等几部分。调查问卷主要面向在校学生，与此同时，我们还面向在津 6 所高校 50 名在校志愿者与团委负责老师进行了个人访谈，通过访谈来进行个案研究。访谈内容围绕志愿者与团委负责老师对所在团支部新媒体运营情况的概述、评价与建议。调查对象覆盖到了学生与团委负责老师，调查结果具有一定代表性与针对性。调查结果显示，当前天津高校团支部运用新媒体进行价值引领主要存在以下特点和问题。

（一）团支部新媒体使用平台分析

团支部开通新媒体现状见表 1。

表 1　团支部开通新媒体现状

新媒体开通现状	开通	未开通	不清楚是否开通
样本数	537	194	409
所占比例（%）	47.11%	17.02%	35.88%

如表 1 中显示，在高校团支部开通新媒体账号方面，调查高校的团支部新媒体开通情况一般，47.11% 的调研对象所在团支部开通了新媒体账号，尚未达到总体数量的一半；17.02% 的调研对象所在团支部未开通新媒体账号，35.88% 的调研对象不清楚所在团支部是否开通了新媒体账号。这些数据表明，团支部对新媒体的认识和利用不够充分，此外，还有近 36% 的调研对象不清楚所在团支部是否开通了新媒体账号，这与团支部新媒体宣传不到位或者团支部成员缺乏对团支部新媒体运行情况的关注有关。

团支部新媒体开通情况见表 2。

表 2　团支部新媒体开通平台

团支部开通的新媒体平台	微信平台	官方微博	抖音 / 快手短视频平台	QQ 账号	新浪博客	其他媒体平台
样本数	445	50	8	10	8	20
所占比例（%）	82.87	9.31	1.49	1.86	1.49	2.98

如表 2 所示，在高校团支部运用新媒体进行价值引领的媒体平台中，82.87% 的团支部开通的新媒体渠道为微信公众平台，9.31% 的团支部开通了官方微博，1.86% 的团支部开通了 QQ 账号，1.49% 的团支部开通了抖音 / 快手新媒体平台，1.49% 的团支部开通了新浪博客，2.98% 的团支部开通了其他媒体平台账号。调查显示，微信公众平台为绝大多数团支部进行线上价值引领的主渠道和主阵地，对微博、QQ、抖音等其它新媒体形式的运用较少。值得一提的是以“天津”“团支部”为关键词在微信公众号、新浪微博、新浪博客、抖音、快手、知乎、贴吧等平台上搜索时，发现团支部开通的新媒体账号多为单个账号，横向、纵向沟通交流都较少，没有形成传播合力。其中开通的微信平台虽然数量较多，但是发布内容较少、更新速度慢，多数账号都处于停更状态。如微博平台上天津理工大学 19 级天线二班团支部的账号，该账号于 2019 年 9 月 21 日进行了首更，在近一年的时间内只进行了 5 次更新，其中 3 次为转载，发布内容吸引性、接近性不足，发布频率过低。又如天津大学 18 级化工七班开通的“来日可七”微信公众号，在公众号名称的选定上结合了班级特色，具有一定的创新性，内容选定上多次推送了班级的团日活动，具有一定的趣味性与接近性，但是在 2018 年 10 月 1 日开通至今（2020 年 7 月），只发布了 34 次推文，没有形成固定的栏目。在新浪微博账号方面，天津科技大学团支部开通的新媒体账号最多，特别是新浪微博。目前新浪微博粉丝数靠前的天津本科高校团支部的微博号均为天津科技大学基层团支部开通的，如“天津科大 1408s1”“天津科大 142161”“天津科大 150802 班团支部”“天津科大 142042 班团支部”，粉丝数基本都已超过 1，000 人，但是各个账号都是各自为战，在形象识别与内容发布上均未形成系统化的运营模式，发布内容也

未充分体现自己的专业特色。

团支部新媒体账号应积极与学院团委、学校团委、团市委互动交流，形成纵向的传播矩阵，通过转发、分享、@上级团委新媒体账号，不断提升影响力。不同新媒体平台间，应充分发挥各自平台的优势，互通有无，相互转发、分享。如抖音短视频具有可视性强、趣味性高的特点，微博具有内容短小精悍、发文便捷、互动性强的特点，微信公众号依托微信朋友圈具备稳定而庞大的用户群。团支部的3种新媒体平台可以利用不同平台的优势，形成传播合力，增加粉丝关注数量，提升平台对青年学生的影响力。

（二）团支部新媒体队伍建设分析

团支部新媒体的顺利运营离不开一支具有较高媒介素养的新媒体队伍。在高校团支部运用新媒体进行价值引领的传播主体方面，当前团支部的新媒体队伍主要由支部书记与支部成员组成，未形成成熟的编辑队伍，编辑的新闻敏感性不足，发布内容主要是转载与分享，缺乏一定的原创能力。同时在编辑队伍的组成中，上级团委老师的参与不足、缺乏必要把关，平台发布内容多为理论政策的宣讲，推送内容与支部成员的生活接近性不足，趣味性、创新性不够。在团支部的新媒体建设中，应不断提升编辑的整体素质，根据分工形成文字编辑、美术编辑、视频编辑等专业队伍，培养编辑队伍的互联网思维，促进工作方式的创新，使编辑成为真正的新闻把关人。同时上级团委老师应充分参与进来，形成稳定的新闻审核流程，对每条发布的消息都要预审，确保发布信息的质量，充分激发新媒体队伍的活力。

（三）团支部新媒体传播内容分析

通过问卷调查与访谈得知，目前团支部运用新媒体进行价值引领的主题由多到少依次为党团组织的相关政策宣传（52.63%），针对青年思想和精神上普遍存在的焦虑和困惑的解疑答惑（24.56%），在特殊时间节点进行的价值引领（10.44%），国内外时政热点事件（6.49%）。课题组还分别统计了团支部新媒体在时政热点、资讯公告、党团活动、党团知识、学习考试、榜样人物、热点话题、职业发展、心理健康、人生感悟、安全教育、诚信教育等12个话题领域的价值引领情况，结果显示，各团支部对以上方面具有不同程度的涉猎，发布比例最多的前3种分别是党团活动、安全教育、诚信教育。以天津科技大学14级经管实验一班开通的“天津科大1408s1团支部”账号为例，该微博账号开通于2014年10月25日，粉丝数较多，共有2006粉丝数。在2014年10月25日—2017年6月4日期间，账号一直处于更博状态，共发布了213条微博，其中原创微博103条，其余则都是转载其他平台的内容。“天津科大1408s1团支部”发布的内容主要为：党团理论知识传播、基层活动与风采展示、校院两级活动通知、转发分享人民日报、光明日报等官微内容、发布名人、励志语录、结合重大事件与节假日发起话题等。该账号的原创内容与支部成员的接近性较大，趣味性较浓，如平台发布的“经管14级特色班级规划大赛”“1408s1团支部集体参观动物园”等内容，同时配有活动图片，风格生动活泼。平台不定时发起的话题“重走长征精神”“三走进行时”等吸引力也较强，对学生具有一定的影响力与凝聚力。平台在发布频率上没有形成固定的时间，发布时间较为零散，平台经常转载“大V”的内容，经常@天津科技大学团委、天津科技大学经管学院团总支等账号，但与支部成员之间互动较少，每条微博的评论与转载也较少，微博配图没有精修，缺乏更为直观的网络视频，没有充分利用微博互动性较强的功能。

（四）团支部新媒体传播渠道分析

在高校团支部运用新媒体进行价值引领的方式方面，我们以 2019 年新中国成立 70 周年时进行的爱国主义思想价值引领为例。在调查问卷中发现，通过官方媒体平台发布新中国成立 70 周年相关知识和新闻报道的比例最高，有 938 人选择，占比为 82.28%，其次为组织线上学习与讨论，有 759 人选择，占比为 66.58%，再次为组织线上知识问答，有 489 人选择，占比为 42.89%，再次为组织有关线上讲座，有 392 人选择，占比为 34.39%，再次为组织有关的集体发声，有 375 人选择，占比为 32.89%，最低的为组织有关的线上比赛，有 286 人选择，占比为 25.09%。由此可见，目前团支部新媒体进行价值引领的最主要方式为通过新媒体发布有关信息和新闻报道，也就是传播主体向传播对象进行单向的信息传播，而与传播对象的互动性和发挥传播对象的主体性方面还有待加强。只有这样才能充分调动受教育者的主动性，变被动价值引领由被动为主动接受，从而增加传播的实效性。

（五）团支部新媒体传播效果分析

团支部新媒体开展价值引领对支部成员主要影响见表 3。

表 3 团支部新媒体开展价值引领对支部成员主要影响

对支部成员的主要影响	增进对党情国情民情的了解	知识理论水平有所提高	增进了爱国情感，坚定了理想信念	有助于处理好思想认识、价值取向、学习生活、择业交友等具体问题
样本量	975	784	826	768
百分比	85.53	68.77%	72.46%	67.37%

支部成员对团支部新媒体进行价值引领表现的满意度评价见表 4。

表 4 支部成员对团支部新媒体进行价值引领表现的满意度评价

对新媒体的满意度评价	相当满意	一般满意	不太满意	非常不满意
样本量	605	508	20	7
百分比	53.07%	44.56%	1.75%	0.61%

支部成员普遍认为具有一定的传播效果与引领作用。如表中所示， 85.53% 的调查对象认为增进了支部成员对党情国情民情的了解；68.77% 的调查对象认为知识理论水平有所提高；72.46% 的调查对象认为增进了支部成员的爱国情感，坚定了理想信念；67.37% 的调查对象认为有助于支部成员处理好思想认识、价值取向、学习生活、择业交友等具体问题。如表中所示，支部成员对当前团支部运用新媒体进行价值引领的表现评价不一，53.07% 的被调研者对支部的新媒体表现相当满意，44.56% 的被调研者一般满意，1.75% 的被调研者不太满意，0.61% 的被调研者非常不满意。总体来说，支部成员对目前新媒体价值引领满意的占绝大多数，只有少数人对新媒体价值引领现状不满意。

受众对团支部新媒体发布的热点话题、职业发展喜好度最高。有 73 人从新媒体内容、形式、活动举办、新媒体运营管理、新媒体宣传方式和发布频率等不同方面对支部新媒体提出了具体的建议。支部成员希望团支部新媒体内容多从年轻人角度出发，通过短视频的方式使发布内容更加吸引人，同时希望支部新媒体多举办如讲座、有奖比赛、趣味活动等形式的线下活动，增强互动性与参与性。

团支部要着力于提升新媒体平台的实用性，如微信平台可以提供校园资讯、自习室查阅、成绩查询等功能，通过关键词回复、消息管理等方式，提升平台的互动性。团支部同时将支部的线下活动与线上平台相结合，将支部的“三会一课”、社会实践等活动进行线上推广，支部新媒体可在线下开展抽奖、知识竞答等活动提升新媒体的影响力与传播力。

五、研究存在的主要问题及今后的设想

在对团支部新媒体推送内容与频率进行分析时，选取了天津科技大学 14 级经管实验一班开通的“天津科大 1408s1 团支部”新浪微博账号作为个案进行分析，代表性稍显不足。在选取研究个案时，发现天津市本科高校团支部开通的新媒体账号寥寥无几，在开通的新媒体账号中，大多数账号都是开通之初发表了少量推文，后期则陷入停更状态。因此本研究对团支部新媒体账号推送内容与频率的分析囿于样本数量较少，其代表性稍显不足，对推送内容与频率的研究有待进一步加强。

在后续的研究中，本研究将重点通过深入引入和分析传播学的相关理论，着重打造一批具有代表性的新媒体账号，并以此为研究样本开展更深一步的实践研究，让团支部价值引领的研究更具新颖性、专业性、实践性和学科交叉性。作为传播学的重要研究对象，新媒体在思想价值引领方面的作用尚未完全发挥，其中值得探究的问题很多，而这正是本项研究的重点和意义所在。

参考文献：

[1] 罗明明，王琳 . 新媒体视阈下高校团支部工作模式创新研究 [J]. 齐齐哈尔大学学报（哲学社会科学版），2014（6）：144-145.

[2] 缪菁 . 依托团属新媒体促进高校基层团支部活力提升 [J]. 新媒体研究，2019，5（5）：48-49.

基于AHP的高校学生党员发展量化考评体系研究

李广宗
天津商业大学

大学生党员发展是高校党组织建设的一项重要任务，随着高校改革的不断深化，高校学生党员发展工作也面临着一些不容忽视的问题。如何提高学生党员的发展质量，把好党员发展的“入口关”，建立科学有效、过程规范、可操作性强的党员发展量化考评机制，对于高校党建工作具有重要的意义[1]。高校学生党员发展量化考评是加强和改进高校党建工作的一项重要内容，本文根据高校发展党员的特点和规律，遵循全面性和独立性、科学性和实用性、定性评价和定量评价相结合的原则，采用层次分析法构建高校学生党员发展对象选拔的量化考评体系，做到优中选优，切实提高高校学生党员的发展质量。

一、基于层次分析法构建高校学生党员发展量化考评体系的意义

（一）细化高校学生党员发展考评内容，保证考评指标全面化

严把高校学生党员“入口关”，是落实全面从严治党的一项重要内容，需要从多个层面、多个视角全面考察拟发展的对象。现阶段，高校在学生党员发展工作中，由于存在考察对象综合素质难以量化、操作烦琐、考察周期长等问题，往往只注重考核某一方面的素质，导致学生入党后党员服务意识不强、党性修养不高。利用层次分析法构建学生党员发展考评体系，将考评内容通过指标分类全部体现，并进行多层次划分，变复杂的多目标决策问题为简单的单目标问题[2]，使学生各方面的现实表现得到全方位考评。

（二）量化高校学生党员发展考评指标，规避考评工作主观化现象

目前高校在确定党员发展对象时主要从思想、学业、工作、生活等方面进行考核，但在实际的操作过程中存在不同程度的主观性和随意性，缺乏合理可行的量化考核标准，因而严重影响了高校学生党员的发展质量。层次分析法是一种定性和定量相结合的分析方法，能够将评价的过程数学化，通过数学思维，对学生党员发展工作进行量化考评，从而保证了考评工作的客观性[3]。

（三）优化高校学生党员发展考评程序，保障考评结果科学化

《中国共产党发展党员工作细则》中明确了确定发展对象的基本要求，但各高校在实际工作中仍存在考察内容权重占比把握不准、鉴定标准不够明确等问题，导致考评程序不够严谨。通过构建层次结构模型，对测评指标进行科学划分，并请党建专家对各因素间的重要性进行打

分，通过构建矩阵、计算指标权重、进行一致性检验等数据运算方法来优化考评程序。通过数据更加客观公正地对拟发展对象作出评价，从而实现考评结果科学化。

二、层次分析法构建量化考评体系

（一）建立层次模型

为全面掌握拟发展对象的现实表现，建立客观、公正的量化考评体系，根据高校学生党员发展的特点和要求，结合党员发展工作实际，选取学生的思想政治、学业成绩、工作能力、生活作风、身心素质5个方面作为准则层。

思想政治素质是衡量一名拟发展对象是否具有全心全意为人民服务的信念，能否保持先进性、发挥先锋模范作用的关键所在，思想政治素质的高低决定了所培养的中国特色社会主义接班人是否可靠，具体包括入党动机、理想信念、思想道德3个方面的指标。

学业成绩是高校大学生学习水平和学习能力的主要体现，尤其是学科成绩、参与竞赛情况和科研能力，是大学生对于知识的掌握和运用情况及学生党员先进性的外在体现。

工作能力是考察学生党员服务水平和业务综合能力的重要指标。领导能力强，集体意识浓、组织能力卓越的学生能够在校内外活动中发挥示范作用，具体包括职务担当、院系活动、社会实践3个方面。

生活作风能够客观、真实地反映出一个人的品质、做事态度和遵纪守法情况。因此选取遵纪守法、志愿服务和乐于助人作为评价指标。

身心素质是学生党员素质的基础，是一切学习工作活动的必要条件，具体包括身体素质、心理素质及人际交往能力。身体素质要求学生保持良好的体质，心理素质则要求学生在遇到困难时能够保持良好的心理状态，人际交往能力则往往体现了一个人对于外界事物的应对和反映。

建立树形多层次指标体系，如图1所示。

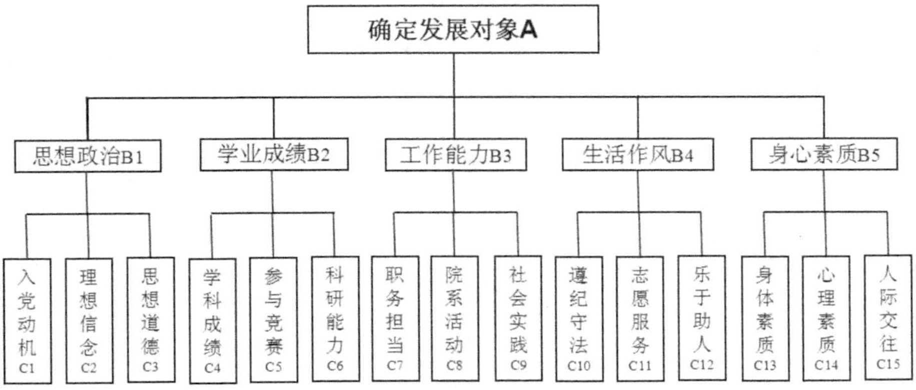

图1 高校学生党员发展质量综合评价体系

（二）构造判断矩阵并进行权重计算和一致性检验

首先，对同一层次的各元素的重要性进行两两比较，由于各指标重要程度的不同，为反映指标间的差异程度，采用九标度法构造判断矩阵（表1），实际的判断结果由专家赋值。

表 1　九标度法含义

标度	含义
1	表示 2 个元素相比，具有相同的重要性
3	表示 2 个元素相比，前者比后者稍重要
5	表示 2 个元素相比，前者比后者明细重要
7	表示 2 个元素相比，前者比后者强烈重要
9	表示 2 个元素相比，前者比后者极端重要
2，4，6，8	表示上述相邻判断的中间值
倒数	若元素 i 与元素 j 的重要性之比是 b_{ij}，则元素 j 与元素 i 的重要性之比为 $b_{ji}=1/b_{ij}$

其次，进行一致性检验。运用特征向量法中的方根法进行最大特征值和特征向量的计算：

（1）计算判断矩阵的每一行元素乘积

$$M_i=\prod_{j=1}^{n}a_{ij},i=1,2,\cdots,n.$$

（2）计算 M_i 的 n 次方根 $\overline{W}_i=\sqrt[n]{M_i}$。

（3）将 $\overline{W}_i$ 进行标准化 $W_i=\dfrac{\overline{W}_i}{\sum_{j=1}^{n}\overline{W}_j}$ 则 W_i 为所求特征向量，即对应指标的权重。

（4）计算最大特征值 $\lambda_{\max}\approx\sum_{i=1}^{n}\dfrac{(AW)_i}{nW_i}$。

然后采用一致性比例公式 $CR=\dfrac{CI}{RI}$ 进行一致性计算，其中一致性指标 $CI=\dfrac{\lambda_{\max}-n}{n-1}$，平均一致性指标 通过查表可知。

当 $CR<0.1$ 时，认为判断矩阵的一致性是可以接受的，否则应对判断矩阵进行适当修正。

平均一致性指标系数表见表 2。

表 2　平均一致性指标系数表

判断矩阵阶数	1	2	3	4	5	6	7	8	9
RI	0	0	0.58	0.90	1.12	1.24	1.32	1.41	1.45

表 3　判断矩阵 A-Bi

A	B1	B2	B3	B4	B5	权重
B1	1	3	7	5	9	0.517
B2	1/3	1	5	3	6	0.259
B3	1/7	1/5	1	1/3	2	0.059
B4	1/5	1/3	3	1	4	0.126
B5	1/9	1/6	1/2	1/4	1	0.036
	CR=0.037<0.1					

表 4　判断矩阵 B1-Ci

B1	C1	C2	C3	权重
C1	1	3	4	0.625
C2	1/3	1	2	0.238
C3	1/4	1/2	1	0.137
	CR=0.016<0.1			

表 6　判断矩阵 B3-Ci

B3	C7	C8	C9	权重
C7	1	5	7	0.731
C8	1/5	1	3	0.188
C9	1/7	1/3	1	0.081
	CR=0.056<0.1			

表 5　判断矩阵 B2-Ci

B2	C4	C5	C6	权重
C4	1	5	6	0.726
C5	1/5	1	2	0.172
C6	1/6	1/2	1	0.102
	CR=0.025<0.1			

表 7　判断矩阵 B4-Ci

B4	C10	C11	C12	权重
C10	1	8	9	0.804
C11	1/8	1	2	0.122
C12	1/9	1/2	1	0.074
	CR=0.032<0.1			

表 8　判断矩阵 B5-Ci

B5	C13	C14	C15	权重
C13	1	1/2	3	0.320
C14	2	1	4	0.558
C15	1/3	1/4	1	0.122
	CR=0.016<0.1			

（三）计算综合权重

综合权重的计算过程是最高层次到最低层次逐级进行的。若上一层次 A 包含 m 个元素 A_1，A_2，…，A_M，其层次总排序权值分别为 a_1，a_2，…，a_m 下一层次 B 包含 n 个元素 B_1，B_2，…，B_n，它们对于元素 A_j 的层次单排序权值分别为 b_{1j}，b_{2j}，…，b_{nj}（当 B_k 与 A_j 无关时，

$b_{ij}=0$ ）。此时 B 层次总排序权值 $w_i=\sum_{j=1}^{m}a_jb_{ij}$ （i=1，2，…，n），见表 9。

表 9　总排序权值

层次	A1	A2	…	Am	B 层次总排序权重
	a1	a2	…	am	
B1	b11	b12	…	b1m	w1
B2	b21	b22	…	b2m	w2
: :	: :	: :	: :	: :	: :
Bn	bn1	bn2	…	bnm	wn

通过聘请党建专家、高校党务工作者对各指标重要程度进行打分，构建各层判断矩阵，最终计算得出各层指标的权重值和一致性检验值：

W_A=（0.517，0.259，0.059，0，126，0.036），CR=0.037<0.1；

W_{B1}=（0.625，0，238，0.137），CR=0.016<0.1；

W_{B2}=（0.726，0，172，0.102），CR=0.025<0.1；

W_{B3}=（0.731，0.188，0.081），CR=0.056<0.1；

W_{B4}=（0.804，0.122，0.074），CR=0.032<0.1；

W_{B5}=（0.320，0.558，0.122），CR=0.016<0.1

综合以上内容，得出各三级指标关于总目标的综合权重如表 10 所示。

表 10　各三级指标关于总目标的综合权重

三级指标 C	C1	C2	C3	C4	C5	C6	C7	C8	C9	C10	C11	C12	C13	C14	C15
总目标 A	0.323	0.123	0.071	0.188	0.045	0.026	0.043	0.011	0.005	0.101	0.015	0.009	0.012	0.022	0.005

由此可得确定发展对象的量化考核计算公式，即总目标分数等于各三级指标分数乘以各项指标相对于总目标的综合权重后再求和，根据量化考核计算公式计算入党积极分子所得总分数进行排名，作为支部确定发展对象的量化依据。

三、实例应用

以天津市 A 高校 B 学院某支部学生党员发展为例，支部对 10 名入党积极分子按照指标项进行赋分，见表 11。

表 11　入党积极分子综合得分

总目标A三级指标C	C1	C2	C3	C4	C5	C6	C7	C8	C9	C10	C11	C12	C13	C14	C15	综合得分
	0.323	0.123	0.071	0.188	0.045	0.026	0.043	0.011	0.005	0.101	0.015	0.009	0.012	0.022	0.005	
学生1	83	85	80	70	75	70	90	85	80	90	88	85	86	87	88	81.07
学生2	80	80	85	80	80	78	85	90	85	90	85	88	90	85	80	81.96
学生3	85	80	75	90	88	85	85	80	75	85	85	80	90	85	80	84.55
学生4	90	90	90	86	85	80	90	88	85	90	90	85	90	88	85	88.51
学生5	70	75	80	80	76	70	80	80	75	85	80	80	85	80	80	76.18
学生6	90	90	95	90	88	80	88	90	85	90	90	85	90	89	90	89.74
学生7	88	85	90	80	80	75	90	88	90	90	85	87	90	90	90	85.81
学生8	85	80	80	85	85	80	90	85	85	90	85	80	85	85	85	84.49
学生9	86	85	88	80	80	78	85	85	80	90	80	85	90	88	80	84.61
学生10	75	80	80	85	80	80	70	70	70	85	80	75	80	75	80	79.01

每名入党积极分子的综合得分等于各三级指标分数乘以各项指标相对于总目标的综合权重后再求和，即对应表 3 中的最后一列数值。将党员发展质量考评标准分为优秀、良好、一般、及格四个等级，分别赋予 90、80、70、60，并且以 80 分作为考核基准线，通过表 3 综合得分数据显示，可将总分数高于 80 分的 8 名入党积极分子列为党员发展计划，对其进行考察。

四、结论

高校学生党员发展考评工作是一项复杂的系统工程，本文采用层次分析法从思想政治、学业成绩、工作能力、生活作风、身心素质 5 个维度构建了入党动机、理想信念、学科成绩等 15 个三级指标进行评价，通过确定各指标的权重并进行一致性检验，建立了确定党员发展对象的量化考核计算模型。

通过分析计算得到了各指标相对于最高目标的权重大小，其中综合权重占比最高的是入党动机 C1，入党动机是衡量一名大学生能否成为真正的共产党员的思想基础，是其他一切问题的根源，入党动机端正与否直接关系到党员发展的整体质量和党的先进性、纯洁性。其次是学科成绩 C4，知识的学习仍是高校大学生的主责主业，学业成绩优异的学生能够发挥先锋模范作用，带动周围同学共同进步。综合权重大于 0.1 的指标还有理想信念 C2、遵纪守法 C10，这两项分别体现了大学生对于中国特色社会主义共同理想的认同程度以及对国家法律法规、学校校纪校规的遵守情况，只有牢固树立正确的理想信念并且做到遵纪守法才能树立榜样，更好地管理学生、服务学生、教育学生。

该模型测评结果具有较强的科学性、合理性，对于党支部客观公正地考核评价党员发展对象具有一定的使用价值。在实际应用时，只需将学生各指标的分数带入公式即可得到该学生的综合评分，得出的结果能客观全面地评价考核学生，避免学生党员发展过程中的经验主义和盲目性，切实做到提高大学生党员的发展质量。

参考文献：

[1] 朱春花 . 基于 PDCA 的高校学生党员发展质量保障体系的构建 [J]. 现代经济信息，2019（19）：394，396.

[2] 许金金， 张兵 . 基于层次分析法的徐浙物流公司城乡配送绩效评价研究 [J]. 物流工程与管理，2019，41（12）：27-30.

[3] 栾玮 . 基于层次分析法的在用电梯安全风险评价实践探究 [J]. 中国设备工程，2019（23）：66-67.

社会工作专业方法在聋哑大学生心灵关爱中的应用

李铭
天津商业大学

一、研究背景

中国残疾人联合会统计数据显示，2010 年末我国残疾人总人数为 8，502 万。其中听力与言语残疾人口总和占全国残疾人口数的 25.7%，其数量在各类残疾人数中居第二位。我国历来重视保障和维护残疾人的利益，在政治、择业、教育等各个方面都使他们享有了与正常人同等的权利。中国残疾人的高等教育始于 20 世纪 80 年代，在历经三十多年的发展后，其特殊教育高等院校数目从 20 世纪 80 年代的 1 所，现在已发展到总数达近 20 所。

随着残疾人高等教育的发展，作为残疾人中规模庞大的聋哑人群体接受高等教育的人数也越来越多。聋哑大学生是身兼残疾人和大学生双重身份的特殊群体。一方面他们自身兼有听力和言语的双重障碍，生活在一个无声的且无法用语言表达的世界里。另一方面，他们作为大学生，同样和健听大学生一样面临着来自学习、生活、就业等方面的多重压力。作为大学生中的特殊群体，他们的心理健康状况如何？是否需要心理帮助和支持？如何运用专业方法为他们提供心灵关爱和心理干预来增强他们适应社会的能力？本研究正是基于对这个特殊大学生群体的关注而开始的。

二、研究意义

在理论层面上，国内运用社会工作专业方法介入聋哑大学生心灵关爱的文献不多，大部分学者围绕聋哑大学生群体的心理健康状况、人际交往和校园教育等进行分析，较少与社会工作相融合。笔者以聋哑大学生为研究对象，通过问卷调查与访谈来探索社会工作方法介入聋哑大学生心灵关爱的路径，以进一步完善与聋哑大学生心理健康教育的相关研究。

在现实层面上，培养大学生良好的心理健康状态是高校思想政治教育的重要内容。借鉴社会工作的价值理念，将社会工作专业方法引入聋哑大学生心理健康教育和关怀中，可以使聋哑大学生的心理健康教育工作目标更具体、方法更科学、效果更明显，更能体现以人为本。同时，运用社会工作专业方法可以调动聋哑大学生自身的积极因素，运用增能赋权和优势视角与聋哑大学生积极互动，挖掘校园和社会中各种资源来开展丰富多彩的活动，给他们以心灵上的关爱和精神上的慰藉，对于缓解聋哑大学生的学习、生活、就业的压力，消除他们的孤独感和自卑感，让他们积极融入社会、提高自我价值具有重要意义。

三、研究方法

本文以某高校的聋哑大学生为研究对象，采取问卷调查的方法，用随机抽样的方式对该校一到四年级的聋哑大学生发放了95份问卷进行调查，回收有效问卷86份，回收率为90.5%。同时又随机抽取了各年级各专业的86名健听大学生作为对照组，回收有效问卷86份，回收率达到100%。调查的内容涉及个人及家庭基本信息、自我评估情况、主观幸福感、社会关爱与支持情况、社会工作介入心灵关爱的可行性方面的内容。另外还对该校一名聋哑大学生进行了个案访谈，访谈内容涉及该生在校期间学习、生活、心理、人际交往、社会参与的情况，从中发现他的心理需求与情感困惑，为他提供了一定的心理支持与情感援助。

四、问卷调查结果及讨论

（一）个人基本信息及家庭基本信息

1. 个人基本信息

在接受问卷调查的86名聋哑大学生中，男生41人，女生45人。年龄跨度为19～27岁，年龄段主要集中在21~22岁共有46人，其次为23～24岁有18人，25～26岁有12人，19～20岁有8人，27岁有2人。

在听力障碍成因方面（图1），有28名学生选择先天因素，占调查人数的32.56%。有58名学生选择后天因素，占调查人数的67.44%。其中，先天致聋因素有近亲结婚、遗传、基因突变，后天致聋因素有发热打针、中毒、外伤、药物过敏、摔伤、突发性耳聋等。

图1 听障成因分布图

在年级方面，一年级18人，二年级22人，三年级19人，四年级21人，五年级及以上6人[①]。调查对象涉及计算机科学与技术等8个专业。

2. 家庭基本信息

在家庭成员构成方面，调查结果显示（表2）绝大部分的受访者和父母、亲兄弟姐妹生活

① 经和相关老师沟通，学院本科年制为四年制，没有五年级及以上。出现这一现象的原因，辅导员解释说是由于聋哑大学生接受的基础教育参差不齐，聋生认知错误导致，故对于选择“五年级及以上”的同学基于年级分析时忽略不计。

在一起，71.26% 的调查对象为非独生子女，还有小部分调查对象没有选择“父亲”或“母亲”这一选项，推测原因可能是父母离异或去世等。

表 2 家庭成员构成

选项	小计	比例
父亲	76	87.36%
母亲	75	86.21%
亲兄弟姐妹	62	71.26%
祖父（爷爷）	20	22.99%
祖母（奶奶）	40	45.98%
外祖父（姥爷）	23	26.44%
外祖母（姥姥）	30	34.48%
其他	4	4.6%

在家庭成员平均月收入方面，如图 2 所示，46.51% 的调查对象家庭平均月收入为 1，000 元以下，收入水平较低。

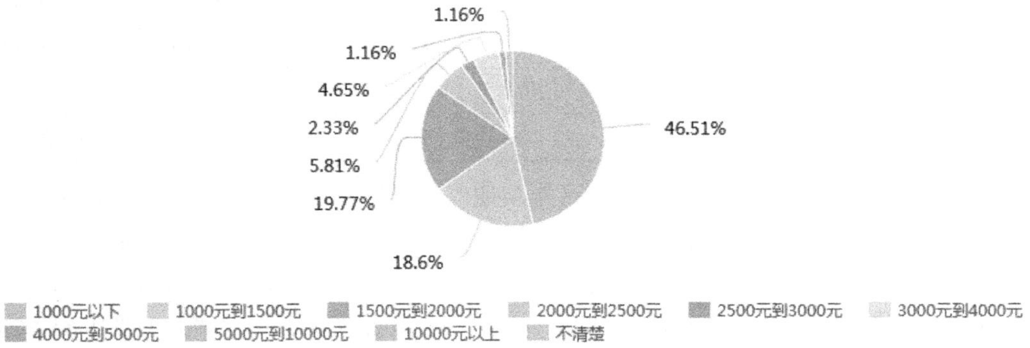

图 2 家庭成员平均月收入

（二）心灵关爱的需求评估

在心灵关爱的需求评估中，笔者就聋哑大学生群体与健听大学生群体进行了比较，然后以性别、年级、致聋原因为自变量，比较了聋哑大学生群体心灵关爱的需求差异。

1. 聋哑大学生与健听大学生心灵关爱需求的比较

表 3 分别展示了聋哑大学生与健听大学生在自我评估平均值、主观幸福感平均值和社会关爱总分 3 个方面的差异。调查结果显示，聋哑大学生群体自我评估平均分要低于健听大学生，客观支持、支持利用程度和得到社会关爱的总分均低于健听大学生，但是主观幸福感平均分和主观支持总分高于健听大学生。

表 3 两类大学生群体心灵关爱需求程度

	自我评估（平均分）	主观幸福感（平均分）		社会关爱与社会支持（总分）			
		大学生活满意度	总体生活满意度	客观支持	主观支持	对支持利用度	总分
聋哑大学生	2.912	5.288	5.128	7.733	22.907	7.361	38.000
健听大学生	3.055	5.060	5.035	8.326	22.430	7.686	38.442

1）自我评估方面

调查结果显示（表 4），当问及“我感到自己值得自豪的地方不多”时，39.53% 的健听大学生选择“比较符合”，而聋哑大学生认为“比较符合”占 51.16%，远高于健听大学生。同样，在问及“我确实感到毫无用处”时，仅有 6.98% 的健听大学生选择了“比较符合”，而聋哑大学生群体选择该选项的比例竟高达 31.40%。可以看出，聋哑大学生比健听大学生的自我评估值要低，聋哑大学生群体更容易出现自卑、对自己不自信的问题。

表 4 两类大学生群体在具体题目中选择情况

题目	群体	很不符合	不太符合	比较符合	很符合
我感到自己值得自豪的地方不多	健听大学生	11（12.79%）	35（40.7%）	34（39.53%）	6（6.98%）
	聋哑大学生	5（5.81%）	28（32.56%）	44（51.16%）	9（10.47%）
我确实感到毫无用处	健听大学生	36（41.86%）	42（48.84%）	6（6.98%）	2（2.33%）
	聋哑大学生	21（24.42%）	35（40.7%）	27（31.4%）	3（3.49%）

分析该差异出现的原因，笔者认为这可能与他们自身的特点有关。一方面，聋哑大学生由于听力和言语方面存在生理性障碍，他们在和外界交流时会产生重重阻力，特别是和普通人交流时他们往往会更加关注自身的听力、言语缺陷，从而产生自己不如别人的错误认知，进而引起一系列消极的情绪，对自我评价较差。另一方面，国内有研究表明，聋哑大学生的心理健康水平较低，他们更容易表现出自卑、焦虑等一些消极的个性心理特征，而这些消极的心理特征又促使其表现出对同学、对他人消极的态度和行为，影响他人对自己的评价，从而影响自尊水平[1]。

2）主观幸福感方面

调查发现（表 3），聋哑大学生主观幸福感平均分和主观支持总分高于健听大学生。究其原因是在全社会看来虽然聋哑大学生属于社会弱势群体，但在残疾人群体中由于聋哑大学生具有较高的学历和综合素质，是残疾人群体中的高水平人才，其自身主观感受到的成就感和关爱程度相比其他群体要多一些，因而其主观幸福感和主观支持度相比普通大学生要高。

3）社会支持方面

调查结果（表 3）显示，聋哑大学生的客观支持、支持利用程度和得到社会关爱的总分均低于健听大学生。当问及“你有多少关系密切，可以得到支持和帮助的朋友”时，有 59.3% 的健听大学生选择了“3 ~ 5 个”，而聋哑大学生更倾向于选择“1 ~ 2 个”占调查人数的 41.86%，可见聋哑大学生群体朋友相对较少，得到朋友支持和帮助的力度要小于健听大学生。

在询问“你与同宿舍的人”关系时，60.47% 的健听大学生选择“同宿舍的人都很关心你”，而选择该选项的聋哑大学生群体仅占 31.4%，他们更倾向于选择“可能稍微关心”占 33.72%。这说明聋哑大学生与同宿舍同学的关系比健听大学生要差，聋哑大学生与舍友相互支持的力度较弱。当问及“你遇到烦恼时的求助方式”时，51.16% 健听大学生选择“有时请求别人帮助”，选择该选项的聋哑大学生仅有 32.56%，他们更多地选择是“很少请求别人帮助”，占整体的 33.72%。这说明聋哑大学生在遇到烦恼问题时更多地是由自己处理，而很少会求助于其他人。

聋哑大学生得到社会关爱的总分低于健听大学生，分析其原因可能有三个：第一，虽然目前我国残疾人社会保障体系在不断完善，但是社会上残疾人受到来自环境、就业、生活、教育等方面的歧视、排斥现象仍然存在，残疾人的社会地位依然不高，得到社会关爱的程度相比普通人要低；第二，聋哑大学生由于自身存在特殊的生理障碍，他们更倾向于和自身特征相符的聋哑大学生群体交流，因而社会交往的范围比普通人狭窄，从而影响了社会支持的获得；第三，聋哑大学生由于自身独特的语言沟通方式，容易形成内向的性格特征，当面临困难和挫折时，他们由于缺乏为其提供倾诉与求助的渠道与路径，导致他们不能有效利用社会支持来帮助自己宣泄情绪并解决困难。

2. 聋哑大学生群体心灵关爱需求的差异分析

1）基于性别因素的差异分析

调查结果显示（表 5）在自我评估方面，男生和女生在对自我评估方面没有显著差异，两者平均分基本相等；在主观幸福感方面，女大学生的主观幸福感高于男大学生；在社会支持方面，除女生客观支持总分略低于男生外，主观支持、对支持利用度和社会关爱整体得分女生都高于男生。

女大学生的主观幸福感高于男大学生。这一研究结果与陈振旗（2010）的研究结果相符。陈振旗分析了三点此结果出现的原因：第一，聋哑大学生是个特殊的群体，家庭中如果有这样的孩子，他们的家人很有可能把这种情况看作一种不幸。因此这个群体中的人如果能够接受高等教育，他们会感到非常荣幸，而在中国这种重男轻女的传统观念相对严重的背景下，这种情况下的女孩子如果能享受到高等教育，他们肯定会更加高兴，肯定会比正常人更加珍惜、更加努力。对于同是聋哑生的女生和男生来说，前者会比后者更加重视这样的机会。第二，国内关于聋哑学生的自我概念和心理健康状况的研究发现，女聋哑大学生的自我概念在一些因子中是高于男生的，而由于自我概念又对其心理健康状况有显著的预测作用，心理健康与主观幸福感又显著相关，因此女聋哑大学生的主观幸福感要高于男聋哑大学生。第三是由于性别角色不同所导致的，在社会上对男性的要求相对高于女性，而这种观念同样也会影响到聋哑大学生。这种高的社会要求和男性聋哑大学生本身的生理缺陷导致其压力更大，从而使其心理上产生一些困惑和无奈，所以与女性聋哑大学生相比时，男性聋哑大学生的生活满意度以及总体幸福感指数都会稍有降低[2]。

男女两性聋哑大学生群体在社会支持方面存在差异，归其原因可能有两点：一方面，传统观念认为女生较男生来说是弱势群体，她们对他人的依赖性更强，需要给予更多的关心和呵护，因此会被给予更多的物质和精神支持，并且女生有困难时更愿意主动寻求帮助和支持，而男生自立性、开拓性较强，能独立地解决生活中遇到的各种问题，因此社会给予男生的支持就相对会少一些。另一方面，在情感体验上，女生往往比男生更敏感、细腻、深刻，她们更容易体会到来自他人的各种支持和帮助。所以在性别方面，女生的社会关爱与社会支持总分就相对高于男生。

表 5 心灵关爱需求性别差异

性别	自我评估（平均分）	主观幸福感（平均分）		社会关爱与社会支持（总分）			
		大学生活	总体生活	客观支持	主观支持	对支持利用度	总分
男	2.910	5.180	4.781	7.878	22.049	7.171	37.098
女	2.913	5.386	5.444	7.717	23.689	7.533	38.822

2）基于年级的差异分析

调查结果显示（表 6），随着年级的增长，自我评估和主观幸福感平均值呈现下降的趋势，大一年级平均值最高，大三年级平均值最低。在社会支持方面，大学四年级的同学在客观支持、主观支持、对支持的利用度总分上比其他年级同学要低，大学二年级的同学社会关爱与社会支持各方面的分数最高。

自我评估水平和主观幸福感在年级上出现下降趋势的原因可能是，一年级的学生由于刚刚经过中学时期的奋力拼搏顺利通过了高考，来到了自己梦寐以求的大学殿堂，自身的优越感和价值感比较强烈，对自身评价较高。但是，随着大学生活的不断深入，来自于生活、学习、感情、人际交往方面的困扰不断袭来，这使得聋哑大学生自身承受着巨大的压力，由于其自身生理障碍的原因，他们缺乏沟通和舒缓压力的渠道，导致自身产生了一些负面的情绪，焦虑、自卑等心理问题随之而来，所以居于高年级的学生对自身的评价要低于低年级的学生。

在社会支持方面，大二新生总分最高，而大四毕业生总分最低。笔者认为导致这一现象的原因主要有以下两点：第一，大一新生由于刚刚进入大学校园，面对陌生的环境和师生，与健听大学新生相比，自身适应新的校园生活时间要更长，适应更加困难。由于来到了新的环境，所以自身周围的客观支持和主观支持就相对较少，对支持的利用度也相对要低。随着年级的升高，自身已经逐渐适应了校园生活，熟悉了附近的环境，已经逐渐构建起自身的社会支持系统，所以到了大二时期社会关爱和社会支持总分最高。第二，随着大三、大四学年的来临，自身学业、就业压力逐渐增大，高年级的同学开始逐渐见习和实习，由于见习和实习单位不在本校，又来到了一个陌生的环境，遇到陌生的同事，由于企业相对学校来说对聋生的心灵关爱与物质支持要少，所以高年级的学生感觉自身获得的客观支持与主观支持较少，对支持的利用上只能限于以往在学校的同学和老师，所以总分较低。

表 6 心灵关爱需求年级差异

年级	自我评估（平均分）	主观幸福感（平均分）		社会关爱与社会支持（总分）			
		大学生活	总体生活	客观支持	主观支持	对支持利用度	总分
一	3.183	5.792	5.667	8.000	22.833	8.333	39.167
二	2.896	5.449	4.909	8.182	23.955	8.500	40.636
三	2.839	4.899	4.968	7.548	22.581	6.807	36.936
四	2.924	5.304	5.286	7.191	20.952	6.524	34.667

3）基于听障成因的差异分析

调查数据显示，在 86 名调查对象当中，有 28 名学生选择先天因素，占调查人数的 32.56%。有 58 名学生选择后天因素，占调查人数的 67.44%。其中，先天致聋因素有近亲结婚、遗传、基因突变，后天致聋因素有发烧打针、中毒、外伤、药物过敏、摔伤、学习压力大突发性耳聋等。表 7 显示了心灵关爱需求在听障成因上的差异，从中可以看出后天听障的学生在各个水平上的指标都明显高于先天听障的同学。出现这一现象的原因可能是先天听障的大学生由于自身家庭环境的因素，从年幼时期就已经产生了一些负面情绪和自卑、焦虑等心理问题，这一问题一直持续到现在，导致目前对自己评价较低。后天听障的学生由于家庭条件比先天听障的学生相对较好，来自家庭关爱、社会关爱的程度相对较高且自身听障康复能力较强等，表现出较高的自我评估分数。基于以上分析，笔者认为要重点对先天听障的同学给予更多的心灵关爱和精神慰藉，给予他们更多的帮助。

表 7　心灵关爱需求听障成因差异

听障成因	自我评估（平均分）	主观幸福感（平均分）		社会关爱与社会支持（总分）			
		大学生活	总体生活	客观支持	主观支持	对支持利用度	总分
先天	2.796	4.933	4.821	7.179	22.464	7.000	36.643
后天	2.964	5.459	5.276	8.000	23.121	7.535	38.655

（三）社会工作介入聋哑大学生心灵关爱过程的必要性分析

1. 学校（学院）组织心理咨询或心灵关爱活动调查

在调查“你参加团体（如党团组织、学生会等）组织活动的频率”时，调查结果显示（图 3），61.63% 的调查对象选择“偶尔参加”，仅有 12.79% 的调查对象选择“经常参加”。在调查学校（学院）开展心理咨询或心灵关爱的相关活动频率时，58.14% 的调查对象选择“偶尔”，还有 13.95% 调查对象选择“不清楚”，其开展活动的主要形式包括心理健康选修课、各种形式的娱乐活动和专家讲座这 3 个方面。

从上述数据中可以得出以下结论：一方面，学校（学院）开展心理咨询或心灵关爱的活动较少；另一方面，学生参与心理咨询或心灵关爱的活动积极性不高。

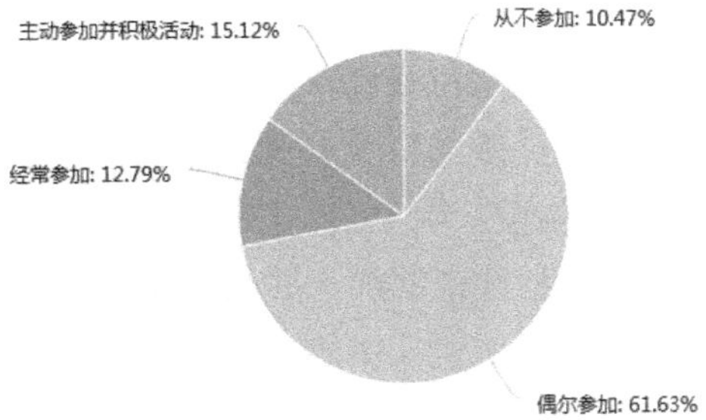

图 3　参加团体组织活动的频率

2. 关于对社会工作的认知度调查

调查结果显示（图 4），在接受问卷调查的 86 名聋哑大学生中，有 54% 的调查对象对社会工作不了解，17% 的调查对象对社会工作比较了解，仅有 8% 的调查对象对社会工作非常了解。这说明，大部分聋哑大学生是不了解“社会工作”的，对“社会工作”这一概念还是陌生的。

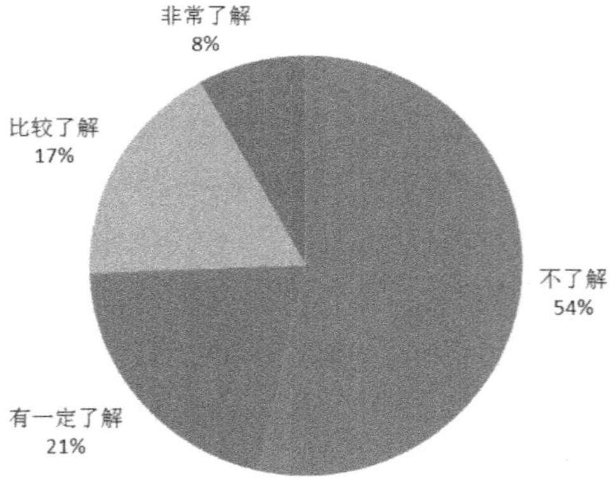

图 4 对社会工作的了解程度

3. 社会工作介入聋哑大学生心灵关爱的必要性调查

调查结果显示（图 5），53.49% 的调查对象认为社会工作介入聋哑大学生心灵关爱是有必要的，30.23% 的调查对象认为社会工作的介入是非常有必要的。可见，绝大多数的调查对象是认同社会工作这一门专业的，他们对社会工作介入聋哑大学生心灵关爱的态度是赞同的。

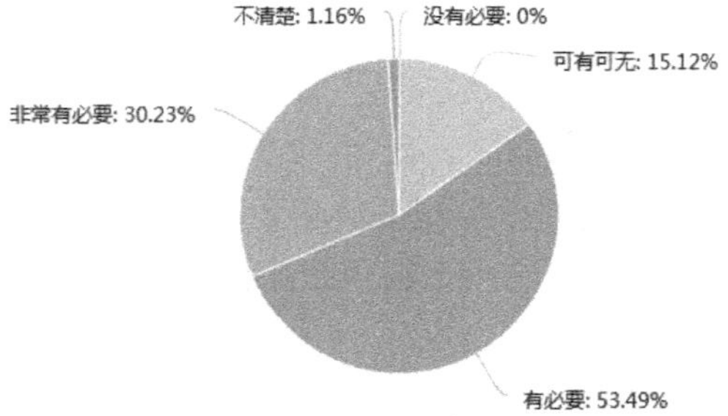

图 5 社会工作介入聋哑大学生心灵关爱需求是否有必要

4. 社会工作对聋哑大学生进行心灵关爱的形式调查

在社会工作对聋哑大学校进行心灵关爱的形式方面，调查结果显示（表 8），调查对象选择最多的前三项分别是：“链接学校（学院）学生会、社团等资源举办多彩的文娱活动”；“呼吁社会中志愿者团体、社会组织等非营利性组织加入关爱大学生的队伍中”；“开展心灵关爱互助小组活动”。这提示从事聋哑大学生学生工作的老师利用社会工作方法对聋哑大学生进行心灵关爱时，一方面要多组织丰富多彩的文娱活动，通过活动的开展让他们感受到心灵的关怀和精神的慰藉；另一方面，要积极呼吁志愿者团体、社会服务机构加入对聋哑大学生心灵关爱的队伍中来，通过社会集体的力量让聋哑大学生感受到心灵的温暖、精神的依托，从而增强他们融入社会的信心与能力。

表 8 社会工作介入心灵关爱的形式

选项	小计	比例
针对个别大学生进行个案辅导	42	48.28%
开展心灵关爱互助小组活动	57	65.52%
链接学校（学院）学生会、社团等资源举办多彩的文娱活动	62	71.26%
呼吁社会中志愿者团体、社会组织等非营利性组织加入关爱大学生的队伍中	59	67.82%
链接医疗资源，定期组织为大学生进行体检，协助医疗康复人员搞好诊治和康复工作等	43	49.43%
其他	2	2.3%

（四）研究发现

通过问卷调查结果反映出聋哑学生普遍存在以下问题：自信心不足，自我评价较低；社会交往面窄，社会参与度较低；社会关爱与社会支持网络不完善。从社会工作专业视角出发，进一步发现以下问题。

1. 聋哑大学生存在心灵关爱的需求，但缺乏为其提供倾诉与求助的渠道和路径。

目前我国对聋哑大学生关爱和支持的主体多是党政团组织，缺乏社会工作专业方法的介入；其关爱和支持的内容多停留在物质层面，缺乏心理支持和心灵关爱的内容。

2. 社会工作是可以在聋哑大学生心灵关爱方面发挥作用的。

一是根据问卷调查结果可以看出介入的必要性；二是传统心理咨询的方法已无法解决聋哑大学生面临的困惑，他们的困惑来自学习、生活、人际交往、家庭、社会等多方面，而社会工作中个案工作方法与心理咨询最大的区别在于个案工作的一个重要原则是“人在情境中”，该原则认为个人和他所处的环境处在多重的互动中，个人问题的产生不只是心理方面的原因，还与个人的成长经历、生活环境等社会因素有关，要解决个体问题，就必须综合分析当事人所处的社会环境[3]。笔者秉持“人在情境中”的原则，尝试运用社会工作的个案工作方法进行介入，发现介入效果良好。

五、社会工作个案工作方法的具体应用

个案工作方法是一种以个人或家庭为对象，工作者通过与案主建立专业关系，运用专业知识与技术，协调可资利用的各种社会资源，为案主提供直接的一对一服务，以协助案主摆脱困境、解决问题，达到与社会、环境的良好适应的方法[4]。本案例中工作者利用个案工作方法为一名大学三年级的聋哑大学生提供心理支持，帮助他缓解压力、摆脱困境，促进其学习、生活等达到健康协调的状态。

（一）服务对象基本情况

服务对象冯亦凡（化名），男，27 岁，大学三年级学生，来自农村。家中成员有父亲、母亲和弟弟，家庭条件不太好。初一下学期，因突发性耳膜凹陷，两耳听力均受损，程度均等，曾在当地住院 3 个月，治疗效果不明显，后又去北京、郑州等地求医，均无太大效果（有残余听力及较为简单的口语表达能力）。因渴望上学，得到母亲支持继续就读特殊教育学校，后以

优异成绩考入大学。初到大学，冯亦凡开始并不适应，面对陌生的环境和人群感觉无所适从，之后相继参加了聋人工学院学生会和社团，丰富了日常活动，逐渐适应了大学生活。自我陈述性格内向、缺乏自信，平时喜欢独来独往，不太合群。因为沟通不便，与学校其他学院的师生基本没有交流，因此朋友不多。平时兴趣爱好比较单一，但学习成绩优异，曾获“人民奖学金”。曾加入校学生会，但因交流不便，工作一段时间后自己就主动退出了。平时遇到困难和挫折时，多采取逃避的方式应对，很少主动找寻周边资源去解决问题。在未来规划上，虽然他有些担忧自己的工作问题，但是对待生活的态度还是积极乐观的，倾向于在专门的聋人公益组织或机构内工作。

（二）服务对象主要问题

笔者通过与冯亦凡进行深入交流，对他存在的问题进行了归纳总结。

第一，自信心不足。服务对象自述自身性格内向，比较胆小，话语不多，不擅长在他人面前表现自己，遇到大的困难和挫折，常会丧失解决困难的信心和能力。

第二，人际交往能力不强，社交范围狭窄。通过对冯亦凡的了解得知，他朋友较少，平时的交往对象仅限于本班级和学院社团的成员，聊天内容单一，多是有关学习、社团活动的事情。

第三，社会参与能力较弱。冯亦凡除加入了本院系社团和学生会外，学校其他社团组织、学生会组织没有参加，也没有与其他院系的师生有所交往。除有特殊事情外（如去医院看病等），平时很少外出，大部分时间在校内。

第四，社团工作、感情问题。冯亦凡倾诉目前困扰他内心的两个主要问题，一是社团工作，与副社长（同宿舍舍友）发生矛盾，自身犹豫是否退出社团；二是感情问题，与前女友分手后，因有工作学习上的交集，不知如何处理两人之间的关系。

第五，自身社会支持网络不完善。来自冯亦凡的家庭、学校、社会提供的社会支持大多数是实际的物质支持，缺少个体所体验的情感方面的支持。服务对象平时遇到困难或挫折时常采取逃避的方式应对，周围环境中缺乏对他进行心灵关爱和精神慰藉的资源和渠道，他也没有主动找寻周边的资源去调整自己内心的主动性。

（三）个案介入的主要思路

本个案介入过程中遵循的理论是增能理论和优势视角。“增能”又称“充权”或“赋权”，指协助弱势群体或个人排除各种主观和客观的障碍以增强个体自身的责任感，通过个体自身正面的经验来激发内在的动力，努力改变自己的生活。增能的重要目标是协助形象低落及丧失权利感的人重新拾起自己的能力，让他们重建自我价值，有信心去控制自己的生活。优势视角是一种关注人的内在力量和优势资源的视角，把人们及其环境中的优势和资源而不是问题和症状作为社会工作助人过程中所关注的焦点。优势视角基于这样的一种信念，即个人所具备的能力及其内部资源允许他们能够有效地应对生活中的挑战[5]。

服务对象作为一名聋哑大学生，在日常生活、学习过程中由于听说方面的障碍，逐渐产生了上述提及的问题。为此，社会工作者以增能理论和优势视角作为理论依据，采用贝克的认知转变法，辅以人际心理方法，从他的认知、情感、环境3个方面进行介入。经过与冯亦凡同学的沟通交流，并对其现实情况进行分析，结合冯亦凡同学的现实需求，笔者与他共同制定了以下工作目标和服务计划。

1. 长期目标

帮助冯亦凡同学提升自信心，提高其自身解决问题的信心和能力；拓展自身的社交范围；化解因社团工作及感情问题所产生的心理困扰，并提升他发现并利用自身周围资源、潜能的能力，完善自身社会支持网络。

2. 具体介入计划见下表9。

表9 具体介入计划

访谈次数	时长	服务目标
第一次	40分钟	与服务对象建立相互信任的专业关系，签署访谈同意书。
第二次	60分钟	收集服务对象的基本资料；帮助服务对象认识到自身存在的不合理信念，并尝试改变这些信念，进而提升服务对象的自信心。
第三次	60分钟	帮助服务对象分析在社团工作、感情方面遇到的问题，提高服务对象人际沟通能力和处理困难、挫折的能力与方法。
第四次	60分钟	引导服务对象进行SWOT自我分析，挖掘其外在资源，完善服务对象的社会支持网络，增强服务对象的社会参与度；对服务对象进行评估，看是否达到结案标准，做好结案准备。
第五次	60分钟	结案，总结前四次访谈内容；巩固服务对象已有的改变；处理分离情绪，并表达祝福。

（四）干预效果

根据笔者的观察，介入前后对比发现，服务对象介入后更加自信、乐观，能够以积极的态度去处理问题，对自己的未来也充满了信心。

从服务对象角度看，通过填答《个案访谈成效评估问卷》发现服务对象评价工作者对他态度很好、很有耐心，提的建议非常有帮助，对他心灵支持影响很大，提供的服务满足了其大部分需求，总体评价很好。在“您感觉我们做的个案访谈对您最有帮助的具体服务”中他写道：“心理疏导，个人资源分析，具体为解决心理上的矛盾，帮助分析个人资源分配，针对性格不足给予解决方案。”

以上信息都表明我们的个案工作取得了目标成效，切实帮助了案主，介入效果达到预期效果。

六、总结与反思

社会工作传统方法包括个案工作、小组工作、社区方法这三大工作方法，在社会工作专业服务中针对不同的服务对象、服务内容需要采取不同的工作方法。

（一）个案工作方法

在上文中，通过调查问卷反映出的问题，我们可以总结出需要重点关注的聋哑大学生群体：要重点关注男性聋哑大学生，大学三年级的聋哑大学生以及先天听障的聋哑大学生，对这类群体要进行更多的心理支持与鼓励，着重对他们进行认知干预与心理咨询，提高他们的自信心、主观幸福感和融入社会的能力。

从工作内容来看，工作者对聋哑大学生的心灵关爱可以从情感、认知、环境等多方面介入。在情感方面，首先个案工作者要营造一种安全的、开放的氛围来认真倾听服务对象的心声，让服务对象倾诉自己情感方面的困扰；然后，帮助服务对象分析产生这些问题的原因，引导服务对象克服内心的心理障碍，以积极、主动的心态去面对生活中的困难和挫折。最后，个案工作者要帮助服务对象恢复自尊和自信，提高他们处理情感问题的能力。在认知方面，个案工作者要通过认知重构来改善服务对象的情绪和行为，提高其解决问题的能力。个案工作者要帮助服务对象了解他的自我认知和信念，以及这些信念和认知对他生活所起的作用与影响。然后与案主一起探讨造成他的困惑或问题的想法，并为改变这样的想法作出努力[6]。在环境方面，个案工作者要着力挖掘服务对象周围环境存在的社会资源，并协助服务对象认清周围资源对他的影响,提高服务对象利用环境资源的能力,并不断丰富服务对象周围的资源,完善其社会支持网络。

工作者在个案访谈中要认真地倾听，鼓励服务对象袒露心声、释放情绪；要能够有效地运用同理心技巧，感同身受地体验服务对象的主观想法与情绪；利用语言和非语言符号对服务对象正面肯定，提供心理支持；恰当地运用对质、澄清、自我披露的技巧。

（二）小组工作方法

小组工作方法是工作者将两个以上且具有共同的需求或相似的社会问题的成员组织在一起，通过小组活动过程及组员之间的互动和经验分享，帮助组员改善其社会功能，促进其转变和成长，以达到预防和解决有关社会问题的目标的方法[7]。针对不同年级聋哑大学生自我评估水平、主观幸福感和社会支持的差异，小组工作者可以设计不同主题的小组活动。例如对于大一新生来说，小组工作者可以组建新生适应成长小组、学业规划小组；针对大二的学生，可以组建人际沟通小组、恋爱成长小组、兴趣爱好小组；针对大三学生，可以设计职业规划小组、情绪管理小组、关爱帮扶小组、时间管理小组；针对大四学生，可以设计就业指导小组、创业规划小组、毕业生减压小组等。

在聋哑大学生能力构建方面也可以运用小组工作方法，通过开展围绕聋哑大学生所学专业相关的小组活动来提升他们的自我成就感，如对于服装设计专业的聋哑大学生，工作者可以设计小组活动，为他们提供展示自己作品的平台，比如“时装 T 台秀”。针对产品设计专业，组建产品设计小组，面向全校招募组员，在活动过程中为聋哑大学生与其他院系大学生的沟通交流提供平台，通过相互分享自己产品设计的成果，提升聋哑大学生人际交往能力，增强他们的社会融入感，让他们更加积极乐观地去生活和学习。

在小组运作过程中，小组初期小组组员间因相互间不熟悉，可能有不安全感，期待获得信息、友善和安全感，小组工作者要协助组员彼此认识以消除陌生感，制定小组契约并塑造彼此信任的小组气氛；中期转折阶段，小组工作者要注意处理组员的抗拒行为，协调和处理冲突，保持组员对整体目标的意识；后期成熟阶段，由于小组成员凝聚力大大增强，组员关系的亲密程度更高，小组工作者要协助组员获得新的认知，并协助组员解决有关问题；结束阶段，要恰当处理组员离别情绪与感受，协助组员保持小组经验。

（三）社区工作方法

社区工作方法与个案工作、小组工作方法分析问题的视角相比更具结构取向，社区工作方法认为问题的产生并不完全是个人自身的原因，而与周围的环境、社会制度及整个社会密切相关。解决问题的责任也不应完全放在个人身上，而是政府、社区均有责任提供资源，协助处理和解决问题，该方法注重社会资源和权力的整合和分配[8]。利用社区工作的方法对聋哑大学生进行心灵关爱的介入，可以有以下方式：第一，工作者应借助学校（院系）团委、学生会、社团组织来加大对社会工作专业的宣传力度。在问卷调查过程中，有54%的受访对象表示对社会工作不了解，所以应加大社会工作专业的宣传力度，利用新媒体或线下开展活动的形式让更多的聋哑大学生知道社会工作、理解社会工作的内涵，以便工作者更好地开展服务。

第二，运用校内资源为聋哑大学生参与正常的交流活动创造条件。例如在学校讲座中专设手语翻译，或是在讲座后制成配字幕的录像，方便聋哑大学生更好地参与到学术交流中，除此之外，举办聋哑学生与健全学生的定期交流会，开辟专门的学校网络虚拟社区等，都有助于聋哑学生与外界的交流和沟通。

第三，积极营造接纳包容聋哑大学生的社会氛围。当今社会，仍存在对残疾人就业、生活、学习等各方面的歧视与偏见，严重阻碍了聋哑大学生个人健康成长，对他们心灵造成深刻的影响，他们为此担忧自己的工作、自己的家庭。所以学校师生要积极呼吁社会上的志愿者团体、社会服务机构加入对聋哑大学生心灵关爱的队伍中来，通过社会集体的力量让聋哑大学生感受到心灵的温暖、精神的依托，从而增强他们融入社会的信心与能力。

第四，整合社会资源以满足聋哑大学生心灵关爱的需求。聋哑大学生心理需求的满足不仅仅来自学校的教育和支持，还包括家庭、社会等多方面的关怀和帮助。运用社区工作方法，要链接学校、家庭和社会三方资源共同为聋哑大学生搭建起心灵关爱的平台（详见图6）。一是链接学校资源。一方面，学校团委、学生会、社团联合会等资源为开展小组工作、社区工作提供一定的支持和帮助；另一方面，充分利用聋哑专业教师和聋人学生社团为聋哑大学生开展相关小组活动和社区活动；二是链接家庭资源。家庭在聋哑大学生的成长和发展过程中发挥着重要作用，工作者在为聋哑大学生提供个案辅导时要充分利用家庭资源，通过家长和学校共同的关爱和支持为他们营造一个充满关爱、温馨的成长环境。三是链接社会资源。工作者通过链接相关社会组织、志愿者团体为聋哑大学生提供心理辅导、社会实践等资源；链接医疗资源，为聋哑大学生提供相应的医疗康复服务；链接企业资源，为聋哑大学生提供就业信息和职业培训，以提高他们职业适应能力；四是整合学校、家庭和社会资源，共同为聋哑大学生提供帮助和支持，来满足他们心灵关爱的需要。

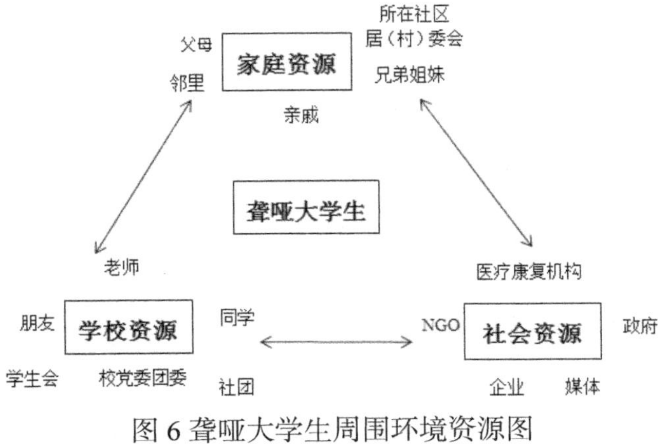

图6 聋哑大学生周围环境资源图

参考文献：

[1] 常伟苹 . 普通大学生与聋哑大学生自尊及其社会支持的相关研究 [D]. 长春：东北师范大学，2011.
[2] 陈振旗 . 聋哑大学生社会支持、自我价值感与主观幸福感的关系 [D]. 长春：东北师范大学，2010.
[3] 隋玉杰 . 个案工作 [M]. 北京：中国人民大学出版社，2007.
[4] 李迎生 . 社会工作概论 [M]. 北京：中国人民大学出版社，2010.
[5] 周沛，曲绍旭，张春娟等 . 残疾人社会工作 [M]. 北京：社会科学文献出版社，2012.
[6] 周沛，曲绍旭，张春娟等 . 残疾人社会工作 [M]. 北京：社会科学文献出版社，2012.
[7] 全国社会工作者职业水平考试教材编写组 . 社会工作综合能力：中级 [M]. 北京：中国社会出版社，2015.

就业工作视角下提升大学生思想政治教育效果路径探析

乔亮
天津商业大学

就业是民生之本，是人类社会普遍存在的社会经济现象，也是人民群众获得收入，维持生计和进一步改善物质和精神生活的基本途径。保障好大学生就业是构建社会主义和谐社会的重要希冀，也是促进经济社会全面发展的坚实基础。但是，随着社会经济和高等教育的快速发展，大学生就业工作受到的挑战愈发严峻。社会经济发展进入重要的转型期，每年大学毕业生数屡创新高，在双重压力下，如何做好大学生就业工作成为大学思政工作人员的重要工作环节，也是检验高校落实立德树人根本任务成效的有效检验。思政工作贯穿于高校大学生教育的全过程，面对新形势，就要求辅导员不单要关注就业指导上的“术”，也更应该着眼于思政工作对大学生就业工作中“道”的指引和增进作用。

一、新形势下大学生就业的现状

大学生在就业过程中，自身还存在着一些突出的问题。一是大学生的就业观不正确，表现在受到传统观念影响大，“铁饭碗”“体制内”等思想不能和社会发展需要紧密衔接，就业意向受到家庭、社会舆论的影响较大，投身基层、服务民营经济的意识不强。二是大学生“慢就业”现象突出。现在不少大学生在毕业季并不急于求职、工作，而是抱着“享受当下”的思想，将更多的精力和时间放在毕业旅行、打游戏、“煲剧”中，错失了“秋招”“春招”等重要的校园招聘时间节点，导致无法充分利用学校就业部门提供的就业资源。三是大学生面对日益激烈的竞争环境，自身素质能力有待提高。企业和社会的需求不断提高，但不少大学生的自身素质仅局限于课本传统知识的学习，课外实践较少，沟通能力、表达能力和组织协调能力不足，一些基本办公软件使用熟练度不高，导致很难在面试过程中脱颖而出，即使进入实习环节，也很容易在短时间内暴露很多缺点。四是面对快速发展的社会，大学生缺少良好的职业规划素养。很多学生即使在临近毕业时，对自己的个人兴趣、能力优势、职业规划等仍没有整体概念，或消极求职就业，或盲目地在人才市场投递简历，收效甚微。

二、思政教育对大学生就业的促进作用

（一）思政教育可以有效提高大学生对就业形势的理解和判断。

思想认识是我们面对问题、解决问题的先决条件。大学生面对就业问题时，往往由于对大

环境分析不够，就业观念失之偏颇，很容易让自己迷失方向，找不到发力点。当前我国经济正处于转型期，供给侧改革稳步推进，以前粗犷的经济发展模式正转变为依靠新科技支撑的高质量发展模式，因此社会对于高校人才需求也发生着改变，基于此，就要求从事就业工作的思政教师及时了解和掌握经济发展形势和最新的国家政策，及时给学生答疑解惑。同时，要将危机教育融入思政教育中，使学生们能够清醒认识到就业形势的严峻性，树立合理的就业观念，充分认识自己、定位自己，进行合理的职业规划，变被动找工作为主动求职。

（二）思政教育可有效提高学生整体综合素质。

思政教育不是简单的思想灌输，而是通过多种形式的思政教育过程，实现润物细无声的教育效果。一方面能够有效提高大学生的抗压能力，锻炼其良好的心理素质，这也是现代企业在招聘人才过程中非常看重的两个因素，也影响着大学生在面试过程中其他方面的表现。另一方面，在组织的简历制作指导、校园模拟面试、“面霸”经验分享会、就业先锋等就业专项活动中，切实有效地提升了大学生面试过程中所需要展现的各项能力，这对于大学生就业综合素质的提升都起到了良好的助推作用。

（三）思政教育可有效解决就业实践中产生的问题。

对于已经迈出就业第一步的同学，在实习、见习的过程中，往往会产生理想工作和现实的落差，或者会遇到适应新环境能力差、学习新技能难度大等困难，导致无法接受现状或者无法在单位转正，这样会对其求职士气和今后的职业发展产生诸多不利的影响。思政教育就可以有效地针对这些问题，采用案例教育、心理疏导等方式，鼓励学生以理智的眼光看待当前遇到的问题，帮助其分析遇到这些问题的核心原因，还原学生积极向上的心态，形成教师就业指导和学生就业实践的良性循环互动。

三、思政教育有效融入大学生就业工作的切入点

（一）以爱国主义教育激发奉献精神和担当情怀

爱国主义教育是思政教育中最核心的环节，将祖国发展需要和个人成长紧密结合起来，鼓励、倡导大学生到西部去，到祖国最需要的基层去，在那里进行发光发热，快速成长。近年来，西部计划、“三支一扶”、基层党务工作者、社区工作者和大学生应征入伍等专项工作取得了很好的效果。通过宣讲会、主题专访等思政教育活动，越来越多的大学毕业生主动选择投身到祖国最需要的地方，用汗水浇灌青春之花。因此，我们要牢牢抓好爱国主义教育这条主线，将其深刻融入就业指导工作中，使之成为提升就业率、提高就业质量的有利工作抓手。

（二）以感恩教育唤醒就业意识

提升大学生就业意识是开展好就业工作的第一步，针对当前大学生就业意识不足，“缓就业”“慢就业”现象突出的问题，感恩教育是一个较好的切入点，通过母亲节、父亲节、重阳节等主题教育，使大学生能够认识到亲情的重要性，感恩父母的付出，感悟父母操持家庭的不易，尤其是要加强其责任意识教育，明确大学生成为成年人之后，尤其是毕业之后，要主动承担起相应的家庭责任。只有通过就业，先使自己能够在社会立足，然后通过自己的奋斗可以使自己的家人获得更好的生活。对于不就业继续考研和只准备考公务员的这类同学，要根据学生的实际情况，权衡时间成本和经济成本，合理制定目标，从而降低家庭负担和学生本身的备考

压力，最大程度地提高成功率。

（三）以诚信教育塑造学生良好职场素养。

诚信是一个人立足社会的底色，诚信教育是思政教育的重要组成内容，而大学生在求职过程中，涉及简历制作、面试等诸多环节，在教授学生求职技巧的同时，更要注重诚信教育，不能一心只求简历漂亮好看，就随手编造光鲜亮丽的经历，不能为了博得面试官的好感，就不假思索地编造实习经历或成长历程，这些编造的“好看数据”只能唬人一时，在经验丰富的招聘工作人员眼中也很容易漏出破绽。同样，在学生进入实习单位后，更需要踏踏实实做事，本本分分做人，对于职场新人来说，如果被贴上了不诚信的标签，无疑会给自己的职业发展带来毁灭性的打击。因此，诚信教育是大学生顺利进入职场、获得用人单位认可的重要保障。

（四）以心理健康教育筑牢学生抗压能力底线

大学生就业工作不是一蹴而就的，对于每一个个体来说，也往往存在着曲折反复的过程。校园生活和社会生活的落差，往往会造成大学生的挫败感，严重的，会让很多学生丧失斗志，消极怠工。所以，在就业工作中，心理健康教育是一个贯穿大学生活始终的工作。在前期，要提升大学生的自信心和勇气，这样才能让更多的人迈出坚实的第一步。其次，要关注遇到面试失利、实习受挫的学生群体，要及时疏导这类同学的负面情绪，理顺问题产生的原因，探索解决问题的办法，使之积极面对问题，增强抗压能力。最后，要形成特殊学生群体心理关注台账，密切关注他们每一个求职阶段的心理动态变化，为就业指导的开展提供合理的遵循。

（五）以朋辈经验教育营造求职、创业新风尚

大学生就业去向分为多个方面，经济的快速发展，给大学生们提供了更多的可能性。考研、考公务员、出国深造、创业、企业求职等各个方面都有出类拔萃的同学。一方面就业指导教师要加强各类就业形式的专业学习，做好授业解惑工作。另一方面要充分发挥朋辈教育的有效性和优势。如大学生考研经验分享交流会、就业先锋、考公达人、创业课堂等活动的开展，就让思政教育从大水漫灌，变为代入感更强的用身边人和身边事感染同学，也使就业指导具有了更高的可借鉴性和可实施性。

大学生就业工作关系到社会的稳定和国民经济的健康平稳发展。进入新时代，就业工作也面临着更多的挑战，用人单位需求和大学培养人才质量如何更好地衔接是摆在我们面前的重要共组课题。深入挖掘大学生思政教育的丰富内涵，可以为大学生就业指导工作提供坚强保障和提供新的视角。爱国主义教育、感恩教育、心理健康教育、诚信教育和朋辈经验教育等 5 个切入点可针对性较强地解决当前大学生就业意识差、个人综合素质不足、抗压和自我调节能力弱、就业信息来源单一等问题，为提升就业率和就业质量提供了新思路，也是当前将就业指导工作抓细落实的有效手段。

公共危机事件下高校大学生心理应激分析与应对
——基于新冠肺炎疫情防控期间对天津某高校531 名学生的问卷调查

桑振龙
天津商业大学

近年来，高校大学生的心理健康状况受到了广泛关注。2016 年 12 月，习近平总书记在全国高校思想政治工作会议上强调，要在高校中培育理性平和的健康心态，加强人文关怀和心理疏导。2018 年 7 月，中共教育部党组印发了《高等学校学生心理健康教育指导纲要》，立足提高大学生心理素质，提升心理育人质量，将新时代更加规范的高校大学生心理健康教育推向新的高度。

心理应激的预防与干预是大学生心理健康教育的重要任务之一。公共危机事件下，高校大学生的心理应激的产生、变化、发展呈现出独特的复杂性，如何应对公共危机事件下的大学生心理应激反应显得更为紧迫重要。2019 年 12 月以来，新型冠状病毒肺炎疫情席卷全国，多地启动“重大突发公共卫生事件一级响应”，疫情影响下，全国多个高校延迟了开学时间。在此次新型冠状病毒肺炎疫情引发的公共危机事件影响下，高校大学生产生了怎样的心理应激反应？随着疫情的发展，他们的心理应激又会有怎样的变化？本文以新冠肺炎疫情防控期间对天津某高校 531 名学生的问卷调查为基础，针对以上问题进行分析研究，并针对疫情影响下心理应激的阶段变化性，提出相应的应对策略。

一、公共危机事件与心理应激概述

公共危机事件是指突然发生的涉及公共问题及公共利益的，造成社会秩序紊乱，影响社会安定，威胁人员安全、造成财产损失的，需要政府及时作出决策的不可预测的非常规事件。公共危机事件具有公共性、突发性、破坏性、紧迫性、持续性的特征。

按照公共危机事件发生的领域划分，我们时常遇到的公共危机事件有：涉及生态问题的公共危机事件、涉及安全问题的公共危机事件、涉及卫生问题的公共危机事件、涉及灾难问题的公共危机事件。此次新型冠状病毒肺炎疫情引发的公共危机事件属于涉及卫生问题的公共危机事件。

在临床医学上，心理应激（心理压力）往往被认为会导致各种疾病。Waston D（1992）将心理应激定义为：个体在察觉需求与满足需求的能力不平衡时倾向于通过整体心理和生理反应表现出来的多因素作用的适应过程。后者对心理应激的定义，更符合学术研究的范畴。

本文将采用文献分析法、问卷调查法、定性分析法开展分析研究。通过分析相关文献，对公共危机事件下个体的心理应激分析研究较少，已有的研究主要是分析心理应激反应进而开展相关干预，而对心理应激的阶段变化性没有及时跟进分析。结合问卷调查对新冠肺炎疫情下大学生的心理应激的阶段变化性分析及应对将是本文的重点论述内容。

二、公共危机事件下高校大学生心理应激分析

对心理应激的阶段变化性分析基于公共危机事件产生、发展的阶段变化性。在公共危机事件发展的不同阶段，初始应激源（应激因素）影响弱化，次生应激源复杂多变，心理应激随之呈现变化性。新冠肺炎疫情从突发到爆发再到疫情基本得到控制，疫情作为初始应激源又引发了许多次生应激源，从而使高校大学生在对应阶段的心理应激复杂多变。

（一）新冠肺炎疫情高爆发期大学生心理应激分析

自 2019 年 12 月新冠肺炎疫情发生以来，国内疫情迅速蔓延，至 2020 年 2 月中旬此次疫情到达高爆发期。这期间高校学生处于寒假期间，新冠肺炎疫情的暴发对大学生群体是否会产生强烈的心理应激？如果产生了心理应激，那心理应激的表现都有哪些？产生的心理应激强度有多高？带着这样的疑问，我们在参照以往心理应激量表的基础上设计了“公共危机事件下高校大学生心理应激反应调查问卷”（以下简称“调查问卷”），此处的公共危机事件即是指近期发生的新冠肺炎疫情。

调查问卷的前半部分即是对新冠肺炎疫情高爆发期大学生心理应激的调查，现对问卷调查结果分析如下。

本次问卷调查共有 531 名大学生进行了有效作答，其中男生 131 名，女生 400 名，受访学生涵盖大一至大四各个年级。

国内疫情暴发期间，占比 98.87% 的受访学生会经常关注疫情，其中关注度达中度及以上（中度、偏重、严重）的占比是 87.38%，网络社交媒体的高度发展也为大学生关注疫情提供了便利途径，调查显示，80.98% 的受访学生会通过微博关注疫情。

本次问卷调查，共有 9 个直接相关性问题是针对新冠肺炎疫情高爆发期大学生心理应激的调查，这 9 个问题选取自心理应激测试量表并加入了和新冠肺炎疫情相关的信息，涉及疫情防控期间与大学生心理应激息息相关的可能存在的应激反应，主要包含个体在疫情防控期间可能出现的客观事件（饮食减少、睡眠困难等）或主观感受（焦虑、担忧、情绪失控、自杀意图等）。

调查显示，国内疫情暴发期间：①占比 67.6% 的受访学生轻微（轻度、没有 <下同>）感到紧张和焦虑不安，心绪不宁，占比 32.4% 的受访学生焦虑程度在中度及以上（中度、偏重、严重 <下同>）；②占比 66.11% 的受访学生与人接触后，轻微担心自己或家人感染新冠肺炎，占比 33.89% 的受访学生担忧程度在中度及以上；③与上一项相同，占比 66.11% 的受访学生非常在意身体上出现的任何不适，担心自己感染新冠肺炎，占比 33.89% 的受访学生担忧程度在中度及以上；④占比 83.24% 的受访学生看到与新冠肺炎相关的新闻或信息，就轻微感觉没有心思干别的事情，占比 16.76% 的受访者的这种感觉在中度及以上；⑤国内疫情暴发期间，占比 88.51% 的受访学生会有轻微的情绪低落、忧心忡忡、流泪难过，占比 11.48% 的受访学生这种情绪低落感在中度及以上；⑥国内疫情暴发期间，占比 96.49% 的受访学生有轻微的轻

生意图（无轻生意图者占比94.73%），轻生意图在中度及以上者占比3.51%（其中偏重和严重各占0.19%），⑦国内疫情暴发期间，与心理应激相关的睡眠、食欲等轻微受影响者均在90%以上；⑧国内疫情暴发期间，微博上出现了“替代性创伤”的热搜词，85.88%的受访者未出现替代性创伤或者没听说过这个名词，接近9.42%的受访者出现轻微替代性创伤。

综合以上调查结果，可以得知：在国内疫情暴发期间，绝大多数学生未出现中度及以上的心理应激反应，属于疫情影响下的正常反应；少部分学生的心理应激反应超出一般水平，但处于偏重或严重程度的受访学生数量极少。

（二）新冠肺炎疫情基本控制后大学生心理应激分析

2020年2月中下旬，国内新冠疫情已基本控制，防控形势向好发展，疫情作为初始应激源对大学生的影响减弱；但是随着高校春季学期开学时间的临近，在疫情未完全消除的情况下，至4月中旬各大高校仍未开学，期间，疫情影响下出现了以往未有的次生应激源，也就是说随着公共危机事件的发展，应激源发生了阶段性变化。

调查问卷的后半部分即是对这种次生应激源的调查，调查显示，当被问及下列哪些因素会使你产生心理压力时，受访者作答占比如下：国内疫情现状——43.69%，国外疫情加重，境外输入病例增加——48.78%；因疫情导致学校至今无法开学——50.09%，因疫情导致家庭经济困难——26.37%，因疫情导致无法进行正常的人际交往——34.46%，因疫情导致已经大四的我还没找到心仪的工作——10.73%。其中对因疫情导致家庭经济状况变差的单项调查中，53.3%的受访者为此感到焦虑、担忧；对因疫情导致无法开学对学业成绩的影响调查中，70.99%的受访者为此感到焦虑、担忧；在对网课学习情况的单项调查中，受访者作答如下：上网课效率低，学不到内容——47.46%；受网课形式限制，老师讲课质量欠佳，很多内容听不明白——35.59%；在家没人约束，三餐、作息也不规律，每日学习状态不好——48.21%；上网课没人监督，听不听课没关系，落下很多课程——32.02%。还有部分同学因疫情影响补考、考研复习、出国留学计划、正常毕业等产生心理压力。

综合以上调查结果，可以得知：随着疫情的发展，因高校未能正式开学，影响学生心理应激的次生应激源不断显现，以受访学生为代表的高校大学生受应激源的影响出现了不同程度的心理应激反应，应当予以重视。

三、公共危机事件下高校大学生心理应激应对

在心理学上，应对心理应激反应有特定的心理行为策略。在公共危机事件下，应对心理应激反应，应当结合特定的环境背景。在新冠肺炎疫情影响下，无论是对初始应激源导致的大学生心理应激的应对，还是对次生应激源导致的大学生心理应激的应对，都应该既有结合特定背景的心理学上的心理行为策略，又有针对应激源阶段性变化的具体性应对策略。

总体来说，应对新冠疫情下的心理应激反应，主要从社会、个人、学校（家庭）三方面入手。

（1）社会层面，公共危机事件的发生具有突发性、难以预测性，社会大众对新冠肺炎疫情的迅速蔓延的普遍担忧，正是因为我们在付出了很多防控努力之后，疫情的某种不可控制性仍在作祟。针对疫情的严格防控仍在继续，社会媒体应当坚持正向引导，稳定民心，严格审核所发布信息的真实性；同时，全国上下、社会各方应齐心协力做好每时每刻的疫情防控工作，

让民众吃下“定心丸”，相关的心理应激反应自然会“降温”。

（2）个人层面，个体在经历应激事件后，最开始一般会出现不能接受甚至满腔愤怒的心理感受，随着认知的发展，会对事件的处理呈现出一定的期待性，此时也会伴随着一定程度的担忧沮丧，这样的应激反应一般情况下是可以控制的。为控制心理应激反应的进一步扩大，个人应该学会接纳事实，对事件的发展作出正确认知，改变自己以适应环境，以良好的身体状态为基础保持正能量，同时通过适时的运动进行合理的宣泄，多同家人、朋友、同学进行沟通交流，还应当为这种特殊时期的自己作出合理的规划，有计划地完成作为高校大学生的角色任务。同时记住自己不是一人在同疫情抗争，如果心理上出现难以自愈的创伤要及时寻求专业的心理帮助。

（3）学校层面，学校对学生的有效管理离不开家庭的配合与支持，家庭也是学校了解学生的重要窗口。疫情下，学校应当及时了解学生动态，关注、评估学生身心状况；稳定全体学生的忧虑情绪，引导学生理性认知形势，乐观面对生活；针对部分心理应激较大的学生做好有效的心理疏导，引导学生正确管理情绪；针对心理应激反应特别大的学生应当结合平时工作中重点关注学生心理情况，及时发现问题，及时进行一对一的谈话沟通甚至是专业介入。同时畅通学校层面的信息传达通道，引导学生不信谣、不传谣、不造谣，坚定学生信心、信念，更要体现出学校层面的陪伴、关心、支持、理解、共情，从而提升学生的信任感。再者，针对应激源的阶段变化性，学校应当针对不同类别的学生加强分类指导，将缓解学生心理应激反应和解决学生实际问题相结合，精准施策，逐步消除学生在学业、参加线上课程、人生规划、正常毕业、人际交往、家庭经济困难等方面的顾虑，使学生能以更合理的方式、在更平和的环境下应对公共危机事件下的心理应激反应。

四、结语

公共危机事件下对高校大学生心理应激的分析与应对，离不开对个体差异性的明确认识，应对心理应激反应也应当更相信专业心理层面的诊断，从社会、个体、学校（家庭）层面分析研究的相关应对策略，是针对大学生群体具有普遍适用性的一种应对策略；对大学生在特定情境下的心理应激的调查、分析、研究、应对从来不是一劳永逸的事，需要将特定的环境背景和个体差异性相结合，针对具体的心理应激反应具体分析应对策略。

参考文献：

[1] 李丹丹 . 突发公共危机事件下群体心理应激及其仿真研究 [D]. 秦皇岛：燕山大学经济管理学院，2018.

[2] Watson D，Clark L A，McIntyre C W，Hamaker S.Affect， personality，and social activity.[J].Journal of personality and social psychology，1992，63（6）.

[3] 马喜亭 . 高校辅导员在学生心理危机干预中的操作性策略 [C]. 中国心理卫生协会大学生心理咨询专业委员会 . 中国特色大学生心理健康教育——第十二届全国大学生心理健康教育与咨询学术交流会论文集 . 中国心理卫生协会大学生心理咨询专业委员会：中国心理卫生协会大学生心理咨询专业委员会，2015：330-332.

构建贫困生积极人格的路径研究

许志勇
天津商业大学管理学院

一、问题提出

教育部全国资助中心学生资助发展报告统计显示，目前全国在校大学生人数已达2，695万人，其中贫困生所占比例为30% [1]，贫困生脱贫不仅要从物质资源的匮乏上找原因，更要从贫困主体的主观思维上加以认识 [2]。习近平总书记在减贫与发展高层论坛上指出：“扶贫要扶志，要调动扶贫对象的积极性，提高其发展动力，发挥其主体作用。” [3]

毋庸置疑，开展贫困生积极人格教育应成为重要突破口，“积极人格教育”作为一个新生词汇，是新时代中国特色社会主义思想、积极心理学与教育相互交融的产物。从本质上来说，这是一种全新的教育、融合的教育、有机的教育，其教育目的是培养以积极心为核心，拥有智慧脑、坚强志、高效能的积极人才，这种积极人才应具有较高的理想境界、独特的审美能力和创造性的思维，善用工具并且拥有强有力的、乐观的交往合作能力 [4]。开展积极人格教育能促使贫困生转变思维观念，形成积极的教育理念，进而激发和引导贫困生积极求知并获得积极的情感体验，培育贫困生积极的人格品质与人生态度。现有研究已证实，个体特定的生理机制会产生与它相适应的行为模式，但这种生理机制对行为模式的影响既不是直接的，也不是不可避免的，更不是持久的，因而人格并不完全是由先天遗传因素来决定的，它是内在因素、外部行为、社会环境三者交互作用的结果。

近年来，学者们对高校贫困生的心理问题和积极人格问题关注度较高。在中国学术期刊全文数据库以篇名“高校贫困生心理”“积极人格”检索到核心期刊和CSSCI期刊收录文章，共计79篇，其中高校贫困生心理46篇，积极人格33篇，梳理分析发现，高校贫困生心理发展研究主要集中在基础性研究（问题表现、成因分析、对策研究）和专门性研究（积极心理学视角、个体心理学视角、社会学视角）两个方面，积极人格研究主要集中在功能作用、应用方面，而积极人格与贫困生心理健康的关系与应用研究较少。据此，本文借助Peterson和Seligman的《人格力量与美德分类手册》[1] 编制《贫困生积极人格调查问卷》提出假设，H1：人口统计学变项在贫困生积极人格方面具有显著性差异；H2：贫困生知觉智慧、仁爱、公正、节制、卓越、勇气有显著性差异；H3：积极人格对贫困生心理具有正向影响效应，以寻求构建贫困生积极人格的路径。

二、研究设计与过程

（一）研究对象

2020 年 5 月，在天津商业大学贫困生数据库中，采取分层抽样的方法，对贫困生进行问卷调查，共发放问卷 210 份，剔除无效和不合格问卷 6 份，共获得有效问卷 204 份，问卷有效回收率为 97.14%。

（二）研究工具

本文以积极心理学理论为基础，借鉴 Peterson 和 Seligman 的《人格力量与美德分类手册》自行编制了贫困生积极人格量表。采用“李克特六点计分法”，要求被试从 1 分（很不符合）到 5 分（很符合）对题项陈述进行评定，采用探索性因素分析提取出贫困生积极人格的六个因子：智慧、仁爱、公正、节制、卓越、勇气。通过 KMO 检验和 Bartlett's 球形检验，得出 $P<0.01$，KMO 值为 0.886，表明该量表的各题项之间相关性很强，量表总信度为 0.915，智慧、仁爱、公正、节制、卓越、勇气的信度为 0.767、0.814、0.731、0.672、0.664、0.823。

（三）数据处理方法

本研究采用统计软件 SPSS22.0 对所得数据进行统计与分析，包括贫困生性别、年龄、生源地、是否为独生子女、是否加入学生组织、家庭经济情况、地区情况等进行差异性检验。

三、调查结果分析

不同性别的贫困生在积极人格得分差异比较见表 1。

表 1　不同性别的贫困生在积极人格得分差异比较表

检验变量	性别	个数	平均数	标准差	t 值
智慧	男	94	22.70	3.58	0.654
	女	110	22.35	3.95	
仁爱	男	94	23.45	3.86	-1.083
	女	110	24.00	3.43	
公正	男	94	18.13	2.94	0.087
	女	110	18.09	3.06	
节制	男	94	17.20	3.23	2.083*
	女	110	16.26	3.18	
卓越	男	94	24.51	3.87	-0.799
	女	110	24.95	4.03	
勇气	男	94	27.05	5.21	2.141*
	女	110	25.57	4.56	
积极人格	男	94	133.04	16.96	0.753
	女	110	131.24	17.17	

备注：$*P < 0.05$

为了探讨不同性别贫困生在积极人格量表上的得分差异，本研究采用独立样本 T 检验进行比较。由表 1 可知，不同性别贫困生在智慧、仁爱、公正、卓越、勇气、积极人格均未达到显著水平，显著性概率 P 均大于 0.05，但在节制维度上显著差异明显，男贫困生知觉积极人格（M=17.20）显著高于女贫困生（16.26）。推论其原因可能是男贫困生对需要和欲望的表达程度更高，更有远见、谨慎。

不同生源地贫困生在积极人格得分差异比较见表 2。

表 2 不同生源地贫困生在积极人格得分差异比较表

检验变量	生源地	个数	平均数	标准差	t 值
智慧	城市	116	23.21	3.75	3.065***
	农村	88	21.60	3.63	
仁爱	城市	116	23.96	3.82	0.954
	农村	88	23.47	3.39	
公正	城市	116	18.11	3.15	0.023
	农村	88	18.10	2.80	
节制	城市	116	16.98	3.05	1.458
	农村	88	16.32	3.44	
卓越	城市	116	25.09	3.91	1.398
	农村	88	24.31	4.00	
勇气	城市	116	26.42	4.91	0.558
	农村	88	26.03	4.94	
积极人格	城市	116	133.77	16.99	1.640
	农村	88	129.83	16.98	

备注：*P ＜ .05 ***P ＜ .001

为了探讨不同生源地贫困生在积极人格量表上的得分差异，本研究采用独立样本 T 检验进行比较。由表 2 可知，不同生源地贫困生在仁爱、公正、节制、卓越、勇气、积极人格均未达到显著水平，显著性概率 P 均大于 0.05，但在智慧维度有显著差异，城市生源地的贫困生（M=23.21）知觉积极人格显著高于农村生源地的贫困生（M=21.60），推其原因可能是城市的生活环境更能影响贫困生的人格心理发展，农村生活环境相对封闭，不利于贫困生进行心理调适。

是否为独生子女贫困生在积极人格得分差异比较见表 3。

表 3 是否为独生子女贫困生在积极人格得分差异比较表

检验变量	独生子女	个数	平均数	标准差	t 值
智慧	是	88	23.20	3.97	2.295*
	否	116	21.99	3.56	

续表

仁爱	是	88	24.03	3.79	1.000
	否	116	23.53	3.52	
公正	是	88	17.84	3.34	-1.109
	否	116	18.31	2.70	
节制	是	88	16.90	3.17	0.775
	否	116	16.54	3.28	
卓越	是	88	25.02	4.13	0.857
	否	116	24.54	3.82	
勇气	是	88	26.64	5.09	0.965
	否	116	25.97	4.78	
积极人格	是	88	133.64	17.57	1.144
	否	116	130.88	16.63	

备注：*P ＜ 0.05

为了探讨是否为独生子女贫困生在积极人格量表上的得分差异，本研究采用独立样本 t 检验进行比较。由表 3 可知，是否为独生子女贫困生在仁爱、公正、节制、卓越、勇气、积极人格均未达到显著水平，显著性概率 P 均大于 0.05，但在智慧维度有显著差异，独生子女贫困生（M=23.20）知觉智慧显著高于非独生子女贫困生（M=21.99）。推论其原因可能是独生子女贫困生在家庭教育、家庭环境方面有父母的关注度更高。

是否担任班委贫困生在积极人格得分差异比较见表 4。

表 4　是否担任班委贫困生在积极人格得分差异比较表

检验变量	班委	个数	平均数	标准差	t 值
智慧	是	73	23.25	4.18	2.082*
	否	131	22.11	3.49	
仁爱	是	73	24.51	3.62	2.255*
	否	131	23.32	3.59	
公正	是	73	18.27	3.48	0.590
	否	131	18.02	2.70	
节制	是	73	17.30	3.46	2.010*
	否	131	16.36	3.06	
卓越	是	73	26.05	3.95	3.622***
	否	131	24.02	3.78	
勇气	是	73	26.95	5.53	1.502
	否	131	25.87	4.51	

续表

检验变量	班委	个数	平均数	标准差	t 值
积极人格	是	73	136.33	16.89	2.704***
	否	131	129.69	16.75	

备注：*P ＜ 0.05　***P ＜ 0.001

为了探讨是否担任班委贫困生在积极人格量表上的得分差异，本研究采用独立样本 t 检验进行比较。由表 4 可知，是否担任班委贫困生在公正、勇气均未达到显著水平，显著性概率 P 均大于 0.05，但在智慧、仁爱、卓越、积极人格有显著差异，担任班委贫困生（M=23.25、24.51、17.30、26.05、136.33）知觉智慧、仁爱、卓越、积极人格显著高于非班委贫困生（M=22.11、22.11、16.36、26.95、129.69）。推论其原因可能是担任班委的贫困生在日常学习、工作中能得到较多锻炼，心态沉稳，能以积极态度对待生活、对待学习。

是否为学生组织贫困生在积极人格得分差异比较见表 5。

表 5　是否为学生组织贫困生在积极人格得分差异比较表

检验变量	学生组织成员	个数	平均数	标准差	t 值
智慧	是	82	22.48	3.80	-0.121
	否	122	22.54	3.78	
仁爱	是	82	24.44	3.49	2.256*
	否	122	23.28	3.68	
公正	是	82	18.52	2.88	1.635
	否	122	17.83	3.05	
节制	是	82	17.38	3.01	2.501**
	否	122	16.24	3.31	
卓越	是	82	26.13	3.11	4.269**
	否	122	23.82	4.19	
勇气	是	82	26.65	5.20	0.932
	否	122	25.99	4.74	
积极人格	是	82	135.60	15.91	2.452**
	否	122	129.70	17.45	

备注：*P ＜ 0.05　**P ＜ 0.001

为了探讨是否为学生组织贫困生在积极人格量表上的得分差异，本研究采用独立样本 T 检验进行比较。由表 5 可知，是否为学生组织贫困生在智慧、公正、勇气均未达到显著水平，显著性概率 P 均大于 0.05，但在仁爱、节制、卓越、积极人格有显著差异，参加学生组织的贫困生（M=24.44、17.38、26.13、135.60、129.70）知觉仁爱、节制、卓越、积极人格显著高于未参加学生组织贫困生（M=23.28、16.24、23.82、129.70）。推论其原因可能是参加学生组织的贫困生有丰富的工作经验，为人处事更为成熟、亲切慷慨，欣赏美、怀有感恩的心，有积极的心态，有较高的精神追求。

家庭经济情况不同的贫困生对积极人格得分差异见表 6。

表 6　家庭经济情况不同的贫困生对积极人格得分差异表

层面		平方和	df	均方	F	显著性
智慧	组间	144.249	4	36.062	2.605*	0.037
	组内	2，754.707	199	13.843		
	总数	2，898.956	203			
仁爱	组间	347.374	4	86.843	7.387***	0.000
	组内	2，339.371	199	11.756		
	总数	2，686.745	203			
公正	组间	13.602	4	3.401	.374	0.827
	组内	1，808.025	199	9.086		
	总数	1，821.627	203			
节制	组间	135.734	4	33.933	3.398**	0.010
	组内	1，987.423	199	9.987		
	总数	2，123.157	203			
卓越	组间	146.927	4	36.732	2.415	0.050
	组内	3，027.323	199	15.213		
	总数	3，174.250	203			
勇气	组间	323.770	4	80.943	3.516**	0.008
	组内	4，580.975	199	23.020		
	总数	4，904.745	203			
积极人格	组间	5，175.431	4	1293.858	4.778***	0.001
	组内	53，885.60	199	270.782		
	总数	59，061.03	203			

备注：　*P ＜ 0.05　**P ＜ 0.001

为了探讨不同家庭经济情况贫困生在积极人格量表上的得分差异，本研究以单因素方差分析（One-way ANOVA）比较。由表 6 可知，在智慧层面，F=2.605（P ＜ 0.05），不同家庭经济情况的贫困生在智慧层面存在极其显著差异；仁爱层面，F=7.387（P ＜ 0.05），不同家庭经济情况的贫困生在仁爱层面存在极其显著差异；节制层面，F=3.398（P ＜ 0.05），不同家庭经济情况的贫困生在节制层面存在极其显著差异；勇气层面，F=3.516（P ＜ 0.05），不同家庭经济情况的贫困生在勇气层面存在极其显著差异；积极人格总体上，F=4.778（P ＜ 0.05），不同家庭经济情况的贫困生在积极人格总体上存在极其显著差异。为了进一步分析不同家庭经济情况贫困生在积极人格量表上的差异性，本文采用最小显著差异法（LSD）进行事后比较，家庭经济情况不同的贫困生在智慧、仁爱、节制、勇气、积极人格层面存在显著差异。①在智慧层面，家庭经济情况好、比较好的贫困生平均得分优于家庭经济情况比较差、差的贫困生。②在仁爱层面，家庭经济情况好、比较差的贫困生平均得分优于家庭经济情况差的贫困生；家庭经济情况比较好的贫困生平均得分优于家庭经济情况一般、比较差、差的贫困生。③在节制层面，家庭经济情况好、比较好的贫困生平均得分优于家庭经济情况差的贫困生；家庭经济情况一般的贫困生平均得分低于家庭经济情况一般的贫困生。④在勇气层面，家庭经济情况差的贫困生平均得分显著低于家庭经济情况好、比较好、一般的贫困生；家庭经济情况比较好的贫困生平均得分显著高于家庭经济情况一般的贫困生。⑤在积极人格总体上，家庭经济情况比较好的贫困生平均得分显著高于家庭经济情况一般、比较差、差的贫困生；家庭经济情况差的贫困生平均得分显著低于家庭经济情况好、一般、比较差的贫困生。分析可知，学生家庭经济情况对学生积极人格养成具有重要影响作用。

不同地区贫困生对积极人格得分差异见表 7。

表 7 不同地区贫困生对积极人格得分差异表

层面		平方和	df	均方	F	显著性
智慧	组间	40.196	6	6.699	0.462	0.836
	组内	2858.760	197	14.511		
	总数	2898.956	203			
仁爱	组间	166.618	6	27.770	2.171*	0.047
	组内	2520.127	197	12.793		
	总数	2686.745	203			
公正	组间	151.020	6	25.170	2.968***	0.009
	组内	1670.607	197	8.480		
	总数	1821.627	203			
节制	组间	112.704	6	18.784	1.841	0.093
	组内	2010.453	197	10.205		
	总数	2123.157	203			
卓越	组间	127.954	6	21.326	1.379	0.225
	组内	3046.296	197	15.463		
	总数	3174.250	203			
勇气	组间	146.363	6	24.394	1.010	0.420
	组内	4758.382	197	24.154		
	总数	4904.745	203			

续表

层面		平方和	df	均方	F	显著性
积极人格	组间	3321.413	6	553.569	1.956	0.074
	组内	55739.626	197	282.942		
	总数	59061.039	203			

备注：*P ＜ 0.05　**P ＜ 0.001

为了探讨不同地区贫困生在积极人格量表上的得分差异，本研究以单因素方差分析（One-way ANOVA）比较。由表 8 可知，在仁爱层面，F=2.171（P ＜ 0.05），不同地区贫困生在仁爱层面存在极其显著差异；公正层面，F=2.968（P ＜ 0.05），不同地区贫困生在公正层面存在极其显著差异。为了进一步分析不同地区贫困生在仁爱、公正上的差异性，本文采用最小显著差异法（LSD）进行事后比较，在仁爱层面，华中地区的贫困生得分显著高于西南地区的贫困生；西南地区的贫困生得分显著低于西北地区的贫困生，这说明不同区域贫困生感知仁爱有明显不同，这可能与当地教育水平、经济发展、社会环境存在较大关系。在公正层面，华中地区的贫困生得分显著高于华东地区、华北地区、西南地区的贫困生，这说明华中地区贫困生与家庭、社区等有密切联系，能通过适当方式表达自己，在活动组织及开展等方面表现较为出色。不难发现，贫困生所在区域环境是影响积极人格的重要因素。

四、结论与建议

（一）结论

1. 贫困生性别、是否独生子女与积极人格存在密切关系

通过独立样本 t 检验可知，男贫困生知觉节制显著高于女贫困生（t=2.08，P ＜ 0.05），独生子女贫困生知觉智慧显著高于非独生子女贫困生（t=2.295，P ＜ 0.05）。这充分说明，培育贫困生积极人格是一项综合性举措，建立在理论基础上，要根据贫困生生活成长的实际开展积极人格教育工作。

2. 学生工作经历对贫困生积极人格具有重要影响作用

通过独立样本 t 检验可知，担任班委的贫困生在智慧、仁爱、卓越、积极人格有显著差异，担任班委贫困生知觉智慧、仁爱、卓越、积极人格显著高于非班委贫困生（t=2.082、2.255、2.010、3.622、2.704，P ＜ 0.05）；参加学生组织的贫困生在仁爱、节制、卓越、积极人格有显著差异，参加学生组织的贫困生知觉仁爱、节制、卓越、积极人格显著高于未参加学生组织贫困生（t=2.256、2.501、4.269、2.452，P ＜ 0.05）。这说明有学生工作经历的贫困生心理更成熟，工作经验较为丰富、见识较为广泛，看待问题有观点、有创新，积极人格得分较高。

3. 不同区域环境显著影响贫困生积极人格

通过独立样本 t 检验可知，城市生源地的贫困生知觉积极人格显著高于农村生源地的贫困生（t=3.065，P ＜ 0.05）；通过单因素方差分析（One-way ANOVA）可知，不同地区贫困生在仁爱、公正层面存在极其显著差异（F=2.171，P ＜ 0.05；F=2.968，P ＜ 0.05）。由此可见，培养贫困生积极人格是一项系统工程，积极人格教育需要充分考虑不同地域、不同生活环境对

贫困生心理的影响。

4. 家庭经济水平是影响贫困生积极人格的直接因素

理论研究已经证实，家庭经济水平差异会促使学生产生自卑、抑郁心理。本文通过单因素方差分析（One-way ANOVA）可知，不同家庭经济情况的贫困生在智慧、仁爱、节制、勇气、积极人格总体层面存在极其显著差异（F=2.605，$P<0.05$；F=7.387，$P<0.05$；F=3.398，$P<0.05$；F=3.516，$P<0.05$；F=4.778，$P<0.05$）。这说明，构建贫困生积极人格需要充分考虑家庭经济情况的影响，需要有针对性、有目的性剖析贫困生心理。

（二）建议

首先，增进贫困生个体积极体验，形成积极生活态度。积极体验是指个体满意地回忆过去、幸福和从容不迫地感受现在并对未来充满希望的一种心理状态。具体来说，积极体验主要有 2 种，第一种是感官愉悦；第二种是心理享受[1]。构建贫困生积极人格要立足于贫困生成长生活的实际，把握贫困生个体追求的内在动机因素，丰富贫困生学生工作经历，通过开展有意义、有仪式的学生组织活动激发贫困生追求积极、有快乐体验的动机，进而形成积极人格。同时，学校领导、教师要主动营造优良的学校文化环境，环境对学生的影响是潜移默化、深远持久的，这有助于培养贫困生积极情绪，扩展贫困生积极心理资源，进而形成积极人格系统。

其次，开展贫困生家庭教育，塑造贫困生积极人格特质。单因素方差分析结果表明，家庭经济水平显著影响贫困生心理健康发展，为此必须把家庭教育作为重要突破口。心理学研究认为积极人格特质具有正性利己特征，即接受自我、具有个人生活目标或能感受到生活的意义、感觉独立、感觉到成功或者能够把握环境和环境的挑战[2]。开展家庭教育要把塑造贫困生积极人格作为旨归，摆脱家庭经济环境对贫困生的影响，帮助贫困生树立自信，找到生活追求目标，加强自我修炼，锻造坚忍不拔的意志。

最后，适应改革教育模式，开展积极人格教育。积极人格教育秉持积极价值观、正向的人生态度，同时也告诉教育者，学生是发展的人、独特的人、完整的人，都具有独立的存在意义，贫困生亦是如此。结合理论研究与实证调查，构建贫困生积极人格就要把教学重心放在激发贫困生学习兴趣、调动积极情感、促进和谐发展上，鼓励贫困生积极参与活动、关注贫困生内心变化和情绪变化，鼓励贫困生自我调节，形成正确认知。

参考文献：

[1] 习近平 . 携手消除贫困，促进共同发展——在 2015 减贫与发展高层论坛的主旨演讲 [N]. 人民日报，2015-10-17（2）.

[2] 任俊，叶浩生，积极人格：人格心理学研究的新取向 [J]. 华中师范大学学报（人文社会科学版）2005（7）：108-109.

[3] 许志勇 . 积极人格教育的机理与建设路径 [J]. 黑龙江教育（理论与实践）.2019.

[4] Peterson，Christopher，Seligman M E P.Character Strengths and Viajes：A Handbook and Classification [M]. Washington，D.C：APA Press and Oxford University Press，2004.

[5] 陈振华 . 积极教育论纲 [J]. 华东师范大学学报（教育科学版）.2009：19.

[6] 肖盛兰 . 积极人格理论评述 [J]. 西南交通大学学报（社会科学版）.2012：19.

[7] 吴明隆 . 问卷统计分析实务——SPSS 操作与应用 [M]. 重庆大学出版社，2010.
[8] 任俊 . 写给教育者的积极心理学 [M]. 北京：中国轻工业出版社，2015.

加强学生党支部建设 进一步提升高校思想政治教育工作

丛旭
天津音乐学院

高校学生思想政治教育要以“立德树人”为根本任务，全面贯彻党的教育方针，解决好培养什么人、怎样培养人、为谁培养人这个根本问题。青少年阶段是人生的“拔节孕穗期”，这一时期最需要精心引导和栽培，需要引导青年树立正确的世界观、人生观、价值观，把实现个人价值同党和国家前途命运紧紧联系在一起。因此抓好学生党支部建设，做好学生党员的教育、培养、管理，在新形势下显得尤为重要。高校学生党员是高校思政教育的政治堡垒，是带领青年学生前进的排头兵和鲜明旗帜，是学生的优秀榜样，也是沟通教师和学生之间的坚固桥梁，是开展思想政治工作的有力抓手，是开展好团学工作的可靠战斗力量。因此，如何做好学生党支部建设、做好学生党员的教育管理从而进一步提升高校思想政治工作，是需要我们不断深入学习思考的问题。

一、学生党支部建设的问题及不足

（一）大学生的入党动机不够端正

在党员发展中，为了更好地选拔优秀学生作为发展对象，会对学生进行成绩等各方面的考量，在考察学生成绩、工作等方面时，现阶段对于学生的思想引领不够。有部分学生入党动机不够端正，出于对未来就业升学的考虑而选择了申请入党，后期动力不足，不能很好地服务师生群众，不能发挥团组织、党组织的模范带头作用，理想信念不够坚定。随着我国日益扩大开放、日益走向世界舞台中央，我国同世界的联系更趋紧密、相互影响更趋深刻，意识形态领域面临的形势和斗争也更加复杂，尤其在当今这个多元化信息时代，面对世界形势、互联网的繁杂态势，缺乏正确入党动机的学生容易受到波动和影响，辨别是否真伪的能力有待提高，往往出现集体意识、组织能力薄弱的情况，政治素质不过硬，对于国际国内形势缺乏理性认识，不能充分发挥党支部旗帜作用。

（二）支部工作开展不够规范

支部工作开展中理论学习不足，没有学深、悟透、弄通、做实，支部政治理论学习与学生的专业特色、实践学习存在断层。在主题学习中，多以集中学习的方式开展，学习内容不够丰富，学习形式不够多元化，学习效果不够充分。

党建工作缺乏创新意识，在支部工作开展中，活动形式比较单一，开展支部大会、支部学习时主要以文件学习、观看视频为主，集中研讨、参观学习、社会实践较少，带领学生党员运用专业参与实践较少，没有能够激发党员的归属感，不能很好地调动学生党员的主观能动性。

“三会一课”学习制度、民主评议制度不够完善，痕迹化管理不到位，学习工作没有能够充分发挥党支部的战斗堡垒作用。对于入党申请人、入党积极分子、发展对象的学习、培养考察没有形成管理条例和学习培训制度，没有在工作中切实提高团员青年的政治素质。随着党员学生毕业升学等情况导致学生党支部人员流动性大，没有能够很好地建立党支部工作建设的合理机制。

二、支部工作建设如何进一步提高和改善

（1）增强主体责任意识，基层党委落实主体责任，强抓基层党支部建设，配齐政治素质高、综合能力强的党支部书记和支部委员会，从党支部建设方面下功夫，从理论学习上下功夫，关注时代、关注社会、关注时事政治，关注党中央的最新理论政策学习，支部班子要做支部理论政策学习的先锋队。

（2）创新工作方式方法。要加强支部建设工作创新，通过互联网、两微平台等新媒体组织学生党员开展学习、宣传工作，做好青年学生网络舆论阵地工作，把握新媒体平台的主动权，厚植爱国情怀。

将生动鲜活的事迹、案例运用到支部生活中来，在政治理论学习的基础上，通过优秀共产党员的先进事迹、身边优秀学生的典型事迹等等，激发学生爱党爱国的情怀，培养学生在支部和组织中的归属感，提升组织生活的主观能动性，做好学生党员的先进模范带头作用。

（3）走出去，走到社区、基层去，发挥专业优势，为学生打造贴近专业实际的志愿服务平台。在各项志愿服务项目中，努力践行“奉献、友爱、互助、进步”的志愿服务精神，通过“沉浸式”的社会实践为学生提供了实践志愿服务的机会，锻炼专业能力，提升专业素养，打造丰富的志愿服务实践平台，赋予高校艺术类大学生社会实践新的职能。以实际行动践行习近平总书记给新时代中国青年提出的六点要求，干事创业，锤炼本领。

三、党支部工作如何推动思想政治工作

（一）严把党员发展关

学生党员发展作为学生党支部的重要工作，从入党申请人到积极分子、发展对象、预备党员的教育、管理，都需要学生党支部具有规范的发展流程和良好的教育管理机制。

在新生入学阶段，要为青年学生开展党的认识教育，通过新生的党团教育，让学生们能够在入学之初了解我们党的路线、方针、政策，了解学生党员的申请和发展流程，了解党服务人民、服务群众的根本宗旨，从而能够激发学生青春心向党的热情和信念，让青年学生围绕党，愿意跟党走，从而更好地开展学生的思想政治教育。通过高年级党员的榜样分享、主题团课的集中学习开展、党日团日活动的“沉浸式”实践教育，让学生们能够在进入大学校园时就能够进一步地端正入党动机，了解党的历史，激发学生们爱国爱党的理想信念。

对于学生党员的发展，要从思想、学习、工作等多个方面进行充分考察，尤其针对学生的入党动机，要作为重点考察方面，学生党员发展流程要规范，严格按照上级党组织的规范进行，考察时间、考察范围、民主评议等均要做到公平、公正、公开，各项发展流程在支部中广泛研

议，充分听取群众的意见。

在发展考察党员时，要重视学生综合素质，不能以成绩为唯一标准，要培养学生德智体美劳全面发展，从日常管理到思想政治教育方面教给他们正确的思想，引导他们走正路，培育和践行社会主义核心价值观，做好青年学生的培养工作，引导学生增强中国特色社会主义道路自信、理论自信、制度自信、文化自信，坚定学生理想信念。

（二）发挥好学生党支部的战斗堡垒作用

学生党员的先锋模范带头作用，不但要体现在学生党支部的建设当中，更要在思想政治工作、团学工作、学生工作、班级管理、社团建设等多个方面发挥积极作用，由党员带领团员群众，带领学生干部，做好各项工作的领头羊、排头兵，为各项工作的开展注入不竭动力。

充分发挥学生党员在思想政治教育工作中的积极作用，从支部委员会、支部大会、支部党课等集中学习作为有力延伸，将理论学习辐射到全体同学，通过党员代表理论宣讲、优秀党员事迹分享、党员团干部讲团课等多种形式，盘活学生党支部在学生思想政治教育工作中的积极作用，既通过此类活动为他们搭建了主动学习精神、主动宣讲精神的平台，又锻炼了广大党员的语言表达、组织策划能力等等，让学生党员能够主动学、静下心来学，在实践中学深、悟透、弄通、做实，通过宣讲等形式，让他们增强了主人公意识和归属感。

（三）提高政治站位，把握时代脉搏

遴选出有政治担当、有责任意识、有理论积累的支部班子，在支部内发挥积极主动作用，在严于律己的同时，也要踏实做好学生党支部规范化建设，在党员发展、党员教育管理、党员“三会一课”、毕业生党员转接等各项工作中发挥作用。

在政治理论学习中能够做好全体党员、积极分子、入党申请人的思想引领工作，对于党中央的各项精神要入脑入心地进行学习，并且切合学习工作实际履行党员义务，要及时了解国内外形势，了解党史、国史、国情、民情等等。政治要强，要有坚定的马克思主义信仰，要自觉用习近平新时代中国特色社会主义思想武装头脑。

高校思想政治工作是落实立德树人根本任务的重要环节，其中学生党支部更是开展高校思想政治工作的先锋队，要落实对团员青年的思想引领和培养考察，发挥他们在班级、团支部、社团中的积极作用。做好学生党员的教育管理，规范支部管理，创新支部工作方法，选择好支部班子排头兵，提高政治站位，发挥理论宣讲、社会实践等在学生党支部中的良好效果，通过学生党支部建设进一步提升高校学生思想政治教育工作成效。当前我们正处于世界百年未有之大变局，对待学生的思想政治工作，要从坚持和发展中国特色社会主义、建设社会主义现代化强国、实现中华民族伟大复兴中国梦的高度来对待，要通过对思想政治教育工作的不断反思，培养出德智体美劳全面发展的社会主义新时代新青年。

参考文献：

[1] 何劲翔 . 新时代大学生党建与思想政治教育协同育人的路径探索 [J]. 发明与创新（职业教育），2020（9）：90-92.

[2] 王林杰 . 高校学生党建和大学生思想政治教育的协同育人模式构建 [J]. 佳木斯职业学院学报，2020，36（9）：26-28.

肩负时代责任 让青春理想融入中国梦

——天津音乐学院大学生创新创业教育模式实践

郭妍、张风玲、刘美麟

天津音乐学院

要把思想政治工作贯穿教育教学全过程，实现全程育人、全方位育人，这是新时代对高校教育工作者提出的重要要求。办好中国特色社会主义高校，需要汇聚广大教育工作者的创新智慧，需要高校更多地将教育和实践紧密结合，以增强学生创新创业的活力，帮助学生更好地将个人的梦想融入社会变革进步的时代潮流中，在大我中融入小我，在中国梦中实现个人梦。基于这一思路，天津音乐学院积极立足音乐艺术院校特色，在思政教育提升上下功夫，着眼立德树人，持续推进创新创业教育改革。在坚持高水平、有特色的发展理念基础上，崇尚创新，注重协调，主动适应国家和行业经济文化发展新需求，培养在德智体美劳全面发展基础上，兼具社会实践能力、音乐创新精神和强烈社会责任感的德艺双馨的音乐艺术专业人才。天津音乐学院是全国音乐院校中首个设立电子手风琴专业的院校，星空电子交响乐团是中国第一只智能电子手风琴交响乐团，也是天津音乐学院大学生创新创业教育的品牌项目。校党委深入贯彻落实习近平总书记在全国教育大会上的讲话精神，通过理论学习和实践总结，立足音乐艺术院校特色，选取天津音乐学院星空电子交响乐团作为大学生创新创业实践载体，积极探索创新创业教育的新模式。

一、推动创新创业与爱国主义教育紧密结合

爱国主义是民族精神的灵魂，是社会主义核心价值观体系的主要组成部分，是凝聚了千百年来全国各族人民伟大智慧的价值观。大学生作为社会精英、国家栋梁，是中国特色社会主义建设事业的承担者，是实现“中国梦”的重要力量。大学生肩负着振兴中华民族和建设社会主义现代化的历史重任，所以加强大学生的爱国主义教育是各高校势在必行的工作重点和难点。天津音乐学院作为艺术类专业高校持续推进创新创业教育改革，不止将创新创业教育作为促进就业的手段，针对有创业意向的学生进行技能引导，而是将创新创业教育贯彻教育教学始终，面向全体学生，更好地为学生的终身发展奠定基础。创新创业教育不必仅聚焦于课堂，更可以通过线上、答题、主题班会等网络多媒体形式，通过开展多元化教育在潜移默化中培养学生创造性解决问题的能力。让学生今后在不同的领域和岗位都能做到善于思考、勇于开拓、乐于尝试。

在培养学生创造性地解决问题的能力的同时，应引导学生理解青年一代所肩负的时代责任和历史使命。应帮助学生树立正确的人生观，倡导学生追求高尚人格，保持积极进取的人生态

度和价值取向，明白责任担当在成长过程中的重要性。助力青年学生在创新创业中增长智慧才干，用创新创业成果为实现中华民族伟大复兴的中国梦奉献青春力量。在日常的教育教学和社会实践中注重对大学生的世界观、人生观、价值观的引导和塑造，积极在线上线下开展国防宣传教育、爱国主义教育，并致力于将爱国主义教育与创新创业教育相结合，在学院浓厚的爱国主义教育氛围的影响下，创新创业教育实践集体星空电子交响乐团于2020年8月1日参与“央视新闻庆祝中国人民解放军93周年特别节目《我们的队伍向太阳》”直播活动，活动展现了我院师生奋发向上的精神面貌、坚定的理想信念和高昂的爱国热情。2020年8月6日天津音乐学院星空创编工作室参加纪念中国人民抗日战争胜利暨反法西斯战争胜利75周年特别节目《海报里的英雄》的录制工作，与中国爱乐乐团、中央歌剧院共同合作，谱写“铭记历史 缅怀先烈 真爱和平 开创未来”的爱国诗篇。除此之外，星空创编工作室还先后参与过中央电视台《庐山》《代号保尔》《海路》《惠山祠堂群》等纪录片的作曲；天津全运会宣传片《一抹红色穿越津城》的音乐制作等。“实践不是目的，育人才是根本”。这些活动充分地展现出将爱国主义教育与创新创业教育相融合为人才培养提供的丰厚资源和广阔平台。

二、推动创新创业教育与大学生思想政治教育紧密结合

做好学生工作必须以实现学生全面发展作为根本目标，将培养专业知识与塑造理想信念相结合，协调推进培养信念坚定、专业扎实、具有创新能力，德才兼备的优秀人才。大学生创新创业要与思想政治教育有机融合，即要有坚定的信念和正确的方向指引，也要进行多维度、高层次的能力指引。一方面，创新创业教育与大学生思想政治教育在教育目标上具有高度的一致性，均是以培养出德智体美全面发展的人才为出发点和落脚点；第二方面，二者在教育内容和教育模式上具有一定的互补性，在传统教育模式下大学生思想政治教育多为以传授理论为主体的课堂教育，而创新创业教育更加侧重于实践，理论与实践的紧密结合是培养人才的关键；第三方面，大学生思想政治教育长期以来在教研教学中的探索与改革使其具备了一套较为完善的教育模式，而创新创业教育充分挖掘多媒体资源和网络渠道的价值，形成“互联网＋大数据”的教育模式，二者在教育模式中相互补足。

为此，天津音乐学院在创新创业教育中广泛引入理想、信念等价值观教育和形势政策、法律法规等思政教育内容，全方位突出思想政治教育的现实指导意义。引导学生在创新创业追求物质满足的同时，强调个人的全面发展，突出自我价值的实现和自我价值在社会价值层面的被认可，充分发挥创新创业项目在提供社会服务、促进社会发展过程中的价值和意义。自乐团成立以来，每年在社会上公演及国内外比赛数十场，获奖众多。如2018年11月，星空电子交响乐团在天津大剧院公演，全场座无虚席，新华网报道用户点击量达70万。同年12月，“奋进新时代，我们在出发”高雅音乐进校园，新华网报道点击量达54万；在天津音乐学院举办的2019年新年电子交响诗画音乐会，新华网报道点击量达62万。2019年6月16日晚，在天津大剧院上演的星空电子交响乐团智能原创作品音乐会，新华网报道点击量达近120万等。同时，乐团也积极投身志愿者服务工作、思想政治宣讲工作，先后被上级部门授予“天津市精神文明优秀集体”“天津市优秀志愿者团队”等荣誉称号，2019年8月，乐团作为天津和平天使友好使者艺术团，前往日本交流访问。

三、推动创新创业教育与培养德艺双馨的艺术人才紧密结合

要把创新创业教育渗透进人才培养全过程中，为学生创新创业提供优质土壤，加快高校音乐教育内涵式发展改革，有计划开展创新创业培训，全面提高人才培养质量。坚持以育人为中心，发挥创新创业教育改革的综合带动作用，在认真做好学科专业教学的同时，全方位提升学生的创新精神、培养学生创业意识、增强学生的创新创业能力，把创新创业作为教育改革的重要抓手，以最大限度激发学生的潜能潜质，并以此推进教育转型。专业教育是人才培养的根本途径，创新创业教育是人才培养途径的延伸，将二者更加紧密地结合在一起，可以让学生在创新创业中巩固专业知识，在专业教育中提高创新能力。学校通过构建创新创业服务体系，为学生提供智力支持，让学生在创新创业的同时不偏废专业知识。

同时，注重人工智能与音乐教育的融合，推进智能音乐教育教学的普及，掌握智能音乐教育发展趋势与应用动向。通过资源整合、链接社会资源，与各类专业服务机构紧密合作，充分利用政府延伸服务和社会资源为我院大学生在智能创业过程中提供专业化服务，以结合教育教学实际的实训为核心，兼顾未来智能音乐应用的新发展，拓宽学生视野，建设成一个具有智能音乐教育特色及示范代表性的人工智能音乐教育实训基地。乐团指导教师朱经白教授被天津市高校众创空间联盟聘为“天津市高校众创空间联盟创新创业导师”，中央电视台播音指导、著名艺术家虹云，中央军委政治工作部话剧团国家一级演员、著名表演艺术家刘纪宏先后被聘为“天津音乐学院大学生创业导师”。

在创业导师的培养和指导下，2018 年 7 月，星空电子交响乐团成员，学院毕业生注册成立经营实体“天津青燕文化传播有限公司”。通过人工智能设备辅助进行乐曲编创工作，通过实体化经营，参与多项市级、国家级演出项目的节目编排、词曲创作工作。如：2018 年与中央电视台合作为第五届（丝绸之路）国际电影节开幕式进行音乐创作；2019 年 1 月担任中央电视总台中国文学艺术界“百花迎春”2019 春节大联欢编曲工作；承担 2019 年央视元宵晚会为秦岚、景甜、古力娜扎演唱的歌曲《传人》编曲工作；承担中央电视总台庆祝“五一”国际劳动节特别节目“中国梦•劳动美”礼赞劳动者晚会的编曲工作等。2020 年初疫情防控期间创作《爱的距离》《武汉的问候》《祖国颂》《地球只有一个家》等 10 余首抗疫音乐作品。

四、推动创新创业教育与科技发展、社会需求和时代潮流紧密结合

随着社会步入信息化和智能化时代，新一代信息技术飞速发展且得到广泛应用，人们的生产、生活乃至思维、学习方式都受到巨大影响，教育发展已被深深打上了信息化的烙印。基于当前网络大环境的教育模式，是更加重视学生个性化和多样性发展的教育模式，是更加强调终身学习的教育模式，是更加智慧的教育模式。面对这样一个时代背景，天津音乐学院对创新创业人才培养提出了更高的目标。坚持进一步完善科教融合、校企合作育人模式，进一步拓展“政产学研用”协同育人平台，牢牢把握大数据、人工智能、翻转课堂、在线音乐教育等科技前沿内容，不断提升创新创业教育高度、广度和深度，提高创新创业型音乐艺术人才竞争力。天津音乐学院星空电子交响乐团始终秉承以市场为导向，以创新创业为目的的实践方针，通过打造艺术精品，以培养高素质的音乐创新人才为宗旨，努力为学生搭建实践平台，创造就业机会。在基础理论教学模块，乐团创新理论教学方式方法，探索音乐与科技的深度融合，探索出一条

“AI 音乐教育”特色之路，将学生培养成为兼具作曲、指挥、制作、欣赏等素养的复合型人才。2019 年 6 月 16 日晚，在天津大剧院上演的星空电子交响乐团智能原创作品音乐会让现场听众感受了一次突破传统的美好视听体验，更展示了音乐教育在人工智能技术的重新塑造下所取得的最新成果。活动取得了良好的社会反响，新华社、人民网、中国网络教育电视台等多家媒体先后以《当音乐教学遇上人工智能》为题进行了深入报道。

天津音乐学院始终以习近平新时代中国特色社会主义思想为指导，坚持围绕当代大学生爱国主义教育、思想政治教育、培养德艺双馨高水平人才等方面不断提升创新创业指导水平。秉持“立足新时代，站在新起点”的十九大精神，通过引入先进的教育思想、教学方法和科学技术，助力创新创业教育效益和水平的不断提高。同时促使教师队伍转变认识、提升素养、形成创新合力，实现由传统模式教育向智能模式教育的跨越，通过科技创新推动中华优秀音乐文化创造性转化和创新性发展，引导学生将个人理想融入中华民族伟大复兴的中国梦中，全力以赴、真抓实干，为培养具有高水平的德艺双馨的音乐人而不懈努力。

参考文献：

[1] 陈秀敏 . 基于“互联网 +”模式下创新型高校思政工作研究 [J]. 才智，2019（35）：138.

[2] 张明瑶 . 高校思想政治教育和创新创业教育深度融合发展研究 [J]. 河北农业大学学报，2019，21（6）：91-95.

[3] 程俊敏 .“双创”背景下高校辅导员新定位 [J]. 晋中学院学报，2020，37（4）：5-7.

[4] 赵岩，李根 . 推进“双创”思政教育协同育人机制建设的对策分析 [J]. 当代教育实践与教学研究，2020（10）：141-142.

[5] 楚亚萍，刘高福 . 论高校双创教育与思政教育的同构共生 [J]. 法制与社会，2020（12）：181-182.

[6] 理阳阳 . 基于创新创业教育融入思政课实践教学协同育人机制的研究 [J]. 黑龙江教师发展学院学报，2020，39（8）：49-51.

高校毕业生求职问题分析及对策

徐闫
天津职业大学

“许多心仪已久的大型国企，今年突然宣布不再招聘”；“年前已经发布的招聘公告，过了年却宣布计划取消”；“面试已经通过，但录取通知却杳无音信”。往年的毕业季，正是春季招聘的黄金时节，然而今年的春招季，却不再“金三银四”，许多高校毕业生在求职中面临不少难题。教育部数据显示，2020 年全国普通高校应届毕业生人数达 874 万人，比去年同期增加 40 万人，创历史新高。同时，在我国当前产业结构背景下，高校毕业生的主要流向是第三产业服务业，而服务业恰恰在疫情中受到较大冲击。一边是劳动力供给增加，一边是用工需求萎缩，毕业生就业环境受到双面夹击，导致今年大学毕业生面临前所未有的就业压力。

一、高校毕业生求职易出现的问题类型

（一）守株待兔型

在和学生进行沟通的时候，笔者发现很多学生都在等，有人在等家乡的招聘单位，有人在等更好的就业机会。我想问：等，能够让你真正的找到工作吗？你连一份简历都没准备好，你连对方考查什么都不了解，你连心仪的单位有没有招聘计划都不知道，那你还在等什么？等，换来的只会是机会从你身边溜走，但你却丝毫没有察觉。

（二）自欺欺人型

有的同学，因为不善于交际，在找工作时也会比别人稍慢一些，看到别人都已找到心仪的工作，发朋友圈晒照片时，在羡慕的同时又感到特别难为情，觉得自己“低人一等”，因此“自欺欺人”，不让别人发现自己还没找到工作，从而老师和同学提供的求职资源都没有再落在他们身上，最终导致求职失败。

（三）刻舟求剑型

“非国企不进”“非一线大城市不去”“非白领工作不干”，不管形势如何变化，始终给自己树了不少理想的“硬杠杠”，如同“刻舟求剑”，没有与目前的就业形势与社会环境相结合，求职思维局限在自己设定的条框中，然而理想很丰满，现实很骨感，最终导致找不到能“匹配”上自己条件的工作，悻悻而归。

（四）异想天开型

在笔者和毕业生说转团员关系时，有个毕业生跟笔者说：老师，我能不先把团关系转到我们单位吗？因为我不想在这长待，这里工资又低工作又累，还天天被他们使唤来使唤去，我这几天就想辞职。其实这个毕业生在校期间还是个学生干部，这样的学生不在少数，可能在学校

当学生干部习惯“领导”其他同学，不适应初进职场的各种环境，好高骛远，想当领导而不想被别人“领导”，想一口吃成个胖子，无奈理想与现实之间存在不少落差，从而产生消极的择业心态。

面对疫情带来的“史上最难就业季”，在给毕业生带来压力与挑战的同时，也给毕业生带来了复盘过去、改写职业人生的机遇。俗话说，时势造英雄。外部世界的环境变化，特别是大灾大难面前，往往孕育着脱颖而出的机遇。有人会在特殊时期的“蛰伏”中，认清自我和现实，强化学习，转换跑道，积聚力量，寻找适当时机，实现人生的弯道超车，甚至逆袭。

二、高校毕业生求职的应对策略

（一）化等为动，主动出击

化等为动，主动出击，多一份尝试，你便多一份机会。就业压力大，疫情影响下，就业压力更大，但不要把这当成自己不去工作的理由，把就业抛给学校，抛给老师，抛给父母，学校里的老师教学任务再忙，也都在积极地为学生联系就业的岗位，疫情防控期间，也是真正做到了“就业服务不打烊、线上招聘不停歇”，校园云招聘会，国家、省、市各层面的网络招聘会，都在持续进行。有了紧迫感的毕业生可以考虑有意识地走出舒适圈，让“脚先着地”。今年国家扩大了“三支一扶”“西部计划”“特岗教师计划”等基层项目的实施规模，同时开发了科研、社区、医疗等基层岗位，给高校毕业生提供了更多机会。

（二）放开胆子，迈开步子

由于每个人的生活背景、兴趣爱好等不同，那么找工作的方式和速度会有差异，并不是说已经找到工作的同学就一定比没找到工作的同学优秀，暂时还没落实工作的同学其实更需打开心房，大胆说出自己的需求，让老师和同学关注到你，从而帮助到你。我们的应届毕业生要学会借助学校、老师、同学搭建的求职平台，更快地获得招聘信息、了解用人单位的招聘需求，更直接地掌握招聘流程、方式，还可以通过推荐增强双方认同感与信任感，实现快速筛选与匹配，从而获得更高的求职成功率和效率。为此，毕业生要放开胆子、迈开步子，一方面要积极发动身边的人，多方打听招聘信息；另一方面，要积极扩大人脉网络，同时也提升自己经营人脉的能力。另外有想法有条件的同学们可以自主创业，勇于在市场中搏击，在危机中寻找创新创业机会，把握新时代政策机遇。危机中育有新机，奋斗者终有所获。

（三）奋斗为基，实干为准

谁不想一下成为比尔·盖茨，所谓的工资低，那多少才是高呢？一万元在北京上海，你也只能住在地下室。评判多少钱是多，不但要看月初工资卡里进了多少，还要看看月末工资卡里剩了多少，高薪就要高辛，高薪就要高能，高薪就要高勤，从最基础和基层做起，然后朝高处努力。你准备好了吗?

另外，习近平总书记勉励当代大学生脚踏实地、志存高远，转变陈旧的就业观念，坚持一切从实际出发，争先到基层一线和贫困艰苦的地方去，把人生的路一步步走稳走实。在这场疫情中，涌现出了许许多多值得敬佩的“90后”。他们主动请缨，白衣擐甲，上演最美逆行，他们正在用态度与实力证明：“90后”必将成为社会的中流砥柱！记得在“非典”时期。“90后”还是少年儿童，如果说，上一场疫情他们还是懵懂的见证者，那么这一场疫情他们就是深度的参与者。也正因此，最近逐渐流行了一句话："17 年前你们保护我们，现在我们来保护你们。"因此，在就业地点的选择上，我们不一定非扎堆大城市不可，也可以考虑乡镇甚至边远地区，从基层做起；薪酬待遇方面，也不一定非要求高薪不可，从低薪就业开始，赚取经验也是很有必要的。另外，我们也应放宽眼界，将自己融入祖国的发展建设中，投入基层、到祖国最需要的地方建功立业。希望毕业生们也能以奋斗为基调，以奉献为主调，以爱国为腔调，以实干为准调，一步一步走出自我的精彩，在平凡的岗位上创造不平凡的业绩。

（四）聚焦目标，适即可止

注意，这个词叫"合适"，而非"满意"。合适，即符合实际情况或客观要求；满意，即意愿得到满足。聚焦目标，适即可止，俗话说："鞋穿着舒不舒服，只有脚知道！"你有多大的脚，就去寻求多大的鞋，只有"合适"的鞋，才能让你走得更远。

另外在今年疫情防控期间，教育行政主管部门提出：进一步组织实施好特岗教师计划、三支一扶、大学生志愿服务西部计划等基层项目；鼓励大学生参军入伍，服务国防；进一步落实好基层就业学费资助等优惠政策，鼓励毕业生到基层就业创业；建立校企合作的对接平台，在重点区域、重大工程、重大项目、重要领域中加强人才供需的对接；进一步深入挖掘互联网、大数据、人工智能和实体经济深度融合创造的就业机会，支持毕业生实现多渠道就业……

教育部领导明确表示，2020 年研究生、专升本扩招，推动高校科研院所设立科研助理等岗位，事业单位和国有企业将连续两年扩大招聘高校毕业生规模。这些政策平台的推出，无疑是对本届大学毕业生的升学与就业来说是一个良好机遇。

另外在求职时，毕业生也要学会注意适度包装自己，这个包装可以体现在简历的制作和面试的表现上。毕业大学生求职的问题在于缺乏有说服力的经历，但越是这样，越要想办法创新简历形式抓住 HR（人力资源主管）的眼球。比如，拍照比较好，可以加上有创意的照片；英语比较好，可以写上英文简历；绘画比较好，可以做个手绘简历等等。最后再给大家一个温馨提示：大家在求职的时候一定要擦亮眼睛，强化防范意识，提高警惕，以防上当受骗。

相信毕业生都已在大学期间用足了"绣花功"，也相信毕业生能在毕业季求职时下好"精准棋"，疫情下毕业生求职的逆袭之路，一起出发吧！

参考文献：

[1] 孔雷 . 毕业生求职心理分析 [J]. 当代教育实践与教学研究，2016（7）：231.

对高职院校毕业生就业问题的研究

郑青华

在中华人民共和国成立后较早的一段时间，高等职业教育受到了国家和社会的普遍重视，为我国完整工业体系的建立立下了汗马功劳。而随着时代的发展变化，在各种主客观因素的影响下，高等职业教育在我国教育体系中的地位有所下降，高职学生被认为是无法取得优秀高考成绩、不能进入大学校园的“差生”。虽然近些年我国开始大力推动高等职业教育的发展，情况有所好转，但还没有发生根本性的转变，对高职教育和高职院校毕业生的偏见仍然存在。再加上高职院校和毕业生本身存在的一些问题，使得高职院校毕业生就业问题变得尤为突出，亟待解决。

一、高职院校毕业生就业现状

目前高职院校毕业生的就业问题主要呈现出 2 种特征。首先是就业质量比较差。如很多高职院校毕业生的就业单位是中小型私营企业或者初创企业。在当前的经济发展新常态下，此类企业的抗压能力比较差，发展前途不明朗。一旦企业经营上出现问题，较晚入职且学历上又不具备明显优势的高职院校毕业生很容易受到波及。不过，此类问题与经济大环境有很深的联系，而且中小企业也的确需要技能型人才，所以在解决方法上需要慎重考虑，不能走向另一个极端，比如鼓动高职院校毕业生都以大中型国有企业作为就业方向。其次是高职院校毕业生的实际能力与企业对人才的需求不能完全匹配，而且经常在毕业生入职以后才能发现。高职院校在就业指导等就业服务上的不完善是导致这种情况出现的重要因素。比如部分高职院校对就业指导不重视，没有帮助学生进行自我定位和长远规划，结果学生毕业时只知道学校教过什么，不知道自己擅长什么，未来又应该怎样发展，于是盲目就业。走上工作岗位后，才发现工作内容自己不擅长或不喜欢，因而又盲目地“跳槽”到其他企业。这样不仅不利于其个人和企业，还会影响到用人单位对高职院校毕业生的普遍印象。

二、高职院校毕业生就业现状问题根源分析

以上是高职院校毕业生就业现状的主要问题表现，在根源上进行分析的话可以分为社会、学校和学生 3 个方面。社会与学校层面的原因是外因，学生层面的原因则是内因。外因上，前文已经有所涉及，比如社会上对高职院校毕业生存在偏见，而且随着大学生、研究生乃至博士生数量的逐渐增多，这种源自学历的偏见仍然大行其道，没有出现明显的扭转趋势，很多工作岗位本来可以招聘高职院校学生，或应该对高职院校毕业生进行重点推荐和宣传，却招聘了本

科、硕士或博士毕业生。还有学校，如上文所说部分高职院校不重视就业指导或就业指导质量不高，形式单一，教学上与生产实际的关系过远，都会降低学生在就业方面的竞争力和适应能力。

在内因方面，要以辩证的眼光看问题，才能抓住问题的实质。社会上对高职院校毕业生存在的偏见是不正确的，但高职学生入学时的成绩的确普遍低于本科生，在一定程度上反映了高职学生在知识基础和学习能力上存在缺陷，有的还缺少主动学习的意识和良好的自控能力。经过几年的学习，他们也许可以与其他学校学生公平竞争，可前提是必须在校时付出更多的努力，毕业求职时还要有以正确自我认识为基础的强大信心。这对很多高职学生来说是一个不小的挑战。

三、促进高职院校毕业生就业的策略

（一）推动就业保障体系建设

明确问题及其根源后，应从根源下手进行解决。在社会这个外因层面，高职学校要本着为学生负责的态度，自身积极行动起来，同时努力争取政府的支持，做好宣传工作，打破社会上的偏见。

比如，高职学校可以向政府提出自身在办学方面的需求，争取更多的资金支持，优化学校的软硬件条件，提升办学质量，让学生能够在学校获得更多的成长。这是提升学生就业竞争力的根本路径。又如，高职学校可以联合起来制作关于高职教育的宣传片在网络和电视媒体上播放，以年轻人喜闻乐见的形式来转变高职教育在大家心目中的形象，争取更好的生源质量，同时也通过宣传高职院校毕业生的优秀工作能力来赢得就业市场的认可。

（二）完善学校就业服务功能

完善学校的就业服务功能是解决学校层面外因的主要手段，而且应该贯穿高职教育的始终。在专业设置上，高职院校就要充分考虑经济与科技发展形势，紧跟时代潮流，不断调整人才培养目标，更新教学目标、教学内容和具体的方法策略，让高职教育的实用性越来越强。在教学过程中，则要做到理论知识与实际动手能力并重，提升实践课程的比例，帮助学生不断积累解决实际问题的经验。就业指导则要从入学即开始，从简单的学生情况调查一直到毕业前明确的个人定位和长远职业规划，扎扎实实地完成。

例如，如果高职院校在师资或资金上有余力，可以进行“双师型”教师队伍的建设。即一套教师班子主要关注学生理论等专业基础知识的学习，另一套教师班子则主要负责对学生实践能力的培养。而且后者的师资力量最好能够来自企业，即邀请企业技术人员来校负责一部分教学工作，拉近实践能力培养与用人单位实际需求之间的距离。另外，前者也并不是完全放弃对学生的实践指导，平时两套班子之间要经常沟通交流，鼓励学校教师深入生产一线，从而不断提升学校教师对学生的全面指导能力。

（三）增强校企合作培养力度

校企合作是很多高职院校本来就正在开展的一种培养模式。针对目前高职院校毕业生在就业中面对的各种困难，这种模式的力度还需要进一步加强。在学生学习的全过程中，高职院校都要为学生提供在各个工作岗位进行实习操作的机会，在实习中促进学生与用人单位之间的相互了解，也为学生毕业后能够直接进入一家彼此了解的用人单位创造便利条件。在实习过程中，学校要起到监督作用，既要监督学生在用人单位的实习效果，也要监督用人单位，保证学生能够真正参与到企业的生产过程中，接触到先进的生产技术，激发出学生的潜力。

比如，学校可以与企业达成合作协议，由学校承担一部分企业生产技术或产品研发项目，然后由学生具体参与。专业教学工作也根据学校和学生所承担的项目而进行相应的倾斜，既能够提升项目研发的成功率和实际价值，又能起到一定的就业指导作用。而完成后的项目成果可以直接成为学生在校时的学习成绩和在工作上的业绩，成为学生毕业后求职时的一个重大加分项。随着校企合作培养模式的逐渐完善，此类机会将越来越多，惠及更广泛的高职学生群体。

（四）提升学生个人整体素质

高职院校要想办法提升学生个人的整体素质。专业知识和实践技能方面上文已经多次提及，这里不再赘述，主要讨论学生在思想政治方向的素质。高职院校应该严格要求学生，将立德树人作为教育的根本任务并狠抓落实。只有这样，学生才能将国家社会的发展和个人的成长紧密联系起来，树立起远大的人生理想，明白自己应该做什么，又应该怎样做，才能够较好地避免毕业后频繁跳槽、不安于本职工作、对工作不负责任的情况出现，最终在岗位上发光发热，成为帮助企业实现快速发展的核心人才。

例如，无论在专业课程还是实践课程中，高职院校都要注意对思政教育的渗透，使得学生不仅能够看到眼前技术上的问题，还能看到生产技术背后对国民经济发展的重要意义。在日常的学校教育工作中，要多给学生创造互相交流沟通的机会，鼓励他们相互切磋、砥砺奋进，在讨论乃至争论中明确自我发展方向，学习怎样与他人友好相处，成为彼此的诤友。在实习过程中，学校可以请用人单位选择骨干人员为学生讲解各行业应该恪守的职业道德和这种职业道德在实际生产层面能够发挥什么样的作用，从而对学生进行潜移默化的影响。

总之，高职院校毕业生就业作为一个较为复杂的社会问题，需要各方面的通力合作才能得到较好的解决。高职院校在其中发挥着关键性的作用，是将所有努力串联起来以发挥最大价值的中间环节。希望广大同人能够多研究社会和学生的现实需求，在教学领域进行更全面和深入的调整优化，同时充分发挥学生的主观能动性，努力争取其他方面的支持，让更多的高职学生能够有实现人生理想的机会，也为社会经济的发展作出更大的贡献。

参考文献：

[1] 方敏．高职毕业生就业意向现状及对策 [J]. 中外企业家，2018（36）：224.

[2] 张学，王鲁欣．高职生就业需求与社会需求匹配性实证研究 [J]. 南通航运职业技术学院学报，2018，17（4）：88-92.

[3] 程皓．高职院校学生就业问题的对策探究 [J]. 智库时代，2018（52）：42-43.

[4] 曹影，赵海宁．关于优化高职院校就业指导工作的思考 [J]. 林区教学，2018（12）：38-39.

高校思政教育与创新创业教育五位一体协同联动模式研究

杨枫
经济与管理学院

在国家和社会发展日益增速的今天，要营造创业带动就业的优良市场氛围，并在国家税收等相关政策上提供强有力的保证，从而助推新一代青年积极投身到自主创业当中。国家搭建的大众创业平台已经比较完善，平台的效能也在近几年发挥到了极致。为了贯彻国家的政策，并且提升高校学生思政及创新创业教育水平，全国各大城市各大院校纷纷出台了相关政策，其中就包括支持青年人才自主创业的诸多优惠政策。受世界经济疲软和复苏乏力的影响，国内经济下行压力逐年增大。李克强总理于2014年9月在夏季达沃斯论坛提出"大众创业，万众创新"的号召。受此影响，国内第三产业对GDP（国内生产总值）贡献率逐年增加，创新创业教育也愈发受到重视。各高校也越来越重视创新创业教育与专业学科的融合。由于我国高校创业教育起步较晚，各个地区在此领域的教育水平不是很高，从而面临着各方面的困难。劳动教育与思政教育在目标、内容、方式方法上具有相关性，而创新创造能力是劳动能力的升华，思政教育和创新创业教育可在劳动哲学的指导下融合起来，从而培养大学生的劳动精神、工匠精神、创新精神和提升创新性、创造性。因此，在国家宏观的创业趋势下，应深入探讨高校思政教育与创新创业教育的协同模式，从而能够为相关制度提供切实可行实施途径。

一、开展高校创新创业教育情况

我国目前高校创新创业教育的运行机制总的来说有3种：联动式、独立式和嵌入式。联动式指的是通过高校内部学校相关领导牵头，各部门协同合作，从而进行相关业务的革新与开展，此类院校以国内顶尖高校为主，包括清华、北大、复旦、上交等知名高校；独立式运行机制主要是通过教育管理机构中专职人员负责学校内部创业教育的展开，并且针对固定院校建立适当机制；嵌入式运行机制主要依托学校内二级教学单位进行教学。对于我国教育界在高校对创新创业教育效果的评估存在一定的争议，首先，太过看重创业率为首要争议点，其次是将学校参加省市国家级各类创新创业比赛的成绩作为高校创新创业教育水平的能力。

二、思政与创新创业教育的协同发展

十八大报告中明确提出，要扩大创新创业的人才培养力度，在此基础上树立更加具有创新性、协调性、开放性、共享性以及绿色环保的发展理念，就必须要将创新发展置于国家发展的总目标当中。同时应重视我国高校大学生的思想政治教育，而高校的思想政治理论课程是对大学生进行思想政治教育最主要的方式，对于高校教育工作人员来说，应该合理并高效利用相关平台与方式，从而培养出一批思想有深度、心中有抱负的时代青年。笔者通过将创新创业教育的相关理念融入高校思想政治课程改革当中，从而进一步探寻高校“思政课”的实践如何与大学生创新创业教育深度融合，以及如何更好地引导高校思政课程实践教学的创新理念。只有顺应了我国时代的发展需求和教育改革措施，才能够体现大学与社会的契合程度，这也是将“思政课”与创新创业理念融合的重要突破口。

（一）顺应国家发展与高校教育改革趋势

伴随着中国经济的飞速增长，经济新常态已经成为我国创新发展的驱动型力量。十八大报告中也将“创新驱动”上升到了国家的发展战略当中，在此大背景下，研究并且革新高等教育的发展理念，是必然要经历的发展历程。国家在研究和发展创新创业教育从而适应更高要求的经济发展的趋势下，高校学生的创新意识与创新方法、创新人格和创新能力都将成为个人乃至国家发展的硬性指标。而基于此类硬性目标进行的创新创业教育也必然成为我国高校教育模式革新的重要方向。所以高校思想政治相关课程应该极力契合国家经济发展趋势与方向，以培养高素质的创新创业青年为目标，从而使高校思想政治课程进入更高的境界。

（二）体现高校教育理念，迎合人才特定需求

从目前的发展态势看，我国高校对于大学生独立人格以及顽强品质的塑造程度远远不够。主要表现为：绝大多数的大学生群体依然生活在自我的世界当中，小家意识淡薄，大家意识全无，完全没有家国意识，从而导致对国家的重要事件毫不了解，对于国家未来的发展趋势并无明确的认知。对于任何层次的高校，弘扬大学的内在精神，追求更加完善的人格，从而服务社会、造福人类才是教育的终极目标。高校的创新创业教育是我国教育整体的发展趋势，也是大学生进行素质教育最为重要的组成部分。对于创新创业的意识来源于对社会的极度了解与契合，在此基础上，个人也应富有求知欲的精神和独立思考判断的能力，这样才能将个人命运与国家命运结合起来。在大学期间对大学生进行创业创新的培养，抑或是基于国家需要的思政课的普及，都是十分必要的。

（三）思政课程改革的创新突破口

创新创业的教育问题，既迎合时代的潮流，也满足学生自身的需求。所以注入“思政”的创新创业也成为新时期高校在教育改革当中的创新突破口。但对于单独的教育改革来看，效果不尽如人意。所以对于创新创业教育与“思政课”的联动方式，应该设立特定的实践活动，努力将课程内的相关实践与校内外的社会实践结合，建立更加完善且明晰的课程体系，并将实践内容也纳入日常考核范围内，建立一套完善有效的教育改革机制，从而实现大学校园教育改革以及创新创业改革的新高度。

三、思政教育与创新创业教育五位一体协同联动模式

（一）教育理念上的协同

教育理念创新是创新创业教育的发展新方向。在党的十九大报告中着重强调要继续实行创新发展战略，其中就包括教育行业。要为国内高校教育制度的革新与完善营造更良好的国家和

社会秩序。而对于教育改革受惠群体大学生来说，应使他们更贴切地感受到创新创业教育改革以及思政教育改革的动向与差异，并且对于高校来说，也应针对社会用人单位的要求，对大学生进行相关技能的培训，及时调整学科的设置和进度，深化教育改革的进程与内容，完善改革过程机制与管理制度，建立教学质量监测机制，建立学生满意度反馈机制，从而为在校大学生提供更加有效可行的教育环境。在实际操作过程中，也可以适当引入国外先进的教学方法与理念，建立新项目研学机制，通过学生不断变更的需求进行项目的不断探索，从而解决大学生思想与实际问题，鼓励并引导大学生进行自主创业。

（二）人才设置上的协同

人才队伍的设置是持续稳定发展的根本。通过人才队伍设置进行思政与创新创业教育的协同联动，能够提升教育革新的隐形力量。构建全员育人机制，调动高校内部各层级领导、教授、教师等，通过产学合一，形成新一批教学力量，通过各部门各岗位人员的亲身经历，为高校学生提供切实可行的创新创业教育实践基础，并辅以专业知识进行讲学。整合知名校友、知名企业家的成功资源，组建专业团队，为广大在校学生提供切实可靠的咨询保障。不定期邀请校内外知名校友、企业家入校宣讲，以提高教学效果。打破教师队伍壁垒，充分利用全兼职教师的人员特性，多方面、多角度进行创业实践及专业知识的讲授。

（三）教育方式上的协同

对于思政教育与创新创业教育的协同联动，在很大程度上要完善理论和实践两大体系的内涵，并应平衡二者之间的内在联系。创立大学生创业研究院，整合全校以及社会资源，引领创新创业教育的发展。高校为其提供资金与场地，从而建立更为专业的创业创新基地，开展创新能力、意识以及技巧等相关比赛，加强产学合一，拓展更多的教育途径与创业方向。高校应与社会企业、政府展开密切合作，争取政策、资金、人员以及场地方面的支持，从而拓展大学生在创新创业项目上的涉及领域。

（四）创新内容上的协同

强化专业教育与创新教育之间的联系，提高二者之间的渗透性与配合性。专业学科中有着极为丰富的理论知识作为实践基础，专业的基础知识才是进行创业的立足之本，掌握了专业知识才能在创业过程中提高创业产品的水平和质量，从而提升专业知识对实际应用的效果。创新教育是基于现实实践基础的，无论采用任何创业方式，单从专业知识层面讲必然有纸上谈兵的嫌疑。所以对于专业教育与创新教育来说，刨除任何一个元素都无法将协同工作稳步到位。对于此类问题，高校应着重加强专业与创新教育之间的融合度，分层次、有规划地指导高校大学生明确目标，审时度势，从而建立自己的创新思维体系，根据自身实际需要与社会现实需求，树立个人理想，同时将其投入祖国建设的大浪潮当中，为今后实现更高的人生目标提供强有力的保证。

（五）教育意义上的协同

思政教育在注入创新创业教育的过程当中，形式愈加多样，内容不断趋于成熟。思政教育与创新创业教育协同发展的意义主要包括加强大学生世界观、人生观和价值观的树立与完善，提升大学生社会荣辱观、道德理念观，提升大学生法制政治观念，同时加强其心理素质。

（六）创新意识教育

创新是一切发展的动力之源，唯有创新才能实现可持续发展。马克思主义理论的伟大之处就在于其创新意识。从毛泽东思想到邓小平理论，再到“三个代表”重要思想，科学发展观以及习近平新时代中国特色社会主义思想。每一次理论的发展都离不开领导人和领导集团创新的思维、创新的理念和创新的思考。而所有的创新皆源于创新的意识。思想政治教育其本身即存在着强大的创新性，其本身即存在着培养人创新意识的因素。

创新创业教育是新时代下的新理念和新观点。其创新也是创新创业的灵魂。创新创业教育中的创新既与习近平总书记的“五大发展理念”中的“创新”相呼应，这又是新时代的新要求。而习近平新时代中国特色社会主义思想又是马克思主义中国化的最新理论成果。因此，创新创业教育中的创新教育可以与思想政治理论教育中的创新因素相结合。通过将马克思主义理论强大的创新性和创造力以及创新创业教育中的创新意识教育相结合，形成由马克思主义理论为引导的全新的更富有时代发展内涵的创新意识教育。

四、结语

习近平总书记在全国高校思想政治工作会议中明确指出，改革创新是加强和完善高校教育教学改革以及完善思想工作的基础，也是我国高等教育发展的基石。教育部门以及教育工作者要时刻把握好教育事业发展和革新的基本方向，要对内在的动力产生更深的认知。所以对于高校思政教育与创新创业教育的联同与发展，就应该坚持我国社会主义办学的基本方向，坚持以“立德树人，以德育人”为基本的办学方针，更完善地坚持践行社会主义核心价值观。在此基础上，通过理念、人才、方式、内容以及教育意义等多种途径，进行高校思政教育与创新创业教育更深入的协同联动，从而创造更为完善且健康的教育改革环境。

参考文献：

[1] 商光美 . 创业教育事业下的大学生思想政治教育创新 [J]. 思想教育研究，2011（5）：62-63.
[2] 李瑞存 . 高校思想政治理论课主体性教学模式之实践创新——引入创业教育的优势及路径 [J]. 邢台学院学报，2017（6）：21-25.

“双高计划”背景下高职院校学生宿舍育人功能浅析

刘刚
天津职业大学

2019 年 1 月，国务院发布了《国家职业教育改革实施方案》，文件根据当前的新形势，针对我国职业教育发展做出了长远规划。为贯彻落实全国教育大会精神，更加做好新时期职业教育工作，必须将我国职业教育放在突出位置。随着我国高职院校的不断发展，宿舍设施设备建设日趋完善，学生寝室已成为学生活动的另一主要场地。据统计，如今大学生在校时间多数是留在宿舍里，其留在寝室的时间大约超过在校时间的 60%。尤其是特殊时期，线上授课等活动让学生留在宿舍的时间进一步增加。教育部多个文件对学生宿舍的育人功能作出明确指示，要把学生宿舍作为对学生进行思政教育工作的重要场所。因此，为落实立德树人的根本任务，结合“双高计划”建设要求，高职学校应切实加强学生宿舍管理，强化宿舍育人功能。在“双高计划”建设中，高职院校要加大力度以学生宿舍为阵地，全面提升职业教育及其人才培养竞争力，充分发挥学生宿舍育人功能优势。

一、“双高计划”高职院校学生宿舍定位

在传统意义上，高校学生宿舍定义为第一社区、第二家庭、第三课堂，宿舍的育人功能非常重要，必须给予高度的关注，同时下大力气发挥好其作用。按照“双高计划”建设要求，应运用多种方式构建三全育人的思政工作格局，从而将爱岗敬业的职业精神和千锤百炼的职业技能的培养紧密结合[1]。因此，高职院校学生宿舍三大定位应有新的含义。

第一社区。学生宿舍居住的群体是学生，和传统社区居住的群体相近。高职院校学生宿舍的社区有居住人口集中、密度较高、人员组成相对单一等特点。宿舍同学的关系是多元的，既是朋友关系，又有竞争关系，更是一起前进的搭档。打造和谐温馨的优良社区，将会对“双高计划”建设有积极的推动作用。

第二家庭。学生的原生家庭是第一家庭，进入大学以后学生宿舍就可以称为学生的第二家庭。普通家庭和学生宿舍有很大相似度，其人员数量接近，但年龄、性别等差异较大。第二家庭的主体是在校学生，每个学生都与个性化家庭联系在一起，表明第二家庭的构成虽然是学生，但具有多种多样的因素。营造快乐幸福、积极向上、精益求精和追求卓越的“家风”，是实现“双高计划”的必要之举。

第三课堂。简单来讲，学生的第一课堂是上课的教室，第二课堂是开展社会实践活动的其

他地方，此处将第三课堂看作学生宿舍。学生们很大部分时间待在宿舍，将宿舍作为第三课堂是客观合理的。尤其是在网络信息时代，学生更愿意在宿舍通过互联网了解世界，加之，特殊时期网上授课的探索，充分说明将学生寝室作为教育阵地是可行的。同时，按照全过程育人的要求，青年学生在哪里，大学生思政教育的主阵地就应该在哪里。在推进“双高计划”建设中，第三课堂的重要性不言而喻。

二、高职院校学生宿舍育人功能存在的问题

“双高计划”高职院校的目标是全力打造技术技能人才培养高地，在全面提高培训质量的基础上，要努力培养行业急需的、具有高超技能的高素质人才，即“育人”，学生宿舍作为育人的关键场所，必须承担育人的责任。然而，由于现实中多种主客观因素的存在，导致高职院校学生宿舍育人功能的发挥受到限制。

（一）高职院校生源复杂多样，学生素质参差不一，自我管理能力薄弱

高职院校生源复杂多样，个别学校存在 2 年制、3 年制、4 年制学生同时在校的情况，学生的个人素质同样参差不齐。高职院校学生自我管理的能力相对不高，客观上增加了学生宿舍工作开展的难度。同宿舍 4 ~ 8 人，长期生活在一起，在潜移默化中相互影响较大，这种相互影响会对学生“三观”等的形成起到巨大的作用。同时学生自我管理能力薄弱，难以进行自我教育、自我服务。从理论上讲，学生自我管理对提高学生的教育质量有积极作用，可以培养学生的节约、爱护公共财产等意识，提高学生管理能力等。在实际工作中，多数高职院校宿舍管理都以学校制度化管理为主，对大学生自我管理宿舍不够重视，或者设置了大学生自主管理宿舍的措施，却没有很好地施行，导致没有充分发挥自我管理的育人的作用[2]。

（二）制度不完善，部门权责不清，管理工作被动

当前，很多高职院校在宿舍管理方面，存在学校部门间配合不够严密、沟通不够及时的问题，也就导致育人合力无法形成，从而导致管理工作被动。目前针对学生宿舍管理，大多数高职院校采用学工部、保卫处、后勤处等职能部门相互配合的工作模式，这种模式有利于提高学生宿舍的管理质量，不仅可以为学生提供各种必要的生活条件，而且可以更加有利于发挥学生宿舍的育人功能。但是，这种模式也极易出现宿舍管理权责不清的情况，产生部门之间相互推诿、管理工作被动、工作推进困难的现象，最终导致思政教育工作在宿舍管理中无法发挥真正的力量。

三、“双高计划”高职院校学生宿舍育人功能强化对策

在“双高计划”高职院校建设过程中，恰到好处地将宿舍育人功能最大化，充分利用宿舍管理实施“三全育人”，有效地将教书育人、管理育人、服务育人、环境育人、劳动育人等体系融入其中，将促进“双高计划”建设良好发展。

深入公寓，坚持教书育人。作为育人工作的主要力量、与大学生联系最为密切的辅导员队伍，要坚决落实学生宿舍育人工作要求，坚持贯彻教育部文件精神，坚持辅导员下公寓，关心与学生相关的一切事务，并且帮助学生树立正确远大的理想信念，把宿舍育人的功能落到实处。同时要强化全员育人，各专业课老师、管理服务人员也是高校育人的主要部分，要加入教书育

人的队伍中。

完善制度，强化管理育人。在高职院校学生宿舍育人工作中，应加大力度建设规章制度，将素质参差不齐的学生，严格统一管理，让学生们养成良好的行为习惯，约束自己的行为。例如，可把大学生在寝室里的行为表现进行考核，其考核结果要与学生成绩联系起来，视为学生们评奖评优的依据，这样就能对大学生行为起到一定的约束和督促的作用。同时，要重视学生的自我管理功能，利用学生团体进行宿舍自我管理，更好地发挥学生自我约束的作用。

建设队伍，优化服务育人。要想高效发挥高职院校学生宿舍育人功能的作用，就必须打造强有力的宿舍管理工作队伍，加强对他们的培训，提升管理工作队伍的实操技术水平[3]。宿舍管理队伍可以由宿舍管理人员、辅导员、值班员、宿舍长等共同担任，建立起有效的管理模式，达到宿舍管理不留死角、全覆盖，确保宿舍管理工作有效开展，切实提高学生宿舍服务水平及服务质量。

顶层设计，提升环境育人。环境分为硬环境和软环境。关于硬环境建设，学校应尽量完善公寓内基础生活设施的建设，如宿舍楼宇定期装饰装修、楼内安装洗衣机、热水器等，公共区域卫生要及时清扫，尽量优化学生生活环境。关于软环境，要通过宿舍文化建设活动促进宿舍育人功能，高职院校要大力支持并重视宿舍文化建设，开展一些有特色、有意义的评比活动，营造健康积极向上的宿舍文化氛围，加强顶层设计，合理规划校园文化、宿舍文化的统一协调，从而实现宿舍育人的最终目标。

知行合一，加强劳动育人。高职院校学生宿舍要加强劳动教育，培育和传承工匠精神，通过合理的劳动教育和思政教育相结合的方式，引导学生养成精益求精和追求卓越的品格。在学生宿舍开展内务评比等活动，利用微信、微博等新媒体平台，对各项活动进行宣传、报道，积极营造“劳动最光荣、劳动最伟大、劳动最美丽”的良好氛围。

四、结语

综上所述，学生宿舍育人功能是高职院校教育管理工作中不可忽视的地方，在“双高计划”建设中，学生宿舍育人功能建设是当务之急，必须高瞻远瞩、合理规划、精心设计、投入力量，改善学生社区环境条件，打造精彩宿舍文化，进一步完善“三全育人”工作格局，深化“十大育人体系”建设，实现宿舍管理的专业化、高效化、精细化、教育化，为“双高计划”建设提供强有力的抓手。

参考文献：

[1] 孙建波，黄敏，史沙沙．公寓辅导员管理员双管模式下对大学生思想的影 [J]. 学园，2017（3）：176-177.

[2] 刘刚，周艳娟，葛万龙．新时代高校学生公寓管理模式初探 [J]. 黑龙江教师发展学院学报，2020（4）：151-153.

[3] 步滕滕．全方位育人视角下高职院校宿舍管理摭探 [J]. 成才之路，2019（22）：2.

后疫情时代"优势视角理论"植入共青团组织育人的路径分析

刘爽
天津职业大学

一、后疫情时代高校共青团组织面临的新境遇

所谓后疫情时代，并不是指疫情完全消失的状态，而是疫情时起时伏，使疫情防控从突击式向常态化转变，对各方面产生深远影响的时代[1]。当前，国内新冠肺炎疫情已度过暴发高峰期，以小规模、间歇性暴发为主要特点的后疫情时代为高校共青团工作带来持续性影响和挑战。具体表现在以下方面。

（一）疫情对青年学生价值观产生巨大冲击

新冠肺炎疫情背景下，世界经济和社会格局发生巨大变化，给人们的思想观念和行为习惯带来重大影响，其中大学生群体因其思想观念还处于萌新阶段，对于外界的言论、思想具有好奇性和混乱性，更容易受到负面信息的影响，从而在认知、情绪等方面出现应激状态[2]。另外，这次疫情具有突然性、紧急性和复杂性，更容易引发社会舆论畸变，令大学生的价值观骤然发生变化。例如，在疫情暴发初期，由于传染源的隐蔽性和治疗方案的不确定性，一些迷信思想趁机传播；又因网络的发达，社会矛盾通过网络迅速传播，被歪曲放大，这些都在侵蚀和动摇着大学生对于社会主义核心价值观的认同。这就要求高校共青团必须畅通青年学生沟通渠道，在重大突发事件中必须把稳大局方向、提高思想引领质量和效率。

（二）团学活动重心向线上转移，学生参与主体性削弱

特殊情境下，传统的线下团学活动如公益志愿服务、社团活动等，因疫情防控要求难以在线下集中开展，而网络逐渐成为团学活动的主要渠道。但线上活动容易导致学生对活动缺乏情境性认知，很多学生更希望能够在活动中出彩，成为学习、生活、活动中的主角和焦点，而线上活动往往无法满足学生的展示性需求，这就要求高校共青团组织不仅要面向广大团员青年设计大众化的活动，还要依托二级学院团组织、团支部、学生组织、社团等，精心设计和开展差异化的小众活动，让更多青年团员有参与感和成就感。

（三）学生需求多样化，更需"人文关怀"，提升团学工作亲和力

受疫情影响，高校学生的需求也较之前更加多样化，如：对身体锻炼与健康的需求、对就业帮扶的需求、对心理健康调适的需求等，这些都要求作为青年之友的高校共青团组织担负起更大的责任，满足青年的新需求。共青团要围绕学生的具体生活和需求挑选更加灵活的教育方式，布设轻松愉快的校园文化气氛。加强针对特殊群体的指导和帮扶，强化团学活动中的人文

关怀，不断增强思想政治教育的亲和力、感染力。

二、“优势视角理论”植入共青团工作的可行性分析

“优势视角理论”是社会工作范畴中一种全新的工作理念，是一种关注人的内在力量和优势资源的视角[3]。该理论主要包含抗逆力提升、增权等核心概念，其认为每个独立个体或者群体都拥有巨大的潜力，只要利用发挥得当，它们就可以创造意想不到的优势，从而减轻负面情绪和不安心理[4]。优势视角理论与高校共青团组织的以青年学生为中心、激发团员自身活力、将服务学生作为工作生命线等工作目标有着高度的融合性。在两者理念相一致、目标相契合的背景下，立足现实需求，将“优势视角理论”植入共青团工作，可有效整合两大系统功能，具有很强的可行性。具体表现在以下方面。

（一）工作目标相契合，力促实现助人自助

优势视角理论仍秉承社会工作的价值观，即把服务对象的需求放在首位，为有需要的人群提供帮助。学生是高校共青团工作的核心与关键，应通过开展思想政治引领和价值引领帮助其树立正确的“三观”；通过问需解决实际问题，助其摆脱困境；以学生会组织为依托实现自我教育、自我管理、自我服务，这是高校共青团工作的出发点和归宿。由此可见，“优势视角理论”与共青团工作的理念和初衷不谋而合，都是以人为本，以学生实际发展需求为导向，通过科学的工作方法整合资源，实现助人自助的工作目标[5]。

（二）工作理念相一致，以学生为主体激发组织活力

共青团组织作为联系青年的桥梁和纽带，始终坚持密切联系青年、有效吸引青年、广泛团结青年的工作理念，着力培养团员的先进性和光荣感。先进性、光荣感从哪里来？这就要求共青团在发挥组织育人功能的过程中，要了解青年学生心声，让其充当团学工作和活动的主角，要尊重学生的主体地位，让其真正感受到“主人公”地位，从而激发团员和团组织的内部活力[6]。“增权”是优势视角理论中最常用的实践方法，指通过设计和实施各种活动，使目标个体的综合能力提高，聚焦的是主观心理上的控制感、自我评价和满足感的提升，以及改善自我和环境的行动。高校的学生在共青团活动的参与中常常处于被动地位，对于青年学生群体而言，通过为其增权，可以保障学生参与团学活动的主动性与积极性。

（三）满足现实需求，实现组织育人协同增效

在疫情防控的特殊背景下，将优势视角理论植入共青团工作也是现实需要。一方面，疫情防控的负面冲击具有多重性和复杂性，受疫情影响，共青团工作也面临着由线下向线上的重心转移，这也意味着学生参与活动的渠道和方式较疫情出现前更为单一，学生较难在活动中获得直接的正向反馈和认可激励，这就要求现阶段的共青团工作必须由传统注重灌输的工作方式向个性化、定制化的工作方式转变，以弥补共青团工作中“人文关怀”的缺位，要努力寻找学生身上的闪光点，激发共青团组织的持久活力[7]。另一方面，受疫情影响，大学生的抗逆力提升也将成为共青团工作的一个重要内容。“抗逆力”作为优势视角的核心内涵，是指当个人面对困境与逆境时能够理性清晰地做出合理的选择的能力，它可以引领个人在身处恶劣环境之时，懂得如何处理不利的条件。疫情防控为进行抗逆力提升教育提供了契机与生动素材，而抗逆力提升也是疫情背景下共青团工作新的方向和新的目标。

三、优势视角理论植入共青团工作的具体路径

（一）开展行为激励认证，翻转思想引领主体，激发内生动力

高校共青团要将疏导、激励、服务有机地统一起来，以疫情防控为契机，通过对参与疫情防控的团员青年给予志愿时长认定、颁发纪念证书等激励途径，增强青年学生在疫情防控工作中的向心力、归属感。应深入挖掘疫情防控工作中的德育资源，发挥团课的育人功能，以青年学生需求为导向，开展生命健康教育和科学技术教育，聚焦防疫，在校内加大主流意识形态的宣传力度，正确引导舆论热点。

（二）为学生“增权赋能”，激发基层团组织活力

“增权”是优势视角理论中常用的实践方法，意指丰富和充实个体权利。在社会生活中，处于边缘的弱势群体总是缺乏主张自我权利的能力，导致内在能力无法激发，这就需要组织对权利进行再分配，对组织成员进行“增权”[8]。以高校基层团支部为例，支部不仅需要设计和组织活动的开展，更重要的是建立能体现成员主体意识和话语权的工作机制，尊重支部每位成员的诉求，听取他们的心声与看法，并切实反馈到支部活动设计中，这才是激发团员活力的根本动力。通过开展朋辈教育，分享优秀学生成长经历，创新建立“优势互补”的育人模式，不断激活学生内外部的显著优势，从而达到取长补短、共同成长的目的。

（三）增强学生“抗逆力”，服务学生摆脱就业逆境

受疫情和经济下行影响，高校整体就业形势不容乐观，部分学生容易在遇到就业挫折时出现应对挫折能力不足、缺乏自我认同的境遇，从而产生自卑、抑郁、焦虑情绪。共青团组织应创新工作方式，突出抓好线上就业服务，充分利用团属新媒体平台，做好就业政策的传递和学生需求对接。通过录制视频课程、开展话题讨论、分享就业故事等方式，邀请就业指导师、人力资源专家、优秀校友，有针对性地开展就业规划、就业能力培训和心理辅导，增强学生就业“抗逆力”，及时帮助学生解决就业过程中遇到的困难问题，发挥团的服务力和贡献度。

四、结语

优势视角理论所传达的关注服务对象内在优势与资源，激发服务对象潜能的理念，对于后疫情时代高校共青团工作有重要的启示与借鉴作用。疫情时期，共青团组织应该将优势视角理论植入组织育人过程中，引导青年学生正确认识生活与学习当中所遭遇的逆境与挫折，不断提抗逆力和承受力，激发自身内在动力，以实现自我教育、自我管理和自我服务。

参考文献：

[1] 王竹立 . 后疫情时代，教育应如何转型 [J]. 电化教育研究，2020，41（4）：13-20.

[2] 马国超，云兵兵，王景波 . 新冠疫情对高校思政工作的挑战与应对策略研究 [J]. 高教学刊，2020（22）：69-72.

[3] 张静 . 社会工作价值理念嵌入高校辅导员工作的创新性研究 [J]. 产业与科技论坛，2020，19（6）：246-247.

[4] 陈友华，祝西冰 . 中国社会工作实践中理论视角的选择——基于问题视角与优势视角的比较分析 [J]. 山东社会科学，2016（11）：73-79.

[5] 高欣，郭燕斌 . 优势视角理念在高校大学生心理建设方面的运用 [J]. 文化创新比较研究，2019，3（2）：25-26.
[6] 孙之光 . 重大疫情应对中高校组织育人方式方法研究 [J]. 劳动保障世界，2020（6）：61-62.
[7] 苏海泉 . 高校共青团组织环境下的育人工作路径探究 [J]. 北京青年研究，2020，29（3）：94-100.
[8] 张晓庆 . 社会工作介入：提升“青马工程”育人实效的现实路径 [J]. 中国青年研究，2017（9）：114-119.

新时代高职院校劳动教育的构建思考

史超
天津职业大学

高职院校以学生的技术技能提升为教育教学抓手，而学生技术技能的提升离不开劳动价值观的培养。但是从实际情况来看，高职学生的劳动教育却远远不足，高职院校学生的劳动教育素养和技术技能发展不同步，所以本文拟从劳动的价值入手，从劳动教育开展的不足入手进行剖析，讨论当前高职院校中开展劳动教育的意义和发展途径。

一、劳动的重要价值

恩格斯指出："劳动是整个人类生活的第一个基本条件，而且达到这样的程度，以致我们在某种意义上不得不说，劳动创造了人本身。"也就是通常所认为的，人是劳动的产物。

在长期的劳动中，人类的劳动机能逐渐成熟并形成劳动能力，人类学会了制造生产工具。在不断进步的劳动能力面前，人类拥有了自由意识的劳动实践，从本质上超越了动物的范畴，并最终创造了大量的物质和精神财富，形成了一定的社会关系，促使人类社会文明得以发展和进步。

劳动对于个人的成长和社会的进步发展，都起到了不可估量的作用。对于人类早期战胜大自然，到后期几次工业革命的发生，都起到了重要的推动作用。劳动的重要性对于个人和社会而言毋庸置疑，并且这种重要性被我们所熟知，在各个方面都能得到印证。

二、高职院校中劳动教育的背景

在 2018 年 9 月 10 日全国教育大会上，习近平总书记指出："要在学生中弘扬劳动精神，教育引导学生崇尚劳动、尊重劳动，懂得劳动最光荣、劳动最崇高、劳动最伟大、劳动最美丽的道理，长大后能够辛勤劳动、诚实劳动、创造性劳动。"①习近平总书记的讲话，为劳动教育在校园扎根发展指明了发展的方向，奠定了开展的基础。

2020 年 3 月 20 日，中共中央、国务院印发了《关于全面加强新时代大中小学劳动教育的意见》（简称《意见》），意见中指出，"劳动教育是中国特色社会主义教育制度的重要内容"，就加强大中小学劳动教育进行了系统设计和全面部署。《意见》的出台，让全社会进一步认识到加强劳动教育的重要意义，也为各级各类学校提出了科学构建劳动教育体系、切实加强劳动教育的新要求。

培养高水平技术技能型人才，服务、振兴地区经济发展，是高职院校的重要任务，学校针对学生的劳动意识和能力的培养，进行体系化的劳动教育，对于学生崇尚尊重劳动、奉献报效国家，成为一名行业能的能工巧匠，投身到区域经济社会发展有着重要的现实意义。

三、目前高职院校劳动教育现状

虽然目前劳动教育在如火如荼地开展，但高职类院校中劳动教育存在的问题尤为明显，具体有以下的表现：

（一）劳动教育不受重视

虽然职业学校更重视学生的实操能力，但是学生的劳动意识并没有被培养起来，劳动教育的项目基本上并未设置，学生在实习实践以外，所能接触到的劳动就是个人宿舍的卫生而已，或者仅是一些实习实训中涉及了劳动，而大部分学校都缺乏劳动教育的环境。

很多职业类院校没有相关劳动教育课程，更不用为说劳动教育专门配置师资，对于劳动教育的教学内容、课程目标、授课方法、课程环节、课程评价和反馈更是处于空白中。学生在劳动中的付出及收获反馈，劳动课程设置的评价、劳动态度、劳动思想转变信息，在目前都很难得到有效收集。

（二）校园劳动教育内容单一

有一部分学校将劳动教育纳入学生第二课堂成绩中，但是教育内容却比较单一。大部分学校将学生的劳动教育理解成为体力劳动，更有甚者就简单理解为卫生的清扫。但是这类活动受客观条件影响较大，学生能承担的劳动内容也极其有限。学生在这一类的劳动教育活动中的收获和体验感受不佳，甚至还有被充当免费劳动力的情况，学生在这些所谓的劳动中既没有实际收获，而是感到乏味无趣且枯燥。

（三）校园劳动氛围不够浓厚

当前高校中的校园文化娱乐活动形式多样，学校的文化氛围营造方面都有各自特色，丰富了学生的精神世界，但是大部分学校的劳动教育氛围确实较差，几乎很少在校园内见到关于劳动教育的宣传，针对劳动教育开展的文化活动、专题讲座、素质教育活动尤为少见。学生不能有效认识劳动教育的意义，对劳动实践活动更是缺少参与的热情，导致劳动教育在校园内生存的空间明显不足。

（四）劳动理论和价值观缺乏深度

从现实情况来看，学生的劳动理论和价值观还停留在一个非常浅显的表面。劳动教育也应该将理论和实践相结合，深入浅出地讲解劳动理论知识，在生产和劳动活动中实现理论与实操的统一，将学生的劳动价值观不断深化，从思想上增强学生对行业、技能、工匠精神、职业精神的追求。

四、劳动教育对高职教育的发展意义

（一）劳动教育是职业院校发展的使命要求

在高校中开展科学合理的劳动教育，是实现高水平人才培养和发展的重要途径。加强高校劳动教育，培养新时代大学生正确的劳动价值观和养成良好的劳动习惯，增进劳动技能，是促进学生德智体美劳全面发展的重要手段和方法。对于学校来说，更是职业教育迈向新的台阶的重要一步，是双高校建设中不可或缺的一环。

（二）劳动教育是促进学生全面发展的重要举措

高职院校的性质，决定了其针对学生的劳动教育更有针对性，在培养新一代工匠的过程中，合理科学的劳动教育，是职业院校学生在校期间便与未来职业提前对接的一个重要链接点，劳动教育为学生创造了更真实的就业环境和氛围。学生掌握了实操能力、劳动教育理论知识、具体劳动方法，这对学生来说，在未来是闪光点，是个人能力的充分展现。在劳动教育过程中，既有统一课程又有第二课堂相关内容，学生一定会受益匪浅。

（三）劳动教育是技能人才同未来职业接轨的纽带

对于高职学生来说，劳动教育是提升职业技能的重要举措。在校期间高质量的劳动教育活动，能使学生更快地适应岗位需求。在就业求职过程中，接受过良好劳动教育的学生，能展现出自己的优势。

五、促进劳动教育落地的建构举措

（一）一条更新观念更新到底，提升对劳动教育的认识

“德智体美劳”中，对于“劳”要在思想上有一个深层次的认识，把劳动教育落到实处。充分在“社会、企业、学校、家庭、个人”5个方面入手，按照《意见》，帮助更多的师生领会劳动教育当前的时代内涵。同时纠正轻视劳动教育的行为，可以将劳动教育列为学生素质教育不可或缺的一个部分。对于学校和教师，要认真学习贯彻《意见》和全国教育大会精神，深刻领会习近平总书记关于劳动教育的重要论述，开展顶层设计。同时从教师层面转变观念，带动学生一起接受劳动教育理论，强化劳动意识。此外，从校外环境入手，营造良好的劳动教育氛围，特别是家庭中要重视对学生劳动教育观念的灌输，培养劳动意识并形成动手能力，使社会、学校、家庭3个方面形成合力，打造劳动教育氛围，革新劳动教育观念。

（二）开辟两个课堂

劳动教育课程应该将劳动教育理论和劳动教育实践相结合进行设置，在立德树人的目标下，带领学生学习劳动的本质和对个人、社会发展的重要作用，可以用劳动法律法规、劳动保护知识等方面的内容扩充学生知识面，同时在思政课、实操课中强化劳动教育内容，在发挥高职教育对学生技术技能提升的同时，使学生的理论水平实现一个质的飞跃。这是对《意见》的呼应，是使高职学生取得社会更好认可的一个重要手段，能帮助学生在求职就业、个人职业生涯规划整个流程中，掌握自己的命运的主动权。

（三）三种手段促进劳动文化

在高职院校中，在崇尚技能的校园文化氛围中，劳动教育文化培养具有一定的优势，具有很强的可行性。校园文化对学生能起到潜移默化的熏陶，因此在高职院校弘扬劳动精神，对学生进行劳动教育是很有效的手段。因此要多种手段结合起来，进行劳动文化氛围的营造。一是要进行大力宣传，从传统媒体到新媒体平台，设置劳动教育专栏，将劳动教育理论知识等多方面的知识进行推送，让高职校园形成劳动教育理论发展的沃土。二是要多方面发掘相关研究并进行普及，特别是邀请校内外理论研究专家、劳动模范代表到高职院校举办讲座，并提出相应的意见，不断更新劳动教育的内涵发展和实施手段，升华高职院校的劳动教育文化。三是加强学生社团文化建设和管理。学生社团以学生自我管理、自我教育为主，筹办专门针对学生劳动

技能和教育双提升的社团，在日常活动中把劳动光荣的理念输入其中，通过丰富的社团活动具化学生的劳动感受，在日常的社团活动中把劳动教育和职业学院技术技能提升的目标相统一，帮助学生全面成长，将劳动文化和工匠精神有机融合并相互促进。

综上，劳动教育在高职院校的这块沃土中生根发芽有很大的困难，但是劳动教育的春天将会很快到来。将劳动教育提升到新的高度，与学生的成长成才相结合，高职院校将迎来新的发展机遇，高职院校学生将迎来新的发展契机。

参考文献：

[1] 习近平 . 在全国高校思想政治工作会议上的重要讲话 [N]. 人民日报，2016-12-09（1）.
[2] 习近平 . 在北京大学师生座谈会上的讲话 [N]. 人民日报，2018-05-02（1）.
[3] 习近平 . 在全国教育大会上的重要讲话 [N]. 人民日报，2018-09-10（1）.
[4] 赵伟 . 试论劳动、劳动教育和职业教育的关系 [J]. 中国高教研究，2019（11）：103-108.
[5] 中共中央国务院关于全面加强新时代大中小学劳动教育的意见 [N]. 人民日报，2020-03-27（1）.
[6] 曹凤月 . 新时代劳动教育的实践途径 [J]. 人民论坛，2019（36）：58-59.

新冠肺炎疫情防控背景下学生思想动态调研与教育对策研究

——以汽车工程学院为例

闫晋芳

天津职业大学

为了解新冠肺炎疫情防控期间大学生思想状态，为高校开展思想政治教育工作提供参考和建议，笔者以汽车工程学院学生为例进行了调查研究。

一、调研方案

为定量分析疫情严重期间大学生思想动态情况，以汽车工程学院为例，面向学院全体学生开展了调查。

本次调研针对 2017 级、2018 级、2019 级 1，026 名学生发出电子问卷，填写问卷 1，026 份，有效问卷 1，026 份，问卷回收率 100%。调研内容主要包括学生对新冠肺炎疫情的关注程度、新冠肺炎疫情带来的积极或消极影响、假期主要做了哪些事情以及高校辅导员开展疫情防控管理的意见建议等。

二、调查结果

（一）新冠肺炎疫情居家隔离期间学生生活丰富多彩，学生对手机的依赖程度高

调查发现，学生课内外生活丰富多彩，阅读书籍、上网或看电视、锻炼身体、提升厨艺、玩电子游戏、抗疫志愿服务等（参看图 1）。学生所选排名前三的假期生活项目分别是占比 74.53% 的上网或看电视、占比 71.79% 的做家务、占比 68.96% 的锻炼身体。问卷显示学生中有 14.06% 的同学有手机依赖，19.24% 的学生表示会频繁在课堂上使用手机，但大多数情况是在查找学习资料。大部分学生认为寒假生活是有所收获的，70.47% 的学生学习了知识、65.19% 的学生实践能力得到了锻炼、62.74% 的学生发展了兴趣爱好，也有 22.74% 的学生选择了其他。

通过访谈发现，学生对手机的依赖程度高，习惯于在手机、网络上打发时间，学生在个人生活规划能力及自律能力方面仍有欠缺；学院在积极组织学生走出宿舍、走下网络方面的工作仍需提升。

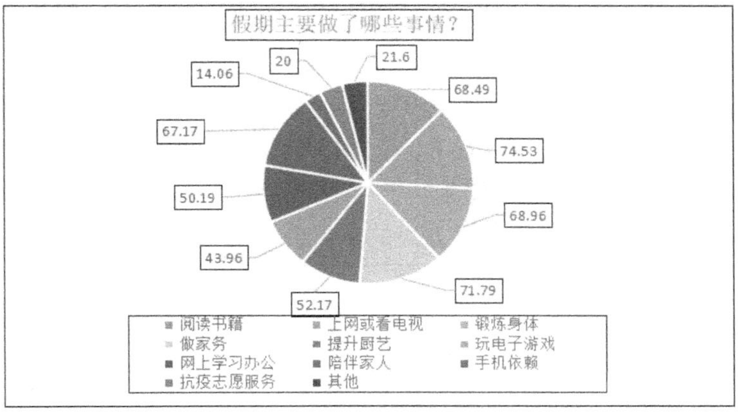

图 1　学生假期主要做的事情

（二）多半学生能适应“停课不停学”的线上学习方式，学生渴望进一步优化与提升自身学业成绩

针对上学期的学习成绩，有 74.81% 的学生全部通过考核，有 18.02% 的学生 1 门课程不及格，有 4.53% 的学生 2 门课程不及格。尽管大部分同学通过了考核，但是只有 28.68% 的学生对上学期的成绩非常满意，43.11% 的学生满意，有 26.89% 的学生不满意，觉得还需进一步努力。调查发现，有不少没挂科的学生认为自己的学习成绩没有达到预想目标，更别提有挂科的学生了。

分析可能出现的原因，学院调剂来的学生较多，学院学生整体的学习能力、学习基础都处于薄弱状态，另一方面也体现了学生对于学习仍然有较高的期望，但因为个人学习规划和个人自制力的原因，没有获得理想中的成绩，今后还需继续加强学风建设工作，督促学生做好学习规划。新学期学生希望专业技能得到很大提升、真正理解学科知识、希望有好的考试成绩，也准备通过上好每节课、加强体育锻炼、保持个人及宿舍卫生、拒绝网络游戏等具体的实际行动拥抱新学期。根据表 1，对于学校停课不停学，53.58% 的学生比较适应，感觉与线下课程无差别；38.87% 的学生表示不太适应，认为线上交流不如线下方便；7.55% 的学生表示非常不适应，感觉没有效果。

表 1　针对学校停课不停学，学生对学校线上学习模式的适应情况

选项	所占比例
A. 比较适应，感觉与线下课程无差别	53.58%
B. 不太适应，线上交流不如线下方便	38.87%
C. 非常不适应，感觉没有效果	7.55%

（三）新冠肺炎疫情受到学生们的普遍关注，既给他们带来积极影响也给他们带来消级影响

调查发现，新冠肺炎疫情对学生们既有积极影响也有消极影响。消极影响主要是学生担心开学后学习压力会很大，担心学业无法完成，积极影响主要是学生们有更多的时间陪伴家人，了解家人；他们可以利用这段时间冷静思考人生，做好开学后的各种计划与安排；面对疫情，

他们的担心或恐惧程度为轻度的占 41.89%，中度的占 18.3%，3.49% 的同学重度担心。开学返校后，占比 77.08% 的同学担心大规模学生流动会引起传染；占比 68.3% 的同学认为教室、食堂、宿舍等是人员密集地，会引起传染；占比 56.32% 的同学担心没有足够的防护资源（如口罩等），容易被传染。此外，从表 2 中我们可以看出，令他们感到焦虑的事情还有就业和发展前景问题、经济压力等，学生不同程度地存在忧虑。

表 2　新学期，哪方面的事情会让学生感到焦虑

选项	比例
A. 新冠肺炎疫情发展	73.87%
B. 学习科研问题	35.66%
C. 经济压力	39.91%
D. 人际关系问题	22.45%
E. 就业和发展前景问题	44.15%
F. 情感问题	18.4%
G. 家庭问题	9.15%
H. 自身适应问题	19.72%
I. 身体健康问题	15.47%

（四）关于新冠肺炎疫情防控，学生给辅导员 / 班主任提出的工作意见和建议

问卷结果显示，学生们认为老师应该加强各方面的教育，诸如对于疫情防护的引导教育、对严重疫区同学的心理辅导、对生命的教育和引导、爱国主义方面的教育和引导等。如果对学校的工作有意见需要反映，74.15% 的学生能够选择向辅导员、班主任或导师反映，有 4.91% 的学生会找学校相关部门或学生会反映，5% 的学生会通过贴吧、微博等网络平台发帖等。学生对辅导员有一定的信任度，但仍有 25% 的同学选择了通过其他渠道反馈问题，反映出目前辅导员工作没有得到学生们的信任和认可，辅导员与学生们之间建立起的沟通渠道并不畅通，或者在以往有问题反馈给辅导员时，没有得到及时有效的解决，辅导员们在今后的工作中，仍需不断积累工作经验，提高工作能力，同时注重了解学生实际困难，与学生建立良好的沟通渠道，在工作中注重帮助学生解决困难，进一步赢得学生信任。

三、关于做好新冠疫情防控期间大学生思想政治工作的建议

（一）思政教育到位

学院将继续多角度深挖思政教育元素，因事而化、因时而进、因势而新地开展思想政治教育工作。对学生进行理想信念教育、爱国主义教育、生命教育、生态观教育、健康教育、感恩教育、家国情怀教育、人类命运共同体教育等，教导学生端正思想态度，认真对待每一件事，教导学生中国人民只有在共产党的领导下才能战胜一切困难，教导学生珍爱生命、活在当下，教导学生保护眼睛，无必要则远离手机、电脑，教导学生加强体育锻炼，增强自身免疫力，教

导学生看到闪耀在人性深处的温暖与光芒，学会感恩别人的付出，教导学生学会成长，用家国情怀谱写新时代青年的使命与担当，教导学生全面获取知识，关注权威信息发布，多读报纸杂志，深入阅读，学习写作方法等。

（二）学习支持到位

学校为保障学生网络授课正常进行，为家庭经济困难学生提供网络流量包资助。学院审批完成 18 名学生的申请，每人资助金额 100 元，并发放到受助学生的银行卡上。学院始终把学风建设作为重点抓手，学生会学习部指导各班学委每节课记录考勤，每周反馈缺勤迟到学生名单，每周导出专业课教师考勤记录，年级辅导员开展谈心谈话，及时督促学生按时上课。学院开展丰富多彩的线上活动，包括阅读书籍、英语 21 天线上打卡等形式多样的活动，丰富学生生活，引导学生养成健康的学习生活方式，为实现人生目标加油助力，同时减轻学生对手机的依赖程度。后续学院将安排相关教师面向学生讲解大学生职业生涯规划，并选树优秀学生代表到各班进行经验交流，营造学院良好学风，并做好学风督察等常规工作。学院将根据学生实际情况继续开展党员“1 帮 1”活动，帮助学困生脱困。

（三）情况沟通到位

自古我国就倡导“因材施教”，每名学生有每名学生的独特性，学院辅导员需学会做好时间管理，在完成事务性工作的同时，通过电话、微信、邮件等多种方式亲自逐一联系所带学生，做到沟通到位、不漏一人，详细了解学生现状与困难，及时给予帮助和支持。通过一对一联系，学院进一步了解学生实际情况，同时也将学校和老师的关心祝福带给每一位学生。学院在疫情防控期间坚持辅导员每日联系学生制度，将所带年级的学生全覆盖联系，并做好联系记录，进一步加强了辅导员与学生间的交流，加深了辅导员与学生间的感情。学院将畅通每名学生直接联系辅导员的渠道，使学生通过电话、企业微信、QQ 等都能直接与辅导员对话，让学生养成一有困难就找辅导员的习惯，帮助同学们尽可能地减轻疫情带来的消极影响。

（四）心理关爱到位

学院继续关注学生心理，每周上交学生心理状况晴雨表，建立疫情防控期间湖北、宝坻学生关注群，群内有至少一名老师帮助同学化解疫情心理困惑，提供心理关爱，保障学生心理健康。对于学生在疫情防控期间所忧虑的学业完成问题、实习就业问题以及开学返校后所担心的大规模学生流动引起传染等问题。以班会、学生干部例会等为契机，告知学生学校将会采取强有力的措施保障师生的生命健康安全，保证学生顺利完成学业以及实习毕业等问题，缓解学生焦虑情绪。学院公众号开设【云战“疫”·心呼吸】专栏，开展疫情防控期间伴读活动。在对学院学生普遍关注的同时重点关注心理困难学生。

参考文献：

[1] 尚书．“00 后”大学生网络思想引领研究——以微信为例 [J]. 高校辅导员，2019（12）：72-74.

[2] 赵健．基于“大学生思想动态和心理诉求”调研活动的若干问题研究——以无锡职业技术学院为例 [J]. 职业教育，2013（22）：153-154.

[3] 潘晓娜．大学生思想动态调研及对策——以辽宁省交通高等专科学校为例 [J]. 职业技术，2017（1）：26-28.

浅论在“国防教育+”活动中提升爱国主义教育的实效性

——以天津职业大学国旗护卫队为例

杨泽利
天津职业大学

习近平总书记指出：要加强全面国防教育，增强全面国防观念，强化全民国防意识。《中华人民共和国国防教育法》指出，国防教育是建设和巩固国防的基础，是增强民族凝聚力、提高全民国防素质的重要途径，并对教育的目标作出了明确指示，以增强学生的国防观念、国家安全意识，弘扬爱国主义和革命英雄主义精神，养成学生良好的学习和生活习惯为目的。因此，高校国旗护卫队的成立，起到了学校国防教育的引领作用，发挥着国防育人的功能，成为人才培养工作的重要组成部分。

一、高校国防教育在爱国主义教育中的意义

高校国防教育承担着大学生爱国主义教育的重要任务，军事训练、军事理论课和第二课堂国防活动 3 个方面构成了高校国防教育的主渠道。国防教育工作是高校思想政治教育工作的重要组成部分，为实现“三全育人”目标，有必要通过 “国防教育 +” 活动进一步增强爱国主义教育实践效用，提高大学生的爱国认知，增强大学生的爱国情感、坚定大学生的爱国热情，督促大学生积极践行爱国行动， 发挥好国旗护卫队在国防教育中培育大学生爱国情怀方面的特殊作用和深远意义。

二、高校国旗护卫队的责任和使命

高校国旗护卫队的建设一直以来是国防精神融入校园文化的重要举措，也是将爱国主义精神具象化、社会主义核心价值观实践化的直观社团标杆。国旗护卫队以保卫国旗为己任，在严格、规范的训练中体会保家卫国的使命担当，国旗护卫队在引领学校国防教育方式创新、开拓爱国主义教育实践途径、搭建素质教育全新平台方面的作用可见一斑。

三、国旗护卫队的爱国主义教育实践

学校国防教育是爱国主义精神的聚集地、忧患意识的培养基、红色基因的传承带。在高校涵育崇军尚武文化、培养家国情怀具有深远意义。天津职业大学国旗护卫队以国防教育创新品牌活动为载体，积极探索具有时代特征的国防教育育人模式，增强学生的爱国主义教育实效，

成为推动全面国防教育、传播红色文化、服务学校人才培养的重要力量。

（一）天津职业大学国旗护卫队国防育人概述

成立于2015年11月的天津职业大学国旗护卫队，秉承“团结拼搏、奉献担当、护卫国旗、爱国爱校”的国护精神，成功完成了“纪念校庆四十周年”“学校新生开学典礼”“学校春季运动会”“第二十九届中国厨师节开幕式”等大型活动和日常校内升旗任务，参加天津市高校国旗护卫队展演荣获三等奖，荣获天津市“爱我国防”演讲比赛优秀奖，连续多年被学校团委评为A级社团。2020年3月，天津职业大学国旗护卫队被推选为天津市高校国旗护卫队联盟副理事单位。“天职国护”公众号被列为天津国防征兵新媒体高校联盟首批成员单位。

以“开展丰富活动，创建优质团队，提升综合素质，培养优秀人才”为建设目标，不断创新工作思路和理念，加强制度建设，规范管理规程，使之成为“内在修养好、外在形象佳、综合素质高、各项成绩优”的特色队伍。天津职业大学国旗护卫队已经得到师生认可，成为校园红色文化的重要传播力量；同时，经过历届国旗护卫队的培养，一批批学生骨干经过历练、塑造，提升了他们的综合素质，推动了学校的育人成果。

（二）国旗护卫队国防育人品牌活动

天津职业大学国旗护卫队的使命是“传播国防知识，传承红色文化，开展国防教育活动，弘扬爱国主义精神”。经过多年的不断探索，形成了“日常训练模式规范化，队伍建设管理制度化，红色文化活动多样化，爱国主义教育经常化，实践育人项目特色化”的育人模式。

1. 规范工作流程，完善体制机制

天津职业大学国旗护卫队建设工作着眼于立德树人，以爱国主义教育为重点，紧紧围绕育人目标，把教育内容作为大学生思想政治教育的重要组成部分，全面融入“立德树人”各项工作中，整体纳入学校高素质应用型人才培养机制；以队伍建设和发展为抓手，统一领导、常抓不懈，寓革命传统教育于校园文化之中，构建起制度化、规范化、常态化的工作机制。

天津职业大学成立由学校党委分管领导牵头的领导小组，建立起网格化的组织领导体系。成立以学工部部长为组长的工作办公室，具体实施育人方案。选拔学校从事国防教育多年的优秀教师作为指导教师，促进国旗护卫队健康发展。完善制度建设，先后制定了《天津职业大学国旗护卫队管理规定》、《天津职业大学国旗护卫队公共选修课管理规定》、《天津职业大学国旗护卫队枪械库管理规定》等制度，建立一个新的良性互动的运行体制。

天津职业大学国旗护卫队每周固定时间进行训练和国防教育活动，将其作为学生的必修课，锻炼学生的品质和意志，提升学生的体质和技能。就是在新冠肺炎疫情防控期间，也按照“停课不停训”的要求，国旗护卫队的队员们每周坚持在自己的所在地居家进行“云训练”，从而保持和提高了队员的军事训练水平。通过举行“云升旗”活动，用实际行动践行着护卫国旗的初心，传播国旗文化，弘扬爱国主义精神。

2. 传承红色基因，培育爱国情怀

开展种类丰富的特色活动，以部队资源支撑红色文化教育，以军风军纪凝聚爱国主义精神，不断创新革命教育形式与内容，营造携笔从戎崇军尚武之风。努力打造一支有战斗力、有爱国情怀、有革命信仰的特色队伍，成为学校红色文化教育的宣传队、思想政治教育的突击队、维持校园安全稳定的护卫队、良好校风学风的先锋队、社会主义核心价值观的示范队。

1）以红色文化为依托，开展丰富多彩活动

开展“寻觅红色足迹，传承革命精神”活动，学生在假期自发探访家乡周边的革命旧址、纪念馆、烈士陵园等红色基地，开展参观学习，激发爱国情怀；开展“喜迎新中国70华诞，重温红色经典影片”展映活动，观看《建国大业》《红海行动》等爱国主义教育影片，让学生在参与中认知和传承红色文化。新冠肺炎疫情防控期间，为了纪念革命先烈，增强全体队员的爱国主义精神、民族意识和民族凝聚力，在清明节，开展了“弘扬爱国主义，缅怀革命先烈”云朗诵会的活动，通过活动缅怀了革命先烈，培养了全体队员的爱国情怀。

为了贯彻《新时代爱国主义教育实施纲要》，引导国旗护卫队全体队员传承红色革命精神和革命英雄主义精神，激发爱国主义情怀，天津职业大学国旗护卫队还重点开展了“五个一”活动，即：唱好一首歌曲——国歌，讲好一个故事——革命故事，写好一篇体会——我与队伍共成长，践行一次洗礼——寻觅红色基因，做好一种服务——社会志愿服务。

2）探革命先辈足迹，筑学生红色信仰

天津职业大学国旗护卫队到革命圣地西柏坡研学，接受革命精神的洗礼；到北京国家博物馆观看《改革开放四十周年成就展》，感受我国所取得的成就。将革命文化融入日常教育教学中，通过聘请课外国防教育辅导员，定期进行“强国思想系列国防教育宣讲课堂”，帮助学生了解党的历史进程与奋斗路线，实现国防思维与革命文化精神的对接，使红色基因的传承在学生中产生共鸣，提升大学生的文化自信，坚定大学生的理想信念，提升学生的爱国情怀和道德情操，提高爱国主义教育的时效性。

3）践行红色文化，传承革命精神

国旗护卫队队员不定期到红色爱国主义教育基地进行学习和参观，通过亲身体验，把国防教育融入大学生素质教育中。对于大学生转变学风，端正学习态度，强化素质养成，传承传统文化等起到了内化于心、外化于行的作用。组织“传承长征精神，开展徒步行军”拉练活动，在十公里（千米）外的负重拉练中，组织传递口令、防空演习、物资点验、快速通过敌占区、紧急步哨等专项实战技能演习，使同学们更加贴近地体验军人的生活，传承长征精神。还定期举行队列基本项目、军体拳、应急突发事件的演练等科目训练。尤其从学生的寝室内务卫生就可以看出，他们以军人的标准严格要求，更是独具“军旅”文化气息，他们标准化的物品摆放、积极向上的寝室文化氛围，将部队优良的作风和军事化管理水平发挥得淋漓尽致，充分体现了“军学”融合文化特质，展现了当代大学生良好的精神风貌以及和谐的人际关系。开展的一系列红色主题教育，也将活动效果带进寝室，使红色文化理念和新时代革命精神入脑入心，在舍友、寝室、班级中得以传播，取得了良好的教育实效。

3. 传播红色文化，实践教育推向深入

为将红色文化不断传播发扬，引导学生将中国梦与个人梦相结合，牢固树立理想信念，争做红色文化的弘扬者与继承者。通过挖掘国旗护卫队先进事迹，树立典型，以红色文化塑造先进集体及个人的形式在学校中进行宣传推广，激发了广大学生的爱国主义情怀和对革命文化精神的坚定追求。

1）宣传革命精神，传播红色文化

先后在校内组织了“纪念改革开放四十周年国防教育展”“平津战役校园展”“学四史、

守初心、践行动，中国革命精神展”等专题红色教育展览，吸引师生广泛关注，影响覆盖全校万余人次。开展红色文化艺术节、“勿忘12•9运动”与“爱我国防”主题演讲比赛等活动，引导学生主动学习革命精神，并以自己的语言表达、践行社会主义核心价值观。

2）宣讲红色故事，激发爱国情怀

为贯彻落实习近平总书记在学校思想政治理论课教师座谈会上的重要讲话精神，深入宣传红色文化，引导广大学生坚定理想信念、厚植爱国主义情怀，进而树立文化自信，勇担历史使命，开展了“红色文化进课堂”主题活动，旨在发扬红色文化的优良作风，带动广大学生学习党的历史和老一辈无产阶级革命家的丰功伟绩。让红色文化走进校园，走进课堂，使红色文化滋润学生的心灵，激发小我融入大我的使命感，树立报效祖国的崇高理想。

3）利用红色文化资源，提升育人效果

为不断拓展和深化学校国防教育，深刻理解认识学习“四史”（党史、新中国史、改革开放史、社会主义发展史）的重要意义，培养大学生爱党、爱国、爱社会主义的思想情感和高尚品德，在学校内建立了国防教育展厅，弘扬红色文化主旋律，传承红色基因，进一步提升了学校国防教育的时效性。充分利用博物馆、革命教育基地等社会红色文化资源加强学生爱国主义、革命传统教育，国旗护卫队先后与“天津市时代记忆纪念馆”“一二・九抗日救亡运动纪念馆”“平津战役纪念馆”“天津市东丽国防教育基地”等多处爱国主义教育基地达成共建协议，从而进一步强化学生的爱国之心、强国之志和报国之情。

4）发挥自身优势，推进一体化建设

随着经济全球化、政治多极化、文化多元化、信息网络化的不断发展，新时代的爱国主义教育面临着新的机遇和挑战。为贯彻落实《新时代爱国主义教育实施纲要》，开展好大中小学爱国主义教育，引导青少年坚定理想信念，筑牢爱国之基，把爱国情、报国志、报国行自觉融入建设中国特色社会主义伟大事业和伟大“中国梦”的奋斗之中。我校国旗护卫队先后与天津军粮城中学、咸水沽五中、天津海河教育园南开学校等中小学共建友好院校，充分发挥我校国旗护卫队的红色文化育人功能，不断创新国防教育内容和形式，通过开展升国旗活动、主题班会、参观交流等丰富多彩的活动，传播红色文化，厚植爱国情怀，推进大中小学爱国主义教育一体化建设。

5）建立红色阅览室，品读红色经典

为了传承红色基因，传播红色文化，让全体师生接受红色文化的洗礼，筑牢信念之魂，彰显红色文化的时代价值和文化自信，培养学生爱祖国、爱党、爱社会主义的情感，增强对中国共产党带领中国人民开展革命斗争艰辛历程的真切体会，增进校园文化的氛围，在海河园校区成立了红色文化阅览室。红色阅览室所陈列的大部分书籍和影片由该校教师和学生主动捐赠，涵盖党史党情、红色文献、伟人传记、优秀共产党员纪实等，并开设了习近平新时代中国特色社会主义思想专栏，以便全体师生学习当代马克思主义的理论精髓，提升政治理论修养，争做新时代的奋斗者、追梦人。

国旗护卫队全体队员通过品读红色经典来感悟革命真知，争做革命历史的继承者、革命文化的传播者、革命精神的践行者，激发爱国主义情怀，在构筑中国梦的征程中实现个人价值。

四、结束语

爱国是教育的永恒主题，爱国主义教育需要依托有效的教育模式才能发挥应有作用，国旗护卫队作为国防教育的重要载体，需要不断在传承中创新实践活动和教育模式才能永葆爱国主义教育的生命力和创造力。天津职业大学国旗护卫队今后将以习近平新时代中国特色社会主义思想为指导，在学校党委的正确领导下，巩固和保持所取得的成果，发挥国旗护卫队的红色文化引领作用，不断深入开展国防教育活动，继续探索国防育人的新举措，通过对“四史”的学思践悟，夯实信念之基，补足精神之钙，培育深厚的爱国情怀。

参考文献：

[1] 宋来新，徐文熬 . 新形势下高等院校国防教育工作研究 [M]. 北京：中央民族大学出版社，2016.

网络环境下高校学生自主管理模式路径探究

张飞宇
天津职业大学

一、背景介绍

2020年，新冠肺炎疫情席卷全球，对人们的生活造成了极大的影响，大学生也经历了十分漫长的“宅家”生活，教育部于2020年1月29日正式发文指出，各地教育部门要保障在防控疫情防控期间利用网络平台，“停课不停学”，网络以及新媒体技术在这一时期为保障大学生开展正常的教学活动发挥了巨大的辅助作用。层出不穷的网络应用正如大浪淘沙般进行着更新换代，一时间将网络直播、网络短视频、网课等新型的学习生活方式变为热潮，同时也帮助人们尽可能保持舒适的生活，降低疫情带来的生活不适感。从现在的网络使用行为上可以预测到今后越来越多的人会习惯依托网络进行生活，其中大学生群体更是网络使用的主力军[1]。根据《普通高等学校辅导员队伍建设规定》，高校辅导员应按照1:200的比例配比，然而，大学生日常管理事务繁多，辅导员无法实现一对一管理，再加上大学生的心理在大学期间成长成熟较快，对于老师的依赖感较初高中阶段减弱较多，因此，高校学生自主管理成为高校学生管理模式的主趋势，然而高校学生自主管理依旧存在较多的问题，同时也缺乏有效的监管体系，这些都需要经过不断的探索进行改进。

二、学生自主管理的含义

学生自主管理的本质含义正如其字面意思，即学生对自己的行为进行管理约束，这种方式可以实现学生自治。从管理内容上来看，它可以包含生活管理、学习管理、社交管理、能力提升管理等各方面；从学生素质培养层面来讲，则体现在发挥了其主观能动性，有利于培养学生的责任感，对学生的职业生涯教育起到了良好的辅助作用。当今社会，无论是从满足企业需求还是社会需求来看，独立自主、遵守社会规则等个人层面的素质都是极为重要的，作为大学生，在大学期间磨炼品行与学习科学文化知识同样迫切，均需要通过日积月累来完善自我、提升自身素质。高校学生自主管理属于高校管理制度的有机组成部分，体现了学生的主观能动性，有益于大学日常秩序管理，有益于培养大学生独立自主的人格，有益于学生的终身教育，有益于为社会输送高质量人才[2]。

三、网络环境下学生自主管理面临的问题

高校学生自主管理在既有研究中都被证实是高效可行的管理模式[3]，但是也发现实施的过程中存在诸多困难，特别是在网络发展日新月异的今天，高校学生自主管理面临着更加严峻的

现实挑战。

（一）传统教育下的大学生独立性较差

当前大学在校生绝大多数年龄为“90后”的末梢和“00后”的开端，他们所处的时代大环境是以独生子女为主的家庭，这样的环境就意味着多代家庭成员共同参与到孩子成长过程中，传统的家庭教育也使得孩子在家庭中具有一定的地位，因此大部分孩子在大学之前只需要照顾好自己的学习部分，不会自主决定自己其他方面的事情。长期的溺爱和对自主能力培养的忽视导致传统教育模式下的高中生步入大学后独立性太差，无法良好适应相对宽松的大学生活，久而久之便容易出现学习成绩下滑、宿舍卫生较差等现象，甚至出现逃课，害怕与人交往、严重心理问题等。

（二）身份转变之下缺乏有效人生规划

学生从高中时期的众星捧月到大学期间的独立自主的落差感往往是从步入大学的那一刻开始的，是在缺乏准备的状态下直接进行的角色转换，最直接的表现是对大学生活的不适应和对未来的茫然，解决这些疑虑最有效的方式是制定长期的人生规划，将目标作为灯塔，指引人生前进的方向。显然，长期依赖家人的大学生们缺乏独立自主的决定权，无法作出有效的自我规划，这不利于人才的长远培养。

（三）网络快速发展给自主管理带来重重困难

网络的快速发展为大学生的学习生活提供了极其多的便利，一个学生在完成专业录取后便会通过微信、QQ、贴吧、论坛等社交软件加入学校、班级群了解校园生活，在学期间无论是科学文化知识的学习还是活动比赛的准备都离不开网络，毕业后也会通过网络校友会等方式与学校取得联系，所以说网络是大学生成长学习的有效助手。但在给予大家帮助的同时，消极、低俗、负能量的信息也通过网络时刻进行传播，影响着大学生的政治观点、价值取向、道德认知。同时，网络的长期使用不利于培养学生的自主管理意识，学生可能过度沉迷于网络游戏、网络社交，久而久之无法区分网络自我和真实自我之间的差别，导致同学之间关系疏远，成绩急速下滑，反而得不偿失。因此，网络环境下的学生自主管理对于信息甄别和自律自主方面的要求十分高，这也给高校学生的自主管理带来了重重困难。

四、网络环境下高校学生自主管理对策探究

（一）培养学生独立自主意识，加强职业生涯规划

刚步入大学的学生虽缺乏独立自主的意识，但年龄上大多已经成年，急需从过分依赖家长、老师的状态中抽离出来，高校以立德树人为根本任务，除了科学文化知识的传授，同样肩负着培养综合素质的任务，因此，培养学生独立自主的意识是高校教育的开端。如何有效培养学生的自主性，做好职业生涯规划教育是关键。职业生涯规划除了通过必修课程就业指导的讲授外，还可通过多渠道进行引导。大学生入学后高校应首先进行专业认知教育，通过优秀学生分享经验，发挥朋辈引领作用，为新生指明学习目标；其次，高校应开设丰富多彩的第二课堂活动供学生按照自身兴趣爱好进行选择参与，在活动开展中设计更多培养学生自主能力的环节，让每一位同学都有机会参与其中；再次，高校应注重寝室文化建设，强调群体生活中每个人所承担的责任，从而培养学生的自主管理能力；最后，高校应将自主能力的培养引入课堂，相较传统

的“灌输式”教育适时地采用以学生为主体的课堂模式，这种模式可以在潜移默化中影响学生，培养其自主意识。

（二）树立学生正确的价值观，择优吸纳网络信息

网络信息良莠不齐，但高校的教育以及大学生的生活离不开网络，为了避免在网络环境中学生在自主管理模式下迷失自我，高校需要将树立学生正确价值观贯穿学生教育的全过程。习近平总书记在全国高校思想政治工作会议上指出，我们的高校是党领导下的高校，是中国特色社会主义高校，必须坚持正确的办学方针，将思想政治教育放在首位。因此，高校需通过引导学生深入学习“四史”，在学习中反思自己，树立正确的价值观，把国家需要融入自身发展，努力践行“三爱”，深刻了解社会主义核心价值观的重要意义，为成为祖国的先锋力量不懈奋斗。

（三）拓宽学生自我管理渠道，搭建有效管理平台

网络环境下新媒体技术层出不穷，因此学生的自我管理渠道并不单一，高校应为学生拓宽自我管理渠道，搭建有效管理平台。从内容类别上划分，高校可搭建官方学习平台、生活平台、交友平台、求职平台、校友平台等，学生可在各平台进行自主的交流与信息获取。从媒介的选择上，应贴合大学生使用习惯，选择大学生常用的应用软件例如微信、QQ、微博、抖音等进行搭载。由高校自主建立的学生自我管理渠道有助于进行后续的监管，可将信息进行甄别处理，以便提高引导效果。同时，高校要制定完善的网络管理规定，尊重每一位学生在网络环境下自我管理的主体地位，真正地让学生感受到学校的管理制度与个人需求是客观匹配的。

（四）注重学生全面成长轨迹，建立多方监督机制

高校学生自主管理虽以学生为主体，但依旧需要实施有效的监管机制。首先，辅导员需要做好引导工作，从思想认识入手，做好事前预防工作，学生的自主管理模式绝不等于完全自由成长，辅导员的引领作用依旧重要，但是在具体实施过程中应该充分体现学生的主观能动性。其次，要培养一批擅于使用网络技术的学生干部做好内容建设工作，新媒体环境下学生对于所接收的内容的维度要求越来越高，相较于之前简单的信息摄取，现在美化的效果、遣词造句都需要精雕细琢，以更加贴合大学生审美的方式呈现，才能实现信息与学生之间的共鸣。最后，需要建立线上预警监督机制，当学生在网络环境中发表不当言论甚至散播造谣信息时，可以第一时间进行溯源，切断传播渠道，防止产生舆情对自主管理造成不良影响。

五、结束语

学生自主管理是符合高校育人实际、符合大学生成长成才要求的管理模式，伴随着网络的快速发展，高校教育教学、大学生日常生活更加便捷，网络环境下的高校学生自主管理模式应运而生。但是进行网络环境下的学生自主管理需要直面传统教育下的大学生独立性较差、身份转变之下缺乏有效人生规划、网络快速发展给自主管理带来重重困难的三大问题，应做好应对准备。因此，高校可通过培养学生独立自主意识，加强职业生涯规划；树立学生正确的价值观，择优吸纳网络信息；拓宽学生自我管理渠道，搭建有效管理平台；注重学生全面成长轨迹，建立多方监督机制 4 个方面的措施为网络环境下大学生自主管理提供有效保障，促进大学生全面成长。

参考文献：

[1] 金彩，孙新杰，余顺家，等．大数据环境下大学生上网行为分析与决策——以六盘水师范学院为例 [J]. 科技风，2020（5）：112-113.

[2] 王燕．新媒体环境下高校学生自主管理模式的问题分析及对策探寻 [J]. 文理导航，2018（13）：95-96.

[3] 李航运．探究高校学生管理中学生自主管理能力培养方案 [J]. 农村经济与科技， 2017（14）：286.

新时代高职班级管理工作的新思考

王丽颖
天津职业大学

一、当前高职学生的新特点

（一）思想道德水平仍需继续提高

伴随着我国综合国力的提高和经济社会的全面发展，我国的高等教育也开始从精英教育转向大众教育，高等职业教育也迎来了新的挑战，外来文化和不良网络文化对高职院校在读学生的影响也越来越大，导致不少学生的价值观、人生观和世界观都产生了微妙的变化，对其心理发展也产生了很多负面影响。集中表现如下：部分学生对国际、国家大事漠不关心，没有明确的人生目标，学习基础差，学习动力不足，没有责任感和使命感，没有良好的集体荣誉感和团队精神，对学校、班级的事务不上心等，上述现象的长期存在，对高职学生未来的发展会产生相当大的危害，同时也增加了班级管理工作的困难。

（二）心理素质较差，抗压能力差

很大一部分学生的高考入校成绩低，加之长期以来社会各界仍有一些对高职学生的片面性看法，让一些学生的思想和心理出现了偏差，认为自己是社会竞争过程中的失败者，对未来的人生没有良好的期盼。笔者通过访谈和调查发现，很多高职院校的学生认为自己所在的学校和本科院校之间有很大的差距，缺乏自信，难以得到社会各界的肯定和认可，这些消极因素都给其健康成长带来了阻碍。

具体来讲包括如下几个方面：首先是学生对生活环境和角色转变的不适应性。步入大学课堂后，学生们离开了父母的管教，开始自由支配自己的生活，人际交往、学习生活、课余活动等方面都是全新的体验。同时从年龄上来讲，他们也开始了从一个未成年人到成年人的转变，角色的变化也意味着更多的责任和更高的要求。然而在面对这些变化时，由于父母的长期呵护和宠溺，很多学生无法独立适应大学校园的新生活。其次，很多学生存在着心理矛盾突出的现象。主要表现为理想和现实的差距以及行为与认知的偏差。其三是在学习生活中遇到困难时，不能很好地借助现有条件解决问题，学习目的性不强，认为自己的潜力和才华不能得到很好的释放，不能实现个人价值，对自己的生活有很大的担忧。其四是在人际交往过程中的不适应。大学的同窗来自全国各地，同学们生活习惯各异，思维方式有着极大的差别，而一天 24 小时的朝夕相处，也极易造成学生们的人际交往障碍，而长期的不良心理会影响正常的社会交往活动。

（三）学习积极性不高，自律差

客观现实表明，高职学生相对于普通本科学生，总体来讲学习积极性相对较差，学习成绩也不理想，个人综合素质也较低，究其根源还是因为其自律性差，自我约束力不强，没有形成良性的学习和生活习惯，每每遇到一些挫折或者困难，多是选择逃避。不可否定的是，在越发强调学生综合素养的今天，学习成绩的好坏仍然是衡量学生素质优良的一个重要指标，很多高职学生由于缺乏教师和家长的约束，加之自控力的不足，学习成绩并不理想。另外，由于部分学生对高职教育的看法片面，认为读高职就是为了混文凭，未来没有大发展，因此学习欲望不强。再者，由于近年来高校的不断扩招，大众教育使得学生进入高职院校的门槛很低，一些学生的学习基础极差，这些学生在中等教育阶段就没有养成良好的学习习惯和方法，特别是当其主观臆断地认为高职教育“学无所获，预期发展不良”时，就更加缺乏学习动力。

二、高等职业教育班级管理过程中的缺陷和问题

（一）管理理念相对落后，过分依赖规程制度

伴随着高职教育不断深化改革，高职的班级管理工作必须杜绝与实际情况脱节的现象，适应时代的发展，并以先进、科学的管理技术为基础，不断地弃旧容新。但是现实的情况是很多高等职业院校并未深刻意识到上述原则，仍然以传统的管理方法和理念进行班级管理活动，从而导致管理效果差、学生认可度低。特别是管理制度的陈旧化，以及管理者习惯于过度依赖制度，惰于创新，缺乏对学生的人文关怀，这与新时代所提倡的以人为本的基本理念相违背，不利于整体管理水平的提高，很难促进学生身心的健康发展。

（二）忽略时代变化，忽视个体差异

移动互联网的兴起和发展，使得新时代的高职学生在获取资讯和知识的方式上产生了翻天覆地的变化。同时这也让新一代的“00后”学生与之前的学生整体上存在相当大的差异。新时代的高职学生认知程度大大提高，更容易接受丰富的网络思想和外来文化，他们的价值观也越发多元化和复杂化，认知能力的不同和生长环境、家庭条件的不同又导致每个同学间的个体差异巨大。然而一些高职院校在进行班级管理时，还是以班级为单位进行管理，继续沿用老派的管理体系和模式，自然预期效果不佳，管理效率下降。

（三）工作重心存在偏颇，方法低效

一直以来，班风学风的建设都是高职班级管理的重点，特别是针对“学困”学生的教育更是班主任、学生工作管理者工作的重中之重，怎样提升“学困”学生的学习兴趣，将其注意力引回课堂，这就牵扯了管理教师的一大部分精力，容易忽视对其他普通同学的管理。另外鉴于新时代大学生更加追求平等、自由、民主的鲜明的时代特点，以及对高压、束缚的天然抵触，传统单一的班级管理方法和硬性的管理要求很难达到成效，甚至会制约班级的建设和管理。

三、新时代下高职班级管理工作的策略与建议

（一）优化管理体系，创新管理制度

合理高效的管理体系和制度是维持班级稳定和谐的重要前提，但众所周知，任何体系和制度的建立都不是一蹴而就的，而是在平时的实际管理过程中需要不断调整和完善的。新时代的管理体系和管理制度都必须与时俱进，班级管理教师既不能脱离学校的各类规章制度，又不能过度依赖，而是需要结合各学校、各专业、各年级的特点，在尊重每一位学生的个性发展的前提下，灵活掌握。集体指导与个别教育是最为常见的两种教育管理工作方法，班级管理教师不

仅要针对集体中常见的问题进行思政教育、心理辅导和行为引导，传递社会正能量，促进广大学生健康成长。也要针对个别学生做到因材施教，尽量保障每一个学生都能在3年的高职学习生涯中有所收获，掌握必备的知识、技能和能力。

（二）以人为本为基础，学生管理放首位

人本思想已经成为现代社会的主流价值观之一，在新时代下，将班级管理工作中的学生管理放在核心位置也正是契合了人本主义思想。传统的一切以教师为主导的管理方式已经不能适应当前工作，而是应该引导学生主动参与到班级管理活动中去，让教师和学生良性互动、和谐相处，构建民主平等的班级管理小组，将具体的班级管理权下发到学生自身，让学生真正感觉到平等、公正、民主化的班级氛围。只有在上述模式下，才能真正激发学生的主观能动性和积极性，让他们自觉地为班级建设和管理贡献自己的力量，在减少管理阻力的前提下，有效提高班级管理的时效性。

（三）构建良好氛围，更新管理方法

新时代新形势下的高职班级管理只有与时俱进地应用多样的管理手段，才能有效确保管理工作能够适应当前复杂多变的管理环境及多元化的矛盾。具体来讲即是首先要求学生工作管理者能够及时更新管理理念，掌握各类先进的管理方法，并在工作实践中灵活合理地运用。一般来讲，学生工作管理者要综合考虑整体和局部两个方面：从整体上针对整个班级的班风、学风构建良性互动机制，从局部上针对不同学生的个性制定选择差异化的管理手段。只能充分考虑整体和局部两个方面，灵活使用适合的管理方法，才能有效缓解和应对班级管理过程中面临的各类问题。另外，师生协作，共同营造和谐班级氛围，也能促进班级管理工作的顺利进行。

（四）顺应社会发展，提高管理水平

高等职业院校的办学定位是为社会培养高素质的专业技能性、应用型人才。这一培养目标应该深入结合到班级管理中去。学生工作管理者应该对专业岗位需求有清晰认识，并结合自身班级的特点适当调整和优化班级管理目标，使其与学生在校发展的长期目标相一致。同时，辅导员还应高度重视思想政治教育、心理健康教育、职业道德教育与人才培养目标的协同培育，为学生的健康成长提供有力支持。

四、结语

新时代下的高职学生具有新的特点，班级管理工作也呈现出一些新的问题，各高职院校和学生工作管理者应该结合实际情况，从优化管理体系，创新管理制度；以人为本为基础，学生管理放首位；构建良好氛围，更新管理方法；顺应社会发展，提高管理水平等几个方面入手，构建新时代高职班级管理工作新模式。

参考文献：

[1] 卜繁林．新时期高职院校辅导员班级管理工作研究——以河北建材职业技术学院为例[D]．河北：河北师范大学，2017.

[2] 李宇．新形势下高职院校辅导员工作方法创新研究[J]．教育现代化，2016（33）：27-34.

[3] 张逸君．新形势下高职院校如何提高辅导员工作的积极性[J]．课程教育研究，2016（25）：157-158.

高校学生公寓加强学生事务管理信息化建设的研究

李强
天津职业技术师范大学

随着中国经济的高速发展，高校体制改革不断深入，大学不断扩招，学生数量激增，传统的学生公寓学生事务管理模式已经越来越难以满足新时代大学公寓管理的需求。同时，高校学生公寓中学生事务管理工作的优劣往往会直接影响该大学的宿舍文化氛围，进而反映出高校整个校园文化建设的好坏。因此，加强学生公寓学生事务管理信息化建设对于加强公寓管理和提升校园文化建设具有重要作用。

一、高校学生公寓学生事务管理信息化建设存在的问题

（一）各系统缺乏规划，彼此兼容性较差

目前，高校各部门应用系统普遍较多，一般有财务系统、教务系统、保卫系统、学工系统（在测试）、学生公寓系统等。但是，各部门各自为政，缺乏信息共享和交流， 信息化建设体系还停留在满足本单位或本部门工作需求的层面上， 并未考虑到其他部门的信息需求， 从而出现了信息孤岛的现象；各系统相互独立、重复建设，存在信息不互通、数据不联动、资源不共享、效率低下的问题。例如：同一个学生信息既要向学工系统录入，也要向公寓管理系统录入，同一个教师处理同一事项要登录不同系统，并且不同系统的数据常常不能完全吻合。由于各系统缺乏统一规划，各系统建设时间有先后、开发团队有差别，致使学生公寓学生事务管理系统与其他系统间缺乏应有的兼容性和互通性。

（二）资金投入少，后期维护成本较高

学生公寓学生事务管理信息化建设不是“一锤子买卖”，需要长期不断地进行版本升级和维护，信息化建设既要做到能引进来，也要做到能管起来。在实践中，高校往往能协调各种资源完成学生公寓学生事务管理系统平台建设和门禁安装建设等，但是存在后期维护成本较高的问题。在硬件方面，学生公寓可安装闸机通道和“人脸”识别设备来维护公寓安全，但硬件做工复杂、内有芯片、需要配备专用电池，损坏以后需要雇请专业维保公司第一时间进行抢修，维护成本较高。在软件方面，随着公寓信息化建设的不断推进，学生公寓学生事务管理服务平台也需不断升级改进，系统升级费用也需协调解决。

（三）管理不专业，网络安全问题突出

学生公寓学生事务管理系统使用的便利性与网络安全性相冲突，要想实现系统联网便捷就

需要降低网络安全监管，要实现高规格的网络安全又要以牺牲系统联网便捷为代价。影响学生公寓学生事务管理信息化建设安全稳定运行的因素有很多， 通信的安全性、网络的安全性、操作的安全性、数据的安全性、系统的安全性、终端的安全性等，每一个环节出现纰漏都会造成网络瘫痪甚至信息泄露[1]。同时，为方便工作，各管理员对于数据的管理权限只能设置为双向，即既可读取又有修改的权力。在工作过程中， 可能会因为管理人员专业知识不足、安全意识欠缺或工作责任热情不高等原因导致系统数据错误、丢失、泄露等问题，而学生公寓学生事务管理系统涉及大量师生个人重要信息， 一旦泄露，将产生重大影响。

（四）各部门重视不足，系统使用推进困难

学生公寓学生事务管理信息化建设需要学生处、各学院（部）、后勤处、保卫处、信息化办公室、物业公司等部门的共同参与和支持，任何一个部门的失位都会造成学生公寓学生事务线上管理不能形成闭环，学生公寓学生事务管理信息化建设难以开展。目前存在的问题是，各相关部门对学生公寓学生事务管理信息化建设重视不足，并且一直以来传统的管理观念和管理模式根深蒂固，以往的工作模式虽然烦琐、重复，但轻车熟路、游刃有余，对于新出现的信息化管理手段，各部门容易墨守成规、不愿改变，致使学生公寓学生事务管理信息建设推进缓慢。尤其是辅导员在推动学生公寓学生事务管理信息化建设中扮演着极其重要的角色，既要主动进行数据录入、信息维护、线上事项审批、安全监管等，也要引导推动学生参与到系统的使用和维护中。

（五）制度管理缺失，信息化建设难以持续

任何一项管理工作都需要有规范的制度做保障， 信息化建设也不例外。学生公寓学生事务管理信息化建设尚处于试运行阶段，待后期正式上线全面投入应用后，如果学生公寓学生事务管理信息系统的相关管理制度配套不到位， 将会导致系统在管理、维护等方面产生混乱，从而影响系统正常运行。

二、加强高校学生公寓学生事务管理信息化建设的对策

（一）各级部门应高度重视，参与学生公寓学生事务管理信息化建设

学生公寓学生事务管理信息化建设既是高校信息化建设的重要组成部分，又是学生公寓学生事务管理提质、增效、升级的客观要求，同时也是传统学生公寓管理模式更新和维护校园安全的重要保证。

首先，学校层面应该增强“维护学生公寓安全就是保障校园安全”的重要认识，重视学生公寓学生事务管理信息化建设对维护学生公寓安全所起的重要作用，将学生公寓学生事务管理信息化纳入学校信息化建设并进行整体规划、整体设计。加大对学生公寓学生事务管理信息化建设的资金投入和信息化专业人才的配备，确保学生公寓学生事务管理信息化建设能够持续发展。

其次，所有相关部门都要充分认识到学生公寓学生事务管理信息化建设的重要性，学生公寓学生事务管理的信息化可以极大地提高工作效率、改善工作环境。保卫处通过门禁系统可防止校外人员进入公寓，保障学生的人身财产安全；后勤处可通过 PC（个人电脑）端学生公寓管理服务平台或手机 App 进行维修进度跟踪和查看维修结果的评价，实现维修工作的全过程

监管，有效地促进维修工作效率和质量的提高；辅导员、班主任可随时查看学生晚归、夜不归宿、出入行为、公寓违纪行为，随时在线上对学生入住、调宿、退宿、请假进行审批，并通过云存储、大数据将日常谈心谈话和思政工作留痕建档，增强工作的时效性。

再次，学生要积极配合、服从学校公寓管理规定，认识到学生公寓学生事务管理信息化给住宿生活带来的极大便利性，积极参与学生公寓学生事务管理信息化建设，协同完成好信息化建设过程需要完成的各项任务。只有学校上下一心，形成共识，共同努力，学生公寓学生事务管理信息化建设才能顺利推进。

（二）加强系统安全管理，确保系统网络安全

学生公寓学生事务管理建设是一把双刃剑，为工作带来便利的同时也为公寓信息化管理工作的网络安全性带来了一定的威胁。信息化建设负责部门应建立完善网络安全技术支撑体系，提升学生公寓学生事务管理信息化系统全天候全方位感知网络安全态势能力，做好等级保护、风险评估、漏洞检测、病毒入侵防范等基础性工作，完善网络安全监测预警和网络安全事件应急处置机制；学生工作部门应强化学生公寓学生事务管理信息安全管理，加强学生公寓管理服务平台监管，明确数据访问、信息管理的权责内容，定期和不定期开展网络危险排查，同时加强网络登录管理，设置加密口令和网关，确保学生公寓学生事务管理信息的可靠性和安全性，避免非法入侵或者恶意篡改信息对学生公寓学生事务管理信息化建设带来的危害[2]。

（三）加强专业学习培训，提高业务操作能力

学生公寓学生事务管理信息化需要更全面的资料收集和业务流程的重组和优化，需要用计算机网络代替人工操作，这离不开公寓管理员、辅导员和班主任老师的积极参与和理解配合。因此，必须加强对使用者的业务培训，一方面应提高使用者实际操作系统的能力，另一方面应转变使用者的管理服务理念，使学生公寓学生事务管理系统发挥最大效能。公寓管理人员应主动学习学生公寓学生事务管理信息化建设相关知识，将理论与实践、线上与线下相结合，深入学生公寓，与学生交流接触、嘘寒问暖，及时掌握学生的思想动态，结合系统提供的信息数据开展学生思想教育和心理健康教育；辅导员、班主任应积极接受业务培训并加强自主学习能力，不能以一种“不推不动，推亦不动”的态度对待工作，要主动参与并协助推动公寓信息化建设发展；宿管员作为处于公寓管理第一线的工作人员，对于学生公寓学生事务管理信息化建设能否有效落实具有重要影响，部分宿管员年龄偏大、接受新知识能力偏弱，需要多次、系统进行培训，使其逐渐熟练应用并掌握移动端 App 使用；同时，要加强学生公寓学生事务管理信息化建设宣传，引导学生体验信息化建设为他们生活带来的巨大便利，并自觉参与信息化建设。

（四）加强制度建设，保障信息化建设持续发展

学生公寓学生事务管理信息化建设离不开完善的管理制度体系。由于信息化建设工作涉及人员配置、岗位职责等多方面的内容，完善的管理体系有助于各项工作的顺利开展，可以帮助学生公寓学生事务管理信息化相关工作人员明确自身职责和权限，提升他们对工作的积极性和主观能动性，确保各项学生公寓学生事务信息化管理措施的有效落实。加强学生公寓学生事务管理信息化相关工作人员的工作考核制度，细化信息化管理标准，将考核结果作为年终考核的重要参考依据。总之，学生公寓学生事务管理信息化建设的过程中容易出现各种问题，若没有相应的规章制度作为保障，学生公寓学生事务管理的信息化发展建设将难以持续。

没有学生公寓学生事务管理信息化就没有公寓现代化，没有公寓现代化就无法实现公寓的可持续发展。学生公寓学生事务管理作为高校建设与发展的重要组成部分之一，其信息化程度和管理水平直接影响着学校的发展及智慧校园的整体建设。2015 年 3 月，李克强总理提出了在各领域“制定‘互联网 +’行动计划”的国家发展战略，这项战略也为高校管理和服务信息化发展建设指明了方向 [3]。高校学生公寓学生事务管理信息化建设将切实提高管理服务水平，充分体现学生公寓服务育人、管理育人、环境育人的职能，为高校信息化建设和学生公寓思政育人奠定良好基础。

参考文献：

[1] 田亮，王黎炜，田文芳 . 新疆高校学生公寓信息化建设的现状及对策 [J]. 科技信息，2012（17）：163.
[2] 吴汉龙 . 高校后勤公寓信息化建设的若干思考 [J]. 高校后勤研究，2009（6）：71，77.
[3] 张岩 . 浅谈高校后勤信息化建设 [J]. 中国管理信息化，2012（16）：124.

高校共青团开展劳动教育的实践研究

贾旭
天津职业技术师范大学

2020年3月26日，中共中央国务院下发了《关于全面加强新时代大中小学劳动教育的意见》（简称《意见》），为加强新时代高校劳动教育提供了基本遵循。劳动教育也越来越成为高校提升人才培养质量的有力抓手，为高校所重视。如何在高校中贯彻落实《意见》精神，提升育人水平，解决好目前高校学生中存在的“服务奉献意识不强”“身体锻炼认识不深”，“吃苦耐劳精神不足”等问题，是当前高等学校劳动教育工作面临的重大问题。随着专家学者对劳动教育的研究逐渐深入，对我国学校劳动教育的发展状况、症结等的认识也逐渐清晰。目前，针对中小学劳动教育的研究与实践探索比较丰富，但高等学校的劳动教育如何实施，谁来实施等诸多问题还莫衷一是。多数学者认为劳动教育不是孤立的存在，“以劳树德、以劳增智、以劳强体、以劳育美”的“五育融合”思想，是新时代中国特色社会主义劳动教育的重要特征。之所以把劳动教育提升到其他四育相同的高度，除了劳动教育本身具有的特殊作用外，更重要的是，劳动教育本身蕴含着丰富的思政教育的价值。

一、当前我国高校劳动教育领域研究现状

（一）课程体系的建设作为劳动教育的基础

《关于全面加强新时代大中小学劳动教育的意见》中指出“普通高等学校要明确劳动教育主要依托课程，其中本科阶段不少于32学时”。但劳动课程的设置、师资队伍的建设还没达成统一标准。高校劳动课程的建设普遍存在两种思路：一是根据高校专业的不同，将其他课程中的“劳动教育”部分，经过解构整合，形成新的劳动教育课。二是将劳动教育分解在不同的已开设的实践类课程中，在现有的课程基础之上，融入劳动教育的内容，使之符合劳动教育的课程目标。铜仁学院的刘阳老师认为高校应将劳动课程纳入人才培养方案，设置必修学分的劳动课程，教研室可根据专业特色制定具体课程设计方案，以劳动实践、劳动教育、讲座等多种方式开展。

在课程构成上，不少专家提出将劳动教育课程分为理论与实践两个模块进行。理论课讲授包括劳动伦理、劳动安全卫生、劳动通论等内容，辅以一定课时的劳动实践课程，注重理论与实践相结合。同时，《意见》中还指出其他课程结合学科、专业特点，有机融入劳动教育内容，这一部分与课程思政紧密地结合起来。浙江金融职业学院靖庆磊老师提出高校在课程思政中有意识地植入劳动精神是劳动教育理论育人的重要方式。此外当前高等院校培养体系中普遍存在实习、实训、就业、心理、思想道德修养与法律基础等思政类课程，本身就与劳动教育紧密相

关。泰州学院陈志锋老师认为应在“形势与政策”“大学生职业生涯规划”“就业与创业指导”等课程教学中，自觉渗透正确的劳动价值理论、劳动观和劳动者观，加强实践性教学环节，巧妙恰当地运用劳动模范及其劳动创造故事来增强教学效果。

（二）将校园内劳动实践作为劳动教育的补充

校园内有许多真实的劳动机会。这些劳动机会不像劳动课程那样有规范的实施、操作、评价体系，却是最真实的劳动。例如勤工俭学、志愿服务、宿舍食堂等。这些真实的劳动机会，对于促进学生对劳动精神的反思、总结大有裨益，还能锻炼在校大学生在劳动中思考、提高创造性。华中农业大学孙倩茹老师提出了新时代劳动教育视域下高校资助育人路径。他主张在勤工助学活动开展环节，引导贫困大学生参与各类勤工助学，从而提高劳动技能，增强劳动本 领。鼓励大学生从事校内的环境卫生、楼栋值班、文明监督、食堂帮厨、助教、助研、行政助管、实验室助理、图文设计、文献翻译等劳动，从而提升技能，锤炼品格。

（三）文化氛围的营造作为劳动教育的延长

校园文化氛围的营造，是高校劳动教育的重要方面。例如，党委宣传部门综合运用网上网下各类宣传载体，大力宣扬劳动精神、宣传劳动楷模。各教学单位利用“五一”劳动节等契机，通过多种手段营造崇尚劳动尊重劳动的良好氛围。后勤、保卫等部门通过开展“最帅保安”“最美阿姨”评选等活动，教育引导学生体悟劳动平凡，劳动伟大。其他各处室、职能部门在接触学生的过程中，通过精益求精的劳动态度，可以对学生产生潜移默化的影响。北京大学医学部总务处王双佳老师探讨了作为高校的后勤部门，可以将劳动教育融入管理服务育人工作中去。他讲到后勤部门可以从开放劳动岗位、开展专题活动两个方面入手，对学生进行劳动教育。厦门大学张晓静老师着重探讨了图书馆在贯彻落实“三全育人”过程中图书馆志愿服务工作的开展情况，她认为图书馆在为高校学生提供志愿服务平台方面有着得天独厚的优势。因此，从大思政的角度来看，劳动教育与高校的教学管理各个环节进行跨界融合的方面会有很多。

二、劳动教育融入共青团工作的重要意义

（一）共青团工作为劳动教育提供有力补充

北京大学教育学院的卢晓东教授将劳动教育的实施路径分为两条路径，分别是由劳动理论课、社会调查课、实习实训课构成的显性课程和由公益服务、校园劳动文化等构成的隐性课程。因此，劳动教育在高校中的贯彻实施，是需要从两个方面进行的。而这其中的隐性课程，也就是融合在其他学科或学校整体育人氛围中的劳动教育环节，与共青团工作有很多的交会点。《关于全面加强新时代大中小学劳动教育的意见》中指出高等学校的劳动教育“要注重围绕创新创业，结合学科和专业积极开展实习实训、专业服务、社会实践、勤工助学……”而高校共青团工作除了团的组织建设外，其他五大模块包括思想引领、文化建设、社会实践、志愿服务、创新创业工作均与可与劳动教育产生深度融合。即思想引领融合奋斗精神，文化建设营造劳动文化，社会实践体验了解劳动人民，志愿服务体验劳动过程，创新创业提升创造性解决问题的能力。

（二）劳动教育为共青团工作提供理论来源

“一代人有一代人的奋斗，一个时代有一个时代的担当”“伟大梦想不是等得来的，喊得来的，而是拼出来、干出来的”“只有奋斗的人生才称得上幸福的人生”。习近平总书记一直

强调的奋斗精神，历年来在五四青年节对青年的殷殷嘱托，不仅是习近平新时代中国特色社会主义思想的重要部分，也是我们高校进行劳动教育的理论起点。对劳动精神的宣扬一直是共青团的本职工作之一。对奋斗精神的讴歌，对劳动价值的宣扬，包含在高校共青团的思想价值引领工作中。

（三）共青团开展劳动教育工作是全方位育人的生动诠释

开展劳动教育过程，落实好全方位育人，应当从三方面入手。一是设置在教学计划中的课程，主要指的是劳动教育课。二是结合劳动教育的各类团学活动，主要是以学工队伍为主开展的思政教育活动。三是融合在其他学科或学校整体育人氛围中的劳动文化的氛围营造。而团学活动作为高校共青团工作的有力抓手，将成为高校劳动教育的重要阵地，贯彻“三全育人”，做好全方位育人的集中体现。

三、高校共青团开展劳动教育容易存在的问题

（一）劳动精神如何宣扬

作为全方位育人的重要组成部分，高校团组织应当努力营造热爱劳动、崇尚劳动的积极氛围，大力倡导浓郁的校园文化。共青团工作中本身就饱含着对劳动精神的宣扬。但是，共青团组织在进行劳动精神的宣传教育过程中，遇到最多的问题就是实效性问题。如何更好地教育青年、引导青年、组织青年加入劳动教育中去，需要共青团组织重新思考自己的思想宣传工作。

（二）劳动实践如何实施

一是劳动实践的常态化、制度化问题。高校共青团工作中的社会实践、志愿服务、创新创业工作，在多年来的实践探索中，均已或多或少地包含了劳动教育的内容。面对新时代劳动教育的新要求，急需解决的问题是如何把这些工作进行常态化，制度化的改进，以便更加适应劳动教育新的要求。比如，班团活动如何突出劳动精神，强化劳动模范的宣传；如何通过创新创业帮助学生积累职业经验，培养艰苦创业的奋斗精神。如何通过志愿服务引领学生在国家民族面临重大灾难之时主动担当作为。如何通过社会实践引导学生懂得空谈误国、实干兴邦。

二是处理好动手与动脑的问题。有学者认为，在实际工作中，高校团组织倾向于用社会实践活动、简单劳动、体力劳动、个劳动等替代劳动教育，导致以偏概全、本末倒置。在一些高校中，简单地将打扫卫生、志愿服务等一些机械的、简单的体力劳动等同于劳动教育，受到了学界的质疑。部分高校因设施场地、师资配置等原因的限制，简单地把中小学劳动教育那一套政策照搬到高校，并没有起到应有的效果。片面地强调体力劳动，特别是简单机械的劳动教育不利于培养高校学生的创新意识和创造能力，而这显然与《关于全面加强新时代大中小学劳动教育的意见》中“高等学校的劳动教育要重视新知识、新技术、新工艺、新方法应用，创造性地解决实际问题”的要求是相违背的。

体力劳动对促进大学生全面了解人民、磨炼意志品格、防止社会割裂等方面的积极作用不能忽视。中华人民共和国成立初期，教育与生产劳动相结合被当作思想改造的手段，毛泽东将参加生产实践作为区分新旧教育的标志之一，推行在劳动中改造思想，劳动教育在缩小城乡差距、锻炼知识分子意志品质等方面发挥了一定作用。习近平的七年知青岁月，正是在人民群众的最底层从事简单的机械劳动，而这段经历也给他的人生产生了巨大的影响。笔者所在的高校，

每年都会组织大一新生打扫卫生间，这种劳动虽然简单、机械、可替代，但对学生的教育意义不言而喻。因此，笔者认为，片面地强调“劳心”，矮化甚至忽略“劳力”的观点是值得商榷的。高等学校在开展志愿服务，卫生清整等体力劳动教育时，应当做好教育效果的评估，引导学生体悟劳动的教育意义，做到入脑入心。

（三）如何对劳动教育效果进行评价考核

目前，多数高校对于社会实践活动开展内容的要求比较模糊，大多提及社会考察与调研、社会服务、勤工助学、岗前实习等，由于缺少细化的指导要求，导致具体开展过程中随意性较强。因经费、设施、师资等原因，导致劳动教育缺乏统一的评价考核标准。现有的共青团实践活动机制下，落实大部分工作均通过一些活动展开，缺少对学生的劳动过程中价值观、劳动态度、劳动技能的记录，缺乏对劳动过程进行考核的有效方法。高校评价学生成绩体系有德育成绩、课程成绩、体育成绩，美育融合在人文社科类教育课程中，而劳育却没有独立的考评体系[7]。同时，仅从劳动结果看，不同的劳动内容，考核方式可能千差万别。有的劳动成果可以是一项简单的体力劳动，劳动成果可以量化。有的劳动成果不能量化，只能定性分析。有的劳动成果可能是一件劳动作品，可以进行成果展示，有的只能通过答辩形式进行说明。

四、共青团开展劳动教育的实施路径

（一）发挥团组织思想引领作用

高校团组织要在日常生活中多渠道讴歌劳动模范和先进工作者。以青年节日、劳动节、重大时政热点为契机，通过主题团日活动、宣讲会、报告会、座谈会、研讨沙龙、故事分享、观看纪录片、情景剧展演、参观实践和网络新媒体等形式，弘扬“劳模精神”、“工匠精神”“大师精神”，使劳动精神入脑入心，提高青年团员的思想素质和政治敏锐性，带领团员青年不忘初心跟党走，具有到艰苦地区和行业工作的奋斗精神，懂得空谈误国、实干兴邦的深刻道理。

（二）依托高校团组织现有平台，做好劳动教育隐性课程的实施

一是利用创新创业教育平台，促进学生解决实际问题。各级团组织可以开展创新创业比赛，组织学生积极参加挑战杯、“互联网 +”、全国大学生电子设计竞赛等，提升学生运用知识解决实际问题的能力。引导大学生积极探索将劳动教育融入创新创业教育，引入职业探索、职业体验等实践环节，提升教育效果。使学生增强诚实劳动意识，积累职业经验。开展就业创业服务周活动，让学生提前参与到就业服务工作中去。引导低年级学生树立正确择业观，具有到艰苦地区和行业工作的奋斗精神，懂得空谈误国、实干兴邦的深刻道理。

二是利用志愿服务平台，注重提升学生责任担当。新冠肺炎疫情发生以来，青年学子响应团中央号召，积极到社区报到，并参与到抗击疫情的志愿服务活动中。高校共青团可以结合全国志愿汇 app 的实际情况，选树先进典型。引导学生尊重劳动、崇尚劳动，积极参与到劳动与创造活动中去。以 2020 年全国抗击新冠肺炎疫情为背景，开展抗击疫情主题系列团课。引导疫情中的团员志愿者，把疫情当作教材，讲授抗疫英雄故事、普及抗疫知识、弘扬仁爱之心。培养学生面对重大疫情、灾害等危机时主动作为的奉献精神。

三是利用社会实践平台，培育学生公共服务意识。《意见》指出“大中小学每学年设立劳动周，可在学年内或寒暑假自主安排，高等学校也可安排劳动月，集中落实各学年劳动周要求”。

高校共青团应当利用好暑期社会实践这一平台，组织学生利用寒暑假到农村去，开展社会调查。例如，可以开展“食品生命周期探索”活动，引导学生了解每一种食物从“农田”到“餐桌”的全过程。通过撰写探索报告，学生可以感受新时代幸福美好生活源自奋斗，来之不易，从而激励学生立志成才、报效祖国。

四是通过“手”“脑”结合，提升劳动教育的结果导向。劳动教育活动，最终要落脚到教育效果上来，简单机械的体力劳动如卫生大扫除、学雷锋志愿服务活动、社区公益劳动，也可以使学生培养劳动精神，磨炼意志品格，了解人民疾苦，提升报效祖国和人民的使命感。关键是如何做到劳动教育的入脑入心。在劳动前大力宣传“尊重劳动、尊重知识、尊重人才、尊重创造”的党和国家长期方针。在劳动结束后做好总结和复盘，引导劳动者分享劳动感悟，提升教育效果。

（三）强调过程管理，健全劳动教育的评价考核机制

根据每年共青团活动的具体情况，将活动内容进行分类，并制定固定的评分项目，保证评分标准的可延续性，有利于劳动教育实践活动的不断迭代、改进。在劳动教育考核评估过程中，应将学生的劳动价值观、劳动态度、劳动技能作为考核要点，分别从定量和定性两个角度进行评价，既要有可量化的硬指标，又要有劳动精神方面的质性检验。

将学生劳动实践的表现、服务时长等内容，劳动精神的培养激发、劳动效果（技能形成、是否解决实际问题）作为综合动态评价指标。例如在活动开展时，可以探索通过同小组互评、服务对象评价等方式，对劳动内容进行过程监控。如举办卫生大扫除、宿舍卫生评比、社会公益劳动等活动时，评价劳动效果的关键点包括对扫地、擦桌子等劳动结果的评价，主动有礼貌问好等表露出的劳动情感，服务完成后学生的感悟分享、教师及同伴的点评等[8]。这些都可作为体力劳动过程中的评价项目。最后是学生反思自身劳动过程，结合自评与他评的意见，在劳动课当堂进行反思，以反思清单或报告的形式明确自身在劳动知情意行方面的改进方向。将劳动反思作为学生劳动载体的实践活动才具有理论沉思的意义，学生才能借由劳动实现全面发展。

高等学校劳动教育与中小学劳动教育的区别在于，在强调劳动精神培养、劳动技能获得、劳动体验获取的基础上，增加了提升“就业创业能力”“培育公共服务意识”的内容。高校共青团组织应当迅速找准自身定位，发挥组织优势，努力成为高校劳动教育的重要力量。

参考文献：

[1] 刘阳，张亚群．地方高校新时代劳动教育生态系统的构建探究 [J]. 冶金管理，2020（13）：190-191.

[2] 孙倩茹．新时代劳动教育视域下高校资助育人路径探析 [J]. 学校党建与思想教育，2020（9）：85-88.

[3] 林克松，熊晴．走向跨界融合：新时代劳动教育课程建设的价值、认识与实践 [J]. 湖南师范大学教育科学学报，2020，19（2）：57-63.

[4] 雷虹，朱同丹．以学生为中心视域下高校劳动教育的意蕴解读及路径选择 [J]. 黑龙江高教研究，2020，38（3）：134-138.

[5] 孙会平，宁本涛．五育融合视野下劳动教育的中国经验与未来展望 [J]. 教育科学，2020，36（1）：29-34.

[6] 王玉廷 . 新时代高校劳动教育弱化的表现、缘由及出路 [J]. 当代教育科学，2019（10）：44-47.
[7] 陈志峰 . 新时代辅导员劳动教育的价值追求与实施路径 [J]. 锦州医科大学学报（社会科学版），2019，17（5）：95-97.
[8] 裴文波，岳海洋，潘聪聪 . 高校大学生劳动教育的多维透视 [J]. 学校党建与思想教育，2019（4）：87-89.

基于社会适应视角的高校毕业生心理干预探究

——基于对具体个案的分析

朱强
天津职业技术师范大学

高校毕业生刚刚步入工作岗位，从学校进入到社会中，对于他们而言，离开学校这个“象牙塔”，面对的是全新的社会关系和人际模式，在他们的心理方面会受到来自多方面因素的冲击和挑战。对于处于这一阶段的高校毕业生而言，他们既有作为一个成熟个体去适应和融入现实社会的能力，又有着作为一个新的个体了解和处理现实社会问题的适应困境。随着市场竞争日趋激烈、知识科技迅速更新，高校毕业生的适应性困境越来越明显，他们面对着越来越大的心理压力。所以面向高校毕业生提供有针对性、有预见性和有实效性的心理干预策略成为当前亟待解决的问题。如果这一方面存在严重的缺失，不但会直接造成一些高校毕业生不能正常参加走上工作岗位，而且会逐渐造成一定数量人才资源的浪费和一些极端个例行为的出现，影响国家发展和社会稳定。下面结合具体案例，分析高校毕业生适应社会的心理干预策略。

一、案例背景介绍

学生 A 是一名刚刚参加工作一年的毕业生，而且工作比较理想，进入到其家庭所在城市的高职院校做老师。对于该生的了解和关注起始于其在大三年级作为一名学生干部，该生对自身要求极为严格，自己负责的工作会力求做到完美，工作能力非常突出，学习方面也在班里名列前茅。但是该生存在着一个明显的问题，就是她与周围同学的关系处理得不是很好。该生在毕业后步入工作岗位，因其工作能力突出在一开始时也备受领导重视和同事好评，但是逐渐地她不能良好地与身边同事相处，加之过于追求细节的性格特征，导致与其他同事和周围朋友产生较大的冲突，并且这种冲突逐渐扩大化。在该生遇到一系列问题的过程中她也尝试寻求之前一些朋友、老师和家人的帮助，但是因为缺少足够的帮助和理解，也没有专业性的支持，其工作环境和社会关系问题不断变得严重，最终导致其心理出现严重问题，最终被诊断为双向情感障碍，无法正常工作和社会交往，只能在家休养。

二、高校毕业生社会适应过程中产生心理问题的原因分析

该生在进入社会后，新的生活环境、工作环境和人际环境大大不同于其在学校阶段的环境，这种新的转变给其带来了极大的心理困扰，其在适应和调节的过程中，相应的教育和引导缺失，表现出了明显的心理不适应，这是一种典型的新旧环境变化导致的心理适应性缺失问题，进而

导致其在社会关系和个人心理上的崩溃，出现了严重的心理问题。具体原因有以下几方面。

（一）自我认知与社会现实之间存在很大差距

案例中的学生A在自我认知方面没能随着环境的变化而进行变化，过度追求自己认为的完美，成绩优异的她在学校环境中是佼佼者，没有遇到过困难。但是在复杂的社会环境中这些情况发生了变化，一方面其在学校环境中引以为豪的优势在现实环境中有所弱化，另一方面其人际交往方面存在的短板问题突显出来，她自己没能合理转变自我认知，致使自我认知和社会现实之间存在着很大差距，而且随着时间的推移这些差距越来越大，以致给其带来了无法化解的心理负担和压力，导致心理问题的形成。这在高校毕业生中存在着一定共性，一些毕业生由于社会经历、性格及家庭背景等因素影响，情绪敏感易波动，不能客观冷静分析问题，工作缺乏积极主动性和耐力，怕不能承担责任等[1]，其自我认知需要跟随环境的变化有所调整，努力缩小与现实之间的差距。

（二）职前指导与步入社会后的需求存在脱节

在目前的高等教育中针对毕业生已经开展了职业生涯和就业指导方面的课程或者实践活动，这些课程和实践活动能够有效帮助毕业生适应社会和进行角色转换，但是目前针对高校毕业生适应社会方面的心理辅导和干预尚存在一定缺失。随着社会的快速发展和进步，高校毕业生所面临的不单单是就业的巨大压力，他们在适应社会的过程中所需要的心理学方法和技能也应该予以重视。目前多数高校所进行的职前指导和教育在适应社会方面的心理辅导有所忽视，并且缺少专业性，难以适应当前社会背景下高校毕业生的实际需求。学生A在进入社会后，面对自身职业和角色的转换，所产生的不良适应没能及时调整和化解，首先是其自身缺少相关的知识和方法，没能够自己主动积极地调整和转变心态，所以在职前指导过程中针对毕业生在“断奶期”过程中的心理适应方式和理念教育要不断加强。

（三）社会支持与解决适应问题之间存在缺失

高校毕业生步入社会以后，成为社会中的一分子，高校虽然作为一方支持主体，并且可以做到适度的服务延伸，为毕业的学生提供一定的支持和服务，但是更主要的是需要整个社会支持体系的支撑。学生A在步入工作岗位后面对适应社会的困境，尤其是在心理方面出现的问题，没有得到有效的社会支持，这种社会支持区别于普通类型的支持，需要具有心理专业背景人士的支持，例如公益型的心理指导、政府或者其他组织机构提供的心理专业服务等。该生在发现自身存在问题后，没有得到身边带有一定心理专业性的社会支持，致使其在不断地尝试适应过程中出现失败，情况也变得愈加严重。当高校毕业生由学生角色转变为社会个体角色时，既有社会对个人的要求，又有个人对社会的需要，所以这种广泛的、带有一定专业背景的社会支持体系需要不断建立和完善。

三、针对高校毕业生适应社会的心理干预策略

高校毕业生在适应社会的过程中会产生一些心理方面的困扰或者问题，需要有针对性地进行心理方面的干预，这些干预不但可以帮助一些高校毕业生在出现早期心理问题时及时解决，而且还会帮助他们尽早适应社会，实现个人价值和社会价值，进而承担起国家和社会的责任。

（一）转变自我认知，正确认识社会现实

作为高校毕业生，步入工作岗位、走向社会后，首先要完成自我认知的转变，认识到大学这个“象牙塔”与现实社会的巨大不同，避免对社会形成过于理想化和完美化的心理期待。第一，认识大学和现实社会不同，大学是以学业和学习为主，相对比较单纯，没有太多的功利性和世俗性，而现实社会要更加复杂，在市场经济背景下，也更加重视竞争和创新，所以需要认识到两者之间的巨大差异，形成准确的心理预期，才会减轻在现实社会中产生的心理冲突；第二，正确认识自我，避免形成不当的个人认知。大学生在当前教育背景下，已经不像之前那样稀缺，现在更加重视的是真才实学，所以毕业生在自我认知方面既要避免有过高期待，又要避免过于自卑，在工作岗位上应注重自身知识和技能的提升，积极打造自身的人格魅力，完成由学校到社会的顺利过渡。要适应社会，先要认识社会。反言之，社会不适应很多是由于没能很好地认识社会，或期望值过高引起的。通过认知教育，促进当代高校毕业生明白社会的复杂性、社会发展的前进性和曲折性、社会文化的多样性、价值观多元性等特征，从而在面对经济新常态时做好心理准备，在面对结构性就业压力时形成合理期待[2]。

（二）完善职前指导，强化心理适应教育

在当前背景下，高校毕业生所面对的压力是多方面的，包括新知识学习、人际交往、市场竞争等，对高校毕业生的职前指导也应该从过去那种注重就业指导向综合教育和指导方向的转变，其中心理方面的指导和教育要不断强化，使他们具备在现实社会背景下能够独立、适应环境并发展的心理素质。首先，在教育主体上，国内高校需要不断加强心理专业师资队伍建设，国内高校专业心理咨询人员紧张，专职心理健康教育师资力量薄弱，不能满足日益增长的心理需求，心理健康教育是一项系统性、科学性的学科，对专业人员水平技能要求较高[3]。其次，在指导内容上，重点加强对挫折教育和自我心理调节方法的教育，针对高校毕业生在职前教育中的心理指导方面，要通过挫折教育使毕业生明白一帆风顺不是现实社会的主要部分，相反挫折和困境是经常要遇到和面对的，需要从这些挫折和困境中吸取营养和教训，提升自己；自我调适和调节能力方法教育主要是让毕业生指导在自己面对巨大心理压力和困境时能够知道具体缓解和调适方法，以及获取帮助的渠道。

（三）加强政策引导，建立社会支持体系

社会支持体系的建立和完善对于高校毕业生的适应、生存和发展会具有越来越大的作用。从社会适应自身而言，社会适应是人与社会达成和谐关系的动态过程，这一过程包含对社会的认知、心理和生理应对、行为模式调整等环节，在此过程中养成的能力称为社会适应能力。高校毕业生在适应过程中所要进行的心理应对是一个相对集中但又长期的过程，离不开社会中各组织、主体的支持。因此在高校毕业生数量增加、就业压力变大的严峻现实下，需要提供相关的政策引导，鼓励更多社会组织和个体参与到高校毕业生的社会适应过程中。第一，从政府角度，针对当前高校毕业生刚刚步入工作岗位的关键期，需要有针对性地组织高校、企事业单位、中介组织参与到高校毕业生心理教育和指导和教育过程中，让高校毕业生在适应社会的过程中能够得到相关的心理支持；第二，公益组织、社会团体和用人单位等多种组织机构要有意识、有计划地面向高校毕业生和其家庭开展一系列的心理适应讲座或者相关课程，让毕业生在遇到心理困扰和困境时能够获得具有一定专业水平的专业人员的帮助。总之，高校毕业生在社会适应过程中需要社会、高校、家庭和学生自身共同努力，使他们能够拥有健康和积极的心理素质，发挥好作为社会建设主力军的作用。

参考文献：

[1] 秦燕妮 . 高校毕业生就业压力与心理适应研究 [J]. 商，2013（20）：383.
[2] 张敏 . 新形势下高校毕业生社会适应能力提升路径刍议 [J]. 宿州教育学院学报，2016，19（16）：107-109.
[3] 庄喆 . 加强高校毕业生心理健康教育工作的思考 [J]. 现代职业教育，2017（19）：189.

毕业季女生宿舍矛盾分析及对策探究

——以两高校具体案例分析

李硕
天津职业技术师范大学

案例一：某高校毕业生陈某，女，23岁，在参加班级毕业聚会当晚不满情绪突然爆发。原因是她在公共水房洗衣服时，有两名舍友外出洗澡，没有留意到她仍然在宿舍区，出于安全考虑把宿舍门锁上。两名舍友在回来后发现陈某情绪低落，在提到一起出发参加班级聚会时被陈某冷言拒绝。之后两名舍友在去聚会地点的路上，收到宿舍微信群消息，陈某在群里声讨她们忽视自己的行为，认为两名舍友没有安抚她，没有再次邀请她参加聚会，没有给她台阶下。半个小时之后，舍友们又收到群消息。原来舍长实习回宿舍时，着急去参加聚会，没有留意到躺在床上的陈某，把大灯和宿舍门都关上了。陈某认为舍友们都针对她，瞧不起她，十分气愤。但舍友也表示很不理解，因为之前大家和陈某的关系都非常好，虽然平时有些小矛盾，但是都没有很在意，不知道为什么在毕业时本应该更加珍惜的情分，反而陈某要借题发挥、挑起事端，使大家都非常不开心。

案例二：某高校毕业生肖某，女，20岁，在毕业之际和舍友刘某产生了冲突。原因是肖某的身体骨架大，肩膀宽，刘某总是开玩笑说肖某的背影像男生。在参加毕业典礼之前，刘某又和肖某说，让她之后买衣服的时候挑一些遮肩的衣服，肖某突然情绪爆发，质问刘某为什么每次都要用语言攻击她，凭什么说她像男生，她也不曾说过刘某很丑，卫生很乱之类的话。最终，两人就各自认为的对方的缺点进行人身攻击，导致四年友情破裂。肖某认为陈某侮辱她，刘某却认为自己把肖某当作闺蜜才和她开玩笑，和她说真话，是为她着想，却被误解。

情绪是一种由客观事物与人的需要相互作用而产生的包含体验、生理和表情的整合性心理过程，是一种复杂的心理现象，包含不可分割的基本成分——主观体验、生理唤醒和外显表情。简单地对情绪进行分类，可以将情绪分为积极情绪和消极情绪。消极情绪的产生主要是由于与某种需要的不满足或无法满足相联系，通常伴随某一种明显不愉悦的主观体验。消极情绪的突出表现有愤怒、恐惧、悲哀等。本文的两个案例中主人公所表达的很明显是消极情绪，表现为在毕业季的关键时间节点日积月累的消极情绪集中爆发而导致的宿舍矛盾。因此本文将以这两个案例为参考，重点对毕业季女生宿舍矛盾进行分析和对策探究。

案例一中的陈某可能一直在宿舍关系中自我认为有一种被忽视的情绪，随着日积月累，在毕业季的情感脆弱期达到愤怒的极限而爆发。案例二中的肖某其实对于舍友评价自己所谓的生理缺陷一直非常在意，有愤怒的前因，但是愤怒情绪维度较小，但随着四年的累积，最后也在毕业季再次被提起时达到了一个极性。案例中的两位主人公都具有明显的外显表现，本文仅从陈某和肖某在毕业季情绪爆发的角度进行研究，暂不考虑其舍友的行为。陈某是通过文字的方式来表现自己对舍友的不满情绪，肖某是通过语言攻击的方式来表达自己的愤怒情绪。首先，在情绪发生的心理机制中，客体与需要之间的关系是决定情绪的主要因素，这一关系首先决定情绪发生的极性。案例中陈某首先因为对外部环境的错误感知，认为舍友忽视自己，产生了失望的消极情绪，进而又因为自己的失望没有被舍友理解和安慰，产生了愤怒的情绪。而肖某主要是认为在毕业这个大环境下，舍友之间应该相互珍惜和安慰，但是最后自己的情感需求没有得到应有的回应，舍友反而攻击自己认为的身体弱点和缺陷，因此产生了极性负情绪。

其次，在情绪发生的心理机制中，客体与预期之间的关系是决定情绪的又一重要因素。预期是一个人根据自己的经验、习惯对客观事物做出的一种事前估量，属认知范畴。这一关系首先决定了情绪发生的强度。一般说来，客观事物超出个体预期越大，它满足个体需要与否所引起的情绪越强烈；反之，则越微弱。在案例一中，正是因为陈某本来心情愉悦地准备参加班级聚会，但是没想到从水房回来就发现自己被锁在外面，因此产生了强烈的心理落差。案例二中，肖某本来也只是抱怨舍友评论自己，希望得到舍友的道歉，结果没想到舍友没有道歉，反而振振有词，超出了自己的心理预期，在自己可以接受的情绪范围内没有得到预料之内的回应，这种超出预料之外的愤怒情绪更加严重，本来中性的情绪转化为了极性情绪，诱发了最后的相互攻击。

最后，认知评价是决定情绪发生的关键因素。情绪的产生取决于人们对情境的认知评价，通过评价来确定刺激情境对人的意义。这种认知评价会受到一个人知识经验、思想方法和信念、价值观的影响。陈某和肖某的成长经历中都有些挫折。陈某小时候家里比较富裕，但之后父亲开始赌博，输光了家里的财产，在还不上赌债的情况下选择了自杀，陈某的母亲因此也有些轻微的神经衰弱，没有经济来源，陈某和母亲随陈某的外婆一起生活。陈某的成绩一直很好，但性格上有些敏感。肖某家里重男轻女，从小缺乏父母关爱，并且因为上学早的原因，没有亲密的朋友，虽然成绩很好，但是性格上有些自卑。同时，在事件发生的时间节点上，毕业季是面对各种未知的时候，很多人在这个时候忙于找工作，很少关心别人的状况，有些人也会在这个情境下变得迷茫、敏感、脆弱，这种对现实的认知和过去的经历就像“最后一根稻草”，引发了消极情绪的累积爆发，从而导致了宿舍矛盾。

对于两个案例中不同的愤怒表现，可以用情绪心理学中的两个愤怒模型进行解释。案例一是认知新联想模型：缺少归因的愤怒，该种观点认为，愤怒有时会从不愉快、不舒服的感觉中直接产生，而不需要“有人应对此负责”。陈某刚开始产生的情绪是不愉快，她希望获得别人的关注，被大家看到自己的不愉快。当大家都忽视了她的不愉快情绪表达，并且又以另一种方式被宿舍长忽略，不愉快的情绪就转化为愤怒。案例二则是原型愤怒情境模型，即 Richard Lazarus 在 1991 年提出的，把引发愤怒的原型核心相关情境定义为“对我和与我相关的事物进行贬损人格的攻击”，当某人被故意或者无意伤害时会表现出愤怒。肖某认为她的舍友对她进行了贬损人格的攻击，她认为舍友偶尔一次的评价可能是无意的，但是这种负面评价不断地被提起，无意就变成故意，所以最终激发了她的愤怒情绪。

在面对类似案例的具体情境时，我们有很多方法控制自己的情绪，避免矛盾冲突的发生。

首先，James Gross 在 2002 提出了情绪调节的过程模型——在情绪发生过程中每一个阶段都会有情绪调节，即情境选择、情境修正、注意分配、认知改变和反应调整。案例一中，陈某面对消极情绪，应该善于进行认知重评，改变对情绪事件的理解，改变对情绪事件个人意义的认识，以一种更加积极的方式理解使人产生负面情绪的事件。案例一中陈某可以认为被锁在外面的事情时有发生，毕业时宿舍区人多事多，舍友也是为了安全考虑才锁上门，主要是由于自己没有注意到安全问题，没有记得带钥匙所以导致了问题的产生。

其次，也可以运用积极心理学的相关环节解决消极情绪问题。案例中的陈某和肖某可以将整件事情在心里回想，直面自己内心的不愉快或愤怒的情绪，结合整件事情发生的环境背景，在对方的立场进行共情思考，试想如果自己在这个环境背景下爆发愤怒情绪是否会产生不可弥补的遗憾，是否可以通过转换立场、换位思考以及用积极情绪引导，将消极情绪转化为中性情绪甚至积极情绪。

最后，还有一种以理性治疗非理性，帮助人们以合理的思维方式代替不合理的思维方式，以改变认知为主的治疗方式来帮助减少或消除已有的情绪障碍的方法——合理情绪疗法。合理情绪疗法的基本理论是 ABC 理论，外界事件为 A，人们的认知为 B，情绪和行为反应为 C。该理论认为引起人们情绪困扰的并不是外界发生的事件，而是人们对事件的态度、看法、评价等认知内容。因此，要想改变情绪困扰，不是致力于改变外界事件，而是改变认知，通过改变认知，进而改变情绪。在案例一中，诱发事件 A 就是陈某被锁在寝室外；不合理的信念 B 是认为宿舍同学都瞧不起自己，忽略自己；情绪及行为 C 就是产生了不开心、烦躁和愤怒的情绪，并且采取文字的方式进行了宣泄。但是合理情绪疗法的核心在于解决过程 D——和自己的不合理信念进行辩论。陈某在 D 过程应该思考自己是不是以偏概全，过分放大了这件小事，不合理情绪的产生主要由于自己胡思乱想等。用这种方式与之前的不合理情绪进行辩论，最后以合理的情绪来代替不合理的情绪。

在毕业季，大家都想以一种合理的情绪面对离别，希望给彼此留下最好的印象。但是毕业季不仅仅是修复关系的好时候，有时也是破坏关系的紧张时刻。在情绪调节法、积极心理学和合理情绪疗法的 3 种方法中，都揭示了自我认知改变的重要性。大学生都是年纪相对较轻、智力和文化水平较高的人，但同时，大学生又受过高等教育，心智比较成熟，在面对消极情绪时有能力进行情绪认知的改变。在生活中，希望同学们能够直面自己的不良情绪，适当宣泄，合理疏导，重构认知，不要使自己的消极情绪成为宿舍人际关系的障碍。

参考文献：

[1] 杜文东．心理学基础 [M]. 北京：人民卫生出版社，2013.
[2] 卢家楣，伍新春，桑标．现代心理学——基础理论及其教育应用 [M]. 上海：上海人民出版社，2014.
[3] 施塔（美），卡拉特（美）．情绪心理学 [M]. 北京：中国轻工业出版社，2015.
[4] 王铁梅，于秋波．合理情绪疗法及其应用研究 [J]. 佳木斯大学社会科学学报，2007，25（2）：123-124.
[5] 孙德红，黄琳，高亮．合理情绪疗法在处理寝室矛盾中的案例分析 [J]. 教育观察（上旬刊），2015，4（3）：70-72.

浅谈新时代用户体验角度下优秀学子育人作用的发挥

——以天津职业技术师范大学为例

刘秀丽

天津职业技术师范大学

2000年，李彦宏在北京中关村创立百度公司，2003年上半年，阿里巴巴推出个人电子商务网站淘宝网，2011年微信上线，2015年从互联网衍生出了共享经济和区块链的概念。互联网经济正深刻地改变着世界格局和中国经济发展的走向，伴随着中国互联网快速发展成长起来的“00后”也深深地受到互联网思维的影响。进入新时代，伴随着“00后”们迈入大学校园，以及中国全功能接入国际互联网的第26个年头的到来，为高校思想政治教育工作带来了新的挑战和机遇。随着全球经济新旧动能转换加快，移动支付、移动端的阅读、移动端的人机交互式体验等占据了“00后”们大量的时间，“互联网产品思维”已经渗透到了他们生活的方方面面。习近平总书记在全国高校思想政治工作会议上强调：做好高校思想政治工作，必须按规律办事，做到因事而化、因时而进、因势而新。因此，高校思想政治教育想要更好地被新时代大学生接受，必须从传统模式转向“互联网思维”，把管理服务对象当成“用户”，把思想政治教育的理念和内容包装成“产品”，从用户体验角度下出发，包装打造学生认可度、接受度高的“产品”，才能更好地做好学生思想政治工作。

一、新时代优秀学子育人作用发挥面临的机遇和挑战

（一）新时代管理育人成为高校思想政治工作的重要组成部分

习近平总书记在全国高校思想政治工作会议上指出：“要坚持把立德树人作为中心环节，把思想政治工作贯穿教育教学全过程，实现全程育人、全方位育人”。“三全育人”的提出，给高校思想政治工作指明了方向。同时，“十育人”概念的提出，也为进一步提升思想政治工作水平搭好了框架。管理育人的“管理”，通常我们认为是指学生事务管理，它具有专业化、生活化和效益化的特点，一般涵盖学业指导、生涯辅导、资助指导、心理健康教育等学生课堂以外的、非学生性的事务。优秀学子作为学生中特别突出的群体、本身具有自律性强、事迹典型的特点，是高校思想政治工作者开展工作的重要抓手，更是管理育人开展学业指导、生涯辅导等的重要平台。

（二）新时代互联网的交互性和开放性造就了高校思政工作对象的新特点

“00后”们的成长过程享受着改革开放的红利和互联网带来的各种便利。在他们的世界里，

互联网的交互性、开放性塑造了他们创新的意识、平等的思想和活跃的思维，他们更多关注“自我感受”“个性发挥”，集体意识淡化。部分大学生也表现出理想信念模糊、诚信意识淡薄、社会责任感较弱、艰苦奋斗精神弱化、身心素质欠佳的突出问题。育人本身是一个双向互动的过程。对象发生变化，意味着教育手段、教育思路也要发生转变。

（三）新时代高校管理育人工作与互联网思维的有机结合

互联网思维，即充分利用互联网的方法、规则和精神进行工作、学习、思考、生活的思维方式，强调开放、透明、共享和去中心化。目前很多高校都把大数据应用到学生管理中，如对获得校级奖学金的学生进行大数据分析，对于获得奖学金集中的班级、宿舍和学生生源地进行统计，分析其学习行为；利用互联网直播平台，进行交互式直播，针对一些热点难点问题与学生互动。

二、新时代用户体验角度下优秀学子育人作用的探索

近期，天津职业技术师范大学面向本校学生开展了一项题为“发挥优秀学子朋辈互助作用和办好校级表彰大会”的问卷调研。调查结果表明，68.2% 的学生认为学习专业知识并不困难，54.8% 的学生希望能借到相关的学习资料进行钻研，同时，希望遇到具体的学习问题时能得到成绩优秀同学的指导。88.6% 的同学希望能跟优秀的同学进行交流，他们从优秀学子身上希望学到的依次是学习经验（77.5%），时间安排（64.8%），生活态度（54.1%），生活感悟（41.3%），有 58.6% 的学生希望能参加校级表彰大会与优秀学子面对面进行交流；在座谈调研环节，有相当一部分学生表示希望利用移动互联网和优秀学子进行互动。在共享经济时代，普通学生对于优秀学子的期待已经从一个可望而不可即的“标杆”变成了希望能真真切切帮助自己提高学习成绩的“陪伴者”。

（一）精心设计，融入仪式感，优化表彰大会形式树立学生典范

思政工作要贴近时代潮流、顺应受众心理，实现真诚沟通，最重要的就是要把“有意义”的事情做得“有意思”。天津职业技术师范大学党委学工部从学生角度出发，按照“优化环节——创新形式——扩大影响”三步走的工作思路优化校级学生先进集体先进个人表彰大会：优化大会环节，增加“宣誓仪式”，全体学生在铮铮誓言中感受到承诺的力量；升级大会表现形式，将延续多年的优秀学生代表发言改为“优秀学子访谈”，选拔在创新创业、科技竞赛、社会服务等方面有突出贡献的优秀获奖学子，与各学院选派的主持人搭档，一对一完成关于个人成长、学习经验、青春寄语等内容的访谈，或幽默，或动人，深深吸引了在座观众；增加优秀学子访谈环节的“动态场景”设置，让优秀学子们的讲述更加打动人、感染人。现场师生阵阵发自内心的掌声，让表彰大会更像是“一堂生动形象的思想政治课”。

（二）广泛发动，融入感恩情，优选学子学习经验开展学涯指导

思想政治工作不同于其他课程要“传道授业”，更重要的是要“立德树人”，而解决学生的实际问题是立德树人的首要环节。天津职业技术师范大学党委学工部紧扣学生特点，依托智能手机，搭建我校首个“学习与发展共享平台”，征集全校不同年级、专业优秀学子的学习笔记、学习经验和讲课视频，在学校微信公众号进行推送。该平台打破了专业、年级的壁垒，完成了学生学习“最后一公里”的跨越。据不完全统计，平台累计阅读量近 7，000 次。编辑印制《“学

习与发展共享平台”成果汇编（一）》，并面向全校招募微导师数十名，开展线下学业指导、学涯咨询和沙龙活动。优秀学子们在获奖受表彰的同时，也用自己所学所悟来引领同学、回馈母校。在对学生学业指导的不断探索中，学生们的“获得感”增加，正如平台首批用户自动化学院吴同学所说，“因为共享，所以进步；因为共享，所以成长”。

三、新时代用户体验角度下优秀学子育人作用的工作启示

（一）思想政治教育工作要紧扣时代特色，融入移动互联网时代受众的需求

2017 年 12 月，中共教育部党组印发《高校思想政治工作质量提升工程实施纲要》，要求“充分发挥课程、科研、实践、文化、网络、心理、管理、服务、资助、组织等方面工作的育人功能，挖掘育人要素，完善育人机制，优化评价激励，强化实施保障，切实构建十大育人体系”[1]。优秀学子的榜样树立属于资助育人工作的板块，在这一板块实施过程中辅导员们要强化与“互联网思维”融合，仔细寻求“产品痛点”，增加学生工作的“接触点”，通过建立“客户情感”，激发“客户目标”来实现潜移默化间的影响教育。

（二）思想政治教育工作要注重调查研究，重视学生实际困难和现实问题的解决

根据教育部《普通高等学校辅导员队伍建设规定》（教育部令第 43 号）的要求，辅导员要把握学生成长规律，不断提高学生的思想水平、政治觉悟、道德品质、文化素养。近年来，随着辅导员师生比的逐渐达标，辅导员工作的自由支配时间将可预见性地增加。因此，辅导员们在做好处理事务性工作的同时，也要注重对工作的调查研究，在开展思想政治教育的过程中始终把解决学生实际困难和现实问题摆在首位，更好地做好思想理论教育和价值引领工作，做好大学生成长成才的人生导师和健康生活的知心朋友。

（三）思想政治教育工作要借力产品思维，实现全员育人的资源整合与共建

按照互联网思维中的产品思维方式，任何受用户喜爱的产品首先在设计与表达方面要体现出一定的价值观，这种价值观要既是正能量的，又是契合用户的价值观和需求的。这种匹配会让用户形成深刻的记忆，并在潜移默化中内化于心。高校学生管理工作者将自己设定为“产品”设计师的角色，结合本校特色和学生特点，准确进行定位并确立产品核心理念，打造出属于自己的“思想政治教育一流产品”，形成精品项目。在“两微一端”特别是抖音短视频成为大学生主要网络媒介的时代，应着重依托此类平台开展思想政治教育活动，创新性地以直播、短视频等形式发挥优秀学子育人作用。

热点事件对思政教育积极价值研究

王光宇
天津职业技术师范大学

大学生思维活跃，获取信息渠道丰富，对热点事件关注度高，热点事件容易对他们的心理、思想和行为产生深远的影响。高校思想政治教育工作者要善于挖掘热点事件中的鲜活素材和生动事迹，发掘积极的教育价值，做好大学生思想政治教育工作。

一、热点事件与高校思想政治工作

热点事件与大学生的思想政治教育相辅相成，正是高校思想政治教育做到“因事而化、因时而进、因势而新”的大好契机[1]。热点事件为大学生思想政治教育“立德树人”提供了重要的契机。高校思想政治教育工作者要主动抓住机遇，根据事件发展和形势变化，做好大学生思想政治教育工作。

（一）热点事件为思政教育提供了重要契机

在热点事件中，高校思政教育工作者必须明确自己的责任和使命，推动“立德树人”教育，围绕“培养什么人、怎样培养人、为谁培养人”这个根本问题开展工作，牢固树立“因事而化、因时而进、因势而新”的思政教育理念。面对热点事件，高校思政教育工作者要抓住机遇，重视对大学生积极价值观的培养，增强大学生的社会主义核心价值观，同时思政教育工作者还应做好宣传教育和舆论指导。

（二）热点事件为思政教育提供了新途径

面对热点事件高校思想政治教育工作者要做到“因事而化、因时而进、因势而新”，善于挖掘热点素材，抓住机遇，引导大学生树立积极向上的思想观念。将热点事件中体现的爱国精神和社会主义制度优势等，作为加强制度自信教育的生动案例和鲜活素材；认真挖掘、梳理热点事件中涌现出的先进典型、英雄人物和感人事迹，全面展现中国人民团结一心的精神风貌；教育引导大学生深刻认识中国精神、中国速度和中国力量，激发他们的爱党爱国爱社会主义的巨大热情，凝聚众志成城、同舟共济的强大正能量。

（三）热点事件引导思政教育方式变革

当代大学生都是热点事件的见证者，对热点事件都有很高的关注度，如何利用热点社会事件对大学生进行思政教育值得深入思考。大学生思维活跃，容易接受新事物，并具有思维和价值观不稳定的特点[2]。在热点事件发生时期对大学生的指导是高校开展思想政治教育工作中的重要一环。谁赢得网络谁就赢得年轻人，高校思想政治工作者要充分利用网络开展思想指导工作，在网络空间传播爱心，传播信息，传递正能量，要努力通过网络空间赢得大学生对党和国家的理解和支持。

（四）热点事件为大学生思政教育提供了实践机会

每个人都深处热点事件的大环境中，作为大学生更应该根据自己所处环境和自身能力为热点事件贡献出自己的一份力量。高校思政教育工作者应积极鼓励大学生在热点事件中发挥自己的专长。有专业背景的大学生更应该充分发挥自己的专业优势，在网络上进行辟谣，提供心理咨询，开展讲座；通过网络宣传热点涌现出的先进事迹，弘扬正能量；引导家人和朋友不信谣、不传谣。热点事件为大学生提供了实践机会，在实践中进行的思政教育更具教育内涵，是一条提升思政教育实效的新路径。高校思政教育工作者要善于抓住热点事件，将思政教育融入其中，给予大学生更多的实践机会[3]。

二、利用热点事件进行思政教育的实现路径

高校思政教育工作者要创新发展，就必须遵循“因事而化、因时而进、因势而新”的理念，这也是高校解决“如何培养人”的重要路径。高校思想政治工作的创新必须提升教育的针对性、有效性、及时性和创新性。

（一）遵循“因事而化、因时而进、因势而新”理念

思政教育工作者开展思政教育必须遵循“因事而化、因时而进、因势而新”的思想政治工作理念。高校思政工作的目标、原则、内容、任务和方法要注意与时俱进，紧跟时代脉搏，体现时代要求。从学生关注的热点出发，解决学生的思想矛盾，提高他们对社会主义制度优势的认识，必须创新思想政治工作内容的载体，使之适应学生的特点，改变思想政治工作的方式，并运用新媒体技术引领思想政治教育工作[4]。

（二）创新大学生思想政治教育的内容载体

当代大学生是在互联网发展和成熟环境下成长起来的一代，思政教育工作者要牢牢把握这一点，用好“互联网+”工具进行思政教育，加强和学生互动，改进师生关系，提升思政教育效果。首先，思政教育工作者应根据大学生的特点，制作出紧跟时代脉搏的思政教育产品，并通过微博、微信、公众号等方式进行推广，以吸引大学生的注意，引导大学生自觉地传播。二要依托专业教师，加强线上思政课程建设，通过优质的线上课程，增强线上思政课程教育效果，使专业思政教师和思政工作者形成合力。三是根据热点事件的发展阶段，不断收集当下最感人、最有教育意义的故事，并将其通过网络推送给学生，引起广大学生共鸣，进而形成良好的教育效果。四是发挥学生党员和班干部的表率作用，引导学生主动通过互联网获取相关资料，从而提高思想政治教育的实效。

（三）创新思政教育方式和方法

面对热点事件，传统的思政教育方式已经不再适合，必须对思政教育方法进行创新。思想政治教育要想获取大学生的认可和支持，首先必须从关爱学生开始，进行走心教育，让学生感受到温暖，学到正确的自我保护方法、正确的自我调整方法等。二是要做好正面引导，畅通信息传播渠道。通过学院的官方公众号、微博、班级群等宣传热点事件；建立针对虚假信息的防火墙，对谣言进行辟谣。三是用健康积极的心态引导大学的发展，大学生应该自觉向热点事件中涌现出来的先进典型学习，在热点事件中努力使自己成长为一个有担当的人。四是要在互联

网上赢得主动权，思政教育工作者要时刻关注网上信息，做到对学生关注的问题了如指掌，经过权威验证后立即作出反应，消除学生怀疑，及时消除虚假信息；积极撰写网络文章，以澄清不实信息，传递正能量，激发学生的士气，坚定胜利信心；通过微信、快手、抖音、微博等媒体平台拍摄正能量短片，制作鼓舞士气表情包，营造良好舆论氛围。还可以通过团日活动、主题班会、社会实践等方式开展主题教育，鼓励大学生树立将青春年华奉献给祖国的理想信念，将自己的理想融入国家和民族发展之中，融入中华民族伟大复兴的中国梦中，和国家同呼吸、共命运。

（四）充分发挥全员育人优势

高校在进行思政教育过程中，应发挥全员育人、协同配合的优势。一是充分发挥思想政治教育课程主要渠道的作用，将授课内容与热点事件相结合，根据事件的变化积极调整授课内容，给学生讲好思想政治教育课。二是要发挥心理教育作用，从关心学生的实际心理需求出发，关注大学生思维方式的变化，并以春雨润物细无声的方式进行思想政治教育。三是发挥任课教师的作用，充分利用教师在学生内心中的崇高地位，引导学生向上、向善的精神风貌。四是要发挥青年学生的优势，开展集生动、趣味、教育意义于一体的主题教育，充分发挥新媒体的优势，广泛宣传身边的动人故事，弘扬志愿精神，展现青春风采。五是要发挥管理育人作用。在热点事件中要加强对学生身心健康的照顾，为大学生创造一个安稳的学习环境，让学生能够安心、静心、放心。

三、总结

热点事件给大学生的身心都带来了一定的冲击，这要求思政教育工作者及时调整思政教育方式，改变教育思路。面对热点事件，更应该积极思考如何将思政教育与热点事件相结合，通过大学生亲身经历的热点事件，对大学生进行思政教育，从而提升思政教育的实效性；思政教育工作者应提升重大热点事件的敏锐度，积极思考热点事件对思政教育的意义，探寻思政教育工作的切入点，将热点事件融入思政教育中，创新教育方式，助力大学生健康成长。

参考文献：

[1] 刘修华，揭锡捷．高校思想政治工作价值引领的实践逻辑 [J]. 高教探索，2018，180（4）：113-118.

[2] 王丽娟．以社会主义核心价值观引领高校思想政治教育工作——高校学生社会主义核心价值观构建探析 [J]. 教育观察，2015，4（10）：10-11.

[3] 孙楚航，许克松．重大疫情防控工作中大学生思想政治教育功能与实践路向 [J]. 思想理论教育，2020（3）：97-101.

[4] 包洋帆．加强高校思想政治教育理论与实践研究 [J]. 课程教育研究：学法教法研究，2019（19）：2.

少数民族大学生教育管理工作初探

田嘉欣
天津职业技术师范大学

一、少数民族学生培养现状

在教育部、国家民委等有关部委的大力支持和各方的积极努力下，“内地高校培养少数民族人才协作计划规模进一步提升和扩大”。

从学校层面上看，高校的少数民族学生工作，是高校的重要工作之一，关系到少数民族学生的健康成长，关系到社会稳定，也关系到和谐民族关系的建立。高校建立少数民族学生管理服务室（简称“少民室”），并在少民室和各学院均安排相应的思想政治工作者负责统筹学院少数民族学生教育管理工作，少民室也配备熟悉相关情况的少数民族辅导员和内派教师。少数民族学生在学习、生活和学生活动中存在一些共性特征。

（一）学习情况

少数民族学生学习成绩排名一般处于班级排名的中下游，专业课学习存在比较大的学习困难。少数民族学生在接受高等教育之前，其所能获得的教学资源比较匮乏，学业上与同年龄段的内地学生相比存在一定的差距。上大学后与全体学生同台竞技，在混合教学模式下，少数民族学生会跟不上班级或年级的整体进度，学习效果不理想，如果课后不加以努力，则差距将很难弥补甚至越来越大。并且学业上的落后可能会增加学生的精神上产生学习压力，导致恶性循环。

（二）学生活动

少数民族学生能歌善舞，热情奔放，才艺丰富，体能强健，总能在文艺活动中崭露头角，在体育竞技中斩获荣誉，从而赢得老师和同学们的认可和赞许。但是他们所参与的文艺活动多限于单独表演或者与少数民族学生群体一同演出，与其他学生合作的意愿和能力往往并不是很强。进而，在选择学生社团时，除了少数民族学生团体以外，很难融入其他的学生社团组织，因此发展平台有限，很难突破自身局限。

（三）生活状态

少数民族学生中，维吾尔族、回族等民族学生因民族习俗等原因，在饮食上选择清真餐厅，在就餐环节与其他同学不同步，因此在生活节奏上也是与本民族的同胞们相近。此外，少数民族学生之间在家庭背景、教育背景和文化背景等方面有着很多的相似之处，更容易形成社交圈。但是与其他同学和老师的交流沟通反而比较少，随着少数民族学生之间的交际交往越来越频繁，关系越来越稳固后，他们与老师和其他学生的交往相处则会更少，更加困难。另外，部分少数民族学生从民族聚居区来内地，生活环境差异较大。因此，新生来校后可能会出现身体和心理不适，而且适应周期比较长。

二、少数民族学生教育存在的不足之处

（一）学业帮扶薄弱

少数民族学生专业背景薄弱，所能依赖的教育资源有限，其中课堂教学、教师和同学是为他们提供学业帮扶的重要来源。但是，除了为少数民族学生开设数学和英语帮扶课以外，并没有针对学生专业学习上的长期稳定的学业帮扶，缺乏长效学业帮扶机制，对于少数民族学生的学业帮扶缺乏预见性、基础性、长期性，长此以往，将会造成少数民族学生无法正常毕业、学分绩点过低、无法获得学位证甚至违反免费师范生培养协议规定等结果，严重影响学生发展。

（二）管理未形成体系

少数民族学生教育管理涉及年级辅导员、负责少民教育管理工作模块的辅导员以及少民室的少数民族辅导员、内派教师和班导师等。根据不同的分工，大家负责少数民族学生教育管理的不同方面，但是四方坐在一起进行工作的交流较少，所以，四方对于少数民族学生的印象比较片面。年级辅导员了解学生的思想动态、生活情况和学生活动情况；负责少民教育管理工作模块的辅导员更多的是对其进行各类信息统计工作；少数民族辅导员与内派教师则更容易与他们产生情感共鸣，更加了解他们的真情实感、家庭背景、经济状况、感情经历、兴趣爱好等私密信息；班导师则更加关注学生的课堂表现和学习成绩。但是，四方信息不对称而且缺乏及时沟通交流的机会。

（三）就业指导不强

在为少数民族学生提供专项的就业指导方面有欠缺，对于少数民族学生在内地求职规划少、了解少、指导少；对于少数民族学生返乡就业所能进行的就业指导针对性不强；对于少数民族学生就业所需要的专项技能和资格认证（如 MHK 考试认证）没有进行专业指导；忽视少数民族学生成功经验分享等。

三、改进措施

（一）健全学业帮扶

把少数民族学生学业帮扶工作贯彻教学活动的所有科目、全部过程并涵盖所有教学活动参与者。要保证所有教学要素都要参与到少数民族学生学业帮扶的工作中去。出台相应的工作制度，使得所有教学要素在学业帮扶全过程、多环节中充分调动起来；制定相关的奖励办法，使得所有教学要素都在学业帮扶的工作中活跃起来，激励教师们把少数民族学生的学业帮扶作为一项特色工作去完成；形成一定的考核方式，让所有教学要素都在学业帮扶的工作中尽职尽责，力求培养出成绩优异的少数民族学生。

（二）管理形成闭环

少数民族学生的年级辅导员、负责少民学生教育管理工作模块的辅导员以及少民室的少数民族辅导员、内派教师和班导师要形成合力，定期交流少数民族学生工作心得、交换学生相关信息以避免信息不对等。在具体工作上分工明确，在交流研讨中分享工作经验和方法，在事务决策上共同研判、共同决定。

（三）实践引领成长

习近平总书记在全国民族团结进步表彰大会上的讲话中提出："把各族人民对美好生活的向往作为奋斗目标，确保少数民族和民族地区同全国一道实现全面小康和现代化。中华民族是一个大家庭，一家人都要过上好日子。"我们要引领学生在民族聚居区开展相关的实践活动，了解党和国家的政策在当地开展的情况，"帮助学生感受到党和国家帮助民族学生教育事业的发展"。通过宣讲等方式把民族团结的呼声传播给民族聚居区的群众，激发少数民族学生的历史使命感和时代责任感。

（四）强化就业指导

接受职业院校培养的少数民族学生会成为少数民族分布地区的职业技术教育师资力量，随着《国家职业教育改革实施方案》的印发，"坚持以习近平新时代中国特色社会主义思想为指导，把职业教育摆在教育改革创新和经济社会发展中更加突出的位置"。职业教育发展将迎来高质量发展。因此，我们应当注重培养少数民族学生职业技术教育能力，促进地区发展与稳定、民族融合、民族团结。对负责少数民族学生就业工作的相关老师进行相应的培训，让他们了解少数民族学生的就业政策、就业现状，确保与少数民族学生相关的就业政策和规定传达到位，提升他们进行针对少数民族学生就业指导的能力，提供个性化的就业指导服务。学校应该有针对性地提升少数民族学生群体的专业技能，增强学生就业竞争力，重视少数民族毕业生的校友联络工作，让优秀的、成功的少数民族校友们为本校的学弟学妹们分享就业创业经验，或者提供就业相关信息和资源。

参考文献：

[1] 郭虹．少数民族学生教育管理工作实证分析与应对举措——以 F 省 N 大学为例 [J]. 陕西行政学院学报 .2020（5）：118-123.

[2] 习近平．在全国民族团结进步表彰大会上的讲话 [M]. 北京：人民出版社，2019.

[3] 宫丽．铸牢中华民族共同体意识的文化路径 [J]. 中南民族大学学报（人文社会科学版），2019，39（4）：11-15.

高校思想政治教育与就业创业教育的融合

孙文骏
天津职业技术师范大学

众所周知，现阶段社会就业压力越来越大，就业创业形势是社会稳定发展的重要影响因素之一，如何提高高校学生的就业能力，为学生提供更为优质的就业能力教育成为当前高校的重要发展方向。但是，在提高高校学生就业能力的过程中，一定要注重高校学生的思想政治教育。

一、高校思政教育和就业创业教育之间的逻辑

（一）理想信念是就业创业教育的重要内容

高校思想政治教育的教育基础就是理想信念教育，通过在高校就业创业指导教育中引入理想信念教育的内容，是当前社会的现实需求。我国的社会发展速度日益加快，社会就业中的“包分配”“铁饭碗”等概念早已成为过去式。因此，想要在现今社会中占有一席之地，学生一定要明确自身的发展方向，学生要对自身和社会有一个足够的认知，知道社会真正需要的是什么人，而自己又想要成为什么样的人。这些思考有利于学生树立人生方向，并懂得通过自身的奋斗去赢取自己想要的人生。因此让学生更具备理性素质，充分发挥自身的主观能动性，并让学生感受到理想信念教育的作用尤为重要。此外，理念信念教育可使用思政教育的教学方法，引领就业创业教育，如正面展示、树立反面典型等。为学生解读成功人士特别是优秀校友的就业创业经历与经验，让学生通过学习树立目标，并拥有向着目标打拼的精神。

（二）就业创业教育的核心要求是职业道德

高校的办学理念就是为社会培养出合格的社会主义建设者和接班人。而合格二字代表的不仅仅是知识能力上的合格，更应该注重学生的思想道德素质的培养，这也是高校开设思想政治教育课程的实际意义。就解决社会就业问题而言，高校思想政治教育一定要针对学生职业道德素养进行重点培养。但是在实际生活中，我们不难发现，大部分高校毕业生在参加工作之后，存在道德素养偏低的情况。心态浮躁、不愿奉献、缺乏责任感、不务实、功利心重等问题都是当前高校毕业生参加工作后的普遍表现。而且相关研究资料表明，当前高校毕业生工作跳槽率极高，一旦对工作稍有不满便马上辞职跳槽。导致大多数用人单位在雇佣高校的应届毕业生时抱有迟疑态度，这对于高校毕业生的未来发展极为不利。因此，在实际进行高校思政教育的过程中，一定要加强学生职业道德与敬业精神的培养，提高学生的岗位责任心与社会公德心。

1.3 就业创业教育的现实要求是诚实守信

正所谓“人无信则不立”，当今社会正是信用时代。信用从古至今就是中华民族的传统美德。而且信用在当今社会具有重要的作用，是为人处世的基础保障。习近平总书记曾经说过：

“人而无信，不知其可；企业无信，则难求发展；社会无信，则人人自危；政府无信，则权威不利。”由此可见信用在当今社会的重要性。因此，在进行就业创业教育的过程中一定要加强对于思想政治教育中诚实守信的深化教学。在实际应聘过程中，高校毕业生缺乏诚信的事情也时有发生，提高高校学生的诚信素养势在必行，这不仅仅是社会的实际需求，更是生而为人基本的道德素质。高校毕业生是社会精英的候选人，是社会未来发展和进步的参与者和建设者，当前的社会关系普遍处于一种契约的性质，诚实守信则是构建这个契约的前提。因此，在诚实守信的教育过程中，高校应体现出刚性作用，加强个人信用档案的完善，提高对就业推荐材料的审查制度，增强诚信督导环节在高校就业创业指导教育中的贯彻落实，让学生具备健全的心理品质以及社会人格，成为真正意义上合格的社会主义事业接班人。

二、高校思想政治教育对就业创业教育的指导意义

（一）改变传统从业观念

受我国传统思想观念影响，当前高校毕业生普遍仍想就职于事业单位以及国有企业，对于私营企业或集体企业的就职意愿较低。随着社会经济的不断变化，所谓“从一而终”直到退休的就业观念已经出现了改变，越来越多的人被高薪、有激情的、有发展的职业所吸引。想要真正意义上解决就业困难问题，首先就应该转变学生的传统从业观念，让学生明确，岗位没有高低贵贱之分，只是社会分工不同于发展趋向不同，导致收入无法对等，只要勤奋努力工作，在机遇面前，人人平等，小城市拥有的机遇与大城市整体均衡。其次，在实际教学过程中，学校应加强社会实践活动的开展，重视社会实践活动的性质，采用显性与隐性教育相结合的方法，让学生产生更深的体悟，使其学生深刻认识到就业是双向选择，不仅是人才在挑选好的单位，单位也同样在挑选优秀的人才，一味地追求高薪并不切合实际，教育学生可以在国家政策的支持下，选择大学生自主创业的道路，或者选择担任大学生村官进行对口援建等。最后，学校还要积极探索国家政策，开展校企合作，建立实习就业一站式机制等。

（二）转变现存思想偏差

当前很多高校毕业生在毕业后仍有等、靠的不良思想。一个调查样本超过 10 万人的调查显示，接近 10% 的学生受应试教育的影响存在成绩论的思维，即学习成绩与就业情况息息相关。而且还有接近 20% 的学生认为没有好的就业机会宁可不就业。超过 30% 的学生认为社会分配存在问题，因为自身没有就业资源，自己不是所谓的关系户，就没有能力去获取好的就业岗位，优秀的就业岗位已经被所谓的关系户占据。该调查数据展示出来的就业困难的主要原因是社会的痼疾以及就业资源的缺失，但实质上，产生就业困难的根本原因是高校毕业生的认知偏差。因此在进行就业创业的教育过程当中，一定要注重对于大学生求职择业的思想偏差进行纠正，充分去培养学生的交际能力以及创新能力，让学生自觉去适应社会，成为社会真正需要的人才，并教育学生在就业求职的过程中充分发挥出自身的业务能力，善于挖掘自身的潜力，找到自身的优势，并沿着自身的优势方向越走越远。

三、高校思想政治教育和就业创业教育相融合的具体方法

（一）高校思想政治教育要贯彻职业指导全过程

现阶段，大学生就业创业教育具有短平快的特点，单纯地追求毕业率及就业率，在职业指导的过程中具有私人订制的感觉。因此，在对学生进行思想政治教育的过程中应重视因材施教的指导思想，对学生的指导方向应是终身从业的教育理念。很多学生在毕业后发现，当前的就业形势与高校的就业指导方向不吻合，从而心中茫然，对未来没有正确的规划。很多就业指导教师还经常通过帮助学生猜压面试题的方式来获取就业机会，这样短时间内可以提高就业率，但终究无法承受时间的检验。因此，想要真正意义上提高大学生就业指导质量，高校要以国家相关政策为前提，去探究政策的适应条件，更好地为高校毕业生创造就业优势。与此同时，应提高就业创业的可持续发展能力，将就业创业教育与思想政治教育进行有机结合，确保为高校毕业生进行符合社会现状的就业指导服务。

（二）高校思想政治教育应符合学生的就业实际

当前，就业率是考量很多高校教学水平的关键指标。因此，应在思想政治教育的过程中将树立学生职业观、择业观以及就业观作为重要教学重点。塑造符合社会现实需求的职业道德观念，让学生在掌握知识技能的同时，具备优秀的职业道德素养，要求学生能吃苦、肯奉献。提升学生对于职场文化的了解，进一步强化自身的职业能力，增强职业道德。

（三）思想政治教育要与其他工作形式联合

部分高校在进行就业创业教育的过程中，存在功利化的趋势，着重强调学生的外在包装，忽视了学生内部能力的培养，并在学生的人格修养以及协作精神培养方面有所欠缺，因此，应教导学生坚持内在能力的培养，让学生以诚信为基础，进一步强化职业伦理认知，端正自身的职业价值取向，树立正确的就业思想，积极看待社会用人不公的问题，提升人格魅力，增强团结协作能力，进一步促进学生的健康成长，促进高校就业工作和大学生思想政治教育工作的双丰收。

四、结论

在传统的培养方式下，高校的培养方式过于偏重知识技能，对学生的道德素质以及能力素质有所忽视。但就业创业教育与思想政治工作可以实现高度的统一，应以高校思想政治教育为核心，引导并提高学生的就业创业能力素质。本文通过分析二者之间的关系来进行有机融合，进一步提高高校就业指导工作的水平，让学生自身具备充足的就业竞争力，符合当今社会发展的实际需求，使其成为真正意义上对社会有用的人才。

参考文献：

[1] 沈文秀，陈惠珍．论高校思想政治教育与大学生创新创业教育的有机融合 [J]. 明日风尚，2018（10）：176-176.

[2] 张维维．论大学生就业创业教育与高校思想政治教育的有机融合 [J]. 产业与科技论坛，2020，19（7）：211-212.

[3] 王振海，高校思想政治教育与大学生就业创业教育的融合 [J]. 产业与科技论坛， 2019，18（14）：138-139.

[4] 洪宇 . 高校思想政治教育与就业指导教育融合的策略分析 [J]. 中国多媒体与网络教学学报旬刊，2018（9）：101-102.

[5] 吕慧芳，张军占，叶三梅 . 高校创新创业教育与思想政治教育的融合 [J]. 池州学院学报，2019，33（3）：156-158.

[6] 敖永春，张振卿 . 高校思想政治教育与创新创业教育的融合 [J]. 中共山西省委党校学报，2019，42（4）：112-116.

[7] 程兴，程希羲，苏力 . 高校创业教育与思想政治教育融合的必要性和可行性分析 [J]. 科教文汇，2019，457（5）：40-41，66.

[8] 欧阳艳波 . 高校思想政治教育与创新创业教育融合问题研究 [J]. 传播力研究， 2019（26）：238.

浅析抖音价值选择对高校思政工作的影响

高婧
天津职业技术师范大学

2020 年 10 月中国互联网信息中心（CNNIC）发布了第 46 次《中国互联网发展状况统计报告》。报告显示，截至 2020 年 6 月，我国手机网民规模达 9.40 亿，互联网普及率为 67.0%。就网民的职业结构而言，学生群体最多，占比达 23.7%。

互联网技术的更迭，为短视频应用的迅速崛起提供了新的契机，短视频很快进入了垂直化、分众化的传播阶段，在疫情防控期间，短视频用户更是实现了激增，94.5% 的网民使用短视频应用以满足信息获取的需求。短视频内容生产的专业度与垂直度加深，优质内容成为各平台的核心竞争力，为疫情防控期间受众信息的获取和官方信息的发布提供了便捷、高效的渠道。但是，仍然有不少博眼球、同质化、低级营销的内容充斥着短视频平台，给青少年尤其高校大学生的价值观带来冲击，因此，结合高校思政教育工作的开展，本文将重点分析抖音短视频的价值选择对高校思政工作的挑战及应对策略，以期对今后工作的开展提供参考。

一、概念界定

（一）抖音短视频

抖音短视频，通常简称为抖音，是 2016 年 9 月上线的一款可以让用户拍摄发布短视频的音乐短视频分享平台。用户可以在抖音中选择歌曲，拍摄或制作时长为 15 秒的音乐短视频，形成自己的作品，发布并分享到抖音或微信微博等社交平台上。自 2016 年 9 月上线至今热度一直有增无减，据《2018 抖音研究报告》显示，抖音国内日活用户已达 1.5 亿、月活用户超过 3 亿。从用户数据来看，16 至 25 岁群体占比最高。而抖音海外版 Tik Tok 也已成为全球下载量最大的苹果手机应用，在第一季度就超过了 Facebook、YouTube、Instagram，全球月活跃用户数超过 5 亿，可见抖音已成为现如今最火爆的短视频平台之一。

（二）价值选择

从哲学意义上说，价值选择是人们在价值判断的基础上作出的选择，而价值判断是人们对事物能否满足主体的需要以及满足的程度作出的判断。价值判断是价值选择的基础，价值选择体现价值判断。抖音的价值选择是指用户根据其自身需要，对平台中短视频表达的思想和内容所作出选择的价值倾向性。

二、抖音短视频的价值选择分析

抖音短视频是 UGC 内容生产模式的典型代表，用户自主生产内容，即抖音短视频的用户扮演着“传播者”和“受众”的双重角色。那么抖音中的用户其实是自己生产内容自己选择内容，因此抖音的价值选择主要是抖音用户的价值选择。

《2018抖音数据研究报告》中对抖音平台的内容进行了分类，好看与好玩仍然是用户浏览的主要选择。点赞数TOP100视频数据分析发现，用户选择主要为四大类，分别是美好生活类、好玩类、猎奇类和技巧类。这些类别的内容，无一不满足了大学生在用户娱乐、追求刺激等方面的需求。甚至一些内容制造者就是大学生群体中的一员，他们熟知大学生的心理，深耕大学生群体，在心理层面上与大学生的需求无限接近，在信息传播的过程中，他们会主动策划，选择有利的时机和环境进行宣传和推广。利用短视频的情景设置、达人营销、碎片时间内的密集传播等，使得各种信息传播更直接、手段更丰富。而且在内容传播过程中，传播者掌握了大学生的心理特点，并在内容设置、用户定位等方面迎合当代大学生的需求，无论是抖音传播的歌曲、商品还是红人，都在较短的时间内被学生所接受。

（一）抖音短视频价值观念分析

抖音典型的UGC内容生产模式下，头部效应极为显著。海马云大数据调查显示，播放量超过50万的头部视频占比不足3%，却攫取了平台80%以上用户关注和参与，这种影响力和视频的内容的传播力可见一斑。

价值观念对大学生价值观的形成有着重要影响。抖音作为时下热门的短视频传播平台，传播内容的把关标准主观性强，多样化的形式和内容极易影响高校大学生的价值观念。技术流、黑科技、旅行记录等内容，一方面可以使高校大学生的思想观念多元化，使其接触更广范围的信息，激发大学生的思想活力和创造力。但是传播内容中，部分趣味挑战、恶搞等整蛊思想，以及大数据分发下的同质化内容持续推送，一方面占据了学生大量的课余时间，极易使其上瘾；另一方面大学生对什么可以做、什么不可以做、什么是有价值的、什么是他人接受不了的等分辨不清，容易把线上特定的内容和线下现实生活混为一谈。

（二）抖音短视频价值行为分析

思想指导行动，价值观念决定价值行为。2018年抖音成为政务和媒体信息传播的新平台，内容与微信、微博相比更加活泼接地气。政务抖音号涉及法院、公安警察、文化旅游、交通警察、地方发布等，通过15至30秒的短视频，以个案的形式现身说法，或传播对好人好事的褒扬，或对违法不道德的行为进行警示等，并且点赞、评论、转发等形成了互动，这种正向传播，为用户提供了如何思考、如何行动的参照标准，进而营造了有序的社会秩序。

价值判断与价值行为的关系是“知”与“行”的关系。抖音中不乏营销和企业推广账号，在美妆、素人改造、辞职旅行等主题的视频中呈现出来的诸多理念，会影响大学生的认知，并被大学生效仿和参照。尤其是头部视频创作者，从其浏览量、点赞量、评论数等可以看出用户对其传播内容的认可程度。以papi酱旗下抖音号为例，papitube签约了不少抖音红人，除了发布各具特色的内容之外，还会与唯品会等购物网站合作，帮助推广商业活动等。深耕用户的内容制作者们更加专业，熟知用户心理，因此传播更有针对性和专业性，对于本身感性思维能力占主导的大学生，容易实行关注、线下引流、营销变现等。

三、抖音短视频价值选择对高校思政工作的挑战

高校思政工作者应当看到抖音短视频等新媒体给高校的思想政治教育工作带来的无限可能性，应当积极利用抖音等平台探索高校思政教育的手段，拓宽高校思政教育的渠道。但通过上述对抖音短视频价值选择的分析可以看出，抖音短视频传播把关不严、传播内容“媚俗”倾向、亚文化以及营销变现等，对高校大学生的正确思想价值观形成以及心理健康等都会带来冲击，同时给以传播严肃主流文化为主的高校思政教育工作带来极大的挑战。

（一）沉迷网络，浪费时间，弱化现实交往能力

抖音短视频虽然每条视频时长15秒，但是抖音胜在运营取胜，个性化的内容分发机制，只要用户还在应用中，就会源源不断地刷到新内容。对用户时间的占用不容小觑。海马云大数据对抖音用户如何看待抖音APP进行了数据分析，4%的用户认为“上瘾”，并将这种上瘾调侃为“抖音十分钟，人间俩小时”。而极光大数据对抖音用户日均使用时长进行统计，得出平均每位用户每天在抖音耗时长达20.27分钟的统计结果。高校大学生自制力较差，极容易沉迷其中，在不断地刷新中耗费了大量时间。对于价值观还未成型的大学生来说，对抖音短视频的繁杂内容缺乏明辨的能力，一些红人营造的家庭、宿舍等情境关系极具代入感，容易导致网络和现实环境的落差，使学生忽视人与人之间的现实交往，进而弱化现实中的交往能力。

（二）碎片传播，表达单一，容易形成信息茧房

抖音短视频根据用户兴趣推送大量的内容，碎片化传播的信息虽然满足了用户尤其是高校学生的求新、求奇等娱乐化的需求，但是只关注瞬时传播的内容和信息，忽视了对于全面问题的观察，不利于高校大学生培养深度思考的能力；同时，传播内容娱乐化、通俗化趋势明显，一些网红大V表达的直接单一给大学生的语言、文字表达带来冲击，流行话语呈现无厘头、无逻辑等特点，不少学生只会喊麦式的简短表达，而忽略了语言文字的严肃性；个性化的内容分发，虽然是平台维护用户的一种方式和抖音平台的优势所在，但是，这种个性对个人的内容传播，只关注感兴趣的点，极容易形成信息茧房，反而不利于大学生获取多元的信息。

（三）把关人制度不严，亚文化传播，冲击大学生价值观

抖音短视频的用户即受众，把关人制度相较于传统媒体而言机制不健全，素人通过一个短视频很可能就会一夜爆红，某首歌曲配一段舞蹈或者动作就可能被全网模仿，甚至一些恶搞视频、话题挑战等都可以全盘呈现在大学生面前，严重侵蚀着高校大学生的思想和价值观。例如美妆营销、花样送礼视频、购物展示等，高消费、物化价值化关系和情感等问题，对现如今大学生消费观以及行为的影响都是巨大的。不少大学生甚至不惜采取校园贷等途径满足消费需求。这些点滴的传播，冲击了高校思想政治教育的阵地，给高校大学生思政教育工作产生很大的影响。

四、抖音短视频价值选择下开展高校思政工作的策略

抖音短视频的走红体现着传播技术的发展，但是针对上述问题，高校思政工作者必须主动作为，积极探索新形势下的思政工作方法。因此，在三全育人背景下，抖音价值选择的应然取向成为值得思考的问题，高校思政教育工作者既要积极引导，又要主动发声，不断寻找高校思政教育工作与抖音短视频价值选择的契合点。

（一）加强大学生媒介素养教育

大学生作为抖音的用户和内容生产者，每天接收、处理、传播海量的信息，如何提高大学生甄别信息、使用信息的能力，需要高校给予足够的重视。首先，大学生群体社会阅历和人生经验不足，对媒介传播的信息思辨能力较弱，不能对传播信息背后蕴含的内容进行深层的判断和理解；其次，大学生使用媒介更多的是满足娱乐休闲以及信息获取的需求为主，而忽视了利用媒介进行自我提升和发展的机遇；最后，大学生媒介道德规范意识不足，对于媒介信息发布审核等把关人机制不理解，网络道德规范意识较差，对网络诈骗、网络成瘾等问题的危险性预判不足等。高校思政教育工作者应当将媒介素养教育作为思政教育的一个环节，做好教育引导工作，自觉抵制各种低俗、暴力等信息，并且带动大学生积极利用抖音等平台传播弘扬中华民族优秀传统文化。

（二）高校创新思政教育方式方法

高校要把握“00后”学生的新特点，围绕立德树人根本任务和网络育人的要求，推动思想政治教育工作传统优势同新媒体技术相结合，增强工作的时代感和吸引力。高校尤其要加快建设内容生态体系，吸纳专业人才做好新媒体平台的运营，实现两微一端以及短视频平台的全覆盖。通过制作、发布高质量的短视频内容，传播学校各类思想政治教育活动成果，使抖音成为展示学校形象、传播学校正能量的优质平台，从而提升高校校园文化的传播力和影响力。

抖音的持续爆红主要得益于其 UGC 与 PGC 相结合的内容生产模式、运营团队设置议程制造话题以及算法推荐的推送方式。高校思政工作开展应当把握短视频传播的特点，利用好短视频发展的有利时机，创新思政工作的方式和形式，创作更多学生喜爱和认可的思政教育作品，从而拓展思政工作的宣传阵地。

参考文献：

[1] 腾云，楼旭东 . 移动短视频：融合发展的新路径 [J]. 新闻世界，2016（3）：41-43.

[2] 马源鸿，曹云忠，方佳明 . 移动短视频社交平台中的价值共创机理——基于抖音短视频的案例研究 [J]. 电子科技大学学报（社科版），2018，20（4）：8-12.

[3] 柳鑫苗，张新，张子微 . 抖音式短视频平台的传播模式探析与反思 [J]. 传播力研究，2018，2（18）：239.

[4] 袁颢月 . 我国短视频平台的内容生产与传播创新研究——以抖音、快手和梨视频为例 [J]. 新闻研究导刊，2018，9（7）：60-61.

[5] 赵雅薇 . 文化多元化背景下的价值选择问题研究 [D]. 秦皇岛：燕山大学，2015.

三全育人视阈下资助育人工作体系的构建与创新

肖凡
天津职业技术师范大学

中共中央、国务院印发的《关于加强和改进新形势下高校思想政治工作的意见》强调："坚持全员全过程全方位育人。把思想价值引领贯穿教育教学全过程和各环节。"三全育人契合大思政工作要求，对高校育人工作的开展具有指导和统领作用。在三全育人视阈下，一方面高校资助工作由高校资助工作管理人员、辅导员、专职教师（班主任）、班级评审小组全员协同参与；另一方面在资助工作开展过程中，应适时开展资助政策宣讲、诚信教育、爱国主义教育、劳动教育等育人活动，提升高校资助育人工作的育人效果，不断拓展丰富资助育人的载体。

在资助育人工作的实际探索中，资助工作的理论体系和实践内容得到了革新和完善，且结合三全育人工作要求，高校资助工作更加人性化。但是，构建高校资助育人工作体系是一个长期复杂的系统工程，各大高校和专家学者都在逐步开展资助育人相关问题的讨论研究，但是指定完善的资助政策、构建健全的运行机制和保障体系、整合全方位的育人资源、建立完善的资助评估体系等长效机制的建立，依然任重道远。

一、资助育人体系的现状与发展趋势

（一）资助育人体系的研究现状

目前高校资助育人相关研究主要为3个方面：一是对高校资助育人的理论指导。这类研究从高校开展资助育人的政策等方面进行解读，对高校资助育人的深层含义和落实工作的重大意义进行阐述和分析，旨在让高校和相关单位提高认识，加强组织领导。更要侧重于关注如何发挥政府在资助育人工作中的主体作用，从而调动全社会资源，发挥高校资助育人的社会效益，营造良好的社会氛围。二是对高校资助育人框架体系的研究。关于高效资助育人框架体系的研究一直是重点，不少专家学者一直在尝试从不同的角度不断完善框架体系建设，为高效资助育人模式提供理论指导。该研究内容的主要落脚点在于指导高校建立学生资助育人工作领导机制，健全学生资助管理办法，统筹资助育人工作，创新资助评审机制等方面，注重探讨各环节之间的联系和相互作用机制。三是对高校资助育人机制发展瓶颈的研究。为了解决各高校在落实资助育人工作中发现的问题，通过反思在工作过程中遇到的各种情况，有针对性地提出建议和对策，重点在于为高校落实资助育人提供操作性强的实践方法指导。

（二）资助育人工作发展趋势

一是资助育人工作理论体系进一步完善。随着高校资助育人工作的不断发展，相关理论体系将结合我国国情和高校资助工作实际形成完整、标准和成熟的体系。这一体系将在实践中被检验，并能够在一定时期内适应社会发展需要。各部门以及专家学者在资助政策制定、资助过程指导、资助工作理论研究等方面予以加强，确保高校资助育人工作有方可循，有据可依，从而为全方位育人筑牢思想和理论基础。

二是工作理念和内容要有新的发展。高校资助工作良性发展的基础源于在资助工作中坚持育人为本。在今后的高校资助工作中，要将学生的全面发展、资助育人工作的全方位推进作为工作的出发点和落脚点，实现资助体系由“助困”向“资助困难学生全面发展”转型升级。让资助育人成为高校立德树人工作的基本保障，整合高校育人资源，形成合力，不断提升困难生综合能力素质。

三是进一步突出学生主体地位。当前不少高校在开展资助工作时，还存在一定的意识和方法偏差。通过对高校资助育人工作现状的研究，将困难学生的个体关怀教育与群体教育相结合，充分尊重困难学生的心理建设和发展需求，让困难学生在隐形的关心下获得长足发展。构建围绕学生全面发展的资助体系，提供分类帮助和个别指导，让学生在受资助的过程中得到就业、心理、思想等多方面的提升。

四是信息化程度进一步提升。当前，全球新一轮科技革命和产业变革加速发展，大数据、云计算、人工智能等新技术不断涌现，深刻地改变了人类的生产生活方式，正成为各行各业发展的创新引擎，成为经济社会发展的新动能。在 2020 年年初的新冠肺炎疫情防控环境下，网络信息化技术的应用得到了高度重视。高校资助育人教育也将逐步适应当前信息化社会的发展趋势，开展信息共享、数据档案等多方面的建设。

二、高校资助育人工作存在的问题

一是部分受助学生诚信、感恩教育缺失的问题。目前，高校资助工作事务性强、任务重，在对困难生困难程度认定的过程中，仅仅依据学生提供的个人申请材料，高校无法对真实性做到全面核实；主要资助方式为给予困难生经济补助，在实际资助工作中难免出现重资助工作，而忽略了对受资助的困难生开展过程性教育，导致资助育人效果不理想。授人以鱼不如授人以渔，高校在给予困难生各类资助的同时，应当加强对困难生的社交能力、实践能力、感恩教育、诚信教育、爱国主义教育等综合素质的教育。让学生在减轻学业负担的同时，树立积极的择业观、就业观，实现物质资助和精神资助的育人合力。

二是部分受助学生心理问题普遍存在。受地域因素、教育资源、成长环境等影响，部分家庭经济困难学生到大学之后和其他同学相比会出现自卑、缺乏自信心等情绪，尽管目前高校资助评定工作有明确要求，但评定审核时相关信息仍然会在部分范围内公开，部分学生可能因此变得敏感，不敢申请、不愿意申请等情况偶有存在。因此，在资助工作开展过程中对学生的心理健康问题的关注和引导很有必要。

三是资助认定精准化不足。当前高校资助工作的与时俱进，对资助工作者全面育人能力、工作能力都有了更高的要求；在开展资助认定过程中班级评议、评审小组等成员的素质、资助工作的公开性和隐私性如何兼顾等问题亟待解决。缺乏精准的工作指导和体系标准，对资助工作者的教育管理培训力度不够，制约着资助工作的评定和资助育人体系的构建。

三、资助育人体系的构建与创新

（一）资助育人体系的构建措施

1. 加强资助学生受助后管理

一是建立完善受助学生数据信息系统建设，除现有的资助基本信息外，还应添加资助生管理模块。对受助学生平时参加高校志愿者服务情况、学习成绩表现等方面进行跟踪管理，做好动态更新，随时掌握并规范受助生的日常行为。二是重视青年学生在受助期间的感恩教育。青年学生在学校期间从思想到行为都处在新的认识阶段，喜欢接受新的思想。从他们的兴趣爱好、课堂讲座和讨论交流等多方面入手，并开展成功人士、大学生创业典型人物事迹宣讲，将感恩教育融入家庭教育、学校教育、社会教育中，使其影响和作用深入人心。

2. 开展受助学生心理健康辅导

一是开展受资助学生心理健康普测及建档工作。通过排查掌握学生的心理健康状态，做到心理困惑早发现。二是组建心理健康辅导小组。在资助中心设立专门的心理健康咨询室，接受生活学习有困惑的资助生，为其进行心理辅导，帮助其解决问题。三是设置心理健康网上教育专栏，上线“心理的调试与减压”“如何树立自信”等课程内容，同时定期召开受助学生讨论交流活动，提升受助学生的心理健康意识。

3. 依托网络数据库建立完善资助资格评审预警机制

及时通过校园大数据等技术手段掌握学生消费情况，主动发现、主动帮扶，切实对家庭经济困难的学生实现精准资助。以餐饮和日常消费预警为例，可以建立受助学生消费基本信息的数据库，对学生的日常餐饮消费情况、勤工助学情况、学业情况进行实时动态关注，在日常宿舍走访、谈心谈话的工作中加强细节了解，确定不同程度的关注和预警提示。在预警机制发出警报后，由辅导员或资助中心老师与目标学生单独联系，实现一对一的交流了解，并采取具有针对性的帮扶措施，从而实现“隐形资助”。

（二）高校资助育人体系的创新

1. 运用大数据思维开展工作

高校要建立完善的家庭经济困难学生数据库，动态记录家庭经济困难学生的实际情况，并针对低保、因自然灾害受困等不同致困原因，建立长期或者短期的资助方案。科学监测学生的医疗支出、日常消费等反映学生家庭经济状况的关键数据，有效确认家庭经济困难学生的关注程度。同时，形成全方位育人的工作思路，将家庭经济困难学生纳入高校的学生分类指导工作，与学校教务系统、就业系统等形成联动和交叉分析，有针对性地开展资助育人工作，并为学生提供有针对性的个性化发展方案。

2. 注重学生精神层面的培育

在三全育人视阈下，要针对不同年级的家庭经济困难学生，以资助工作为契机，开展各类思想政治教育活动。帮助学生树立自信、自强、自立的观念，通过学业发展、社会实践、就业规划、实习求职等实现全方位育人，构建“资助——自助——助人”良性循环体系。

参考文献：

[1] 李阳，马健津 . 精准资助背景下高校资助育人工作思路探究 [J]. 科技风，2020（29）：142-143.

[2] 陈晓 .“互联网 +”背景下高职院校资助育人路径探索 [J]. 黄冈职业技术学院学报，2020，22（5）：28-30.

[3] 陈慧 . 大思政背景下高校资助育人工作审视与思考 [J]. 教育教学论坛，2020（42）：63-65.

大学生创业实践探索

张林
天津职业技术师范大学

一、大学生创业现状

创业是新时代大背景下一个家喻户晓的词汇，是指创业者通过各种方法实现新事物的创造与创新。而创业者通过成功创业，达到实现个人价值、社会价值，开创新型事业的最终目的。创业推动着个人的生存与发展，促进了社会经济的发展，不断地创造社会财富，以此推动着个人、社会与国家全方面多层次的发展与进步。

然而，创业并不如纸上谈兵那样轻松简单。现有的资料与数据显示，我国目前创业成功概率一直较低。其中，大学生创业的成功率还不足 10%，形势并不乐观。

创业大学生一直是我国创业浪潮中鲜活蓬勃、强劲有力的后备大军，是中国创业进程中不可忽视的新生力量。在中国大学生就业形势严峻，面临“毕业即失业”等社会大背景下，投身于创新创业是不少大学生的人生选择之一。

因为大学扩招等多种原因，我国每年毕业的大学生人数一直居高不下，从而导致当代大学生就业形势严峻，就业压力巨大，创业便因此成为部分大学生规避就业压力、谋求新发展、实现人生价值的一大出路。

但令人遗憾的是，青年大学生的创业之路走得并不容易。首先是身处校园、涉世未深的大学生们对于我国目前的创业形势、创业方向、创业内容等方面不甚了解，甚至于根本不了解。创业的大学生们对于市场需求、市场信息缺乏一定的调研与了解，对于瞬息万变的市场经济缺乏敏锐而严谨的认知与把握，对于各行各业的实时动态与商业信息了解得不透彻、不深入，对于当前创业就业的市场大背景、时代大背景等基本常识性信息缺乏系统周全的分析与评估，对于我国最新最热的创业政策、法律知识并不了解并熟知。

以上种种原因，恰好反映了当今青年大学生创业的一大现状，那就是“兵马已动，粮草却未行”。如果创业的大学生们仅仅只凭一腔热血与勇敢便投身于创业大军，那么他们最终将面临的只会是失败。创业本就不是一条随随便便就能成功的道路。因为创业者一个“差之毫厘”的错误评估，就很有可能使创业者距离创业成功“谬以千里”。因此，创业的大学生需要对自己、对创业环境作出一份完善清晰的分析评估，对个人的专业能力作出正确的认知了解，对大背景下各类信息做到心中有数，有条不紊，在思想上、行动上立于全局，做好全面的准备与规划。

我国一直高度重视大学生就业创业的问题，并且在政策、经济等多方面给予多种的优惠与补助。党和政府一直致力于鼓励、促进、扶持当代青年大学生的创业活动，在思想上、行动上给予全方位的指导与帮助。习近平总书记在党的十九大报告中指出，“青年兴则国家兴，青年强则国家强。青年一代有理想、有本领、有担当，国家就有前途，民族就有希望”。作为一代有理想、有本事、有担当的新青年，青年大学生将在创业的接力奋斗中，书写伟大复兴中国梦的华章。

在“全民创业”“人人皆可创业”的时代背景下，在国家搭建的大数据与互联网的“大众创业、全民创业”的平台中，习近平总书记高度重视并十分期待当代大学生的创业拼搏。各地方政府认真严谨地贯彻落实十九大报告精神，在党中央的正确领导下全心全意、全力以赴地为主推青年大学生的创新创业，为创业的弄潮儿们添砖加瓦。

现如今，我国青年大学生的创业正处于发展起步阶段，各方面的措施、经验等都不够系统完善，但却充满生机与无限可能。

二、大学生创业研究

许多大学生创业浮于嘴皮，落于行动。但是，要想使青年大学生成功创业却不是上下嘴唇轻轻一碰那么简单的。大学生的个人素质与专业能力，各行各业创业内容、创业方向的天壤之别，瞬息万变的创业环境以及息息相关的国内政策与国际形势等种种原因成为妨碍大学生创业者们通往成功之路的一道道绊脚石。这些问题不仅仅是每个想要创业、想要成功的大学生创业者所必须面对、要处理、要解决的，更是整个创业大环境下的社会各界人士以及党和政府必须妥善处理与解决的问题。

但冰冻三尺、非一日之寒，解决大学生创业问题也绝不可能一蹴而就。我们需要在党中央的领导下，在习近平新时代中国特色社会主义思想的指导下，把握住创业问题的重点，从根源与本质上入手，才能事半功倍，推动大学生创业的成功与社会的发展进步。

根据大数据与各类现有资料不难分析出，当前已知的创业问题可大致归纳为以下两点。

第一，青年大学生对于个人的片面认知与对创业方向所需能力的不足。一个优秀的创业者仅仅拥有较高的学历和理论知识是远远不够的。大学生创业从某种意义上来说，是对大学生创业者个人能力的多方面宽领域的一场考核。初创业的青年大学生如果对个人的专业能力缺乏合理正确的自我认知，就很难在三百六十行的创业项目中寻找到最适合自己的创业方向，极容易在创业目标上产生错误的规划和预判，从而在创业伊始就为自己的创业失败埋下了后患。纵观古往今来的成功创业者，他们无一不是能力突出的人中龙凤，而且成功的秘诀恰恰就是创业者所必需的各项能力，如领导能力、决策能力、团队协作能力、学习能力、经营管理能力、人际交往能力等。这些能力缺一不可，只有熟练具备这些能力，才能在面对一次次创业困难时选择最冷静合理的处理方式，在危机中化险为夷。同时，创业还需要创业者具有过硬的心理素质与承受能力。创业，是一个漫长的过程，在这个过程中创业者所需承受的心理压力是巨大的。如果创业者不具有过硬的心理素质与承受能力，将很容易在创业过程中的任一阶段选择放弃。

第二，青年大学生创业的启动资金不足，所需的人脉、渠道、市场资源的缺乏，是大学生创业者面临的另一大难点。创业并不是大学生创业者一个人、一纸计划就能完成的事情。任何创业项目的启动与进行都离不开资金的运行与支持，以及对创业所需的市场资源、人脉资源、渠道资源等方面的统筹规划，必须合理处理好人、钱、事三方面的规划与调动。创业者需要面对的不仅仅是自己的创业项目，还包括创业伙伴、合作对象、政府机关等方方面面、形形色色的人物，如果创业者无法很好地与这些人物打交道，创业过程的推进将极其困难。如果创业过程的前期准备不足或者匮乏，也不利于创业的开始和成功。

针对上述情况，青年大学生要想克服创业难题，实现创业成功，需要做到个人、学校以及政府三者的有机结合与统一。从大学生创业者的个人层面而言，青年大学生在大学求学期间就要有意识、有规划地去了解、调研创业相关产业的商业价值、市场形势、资源往来等重要的信息资料，充分发挥个人的主观能动性，在自己的能力体系中构建出创业所需的知识框架与能力支撑，为将来的创业活动奠定坚实的理论支撑与能力储备。

同时，大学生创业者要实时跟进国际国内的产业动向与政策变动，做到洞若观火、心中有数，不能因为身在学校就忽略对创业项目近几年的调研与深入了解，决不能一味地“两耳不闻窗外事，一心只读圣贤书”。青年创业者只有对自己所做的创业项目的相关情况做到烂熟于心，才能在创业项目的启动初期首先在一众创业竞争者中抢占先机，才能在瞬息万变的市场形势中最快、最敏锐地把握与领导，才有可能在项目机遇出现的瞬间及时抓住，从而推动创业项目下一个阶段的发展。

各大高校在这个“大众创业，万众创新”的时代洪流之下，更应顺应时代的发展与创意的所需，积极地开展、设立实用的创业理论课程和创业实践项目，有系统性、有实用性地培养和提升青年大学生的创业思维与创意能力，激发学生们对创业的热情与兴趣，在培养大学生创业思维架构建立的同时，狠抓学生们创业的实践应用能力，从而实现创业能力在理论上和实践的对立统一。

习近平总书记在党的十九大报告中指出，“全党要关心和爱护青年，为他们实现人生出彩搭建舞台”。我国近年来对青年创业者自主创业所出台的各项政策可谓层出不穷，但是理论是需要实践来证明和表现的。政府在贯彻落实创业扶持政策的同时，要牢牢地关注政策与实践的对接，在创业实践过程中最大限度地去反馈、整理相关的经验与案例，记录存在的不足与问题，以便创业政策得到更好的贯彻与发展。

针对某些偏远贫困的大学生创业者群体，有关方面要重视他们的创业想法与困难，在合理可控的基础上加强相关政策对他们的扶持力度，为这些特殊的创业者群体提供最大程度的支持与帮助，尽可能地为他们扫清创业路上的阻碍。在新媒体时代，创业政策的宣传与推广也必须跟上时代的步伐，在宣传时就要做到让青年创业者了解、熟知并熟练运用创业的有关政策，帮助他们享受创业政策的支持与优惠。

三、结论

通往成功的道路绝不是一帆风顺的，创业更是如此。但是不管前路多么艰险，路程多么崎岖绵长，相信在大学生创业者自己、高校、政府等多方的努力与支持下，再多的艰难困苦都不会磨灭青年创业者的决心与梦想。创业并不仅仅是创业者一个人或者一个组织的事。创业关乎着经济发展，更关乎国家的发展与进步，关乎国计民生，是党和政府以及全社会的事，相信在党的领导下，以党的十九大精神为指引，我国青年大学生的创业之路一定会越走越稳，稳中向好！

参考文献：

[1] 麦可思研究院 .2011 年中国大学生就业报告 [M]. 北京：社会科学文献出版社，2011.
[2] 陈鑫，鲁泽鹏 . 大学生创业现状及创业教育路径探讨 [J]. 中国经贸导刊，2013（2）：46-47.
[3] 李炳安 . 大学生创业促进制度 [M]. 北京：中国社会科学出版社，2012.
[4] 朱峰博 . 我国高校毕业生创业服务体系建设现状及成因分析 [J]. 才智，2011（11）：285-286.